U0905102

珍藏本
纪念版

汉译世界学术名著丛书

革命节日

〔法〕莫娜·奥祖夫 著

刘北成 译

2017年·北京

Mona Ozouf

La fête révolutionnaire, 1789 —1799

© Éditions Gallimard, 1976

根据伽利玛出版社 1976 年版译出

汉译世界学术名著丛书
（120 年纪念版·珍藏本）
出 版 说 明

2017 年 2 月 11 日，商务印书馆迎来 120 岁的生日。120 年前，商务印书馆前贤怀揣文化救国的理想，抱持“昌明教育，开启民智”的使命，立足本土，放眼寰宇，以出版为津梁，沟通中西，为中国、为世界提供最富智慧的思想文化成果。无论世事白云苍狗，潮流左右激荡，甚至战火硝烟弥漫，始终践行学术报国之志，无改初心。

迻译世界各国学术名著，即其一端。早在 20 世纪初年便出版《原富》《天演论》等影响至今的代表性著作，1950 年代后更致力于外国哲学和社会科学经典的译介，及至 1980 年代，辑为“汉译世界学术名著丛书”，汇涓为流，蔚为大观。丛书自 1981 年开始出版，历时三十余年，迄今已推出七百种，是我国现代出版史上规模最大、最为重要的学术翻译工程。

丛书所选之书，立场观点不囿于一派，学科领域不限于一门，皆为文明开启以来，各时代、各国家、各民族的思想与文化精粹，代表着人类已经到达过的精神境界。丛书系统译介世界学术经典，引领时代思想，为本土原创学术的发展提供丰富的文化滋养，为推动中国现代学术和现代化进程做出了突出的贡献。

为纪念商务印书馆成立120周年，我们整体推出“汉译世界学术名著丛书”120年纪念版的珍藏本，寄望既利于文化积累，又便于研读查考，同时向长期支持丛书出版的译者、编者和读者致以敬意。

两甲子后的今天，商务印书馆又站在了一个新的历史时间节点上。我们不仅要铭记先辈的身影和足迹，更须让我们的步伐充满新的时代精神。这是商务人代代相传的事业，更是与国家和民族的命运始终紧密相连的事业。我们责无旁贷，必须做好我们这代人的传承与创造，让我们的努力和成果不仅凝聚成民族文化的记忆，还能成为后来人可以接续的事业。唯此，才能不负前贤，无愧来者。

商务印书馆编辑部

2017年10月

目　录

中译本前言*

《革命节日》《女性的话语》《小说鉴史》是这个中文版收集的三部著作。表面上看它们彼此之间没有什么关联。第一部论述自1789年起的那十年和革命事件；第二部描述了自18世纪到当代的一些女性形象，这些妇女的身份、抱负和成就各不相同；第三部专注于19世纪，分析了代表法国文学的几部小说。因此，这三部著作考察的年代不同，研究的对象不一致，研究的方法也各异——从历史学到集体心理学再到文学分析。更有甚者，在第一部和其他两部之间，人们甚至还能察觉到一种“对立”。《革命节日》强调的是关于整合法兰西的意志主义教育法。其他两部讲述的是对这种整合的抵抗以及呈现多样性的途径：或者是性别的多样性，或者是小说情节的无限多变性。

尽管如此，在我看来，我们可以为这三部著作主题之间的联系以及把这三部著作放在一起译成中文的内在逻辑加以辩护。因为三部著作都是围绕着什么构成了法兰西特性这个问题进行的思考。

---

* 该中译本前言是作者奥祖夫为其即将在商务印书馆出版的《革命节日》、《女性的话语》和《小说鉴史》而作。——译者

首先，我们来看三部曲中的第一部《革命节日》。大革命显然是我们民族历史上具有象征意义的事件，在国外，谈起“革命”这个词就必然想到法国。当然，有人可能提出反对意见，说其他国家也如我们一样发生过革命：这里说到的是美国革命。美国革命也肯定了一些具有普世价值的原则；它甚至在法国大革命之前拟定了一份人权宣言，主张保护公民，反对任何损害他们自由的行为。由于两个民族受到的束缚不同，这两个事件呈现出了非常不同的特点。美国人的根本目标是与远方的宗主国决裂，并以英国人的自由传统的名义举行反叛。法国人则是在一个非常古老的国家内进行斗争，要与一个有着几百年历史的古老的君主政体决裂，并反对它的传统。他们的的确确希望恢复人的原始目标。与美国人的事业相比，这项事业张扬了一种唯意志论和一种激进观念；时至今日，这两点还是法国人性格的显著特征。

我们脑子里必须存有这样一个问题，法国人从抛弃国家的拱顶石——国王的人身——之时就不得不面对这个问题了。君主制秩序的根基是拟人化的，体现在一个具体的人身上，“共和国”则是用抽象观念打造的。后者的精髓在于用某些理念而不是用某些人来描述和代表法兰西。因此，她必须假定和主张共和国是统一而不可分割的，以便让人们忘记被她砍去头颅的国王，并且与曾经被国王代表的统一体竞争。正因为如此，革命者如此热衷于领土的统一，方言的统一，最终是世界的统一，以至于他们主张法兰西具有一种普世的使命，相信她有能力为全人类立法，而不管构成人类的具体人群的特性。

总之，这是一个完全反对特殊性的革命方案。先看看他们的时间设计：革命者确信可以用一个自由的共和元年作为开端，重新开创人类的历史；他们相信可以重建历法，取消礼拜日，废除地方性的旧圣徒，崇拜抽象的神灵诸如理性女神。再看看他们的空间设计：他们想合理地组织空间，清洗掉过去的印记，让按几何学设计的城市拔地而起，推倒钟楼，让垂直的钟楼不再凌辱住宅的平等。再看看他们的教育设计：他们希望为那些一直被视为荒唐混乱的人际关系提供一些固定模式，为成人设计一套公民教育。简言之，他们有一套全盘掌控社会的方案。

正是在这种总体性的教育蓝图中设计了革命节庆。在革命者创造一套节庆体制的计划中包含着某种吊诡的东西。这些人正忙于应付内战和对外战争，很显然，在倾注精力组织复杂的节庆外，他们还有其他事情要做。但我们可以做一个推测，他们都对刚刚完成的决裂心存隐隐的恐慌，都有一种对空虚的恐慌。他们觉得，没有了旧仪式，人们的生存丧失了意义。既然拒绝委托一个人来做权力的化身，就更应该考虑设计一套体现团结一致的剧目。

因此，革命者寄希望于节日发明一些交流手段，传递给所有法国人一些感受和一些统一、共同的情感。正因为如此，他们念念不忘地希望在全国各地同时举行节庆，处心积虑地想让节庆在一年内有规律地举行，并持续下去。借助于与旧制度的节庆截然不同的革命节庆，革命者希望强化一种情感，即法国是由一块单一的、相同的材料制成的。他们认为节庆是儿童学校向成年人的延伸。他们把节庆定义为“成人的学校”。在这里，我们发现了这种把学校变成建构民族统一性的核心的法国特性。

该系列的第二本书——《女性的话语》致力于探讨女性在法国社会中的地位和角色。为何选定女性的角色作为法国独特性的标志呢？有一点确定无疑。无论是在18世纪或19世纪，所有游历法国的外国旅人都为法国女性所扮演的角色而震惊。他们注意到，人们乐意交予女性来维持家庭关系、社会联系，以及谈话交往：她们在私人空间内的主导地位不容置疑。此外，在一个女性与世隔绝的时代，较之于欧洲其他国家，法国女性则更加频繁地出现于各社会领域，拥有非同一般的社会权威与地位。于我而言，在思考女性主义在法国社会中的地位时，国家的独特性也呈现出来。法国的女性主义，除个别特例外，并不具有在其他地方，特别是北美地区所表现出的攻击性，以及强烈激昂的语气。这是一种温和的女性主义，至少迟迟才展开征服，选举权这一点便足以证明。此般退缩缘何而来呢？且为何极端女性主义的说辞在法国回音寥寥？

由此，我萌生了一个想法：让人们倾听18世纪至20世纪的十位女性之声。她们彼此相差迥异，但都对爱情、女性的生存条件、婚姻、母性、同男性的关系、命运之幸福与不幸进行了思考。或许，由于人生轨迹的不同，她们对于这些问题的看法也千差万别。但在我看来，某种深层次的东西将她们彼此相连：对于女子教育的信仰、学习的欲望、爱好传播，以及确信在男性与女性之间，能够达成幸福的交易。

因此，通过研究这些女性之声，我确信在法国存在一种同时体验差异与平等的独特方式，其中原因众多，包括长期习惯于混杂性、诱惑之文化、社会关系和习俗中的信任、贵族统治模式在共和体制中的复活——我所列举的女性之一斯塔尔夫人就鼓吹这一点。由此，我发现了一种法国式倾向，一种对社群主义的反叛：一方面是对那种接纳了两性之间幸福关系的贵族社会的怀念，另一方面是对平等观念不做任何限制的民主现状，二者竟如此独特地结合在一起。由此就出现了一个特殊的社会，在这个社会中平等是最根本的要求，但同时人们也要发挥差异性；人们对差异性不仅不会惶恐不安，而且会乐于加以利用，比如利用诱惑或感情关系的暧昧；总之，可以领略小说中的无限风光。

这正是我在该系列的第三本书——《小说鉴史》中着手探讨的。文学也是法兰西的一种特性，因为法国是这样一个国家，早在黎塞留时期，就已经隆重庆祝过文学与国家的联姻。因此，我这本书是对 19 世纪小说的纵览。动荡的革命实际上开启了一个既矛盾又混杂的世纪：它既投向未来，却又着迷于向过去回归，它既仿效古老的君主制，又反复叨念伟大的革命；从此以后，它迫使年轻人史无前例地创造自己的命运，但同样使他们背负上回忆、习俗、社会和道德准则的重负；最终，年轻人对于他们刚经历过的那场大震荡举棋不定，不知采取何种方式对待：是否定它，拒绝它，接受它，拥护它，还是仅仅去理解它？他们是否应该和自由主义者一道庆祝 1789 年、谴责 1793 年？还是和社会主义者一道庆祝 1793 年、质疑 1789 年？我们是应该忘记大革命，还是应该结束大革命呢？要么是再发动一场大革命？要么是对刚刚发生的大革命予以完善？这种困惑有时会让同一个人做出矛盾的反应，也能激起人们在一个世纪里做出千百次和解，一些和解是众望所归，一些和解被愤怒地拒绝，还有一些和解是人们在屈服与厌恶中达成的。

小说本身是一种复合体：从它善于包容一切来说，它具有民主

特性；从它热衷的形式来看，它又具有贵族气质；小说的生存凭借的就是人的差异和混杂的欲望、情趣，因此，小说尤其适合阐释时代变迁。19世纪小说“供述”的是：在法国，大革命总是活色生香地存在着。但同时在新法国，18世纪的风度举止仍然留存，人们仍然能从宗教中获得慰藉，仍然对文学充满尊敬，女人的出场总能发挥有益作用，她们是家庭生活的主导、道德的守卫者、举止风范的教育者，是调停者和教化者。在这里我们又一次发现了法兰西民族的特性：法国是这样一个国家，尽管革命中有很多过激行为，它仍然知道从它的传统中吸取能提供掩蔽和庇护的东西，以对抗粗暴的民主生活方式。

革命，女性，文学。三个主题、三本书放在一起，可以让读者更清楚地理解，我长期探讨的问题是，自法国大革命这一基本事件以来民族特性是如何建构的。在革命节日这个个案里，人们是通过革命者的意志主义教育学，通过消除相异事物的热火朝天的事业来进行这种建构。在另外一些情况下，人们反其道而行之，通过抵制这种事业来从事这种建构。我们从中可以看到妇女或文学所扮演的角色：二者体现的不再仅仅是统一，而是多样性。

这三部著作展示了我的研究工作的两个方面。一方面是致力于理解为全人类寻求普世和抽象原则的动力——这也是法国大革命的邀约——是如何在一个纷繁复杂、邪恶横行的世界里建立民主的承诺。另一方面是致力于理解这种动力如何使人们发现一种文明的明显特征，用普世的启示来评价它的价值、魅力、潜在的精力以及抵抗能力。这两方面关系紧密，相辅相成。

三部曲的第一部《革命节日》探讨的正是普世性这一面。创建一个崭新的节庆体制对革命者而言既有必要，也颇有争议。之所以必要，是因为要展示新政权。之所以有争议，则是因为关于革命节庆的研究揭示出这一事业所面临的众多困难。首先是审美上的困难，因为在那样一个时代，仪式越来越被看作是一种惯例，君主庄重的典礼被看作是一种拟象。因此，应该给人民提供关于人民自己的另一种表象：所以，革命节庆的配景设计注定是贫乏粗劣的。其次是历史过程的困难，因为大革命几乎不能在一个统一的仪式中庆祝它自己的历史，因为那段历史充满了矛盾：那些大人物相互残杀，不同的阶段相互否定。最后是形而上的困难，因为超验性被驱逐出仪式：人们不再援引神圣的事物，被颂扬的崇高完全是一种人世间的崇高，不朽只是在人们的记忆中存在。因此，这部著作描写的是一个悲怆的事业：它对于保证民族统一极为迫切，而又令人绝望。

莫娜·奥祖夫

2009 年

7

导　　论

我们现在常常感叹说，再也没有什么节日了。18世纪人们也是如此感叹。关于节日的抱怨持续不断，而且异口同声，以至于节日类型学让人觉得是无稽之谈。然而，实际上却有着一个接一个的节日。有皇家的节日、行会的节日、宗教的节日以及民间的节日，林林总总，各式各样，让人有点不敢使用单数名称的“传统节日”。如果有人偶尔为之，那也把它当做贬低所有节日的集合词。

8 传统节日成了一个令人厌恶的概念，是“开明人士”昧于理解的产物，他们——就像我们一样——确信真正的节庆欢乐已成往事。

然而，如果说那时人们认为再也领略不到真正的节庆了，那是因为有太多的节日。导致人们如此诉苦的原因是节日太多——不像如今这样节日太少。尼古拉·德·拉马雷[*]告诉我们，巴黎就有32个节日，这还没算上每年的52个礼拜日。数量如此之多，使那些削减的尝试都显得太缩手缩脚了。“精简”的口号响彻了整个世纪，最终被记录在陈情书[**]中。这种要求的背后是对经济效率

---

* 拉马雷(Nicolas de La Mare，1639—1723)，法国官员，著有《治安论》。——译者

** 陈情书(cahiers de doléances)，1788年，路易十六召集三级会议时，各地呈交的请愿书。——译者

的关切。首当其冲的谴责对象就是没完没了的节庆：宫廷节庆、学 8
校节庆、校长仪仗游行，工匠和技工的游行，这一切都出自同一根源："我们的懒惰本性"。[①] 正是这一点启发了人们对国家收入损失的（常常很具体的）计算，孟德斯鸠就曾做过类似的计算。新教至少每年能增加 50 个工作日。"新教商业"在竞争中胜过"天主教商业"[②]，这还有什么可奇怪的呢？这种看法激发了一大批方案，人们建议把放假的节日移到最近的礼拜日，甚至在礼拜日上午的弥撒和布道之后允许工作。[③] 这就可以让劳动和做买卖各得其所，让人们手执镰刀向上帝礼拜。虽然这可能会得罪几个圣徒：这个风险在雅各宾派发狂之前，在夏尔·维莱特胆敢断言圣徒的利益与人民的利益格格不入之前就已经存在了。[④]

此外，辛勤忙碌乃"纯真之母"。圣皮埃尔修道院院长的这句格言在这整个世纪被反复提及，以致让人都感到厌烦了。它被用于支持让主日的时间远离酒馆、赌博、女人和无聊竞赛的主张。与
痛恨浪费如影相随的，是对节日本身带来的放荡不羁的担心。经 9
济上的合理性在这里与道德和宗教教义不谋而合，因为"虔敬的圣日"在实践中已经变成了酗酒、放荡、斗殴、甚至凶杀的时机。在节

① 法盖（Faiguet de Villeneuve）：《穷人之友》，巴黎，1776 年。

② 孟德斯鸠：《论法的精神》，日内瓦，1748 年。（见第 24 章，第 23 节。——译者）

③ 圣皮埃尔修道院院长："如果当第一批关于劳动间歇的教规确立时，制定它们的主教们看到酒馆和赌场应运而生，如果他们预见到游惰和日常繁忙的间断会引起这一切混乱，他们就会只让自己望弥撒和出席早上的布道了。"（《政治著作》，鹿特丹，1734 年）

④ 维莱特侯爵（Marquis de Villete）：《关于大革命主要事件的书信选》，巴黎，1792 年。

日里，丝毫看不到启蒙观念所期待的那种“思考”的人民——这种人民被认为直至大革命才最终产生。在节日里，混乱、下流、淫乱、性别与身份混杂、夜幕笼罩、酒精当道，即所有关在标有“恶习”(abus)的潘多拉匣子里的东西都放了出来。这个常用的委婉说法(“恶习”)的反复使用乃是承认了一种共谋：当百科全书派谴责节日的“恶习”时，毫不迟疑地重复教会当局——它也相信“精简”的好处——和世俗当局的那些论调。后者一直把节日聚会视为非法聚众，认为这种聚会掩护了流氓恶棍，而且随时可能发生斗殴；[①]这常常会损害宗教、国家和道德。

然而，节日也给贫困生活增添了一点光彩。令人惊异的是，节日所提供的那种眼花缭乱的玄妙感却无法为自身正名。那个世纪最终将迸发出许多奇异场面，但最初招致的却是反感。人们要在节日中忘却自我，沉迷其中，节庆场面也因此具有了魔力。但是，
10 对于那些拒绝认同这种幻觉的人，这种机制就变得过于炫目、刺耳、粗俗和可笑。当维纳斯在巴黎歌剧院里的“天空”穿行的时候，马布利实际上看到了什么？“一辆沉重的手推车，一个哆哆嗦嗦的维纳斯，挤在一起的一群爱神，我禁不住要大笑，等待着某种悲剧性的灾难。”[②]同样，节日场面的华丽服装也不能取悦对神奇事物无动于衷的人，他们面对伪装和面具会出于社会恐惧和美学反感而退避三舍。18世纪，人们在“人工烟火”(feux d'artifice)里看到的更多的是“人工”，而不是焰火。焰火似乎是一种愚蠢的浪费，

① 参见里博(J. Y. Ribault)：《民众娱乐与社会动乱》，载《贝里地区考古与历史文集》，1967年。

② 马布利(Mably)：《给P侯爵夫人关于歌剧院的信》，巴黎，1761年。

是化为烟烬的钱财。

因此，那种对幻觉的儿童般的好奇已不复存在。当关于革命节庆的记录附带地提到旧制度时期“微不足道的”庆典仪式时，这种说法值得认真考虑。就“开明人士”的感受而言，传统节日已经变成一个谜团。像狄德罗那样的人对基督圣体节的仪式还感到惊叹，那么有多少人能像马蒙泰尔[*]在艾克斯面对宗教仪仗行进而强忍不笑，像布兰维里耶[**]面对杜埃的“巨人”而呆滞无语，像伏尔泰对弗莱芒的圣诞节报以嘲笑![1]说到各种民间节日，看来有两类说法：要么被说成古怪（但仍无好奇之心：这些惯例的预期消亡丝毫没有引起怜悯，没有怀念，甚至没有学术性的评论），要么被说成粗野：民间节日不过是火铲与铁锅的杂乱敲击，涌满街巷和广场 11
的人群，射鸟和宰鹅的野蛮游戏，戴着面具的暗中威胁，令人作呕的抢面包香肠大战。总之，一场骚动搅乱了，甚至“冒犯”了人们的“理性”。

最后，也是最重要的，传统节日是一个有差异的世界。皇家节日便是如此，[2]用一种严整的典范，表现了等级秩序。宗教节日也

---

* 马蒙泰尔（Marmontel，1723—1799），法国作家。——译者

** 布兰维里耶（Boulainvilliers，1658—1722），法国作家，自由思想家。——译者

① 伏尔泰：《哲学辞典》（巴黎，1954 年）：“这里是一些城市庆祝圣诞节的情况。先出现一个半裸的年轻男子，背上戴着翅膀。他向一个少女颂唱《圣母颂》。少女回应：‘好吧。’天使就吻她的嘴，然后一个藏在大纸公鸡里的孩子大声喊叫，模仿公鸡报晓，‘上天送给我们一个孩子’。”

② 参见罗兰夫人的《回忆录》：“当我在首都目睹王后或王公们出场或王后分娩后敬天活动的场面时，我会把这种亚细亚式的奢华、这种盛气凌人的浮华，与奔跑观看自己偶像的呆傻民众相比较，我会感到心痛。”

是如此，其中的仪式变得“傲慢和专横，如同一出歌剧”[1]，并且带有使人反感的炫耀。最后，戏剧化的节庆也是如此，其中集中了所有制造场面的节庆的缺点。在数十年间，讨论建筑的文章都谴责剧场是社会等级体制的主显之地和以社会区隔为荣之所。剧场是
12 “小幽室”，狄德罗断言它无法“吸引全国的注意力”。[2] 根据梅西耶的说法，狭小性把表演变成了“房中游戏”（chambrées）[3]，给本应体现完整生存状态的纯粹奇观的节庆，赋予了片面、独享的私人娱乐性质。

如果说有哪个事件浓缩了集体想象中的一切传统节庆的弊端——自上而下、虚饰做作、等级鲜明、强制命令乃至最后发生凶杀——那就是路易十六和玛丽-安托瓦内特婚礼的灾难。它是充满预兆的象征。关于“烟火架的焚毁，官员的缺乏远见、坏人的贪婪、马车的狂奔”，关于“王储的年轻妻子从凡尔赛经过皇后林荫大道翩翩而来——幸福、华丽，享受着全体人民的快乐——却在狂乱中逃走，眼里噙着泪水，脑子里是那个可怕的景象，仿佛还听到那些垂死者的呼喊”，有无数的描述。这个经过编排的场景[4]，恰恰体现了开明观念与节庆的分道扬镳。

节日都应该抛弃吗？这种结论或许过于草率。甚至那些经济

---

① 瓦兹（Oise）的库佩（J.-M. Coupé）在《政治和道德中的节日》对此做了探讨：“在你的简陋教堂里，不要回忆那些使它无地自容的豪华庙宇和那些装饰；要使你远离这种装潢和镀金。”

② 狄德罗：《戏剧的悖论》，巴黎，1967年。

③ 梅西耶（L.-S. Mercier）：《论剧场》，阿姆斯特丹，1773年。

④ 康庞夫人（Madame Campan）：《玛丽-安托瓦内特私密生活回忆录》，巴黎，1822年。

理性的拥护者——对每一项“精简”主张都拍手称快，与米拉波侯爵一样认为这种措施越多越好——也意识到节日也有可取之处。节日将时间串联起来，并赋予日常生活一副骨架。吊诡的是，它们还是良好风尚的保障，即便是它们所允许的放纵也是位置固定的脓肿，可以防止感染扩散到日常生活和整个社会肌体。它们通过充满热情的同桌共餐——如圣诞节烤栗、三王来朝节饼、复活节 13
蛋、圣灵降临节的鲜果——所体现出的和解场面，有力地凝聚了共同体。如果没有这些节日，没有它们的装点，生活就会平淡无味，如同“一截不成形状的枯木干”。凡是想成为“人类之友”[①]的人——当时人人都愿意——都把节日视为必要的。

*　　　　*　　　　*

很久以前，还有另外一种节日。在久远的过去，节日就像是《论语言的起源》中所论及的没有成规、没有条款规定的契约：是“没有时间刻度的幸福时代”。[②] 曾经有过一种没有时刻表的时代，一种不分你我、也几乎没有场面的节日。在那个久远的时代，节日聚会举行时，参加者仅仅因为聚到一起而感到满足。这些原始的、远古的节日，让人真想再回到那个时候。但是，这种典范似乎已一去不复返了。

幸运的是，它还没有完全丧失。人们通过习俗而揭去雅典和罗马的面纱[③]，尽管正如库尔·德·热伯兰*所重申的，古典古代

---

① 米拉波(Mirabeau)：《人类之友》，阿维农，1756—1760 年。

② 卢梭：《论语言的起源》，日内瓦，1781 年。

③ 布朗热(N. A. Boulanger)的著名遗作《习俗揭示的古代》，阿姆斯特丹，1766 年。

* 库尔·德·热伯兰(Court de Gébelin，1725—1784)，瑞士学者，新教牧师。后从瑞士到法国。——译者

民族的习俗不过是更原始也更真实的神话的一种堕落版本，但它
14 们靠近历史起源，也就具有了典范地位。后来的节日平淡庸俗，为了弥补这种不足，集体想象要么移情于希腊——巴泰勒米神父* 将其国家典礼奉为1788年法国人的样板，要么移情于罗马——按照贝尔纳丹·德·圣皮埃尔** 的说法，公民花冠在那里得到人们的崇敬。对新节日的渴望不仅被投射到法国民族的未来，而且也被投射到过去。时间对展望与回顾这两个方向都是开放的。正是带着战车、竞技者、竞赛、棕榈叶、桂冠等意象，启蒙时代的人们踏上大革命的舞台。

此外，当对古老时代的迷恋衰退之时，这个旅游者的时代开始用空间来滋养自己的梦想。于是，在马莱神父的笔下，丹麦人在树林里举行纯粹的宗教节日，崇拜一个已经作为“最高存在”的上帝。[①] 于是，在米拉波的笔下，中国人发明了象征性节日，皇帝本人“在耕犁面前”跪拜[②]——后来大革命时期的农业节组织者也想到中国人和有同样祭拜仪式的秘鲁人。于是，马布利宣称，新大陆的开化民族回归了自然原则；雷纳尔补充说，他们能第二次使世界焕然一新；格雷瓜尔强调说，他们早已有自己的公民节日和自由树，作为共同体聚集欢乐的中心点。[③]

---

* 巴泰勒米（Barthelémy，1716—1795），法国考古学家。——译者

** 贝尔纳丹·德·圣皮埃尔（Bernardin sw Saint-Pierre，1737—1814），法国工程师、作家。——译者

① 马莱（P. H. Mallet）：《丹麦史入门》，日内瓦，1763年。

② 米拉波：《论公共教育》，巴黎，1791年。

③ 1765年以后，五月树在北美被用来表示支持反英斗争，并成为张贴标语和漫画的地方。它们早已被称作自由树，可见于托马斯·潘恩1775年发表并广泛流传的一

在更近的地方则有“幸福之乡赫尔维蒂[*]的简朴居民”。他们 15
有自己的葡萄酒节和军事庆典。J.-L.摩勒在1761年6月10日写给卢梭一份充满激情的报告中对此有所描述。令摩勒兴奋的不仅仅是大阅兵：500人以日内瓦刚刚引进的普鲁士操练方式在12000名观众面前列队行进。更重要的是它引起的共同体感觉：“在每个十字路口都可以见到公众在欢呼雀跃；生意都停下来了；人们只想相亲相爱，不想其他；人人都快活、大度、友好；如果从正面意义来用‘传染’这个词，那么我要说，公共友爱已经传染给全社会的每一个人。”卢梭很欢迎这份报告，并希望“在我们中间复兴这些趣味、这些游戏、这些爱国节庆，它们符合习俗和美德，让人兴奋，让人回味”。[①]

不过，我们需要这种旅游吗？我们不必长途跋涉，换个眼光看看法国的村庄，这些带有少许异域风格的地方，它们的节日不是也可以作为典范吗？那些影响了当时人们情感的田园作品，里面毫
无疑问也有节日的内容：它们从头到尾都是在过节。弗洛里安[**]的 16

首诗：

它的果实享誉四方，
引得周围各民族
都来寻找这片和平海岸。
他们不在乎门第和等级
因为自由人像兄弟一般和睦相处：
他们有同一种天赋精神，
追求同一种友谊，
他们的殿堂就是自由树。

* 位于瑞士。——译者

① 《卢梭通讯全集》，第9卷，日内瓦，1969年。

** 弗洛里安（Jean-Pierre Claris de Florian，1755—1794），法国诗人、小说家。——译者

《加拉泰》就包含了后来革命节日所利用的所有因素：忙碌的社区预示了马尔斯校场上的活动；洋溢着青春欢乐的体操预示了督政府时期的体操节；树荫下铺列的桌子很像后来的“公民聚餐”的情景。为奥什和茹贝尔[*]举办的葬礼可以说是借鉴自弗洛里安笔下牧羊人的送葬仪式，用柏树枝做成花冠，用黑色织带包裹牧羊人的手杖。这种田园牧歌在我们看来太不真实，太脱离民间习俗——我们从中可以窥见一个社会的远逝——但在当时许多观察者看来确是在他们眼前发生的现实。卡拉姆津将目击者记录式的现实主义运用在自己对叙雷纳的“玫瑰王后”节的描述上。[1]这至少让平等的寓言变得有血有肉。我们可以看到农民穿上节日服装，夸耀自己的酒好、自己村庄的风俗淳朴，敢于与巴黎的贵妇人翩翩起舞，后者“一直怀着好奇要看看首都附近竟然还保留着纯真”。1785年，朱利安夫人向她的10岁儿子马克－安托万（后来以“小朱利安”著称）详细描述了一次“乡村聚会”，包括共同劳动（在葡萄收获季节大家一起装满柳条筐）和纯粹的开心（在草地上跳舞）。她感叹，她的儿子没到现场，没能在娱乐中受到教育真是可惜！[2]让拉雷韦利埃－勒卜的想象力受到刺激的“原始场面”乃是一个表
17 兄的乡间婚礼。其中综合了节日应有的所有因素：美丽而不炫耀，丰盛而不浪费，每个人都受到其他所有人的关注——总之，“在最喜悦、最欢快之时，得体总是受到尊重”。[3]这类回忆给人们造成强

* 奥什（Hoche，1768—1797）和茹贝尔（Joubert，1769—1799）均为法国大革命中提升起来的杰出将领。——译者

① 卡拉姆津（N. M. Karamzine）：《法国游记，1789—1790》，载《大革命评论》，1884年。

② 洛克鲁瓦（E. Lockroy）：《大革命期间一个布尔乔亚的日记》，巴黎，1881年。

③ 拉雷韦利埃－勒卜（La Révellière-Lépeaux）：《回忆录》，巴黎，1873年。

烈的印象，革命期间的节日仿佛不过是对它们的追忆而已。革命节日力求复活它们的那些角色——好朋友、好儿子、好母亲、慈善的领主、宽厚的本堂神父——以及它们的场景——在一个人间乐园里，可以见到谷仓里的几个酒桶，装着鲜花的篮子，而且永远会有一片枝叶茂密的树林。

然而，与旅游带给我们的一样，这些不过是零碎片断的节日印象。任何时代，任何地方都不能提供一套这个世纪的人们所追求的那种能够覆盖和维系整个人类生活的完整的节日体系——除了乌托邦那个被当时的人们所喜欢光顾之处。在那个节制生活、平和劳作、适度娱乐的理想之地，居民还需要节日吗？在那样一个无须放松的地方，每一天都会与别的日子一样；在这样一个风平浪静的世界里，每一天都是节日。倘若乌托邦也有很多节日，那么首先是因为要纪念它们的创建——要么是创造性的断裂，要么是幸运的灾难。这个伟大的日子不仅仅是一个纪念日，而且是乌托邦历史上唯一的日期，完全应该纪念。此外，它还维系着对英雄业绩和重大发明的记忆。因此，感恩的乌托邦会把新的节日献给伟大人物。由此就有了季节的循环链条，其中标有联结点和新起点，诸如需要加以庆祝的伟大集体任务的开端与结束；最后，婚丧等私人生 18
活的重要时刻，在费拉德尔菲派*的那个透明世界里，变成全社会的典礼。于是就有了无数需要举行节庆活动的时机。

人们很容易看到，在这些乌托邦的节日里，是什么吸引着革命

* 费拉德尔菲派（philadelphes，兄弟之爱会），德国启蒙时期秘密组织光照派在巴黎的分支。——译者

前的社会感受力：除了虚构扬帆启程这个表示与过去实行革命决裂的想象外，节日满足了人们的一些情感：对分类的喜好——通过消解历法的不规律性，建立有规律的分布节日的秩序；对丑闻的愤恨——在节日里完全与平素一样，只是增加了强度，但从未放弃或怀疑这种情绪；对秘密的恐惧——在节日里一切都可公之于众，包括爱情和友谊（圣茹斯特还记得这一点，他试图让人们每年风月在神庙公开重申个人之间的情感）；总体化倾向——可以在《月亮宪法》中看到[①]——这种倾向确认各种节日的混合总是对“国家”有利。

最后，乌托邦的节日（这实际上也是常常成为参照的原因）使所有的人都处于同等地位。当它赋予老人和孩子某种角色时，只是依据自然条件进行分派，决不赋予特权。它解决了（至少看上去解决了）化圆为方的社会难题：实现了没有差异的多样性。如果说现实的节日，例如叙雷纳的“玫瑰王后”节，只是提供一个寓言中的、昙花一现的平等意象。那么在乌托邦节日的世界里，人类的五
19 颜六色被假定消除了，人类的活动和角色统统理智化了。在《自然研究》中，所有的参与者都穿着同样的服装，头上戴着同样的花冠（“比仆从佩戴主人的纹章、手持大蜡烛更高贵的场面”）；他们做出同样的标准姿势，宣示同样的语言，完全对等地交换角色。[②]

这就是典范，这就是梦想。最令人惊讶的部分是它所追求的或者是让人体验到的那种团结一致。在组织他们心目中唯一能够使人们协调一致的节日之前，思想开明人士已经对其想象的制作

① 贝弗鲁瓦·德·雷涅（L. A. Beffroy de Reigny）：《月亮宪法》，巴黎，1793年。

② 贝尔纳丹·德·圣皮埃尔（Bernardin de Saint-Pierre）：《自然研究》，巴黎，1784年。

细节达成了一致。

*　　　*　　　*

这种梦想与法国大革命的交集，就是本书的主题。大革命给了这些梦想家一个前所未闻的机会。这种严峻的“白板”情境在18世纪已变成老生常谈，但此时好像被重新发现。这里不会有皇家节日，也不会再有宗教节日——或者只有卢梭在为科西嘉所做的设计中所许可的为维系其生存的最低限度的宗教活动。[①] 甚至民间节日也很快就遭到了讨伐。迫于形势的压力而非出自内心的意愿，人们不再炫耀奢华。限制性的“习俗”也消失了。一切都变得可能。正如让·斯塔罗宾斯基[*]所看到的，大革命似乎是在一个向启蒙和权利全面开放的场地上获准确立的，让人们感到是一个让乌托邦靠岸的意外机会。幸运岛不再漂移了。它本来不属于任何时代，也不属于任何国家（这既是幸运也是缺陷）。它终于停 20
下来了，就在此时此地。

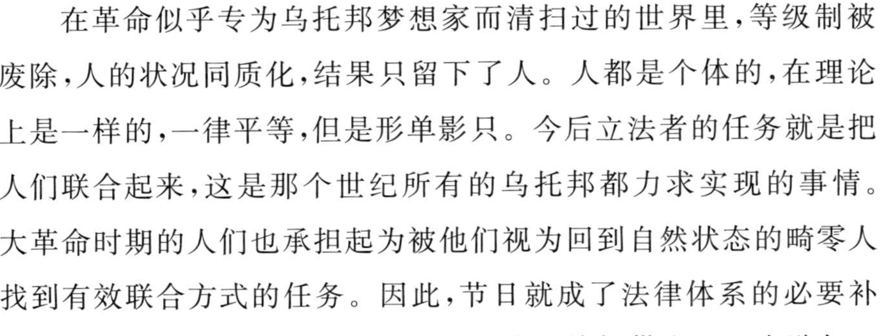

在革命似乎专为乌托邦梦想家而清扫过的世界里，等级制被废除，人的状况同质化，结果只留下了人。人都是个体的，在理论上是一样的，一律平等，但是形单影只。今后立法者的任务就是把人们联合起来，这是那个世纪所有的乌托邦都力求实现的事情。大革命时期的人们也承担起为被他们视为回到自然状态的畸零人找到有效联合方式的任务。因此，节日就成了法律体系的必要补充，因为立法者为人民制定法律，节日为法律提供人民。米歇尔·

① 卢梭：《关于科西嘉政府的通信》，全集，第3卷，巴黎，柏林，1817年。

* 让·斯塔罗宾斯基（Jean Starobinski），20世纪瑞士文学批评家。——译者

福柯认为,18世纪有两大神话经验,其一,盲人复明,其二,异域游历。我们可以再加一个:人们在节日受到洗礼而成为公民。

这是革命时期人们对节日有特殊兴趣的根源——与其他要求人们付出精力的事情相比确是极其特殊的。通过节日,人们要使社会联系焕然一新,变得公开、永久和不可触犯。由此,凡事关节日,没有小事:用于瞻仰和崇敬的对象显然应该是公共财产;反映革命历史的绘画必须表现万民欢庆开天辟地的事件;合唱的重复,祈祷的吟诵都将表达共同的意志;列队行进造成的场面将把孤独个体的乌合之众变成有组织的共同体;私人承诺被赋予公共性,公
21 共承诺被赋予庄重性;其中还有一种对超越的追求。节日是欲望与知识交汇之处,对大众的教育让位给了娱乐。节日的建构是将政治与心理学结合,将美学与道德结合,将宣传与宗教结合。

因此,不难理解,长期被忽视的革命节日现在吸引了历史学家的注意。[①] 这确实是因为民俗学者和人种志学者的工作使他们确

① 这种兴趣首先出现在美国史学界对政治和宣传报道的关注,例如斯坦利·艾德泽达:《法国革命期间的反偶像现象》,《美国历史评论》60(1954年);戴维·多德:《雅各宾主义与美术》,《公共舆论季刊》(1951年秋季号);戴维·多德:《法国革命中作为国家宣传的艺术》,《公共舆论季刊》(1951年秋季号);戴维·多德:《雅各宾主义与美术》,《艺术季刊》16,1953年第3期;戴维·多德:《共和国的庆典大师:雅克-路易·大卫与法国革命》(内布拉斯加大学出版社,1948年);詹姆斯·利思:《把艺术视为宣传的法国观念,1750—1790》(多伦多大学出版社,1965年);杰克·林赛:《艺术与革命》,《艺术与艺术家》(1969年8月)。

在法国,"革命与浪漫派研究中心"于1974年6月24—27日在克莱蒙大学组织了关于革命节日的研讨会(简称克莱蒙研讨会)。这次会议的开场报告和总结报告发表在《法国大革命历史年鉴》特刊47,第221期(1975年7—9月)。还可以参见Y.-M.贝尔塞:《节日与暴动》(巴黎,1976年)和米歇尔·伏维尔:《1750—1820年间普罗旺斯的节日变迁》(巴黎,1976年)。

信，不能再忽视节日了。这也是因为节日对于我们就像当年对于革命时期的人们一样成为多样化的现实：我们不得不来看看我们的各种语汇——政论文章、文学评论、戏剧批评——是如何受到节日观念的侵袭。如果我们特别渴望节日，那也常常是带着一种怀旧复古的意图，因为这个大谈节日的社会只剩下供私人开心的内 22
容贫乏的节日或新民俗领域里负有维系虚假集体记忆任务的走样的节日。我们也经常怀有一种预言的期待：1968 年 5 月风暴通常被评论家描述成是对长期以来仪式贫乏的报复，从那时起我们一直等待政治思想和神学思想许诺给我们的节日。神学思想关注的是恢复节庆的纯粹性，以对抗劳动的那种坚韧不懈价值。[①] 政治思想则期望革命能够带来幸福，不是在结束时，而是立刻，而且成为将节日融入自身的永恒存在。[②] 但是，我们的时代总是与法国大革命的节日时代建立联系：节日对于我们具有治疗作用，与 18 世纪的乌托邦一样是对已经松弛的社会联系的重建。

但是，如果说从乌托邦到革命是一次轻松的航程，或者说其结果很不错，这都令人难以信服。实际上，18 世纪的乌托邦只含有极其微小的集体活动因素，极其微弱的革命期望。当空想家在“安乐乡”云中漫步之后，心里带回一个模型，而不是带回一个纲领。23

① 参见阿尔维·考克斯(Harvey Cox)：《愚人节：关于节庆观念和幻想观念的神学论文》(巴黎，1971 年)，于尔根·莫尔特曼(Jürgen Moltman)：《世界上第一批获得自由的人——尝试自由的欢乐与游戏的满足》，(慕尼黑，1971 年)。

② 1968 年 5 月事件引发了大量的抒情评论。参见让－玛丽·多梅纳克：《运动的意识形态》，《精神》，1968 年 8—9 月号；B. 沙博诺：《骚乱与计划》，《圆桌》251 期(1968 年)和 252 期(1969 年)；勒内·帕斯卡尔：《5 月的节日》，《法国论坛》(1968 年 10—11 月)。

他与社会保持了一个距离，从而使他的眼光和判断都变得尖锐，但这并没有给他带来希望或信心。我们并没有从乌托邦前进到革命，而是从革命倒退到乌托邦。正是历史乐观主义的诞生，回溯性地给乌托邦赋予了乌托邦自身绝不会有的行动主义。正是革命把各种乌托邦当做自己的愿望，在它们中看到另一个世界的投影。正是革命赋予乌托邦一个完全相悖的理念：在人类历史进程中，有吉利的时代和不吉利的时代，“好事”也要像好果实一样需要成熟的过程。

从一开始，革命和乌托邦之间就有误解。革命想象自己，也期望自己是乌托邦的女儿，而且是一个温和的女儿：是一个从虚构到现实、从祈望到规范的过渡，没有破坏性的反叛；是旧秩序废除之后的新秩序的体现。它不知道自己有一种隐秘的能力，能够引发一系列不可理喻的跌宕起伏。它生活在一种理智化的自我吹嘘中。它只梦想着一蹴而就。圣茹斯特的一个匿名朋友这样描述他：“他渴望在革命结束后自己能够有常人心态，观赏自然，在某个世外桃源与一个有缘的姑娘共享平静的私人生活。”但是，实现这样一个田园梦想，必须有一场革命吗？

对这种虚妄的自我认识——革命承袭了对乌托邦的迷恋——节日就是一个可靠的证明。革命节日的整个历史可以被看做是对
24 这一盲点的说明：革命节日希望自发性，但实际上充满了防范和强制；虽然旨在重新把整个共同体聚集起来，却触发了不间断的排斥，不断地制造贱民；它们变成了一种闹剧，最终造成了人的孤独。革命的节日狂热乃是一部充满失望的历史。

那么是谁的错误呢？最常见的反应是，怪罪革命历史的实际

进程——乌托邦设计在这中间遭到歪曲。乌托邦是光明的，而现实是阴暗的；乌托邦一直是稳定可靠的，而现实有无穷无尽且无法预料的后果。乌托邦是符合几何学规则的，革命现实则是乱七八糟。最后，也是集大成的一点，革命从未设法摆脱最初使它得以成功、但也使它无法结束的暴力。在这种情况下，节日不过是在虚假地欢庆天下太平与和衷共济。节日变成了一种伪装：其使命是掩盖凄惨的现实，其本身成为镶贴在凄惨现实上面的装饰。非常讽刺的是，这原本是18世纪给传统节日下的定义。

然而，只要意识形态还有足够的资源可用于对付不愿就范的
事实，这些矛盾或许还不是致命的。如果说革命节日难以使美梦
成真，这与其说是因为它排斥乌托邦，不如说是因为它清晰地揭示
了乌托邦设计的圆满表面下掩藏着什么。乌托邦不像人们所相信
的那样满面笑容。18世纪人们向往的“安乐乡”是斯巴达。当乌
托邦下令“一切均须展示在众人眼前，最有益的风俗不是静静地、
各自单独遵从的那些风俗；从现在起，只有公开的、民族的、共同的
和不可分开的生存方式”时，①即使此处说的是最懒散的乌托邦、 25
田园式的乌托邦，它也没有给自由留下一点自由嬉戏的空间。这
些节日处处弥漫着秩序和规则的气息，正如卢梭为科西嘉和波兰
政府做的设计方案那样，不鼓励异想天开，并要对它予以惩治。它
们不给异常者留有任何余地；它们制造了一种孤独罪，如梅西耶所
希望的那样，排斥无神论者及其信徒，也排斥如马蒙泰尔在印加人
中所乐于看到的那种反叛子弟*。和谐一致似乎是节日所明确要

① A.M.勒米埃：《岁时习俗的奢华》，巴黎，1779年。

* 马蒙泰尔在1778年发表史诗作品《印加人：秘鲁帝国的毁灭》。——译者

求的状态，因而人们很快就转向关注创造这种状态的手段上。在一个废除了等级差别的世界里，对好坏的预先区分、对破坏分子和变节者的猎捕，是举办节日的最佳保障。如果做不到这一点，节日本身就肩负起筛选的任务：凡是在这种典范性的聚会里找不到快乐的人就会被自动交付社会制裁。①

作为善恶立判的手段，断头机甚至比参加节日的规则更为有效。因此革命暴力似乎非但没有扭曲败坏乌托邦节日，反而是使之得以实现的手段。共和 2 年牧月（1793 年 5 月 20 日—6 月 18 日）既是一个光辉灿烂之月——宣布在一个人类重获新生的圣洁黎明设立最高主宰（l'Etre Suprême）节，又是一个不幸之月——恐怖机器开始运作。

因此，我们需要把视角颠倒过来：不是乌托邦给大革命提供了认识自己的镜子，而是大革命使乌托邦能够从中看清自己的真实
26 特征；它的特征不是幸福，而是为之开道的不可改变的秩序，不是自由的想象，而是刻板拘泥。正如贝尔纳丹·德·圣皮埃尔所预感到的，它将鼓励恐怖统治，并将鼓励为废除等级差别而付出的代价——暴力。正如埃德加·基内* 所说："不幸的是，我们的乌托邦几乎都诞生于奴役状态，因此它们都保留了奴役精神。这就是为什么它们都倾向于在新兴的专制中寻找盟友。我们的体系创造者们把他们的梦想寄托给绝对的权力。他们的思想常常与人性发

① 巴黎公社成员若（Jault）：《论公共教育》，巴黎，三友印刷社。

按：法国自中世纪后期取得自治权的市镇，称作公社（commune）。大革命期间，所有的市镇都有自治权，统统称作公社。——译者

* 埃德加·基内（Edgar Quinet，1803—1875），法国历史学家。——译者

生冲突，他们也往往把确立它们的任务托付给专制。当事情不按他们的方式发展时，就必须用专横的权威来强制干涉。于是他们坚决地偏好强者。但是，对于他们来说，再强也永远不够强……”

27 # 第一章　革命节日的史学研究

在革命时期的10年时间里，乌托邦设计与革命节日之间的对话是通过极其丰富的节庆仪式展开的。人们总是谈论在巴黎举行的联盟节和最高主宰节，而忘记了各地也在复制和呼应巴黎的节庆，有无数的联盟节，有无数的最高主宰节。此外，人们总是举这两个例子，再加上一个理性节；（除此之外）我们在许多历史学家那里根本找不到别的东西。但是，只须打开那些尘封的节日档案纸匣，其丰富多彩就能让人眼前一亮：青年节，胜利节，老年节，农业节，伉俪节，共和国节，人民主权节……没完没了的节日！各地都在庆祝节日：甚至最小的区镇一年也有几个节日，甚至一个月就有几个节日；彩旗飘扬，鼓声激荡，木工画工应召齐聚，歌曲反复颂唱，节目精心安排。革命十年的一种常态给研究者留下了一沓沓
28 的记录报告。这些报告仅就数量而言就令人惊叹，但内容简陋，通常都很单调，因而一直受到冷遇。相比之下，人们更喜欢回忆录或报纸上那些光彩夺目的记述。

难道这就是为什么各种大革命史书上有关节日的信息如此之少的原因吗？试以被丹尼尔·阿莱维称作“喋喋不休的”拉马丁[*]

[*] 拉马丁（Lamartine，1790—1869），法国文学家、学者。在1848年革命之初曾任法国临时政府外交部长。——译者

为例[1]。1848年民众欢天喜地地恢复和模仿大革命时期的节日。人们可能会期待拉马丁能够在这些现象中察觉到节庆的欢乐，但实际上他把革命节日放在极其边缘的位置，因为他倾向于认为它们与其说是欢乐的表达，不如说是狂暴的宣泄[2]。多数历史学家都显示了类似的保留态度。他们可能不得不对联盟节和最高主宰节做一点记述，那也要有一点勇气，更常见的是把这些节日一带而过，或者草率地给予冷嘲热讽。这种责难的语调和这种普遍的忽视有可能出自于一个情况：对革命节日的描述完全系于它的成败问题。当一切都以这个问题为转移时（其相关性并未加以论证），人们显然会强调，任何一个节日都没有产生人们所期待的长远影响，甚至没有兑现直接的承诺；人们描述了节日的直接苦涩后果，显示了原想通过节日重新团结起来的人们越来越分裂。在大革命的10年里，情况一直如此。此外，还很容易看到，这一大批节日已经与革命本身同归于尽了。

19世纪末，对这些节日的兴趣有点复兴之势。当时（第三）共和国正在准备和完成政教分离。这种分离唤起莫名的恐惧，若是
用与法国革命时期语言近似的说法，它使人们重新关注宗教狂热 29
在公民节日中卷土重来的问题。这是人们再次试图进行嫁接或替代：共和派史学家的思考回到大革命的岁月，那时人们也是梦想着通过节日来实现一次复兴。出于一种紧迫感，对节日的兴趣成为奥拉尔和马迪厄*之间激烈对话的一个中心。这也启发了许多地

① 丹尼尔·阿莱维（Daniel Halévy）：《一部历史的历史》，巴黎，1939年。

② 拉马丁：《吉伦特派历史》，巴黎，1847年。

* 奥拉尔（Aulard，1849—1928）和马迪厄（Mathiez，1874—1932），先后两代法国革命史权威。——译者

区性研究，尽管它们没有明确说明这一点。

但是，那时的历史学家与他们的前辈一样，断言革命时期的节日总体上失败了。有人是从革命者的一系列政策变化的角度（在他们眼中，节日失败是因为政策失败）得出这个结论，有人是从节日内容的角度（节日失败是因为内容平庸无趣）作出判断。但是，在我们寻找这种众口一词的原因之前，在盘点这种乏味的历史研究留给我们的问题之前，先请一位超越了这种普遍冷漠的历史学家发言。他就是米什莱*。他几乎完全专注于巴黎的场景，不停地追问节日在革命中的意义和功能。

30

革命作为节日

“从未享受过任何节日”，这对于米什莱来说乃是童年的真正贫乏之处。“我的童年从未在重大的日子里、在友善人群的热烈氛围中舒展迸发过。如果有那种氛围，每个人的情绪都会互相感染而扩大百倍。”[①] 然而，在巴黎，帝国的每次重大胜利都有一次盛大的节庆，美酒流淌，焰火冲天。对于跟着父母来观看的孩子，这是十分壮观的场面，但很凄凉。为什么？作为小孩子，米什莱还不懂得，赐予的节日必然不免有些沉闷。但是他的这种模糊感觉足以解释他后来为什么给予法国大革命时期的节日那么热烈的关注。

---

* 米什莱（Michelet，1798—1874），法国历史学家。——译者

① 米什莱：《宴席》（巴黎，1879 年）。另参见《我们的孩子》（巴黎，1870 年）：“我们没有节日来放松和开怀大笑。只有冷冰冰的沙龙和丑陋的舞厅！这些与节日正好相反。第二天，人们会觉得更空落，甚至更僵硬……”

在他有关节日的阐述中，特别是与其他人的阐述比较，令人震惊的是，其中没有排斥、嘲笑或咒骂。在他的笔下，没有节日被遮蔽，没有节日被嘲弄，也没有节日被谴责。甚至联盟节在他心中唤起的热情（对于在这种情况下的其他多数历史学家，热情意味着对此后节日的轻视），也没有使米什莱漠视其他不那么成功的节日。人们会在他于 1847 年为《法国革命史》写的序言中感受到这一点。[①]米什莱选择了两个日子来说明节日在革命中的重要性：1792 年 7 31
月 14 日和 1793 年 8 月 10 日。他将二者对立起来。与前者相比，8 月 10 日“迥然不同”。但是，这种对立意识并没有导致任何僵硬的评价，也没有提出一种严格的分类，而是引进了一种渐变色谱。因为假如说米什莱意在证明的是两个革命节日之间的鸿沟，那么另外的比较就更能说明问题：联盟节与理性节的比较，联盟节与最高主宰节的比较。但是，米什莱不太关心分类。他的记述包括葬礼（为 1792 年 8 月 10 日的死难者）和凯旋（例如，伏尔泰的凯旋[*]），他甚至不愿用“节日”这个词来表示那种意外的情况，如向杜穆里埃[**]表示感谢的场面。当然，在对各种典礼的描述中，米什莱没有赋予它们同样的重要性，也没有对它们投射同样的情感。但是，它们统统被当做节日来描述。

因此我们可以从这个问题切入：米什莱是如何界定一个节日

① 米什莱：《法国革命史》（巴黎，1847—1855 年）。除了另外注明者外，本章中米什莱的引文均出自该书。

* “伏尔泰的凯旋”，指 1791 年 7 月 1 日伏尔泰的遗体迁葬到先贤祠。——译者

** 杜穆里埃（Dumouriez，1739—1823），法国将军，革命期间一度被视为偶像，后因反对处死国王而投敌。——译者

的？亦即，作为一个完全意义上的节日需要有哪些要素？这个问题显得十分要紧，还因为在他这部著作中，它始终关系到另一个问题：革命如何才能成为一场革命？

人民登台亮相：这是节日的第一个形象，是证明一个节日出现的首要条件。人民是以某种未经安排的、不假思索的方式出场的；没有人在实际指挥他们，他们的行动先于任何号召。他们既不听从某种法律，也不受制于某种制度，甚至也不会协调一致。联盟节就显示了这种不同意志的自发汇聚，而不是人们相互教育或传染的结果。由自发性所造成的这种充满活力的形象本身就差不多了：人民在前进，这就足够了……

32 他们去往何方？无人知晓。若动因不是某种许诺或期望，那么人群的运动几乎不需要导向。一旦人群动起来，接下来就随其自然了。正如鲁日·德·里尔*一旦找到了“前进”这个词，就一气呵成了；按照米什莱的说法，《马赛曲》的其余部分乃是自动生成的。人们是为了行动而行动，是为了超越所熟悉的界限，而这就已经是一个节日了。这就是佩吉所喜欢并加以论述的一个题目。[①] 丹尼尔·阿莱维对佩吉的革命概念做了精彩评论：“法国人出发了，这便是他们的光荣。”[②] 节日就是一次“大征召”（levée en masse）。大征召就是一个节日。

---

* 鲁日·德·里尔是《马赛曲》的作者。——译者

① 佩吉（Péguy）：《克里奥》（巴黎，1932年）：“没有人是被命令去攻占巴士底狱。没有人被要求，被预想去攻占巴士底狱。总之，历史说，我就在那里。大家都知道攻占巴士底狱是如何发生的。当然，这是发生在7月14日。那是一个晴朗炎热的日子。在烈日下，古老的巴黎愈益炎热。善良的人民不知道应该做什么，但是他们知道自己想要做点事情。”

② 阿莱维：《一部历史的历史》。

这就解释了怎么会有节日以及缺少什么就不会有节日。这也有助于我们区分各种节日：联盟最初是一次大震动——朝圣式的旅行——显然是一个节日；在米什莱看来，它甚至是首屈一指的节日。对于各地的联盟来说更是如此，因为在各省的“征召”中，出发的不仅仅是被指定的那些人，而是全体人民，而且不是对任何召集令做出的呼应[①]。同样，1792 年的法国在第一声号角中奋起，与其说去作战，不如说去过节：“丹东的狂风般巨吼，8 月 10 日大炮的 33
欢乐鸣响，把法国送进了其他许多节日。”米什莱对这种沿着大路行进的偏爱，使得他把（1791 年的）老城堡节（La fête de Châteauvieux）（它让人不太舒服，但他明确表示宁愿忘掉其有争议的行进仪式）看成一个真正的节日，仅仅因为犯人和国民卫队并排从布雷斯特走到巴黎。[②]

但是，一次行进本身并不足以说明问题：人民可以行进，但不成其为节日。这是因为，除了需要有某种积蓄的能量外，人们的运动还需要有某种自信，而这种自信既不是源于亢奋状态，也不是出自怨恨。这就是为什么米什莱对瓦伦事件后的节日、1791 年 7 月 14 日以及他所爱戴的伏尔泰的凯旋一笔带过的原因。在上述情

① 这也就是为什么 1792 年 6 月 20 日也是一个节日：人民没有冲入杜依勒里宫的意图。“他们实际上想做什么呢？想走走。他们想集合行进，暂时忘却自己的困苦，聚集在一起，在晴朗的夏日，来一个公民大散步。对于他们，允许聚集在一起，这本身就是一个节日。”——米什莱：《法国革命史》。

② 同上书：“从城镇到乡村，人民走在他们的前面，男人手挽着手，女人为他们祝福，儿童触摸他们的衣服。所到之处人们以法兰西的名义为他们请求宽恕。”

“这种国民的行为是神圣的。它应该独立于这个问题所引起的激烈争论，即斐扬派的雄辩狂热，安德烈·谢尼埃、鲁谢、杜邦（·德·内穆尔）的猛烈抨击，科洛（·德布瓦）为老城堡士兵的辩护，塔利安及其他即阴谋家借机把人民的善良用来为党派精神服务的那种精明……”

况中，街上“人头攒动”，但他们“情绪亢奋”，首都的狂热气氛“让人窒息”。同样的，王室从瓦伦返回，虽然涌动的人群伴随着受辱的王室马车，但这也不能视为一个节日，因为人们来自四面八方，“杀气腾腾”。胜利的行进也应该有某种程度的安祥和安全；这一点与把宣告祖国在危急中表现为节日并不矛盾：法国于1792年陷入的
34 战争是一场崇高的战争、绥靖的战争。

人民像迎接节日一样迎接战争，对于暴力会使进程变质，几乎毫不担心。实际上，他们亮相就足够了。他们几乎不必战斗。这一步不是行动，而是“亮相”。在这个亮相面前，所有的困难烟消云散。这是魔法的语言，由此就有了在米什莱看来的第二个必不可少的节日构成要素：节日存在于所有的艺术、所有的体系之外。无人能够设计它，无人知道它会如何完成；它是飘忽非理性莫名其妙的胜利，是一种奇迹。以联盟运动为例：当人们开始流动，“奇迹”仿佛发生了，商品也获得自由；在(1789—1790年之交)联盟运动的那个冬季，“生活必需品(食品)开始容易流通了，犹如一次奇迹般的收获。”再看另一个奇迹：当伏尔泰的马车进入巴黎时，王族和教士都逃之夭夭，仿佛他们不能承受这个巨星的耀眼光芒。无须追问这些奇迹背后的原因。米什莱就像帕斯卡那样回答说：“因为荒谬。”在关于在热马普战胜奥地利军队的叙述中，“荒谬”一而再地发生。战争就是荒谬的；胜利也是荒谬的。这也恰恰是为什么纪念热马普战役的活动成为一个节日。[①] 这个节日是庆祝战胜理

① 米什莱把热马普战役胜利(1791年11月6日)描写成一系列的奇迹：“哦，青年！哦，希望！良知的无穷力量，正义感的无穷力量！有谁能阻挡它们？……上帝有那么多在法国！她(法国)那时有何等奇迹般的能力！她挥剑不是造成伤害，而是救治各个民族。被利刃轻轻一触，他们就苏醒过来，感谢那有益的击打打断了他们致命的沉

性、战胜空间（在米什莱看来，联盟运动是“地理界限的毁灭”）、战 35
胜时间。不费力气，一切圆满。这是一路歌声的胜利。

这也是克服孤独的胜利。节日带来此前无法想象的，没有它也是无法想象的一种情绪感染。它使世界变得和谐。但是，米什莱在《我们的孩子》中写道：“相信世界是和谐的，感觉自己与之和谐，这就是和平；这就是内心的节日。”这是彻底的宗教性定义：当孤独者与同类团聚时，就是节日；[①]这是在拉梅内[*]意义上的团聚，拉梅内指责启蒙哲人不懂得，在有任何为此制定的法律之前，“人们已经团聚，因此便有了一种得到他们承认的宗教”，它具有自身标记：废除贫富区分和贵贱区分；消灭宗教纷争和人际纷争；个体意识的泯灭——在这方面节日极其接近于英雄主义。这种宗教还有自己的象征：人群，圆圈舞或法兰多拉舞，当然，还有宴席。宴席是米什莱的感知世界中的一个关键词，也是他的一部遗著的书名。书中，他以非常接近大革命时期人们的用语来呼唤节日[②]——友爱餐（agape），这才是真正节日应有的样子。在“伟大的、全民的宴席”出现之前，米什莱只要在所有的特殊的节日里看到某种“令人感动的宗教微曦”，那么它便能成为米什莱颇为宽容的观点中的节
日。我们可以从他对 1793 年 8 月 10 日纪念节的踌躇态度感受到 36

睡，破除了使他们上千年来如同田间的食草动物那样无精打采的可悲魔法。”

① 我们至少发现了促使联盟派大串联的无意识目的。他们与其说是奔赴某个城镇，甚至奔赴巴黎，不如说是奔赴“心中的耶路撒冷，神圣的博爱的团结……这个充满活力的伟大城市是在不到一年的时间里用人力建造的。”米什莱：《我们的孩子》。

* 拉梅内（Lamennais，1782—1854），法国神甫、神学家和哲学家。——译者

② 带着同样的执著，深信节日的教育功能，同时也遇到如何调和节日中的管制因素与自发因素的困难。

这一点："这差一点就成了一个节日。"这是因为在这一天有某种生硬和强制的因素，难以看到自发的喜悦。尤其是，在这个节日的名义下，团结的主题却退到第二位（尽管法国象征性地表示团结一致接受宪法，而且在这个节日欢迎来自世界各地的受难者）。但是，当米什莱的叙述进入1794年时，1793年8月10日纪念节的意义和性质发生了改变。站在这个恐怖的制高点上，米什莱在1793年看不到比那次在巴士底狱废墟上的庆祝活动更好的场景，当时大家同饮一个大杯子里的水，那是"来自各郡的圣水的融合"。从后来的角度看，这个8月10日确实是一次团结聚会，也确实是一个节日。此外，按照对列日（Liège）代表团受到广泛欢迎的描述，列日档案的转交也是一个节日。甚至向杜穆里埃表示感谢和爱戴的那些见证也可冠以一个节日之名：尽管仅仅发生在一个资产者的豪宅里，而且是由丹东派政客们出于私利发起的，但是它似乎毕竟使革命进入了"消弭仇恨的更高境界"——至少在马拉的邪恶幽灵把所有的人都赶回到各自的派别、打碎了这个节日之前。

最后一个必不可少的节日要素是妇女儿童的在场。在米什莱看来，大革命的主要优点之一在于，它终于使儿童和妇女回归公共生活，使这个没有心肝的世界有了心肝。对妇孺的一贯排斥给米什莱的著作提供了一个愤慨的理由。他主张，全国性节日应该包括专属妇女的因素和专属儿童的因素，而且这些因素应与被"道德黑夜"笼罩着的阴森的教会无关。[①] 因此，对于米什莱来说，妇女儿童在革命期间节日中的出场是一个决定性的特征。无论是受到

① 见米什莱的《宴席》和《我们的孩子》。

号召的影响还是自发的采取行动，妇女的出场给大革命增添了魅 37
力。正是她们压倒性的存在，把1789年10月6日（胁迫王室迁到巴黎）的列队行进变成了一个节日。伯克以及众多追随其后的历史学家将她们描写成野蛮人队伍，即把首级插在长矛上，引领着一个“充斥着可怕的呻吟、尖厉的叫声、疯狂的舞蹈和下流的谩骂”的送葬式队伍[①]，而米什莱看到的却不尽相同。他看到的只是挥舞着的大面包，白杨树枝，人头攒动的妇女：这一切是人群中“最本能的、最灵动的东西”。同样的，“儿童的温柔想法”也使为勒佩勒蒂埃举行的阴沉冰冷的葬礼变得柔和。正是妇女及其怀中儿童的出场，拯救了最高主宰节，使米什莱所厌恶的那个人[*]取得胜利。米什莱不太喜欢理性节，因为没有怀抱孩子的妇女出场，只有呆板而听从命令的“纯洁幼童”，是一个“朴素、郁闷、枯燥”的节日。不过，这个判断并没有妨碍他为理性节辩护，反击基内的批评：无论如何，女神毕竟是由一个妇女来饰演的。但是，最重要的节日，最符合米什莱口味的，也最接近大革命本身口味的，是那个以基于不同年龄组的纯粹仪式为中心组织的节日：姑娘们面对着已婚妇女，老人面对着孩子，小伙子面对着父辈。这完全是一种榜样和教训的
现场交流，由此可以理解米什莱为什么特别喜欢阿拉斯（Arras）的 38
共和历法节：因为庆祝活动中年龄组的划分象征着共和历法的新的节奏安排。

一种近乎奇迹的冲力；全体人民，包括妇女儿童在内的共同参与；当这些因素齐备时，米什莱的文字本身也如节日狂欢。但是即

① 柏克：《法国革命论》。（见中译本，商务印书馆，第95页。——译者）

* 指罗伯斯庇尔。——译者

便只有一个因素出现时，米什莱依然努力让自己相信，这已构成一个节日了。对于米什莱来说，1793 年 8 月 10 日纪念节虽然缺少自发的动力和即兴发挥的神奇，但是毕竟出现了令人动容的悲痛并体现了共同参与。伏尔泰的凯旋虽然缺少祥和从容，毕竟有潮水般涌动的人群。米什莱在革命与节日之间所确认的同一性在此显而易见：即使革命期间的节日——如他在 1791 年 7 月 4 日、老城堡节和伏尔泰的凯旋中所见——具有这种骚动、激烈的性质，但他也从中发现了“拯救一切的基本层面”；与革命本身的情况一样，这里也有人民献身世界、自我牺牲的精神。

关于节日与大革命的同体性，米什莱有数不胜数的例子。与革命一样，节日不是模仿，而是即兴发挥。在米什莱的脑袋里，首先不由自主地排除了节日程序安排的想法，没有什么比这更可怕的了。（当他开始倡议举办节日时，这个态度发生了变化。我们看到他批评贝朗热*过分相信民众的即兴发挥能力，他自己也接受了程序安排。）与革命一样，节日是一个忘乎所以的境界；与革命一样，节日是一次本能的、冲动的创造。最后，与革命一样，普世的节日不会有征
39 服者英雄。如果就像最高主宰节那样有一位的话，节日的感觉就泯灭了，革命也在死去。人民离开了街道和广场，从此各扫自家门前雪。只有当人民同呼吸共命运时，节日和革命才是鲜活的。

提出这个“真正”节日的问题，显然超出了这些革命文献本身所提示的类型学；也就意味着不一定在公开宣布为节日的地方寻找节日，不应放弃在未被提及的地方看到它们的可能。这正是米

* 贝朗热（Béranger，1780—1857），歌词写作者。——译者

什莱的所作所为。他会把一个没有被赋予这种正式名称的情况描写成一个节日，如 1789 年 8 月 4 日之夜；他也会对那些被公开大肆宣扬的节日心怀遗憾，如 1793 年 8 月 10 日纪念节；有时，他会出于愤怒而根本拒绝这个节日，例如 1794 年（芽月 15—16 日）丹东派被处死后，就出现了节日的问题。米什莱坚决反对："什么！就在这个日子的第二天！坟墓尚未填埋！"循着米什莱的描述细节，我们可能会以为，与塞巴斯蒂安·梅西耶一样，对于他来说，革命的"日子"是最完满的革命节日，因为他的情感使他很容易呼应一个野蛮节日。他谈到罗马的竞技时说："大节日，大屠杀。"[①]实际情况则完全不同。暴力的出场几乎总是会使米什莱无法最终兴高采烈。一场"屠杀"无法称之为节日。而悲剧可以与节庆兼容，但不能有威吓和侵犯，不能有断头台的阴影。这种二律背反发展为真实与表象的相互排斥：处处刀光剑影，但谁也不敢在节日中展示。[②] 1793 年，刀剑出现在每一个人的脑海中，人们反而更加以掩 40
盖。因此，节日不仅仅应抛弃任何模仿革命日子的想法，而且有时甚至还要否定革命日子。因此，10 月 6 日成为一个节日，仅仅是在人们闭上了眼睛时才成为可能。佩吉将攻占巴士底狱视为最重要的节日，第一个联盟节。[③] 与佩吉不同，米什莱不认为 1789 年 7

① 因此，在米什莱看来，（1792 年）9 月 2 日是一个"可怕的死亡节"。他还提到巴巴鲁（Barbaroux，吉伦特派分子）对 8 月 10 日起义的评价："一个令人生畏的节日。"

② 1793 年 8 月 10 日的情况便是如此。

③ 佩吉指出："历史告诉我们，攻占巴士底狱是第一个节庆，第一个纪念仪式，因此早已说到攻占巴士底狱的第一个周年纪念日，至少是一个原点纪念日。历史告诉我们，我们错了；我们仅仅看到了一面，还应该看另一面。我们看了。联盟节不是第一个纪念日，攻占巴士底狱的第一个周年纪念日。攻占巴士底狱本身才是第一个联盟节，是尚未有名称的联盟运动。"（《克利奥》）

月 14 日具有节日的性质。如果说革命的第一天不能冠以节日的名称，那是因为其中包含着节日所不能接受的暴力，尽管有时很难不把暴力混同为冲劲。

除了暴力与节日的密切关系这一重大问题外，米什莱还提出节日中的和谐一致问题，让人们关注那些被节日所排斥的人，因为在他看来，凡是能称得上节日的，绝不可能仅仅是哪一部分人、哪一派的节日。我们在老城堡节看到这一点，甚至在理性节感受到这一点。超越各种分歧之上，超越特殊意图之上，他认为在革命的巨大基础平台可以发现人们的渴求与创建节日的根本理由。对于米什莱来说，节日就像革命一样，只有凭借自己的凝聚力，才能存在。

41 节日的历史，派别的历史

（米什莱的）这套说法是异乎寻常的。相反，对于多数历史学家而言，（革命时期的）节日所显示的，是派别分立，革命分裂；因此，几乎都算不上是节日。

这种对革命期间节日的政治解释的典型是奥拉尔。① 在他看来，甚至联盟节也不过是体现了一种特殊的政策："斐扬派"的政策，有时甚至是王党的政策。他把 1793 年 8 月 10 日简单化地说成是 1793 年宪法的发布日子，因此在他看来整个仪式似乎可归结为艾罗·德·塞舍尔在马尔斯校场的声明。对马拉的崇拜不过是

① 奥拉尔：《理性崇拜和天主崇拜，1793—1794 年》（巴黎，1892 年）。

对祖国的崇拜。这个“不过是”实际上成了奥拉尔这部历史著作中的判词。对他来说，革命期间的节日不过是“爱国主义的权宜之计”。只要爱国主义受到困扰，节日就兴盛起来，只要爱国主义顺顺当当，节日就消失了。此外，每一个具体的节日都不过是某一派别为了打击敌对派别而设计出来的办法。我们来考察一下针对理性节的例子所做的两个断言。一方面，说它表达的不是一种宗教意识，而是埃贝尔派的政治意图；另一方面，说它是国防危机时刻的一个激励措施。虽然它在斯特拉斯堡和在沙特尔不太一样，但这仍与地方传统毫无关系（实际上后者在这些节日中没有扮演任 42
何角色，奥拉尔天真地说，他“觉得”在马赛的[理性节]不像在雷恩的那么阴郁，其实不然）。这是因为从斯特拉斯堡的尖塔上可以看到奥地利的前哨基地。这两种描述理性节的方式都能解释为什么它很容易地消失了。作为埃贝尔派运动的体现，理性崇拜与该派一起沉沦；作为一个战争手段，只要政治想象力找到了更有效的武器，它就被废弃了。因为作为一项权宜之计，它总是可能与其他权宜之计冲突，因此出于全面的政治理性考虑，很容易从理性节转到最高主宰节。而对于新的崇拜可以做出完全相同的解释，而且这种解释与对前一种崇拜的解释一样是双重意义的。奥地利人刚被击退，这种新的爱国主义权宜之计就开始消退了。当暴君[*]消失时，它也随之消失。有人会说，这两种解释中至少有一种是多余的吧？奥拉尔会回答说，弗勒留斯战役[**]同时毁灭了罗伯斯庇尔和

* 指罗伯斯庇尔。——译者

** 1794 年 6 月 26 日，法军在比利时弗勒留斯取得胜利，攻入比利时。战局的好转成为热月政变的一个背景因素。——译者

他搞的祭礼。但关键不在这里。最重要的是政治解释的后果：与米什莱的解释恰恰相反，它凸显了革命节日的脆弱性、无根性，总之，缺少一种集体需求。

奥拉尔的解释成功之处在于，形形色色的历史学家都能采纳它，仿佛这个问题与历史学家对大革命的好恶程度无关。革命节日在泰纳和迪吕伊的著作里体现着某种政治意图[①]，在卡贝和饶
43 勒斯的著作里也同样如此。[②] 饶勒斯与奥拉尔一样，把最高主宰节视为针对埃贝尔主义的事后报复行动：在它背后是花月法令及其所体现的“决定性的政治错误”。[*] 此外，在描述这个节日时，饶勒斯不太看重仪式，而更看重这个节日在罗伯斯庇尔和国民公会代表之间设置的物理距离。与基内[③]或索雷尔[④]等许多人一样，他将它视为道德距离的象征，热月的预兆。实际上，政治解释至今依然没有丧失其效力。阿尔贝·索布尔在1974年克莱蒙学术研讨会的开幕词中提醒我们，它对于我们理解这些节日依然至关重要；克洛德·马佐里克在谈到鲁昂的例子时，证明这些节日是如何取决于地方领袖们所进行的斗争。[⑤] 因此，我们需要去理解造成这种异口同声局面的原因。

---

① 泰纳（H. Taine）：《现代法国的起源》，第2卷，《大革命》（巴黎，1878—1881年）。迪吕伊（A. Duruy）：《公共教育与革命》（巴黎，1886年）。

② 卡贝（E. Cabet）：《人民的法国革命史》（巴黎，1839—1840年）。饶勒斯（J. Jaurès）：《社会主义的法国革命史》（巴黎，1922—1924年）。

* 花月法令（1794年5月7日）规定了公民节。——译者

③ 基内（E. Quiner）：《大革命》（巴黎，1865年）。

④ 索雷尔（A. Sorel）：《欧洲与法国革命》（巴黎，1885—1911年）。

⑤ 马佐里克（Claude Mazauric）：《1793年鲁昂的革命节日——雅各宾派政策的体现》，1974年克莱蒙学术研讨会论文。

当然，第一个原因在于，革命者们自己发布的文本都能用于支持这种解释。被大革命召唤到前台的每一批人都想确立新节日的原创性。这在每一次大震荡时都很明显。例如，最高主宰节取代了理性节。在花月 25 日对国民公会的演讲中，培扬（Payan）显然急于将罗伯斯庇尔派的节日与以前的节日区分开来。培扬把理性 44
节的创议完全归咎于埃贝尔和肖美特“最近的这些阴谋家”。这个节日的各种装饰也与他们有关：“一个阴谋家的老婆得意洋洋地在被人们举起；有一个女演员在头一天还在扮演朱诺（罗马神话中朱庇特之妻）的角色；有一个发疯的教士在宣布放弃自己的信仰。”他把所有这些“神话”都归因于一种明确的政治目的：用无神论来消灭自由。最后，他特别强调新的政治目标，认为迫切需要用“配的上自由拥护者”的原则来“取代”一切迷信。这完全契合奥拉尔的解释。围绕着共和 3 年葡月的胜利节可以看到同样的说法，同样的关切。国民公会的辩论、各种演讲、报刊上的报道都纷纷强调将这个节日与罗伯斯庇尔派的仪式相区别的正当理由，并提出如何实现的方法。谢尼埃在这场辩论中表现突出。他表示要终结其他节日的那些“自命不凡的破烂货”，并希望再次成功地找到一个替代节日。[①] 简言之，当时的文献中有大量的论据能够将每一个节日与一个特殊历史意图联系起来。

相信革命时期当事人的见证，这会带来一个好处，亦即，节日因此变成了一面镜子，可以通过它完整地审视这场革命。联盟节如何？它的欢快反映了革命尚在展开，充满了希望。最高主宰节

① 谢尼埃（M.-J. Chénier）：《关于胜利节的报告，共和 3 年葡月 27 日》。

如何？它的呆板生硬宣告了革命进入冰冻期。共和7年葡月1日
45 呢？这个节日的体育竞赛和产品才艺展示已经让人感觉到19世纪的气息。节日处在革命事件的展开过程中，节日仿佛不可能独立于这些革命事件之外。但是它们也因此让我们可以追踪和理解革命逐渐“卡死”(grippage)的过程——基内便是如此描述的。从“联盟”(与它所唤起的希望相比已经显得温和)开始，我们坠入阴冷的“理性”，然后坠入更冰冷彻骨的“最高主宰”。节日必然要排斥悲剧，但没有比节日能够更好地见证革命悲剧的了。

由第一个好处派生出第二个好处。如果说这些节日与革命事件具有这样的同体性，就应该有可能勾画出一种丰富的节日类型，不是像米什莱那样按照接近或偏离理想模式的程度来描述一个节日在多大程度上是一个节日，而是按照各种政治意图将节日分类。从联盟节到共和8年葡月1日，是何等丰富多彩！理性崇拜时而被奥拉尔视为埃贝尔派的特产，时而被孔德视为“真正宗教”的唯一阐释者“丹东派”粗略但具有预言性的创造。[①] 最高主宰节既是罗伯斯庇尔神秘主义的化身，又是关于他垮台的寓言。共和4年
46 热月节是热月党寻求平衡的一个体现。这些解释使我们能够更好地理解革命和节日这二者。按照达尼埃尔·介朗的想法，节日研究可以提供大革命的新分期方法。[②]

但是，这种节日观留下的问题也非常多。首先，它把所有的革命节日都说成主要出自谋略。因此历史学家就将一种奇异的全能

① 孔德(Auguste Comte)：《实证政治体系》(巴黎，1851—1854年)。

② 介朗(Daniel Guérin)：《第一共和国期间的阶级斗争，1793—1797年》(巴黎，1968年)。

力量赋予组织者的设计以及那些支持它的评论。由此看来，节日乃是一种任由摆布的机制，可以根据事业的需要，随时启动或关闭。奥拉尔指出，就在罗伯斯庇尔愿意把最高主宰崇拜说成是反对外敌的更好武器的那一日，理性女神也就顷刻之间几乎在全国各地都名誉扫地。无数关于各地节日的专论众口一词的原因在于它们都把节日当作是对唯意志论的理性主义唯命是从的手段。泰纳的那部更详细的历史也表明这一点。他把联盟节视为严格按照启蒙哲人制定的规则对 18 世纪抽象设想的形象说明。结果，“所展现的田园诗就像文字规定的程序一样”。甚至马迪厄——我们看到他是如何独立于这种解释的——也认为，只是“在革命者都确信需要用一种公民宗教来取代旧宗教时”，理性崇拜才得以问世。结果，在这种人为策划的节日里，被（组织者）赋予的意义总是压倒被（参与者）体验到的意义。

人们也可能追问，这种解释是否夸大了节日的多样性？它所
提示的如此之大的差异是否真的能在革命节日中找到？人们不免 47
会感到失望：在展示了组织者们相互对立的意图后，历史学家接下来所描述的节日都非常相似。新节日本身都在模仿所要取代的旧节日，那些旨在表现反差的叙述却以雷同的文字结束。奥拉尔的情况就是如此。他开始想展示最高主宰节是如何不同于理性节，最后却是强调两种崇拜之间的影响，没有刻画二者各自的特点。因此，政治解释的最大困难在于节日的目标与其内容之间的关系。如此不同的政治设计为何会产生如此相似的节日？当然有人会坚持说，这正是组织者的失败之处，因为他们不能设想出能够满足他们意图的节日。但是问题也可以反过来：尽管组织者们彼此有种

种分歧，但他们之间不是也存在着某种深刻的一致性吗？节日更多地不是揭示相互对立的政策，而似乎超越了这些政策，暗示了一种相同的概念，甚至一种相同的集体需求。米什莱笔下的节日的历史就证明了这一点。

实际上，正是这种解释的颠倒清楚地表明奥拉尔和马迪厄之间的分歧。人们本来以为节日会多种多样，结果发现它们的差异特征如此贫乏，便转而找寻它们的一致性。马迪厄强调革命时期各种崇拜之间有一个未中断的链条，因此他追问，为什么不把节日看成一个整体呢？[①] 如果考虑到一切都出于同一个意愿，即用一种能够给旧信徒提供类似满足感的新崇拜来取代天主教崇拜，那么这种看法明显有助于改变看问题的角度。从这种观点出发，就
48 会收获大量的相似点：在神圣标志物方面，在公民游行的过程中，爱国仪式移植了天主教仪式。而且还有大量的文献能够提供证据。这里举一个例子：这份文献显示了一种粗鲁的自信。共和7年雨月2日，在巴黎附近的城市叙西昂布里，督政府的特派员指着自由女神雕像说："抬头仰望我们的自由女神雕像。我常常听到那些尚未利用共和道德的源泉进行自我教育或进行自我教育受阻的大人和孩子说：这是哪位圣女？这位圣女施展过许多奇迹吗？我要用他们的语言来回答他们：在这个雕像面前，罗马的腐败宫廷，撒丁的愚昧宫廷，以及在这个时刻，那不勒斯的狂妄宫廷都消失了。你还想要比这更大的奇迹吗？"

---

① 马迪厄：《1789—1792年各种革命崇拜的起源》（巴黎，1904年）。

如果熟悉了革命期间那些有关节日的报告，肯定会赞同那些在节日里更多地看到相似而不是个性的研究者。但是，马迪厄的论点也有不足之处，因为他认为，用一个崇拜取代另一个崇拜的意愿也可能有政治动机。以此作为节日的主要动力，使马迪厄没有与奥拉尔拉开如他所愿的那么大距离。用这种崇拜来取代明显失败的公民教士法，是一种“救治措施”，马迪厄冒险使用这个词就使他难以与奥拉尔的“权宜之计”区分开来。然而，虽然二者如此接近，二者的差距却不可忽略，对于马迪厄来说，政治的和反省的想 49
象力是由一种较少算计、更多本真的资源滋养着。正是在联盟的宏大神秘场面中——尚无各种矫揉造作——革命活动家捕捉到后来那些节日的理念和模式。[①]因此，哪怕是最造作的革命节日也有天然的自发性作为根基。取代的意愿并不是从政治家的头脑里蹦出来，而是从某种已经有所体现的替代景观或记忆中诞生的，尽管并非那么自觉。因此，马迪厄也不否认，每一个革命节日都可能具有某种特殊的政治色彩。但无论如何，它也是从革命之初由不自觉的人们上演的宏大宗教戏剧中汲取了深远的意义。正是在这一点上，马迪厄与米什莱重逢了。他的观点呼应了涂尔干关于宗教与社会类比的观念。因为，被涂尔干确认为宗教的特征也可以被用来界定节日：集体的庆祝活动，和谐一致，个体的独立，某种强制。再加上记忆的保持。“为了使激发革命的原则永葆青春，大革

① 在马迪厄看来，正是联盟不可名状的成功启发了米拉波和塔列朗等人的设计方案；正是这个原始的参照物，使得节日摆脱了政治家们的创作和干预。正是因为他们是被已经在联盟中形成的革命崇拜弄得眼花缭乱的观众，他们才会想到把它变成政治工具。

命建立了一整套节日。”这句出自涂尔干《宗教生活的基本形式》的
50 论断，阐明了涂尔干所钟爱的一个观点：宗教“包含某种永恒的事物，注定要比所有先后包装过宗教思想的特殊符号存续得更为长久。”

因此马迪厄希望把革命节日史从包裹它的派别史中剥离出来。但是，他只部分地解放了它。因为作为他的节日史的结论，“取代”主题毕竟标志着他与那些更狭窄的政治解释的坚持者有密切的联系。与其他人一样，马迪厄也陷入目的问题。节日应该为谁或什么服务？大革命时期人们也不停地使用同样的语言提出这个尖锐的问题。对节日为什么服务这一问题的反思实际上对于那些创造它们的人来说也是至关重要的，但这对于理解它们是不够的。有的节日被创造者严格地与某种教育用途联系起来，而且与日常生活紧密联系起来，让人们在节日结束后回到家里比以前更热爱和尊重自己的亲友，那么这里面不是包含着更多的意义吗？

为了搞清这一点，我们在任何情况下都必须直接面对节日本身，不是看各个派别想要的东西，而是考察节日实际展现的东西。历史学家在这里再次发生分歧。很难知道是什么感情在支配他们：是郁闷还是恶心？

郁闷和恶心

历史学家给我们提供了五花八门的节日形象，我们似乎不难将它们分成两种模式。第一个模式是由那些同情大革命的史学家传播开来的，仅仅回顾革命节日中的那些令人印象深刻的群众流

动，他们那种安静的厚重，以及开放场域的和平占用。这就是米什 51
莱眼中的情况，也是涂尔干所设想的情况。第二个模式主要是由敌视大革命的史学家们传播的，而且与第一个模式形成鲜明对照；群众是在军队的严格调度下移动着，如同接受检阅；对场地的占用带有强制和非法因素；处处让人感到压抑。

但是，我们不要过于匆忙地全盘接受这种二元模式。因为除了联盟节，也不管人们对大革命的态度如何，史学家们一致同意，革命节日失败了。这就远远不同于米什莱的那种恭敬而细腻的节日观念。即便同情革命，他们也对当时的节日嗤之以鼻。例如，在基内看来，拉丁民族贫乏的想象力似乎应该对节日的单调负责。在他看来，革命节日是“罗马式的”——这个形容词在深受信奉加尔文教的母亲影响的基内笔下是负面意义的：“罗马人从来没有从他们旧有的宗教形式中解放出来；他们甚至连想都不敢想……”①这种顽固的形式主义笼罩着革命期间的种种仪式；由此可以解释它们为什么借助于那些老套的神话、新古典主义的形式、俯身在坟墓上的沉睡女神，矗立在祭坛上的理性女神。理性崇拜所保留的朴素的、民间淳朴的东西是最高主宰节里绝对没有的。正如雅克-路易·大卫制定的强制性程序所展现的：规定了“母亲对孩子微笑、老人对儿孙微笑的时刻”。基内在节日的不断更迭中看到的是自由被逐渐地遗忘。

因此，在对节日内容的描述中，真正的分界不是在同情革命的 52
史学家与反对革命的史学家之间，而是在总体贬抑的叙述中两种

① 基内，前引书。

相互竞争的意象之间。一种意象将革命节日表现为一种严格遵照官方指令的阴郁仪式。支持这种描述方式的史学家强调，这种节日所释放出来的是无可救药的郁闷；这种节日迎来的是接连不断的指示，没完没了的宣读和演讲；[①]年龄分组的场面几乎成为唯一让人感兴趣之处，因此被不厌其烦地重复使用，而分发奖品则成了一种虚弱的手段。普雷桑塞问，人们此时打哈欠，该怪谁呢？[②] 其实是因为缺少一种能够将人们凝聚起来的“神圣思想”。因此，节日功亏一篑。这种解释得到了大量的证据支持：由于缺少资金或由于参与者闹情绪，现场拼拼凑凑、捉襟见肘。约瑟夫·德·迈斯特满意地看到，组织者总是在寻找公众的支持，而人民每年都无须召
53 唤，就会借纪念圣若望（圣约翰）、圣马丁或圣本笃之名，聚集在“某个乡野庙宇”周围。[③]尽管革命节日是定做的，并且靠激励和威吓来维持，但却都是简陋寒酸的。最好的情况也不过是勒南所嘲讽的那样：重建“幸福资产者的伊甸园，他们分组娱乐，遵命信仰”。[④]最坏的情况则是，像一份报告作者所无奈地记录道的那样，由三四个当地名人在一个“没什么人光顾的”阴沉的市政厅来执行这些程

① 革命期间的许多文献也指出了这种郁闷。共和6年穑月19日，蒂埃塞写道：“但是要阅读！阅读报纸！甚至阅读旬报！我们真的有幸拥有一个战士、他的国家的骄傲吗？那么，我们不应阅读关于他的颂词，而应看到在行政官员的簇拥下他的父亲如何拥抱他……我们不应该描画那些话语，而应让事物本身冲击我们的眼睛、穿透我们的心灵。一切都应在行动中。”《蒂埃塞对共和教育机构委员会提交的第二方案的意见》，巴黎，共和6年。

② 普雷桑塞（E. de Pressensé）：《教会与法国革命》，巴黎，1889年。

③ 德·迈斯特（Joseph de Maistre）：《论法国》，伦敦，1797年。（见中译本第65页。——译者）

④ 勒南（E. Renan）：《当代问题》，巴黎，1868年。

序。节日甫一开始，旋即结束。

但是，还有另外一种完全不同的描述革命节日的方式，其中占主导的不是那种死板和相似，相反，是暴力和反常。节日所迎来的不是教诲式的宣讲，而是下流的闹剧、可疑的反串异装、身上沾有酒渍和血污的戴假面的人群。朗弗雷将这种解释加以通俗化。他写道："在理性崇拜的名义下乃是持久的狂欢"。[①] 我们很容易证明这种描写是如何与前一种描写在每一点上都针锋相对的。这里没有如同接受检阅一样列队行进的参与者，却有无法控制局面的组织者；没有体面的呆板，却有半裸的女人；没有严格执行的程序，却有血腥的即兴发挥和疯狂的淫荡。造成革命混乱的，不再是重复和单调，而是僭越。节日不是功亏一篑，而是毁于过度放纵。

重申一下，不论同情还是反感大革命的史学家，都可能采用这两个模式中的某一种。而且，这二者都是以当时的声明、记述或回忆为依据：在塞巴斯蒂安·梅西耶、迪洛尔、勒瓦瑟尔、甚至与事实 54
距离更近、对那种狂喜感到恐惧的巴雷尔的笔下就可以看到"狂欢"、"假面舞会"这些词语了。最后，二者很奇特地并不互相排斥；人们会惊讶地看到二者共存于同一作者那里。以阿尔贝·迪吕伊为例。他对 1792 年底公共教育委员会收到的大量各省来信做了总结。当时各地依然热衷于立雕像、种自由树和举办葬礼。迪吕伊指出，公共教育委员会公开鼓励这种"狂欢"——用这个词来命名这种充斥太多典故和古老记忆的祥和节日是十分奇怪的。实际上，迪吕伊的整部著作都显示了这种犹豫不决。他描述了"广场崇

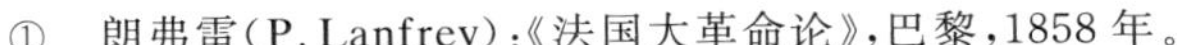

① 朗弗雷(P. Lanfrey)：《法国大革命论》，巴黎，1858 年。

拜，由旗帜、鼓乐、烟火、唱歌和政治演讲组成的狂欢，由乐器、图像和机械构成的可怕喧嚣，亵渎与尊崇、最高存在与‘上帝’、圣母与理性女神的莫名其妙的混合，混乱的漩涡……”但是，隔了几行，他就宣称，不能想象还有“比这些节日更阴冷、更空洞、更枯燥的”。集市还是宣道会？他似乎难以选择。

在这些作者的头脑里，把革命节日的两种意象联系在一起的是一种滑稽意识。这些节日之所以可笑，有两个原因：要么让人郁闷，要么让人厌恶。在普雷桑塞的笔下，能够很清楚地看到一种感觉是如何转变为另一种感觉的。他非常自然地把理性节表现成一个郁闷的节日，历数它的做作（“模仿”高山）、简陋（“狭小的”圣殿）
55 和阴冷（“冰冷的”曲调）。但是，厌恶很快就出场了：“无论在巴黎还是在各省，人们徒劳地试图用妓女替代女演员来重新唤起人们的狂热；还试着用大吃大喝来使人们轻松愉快。”这一切似乎显示，节日组织者为了克服郁闷，不得不采取让人生厌的办法来不让人郁闷。人们能够感受到这种转变的强制性，这甚至使嘲笑本身都成了对一个协商好的计划的执行。

在两种解释之间无原则的摇摆肯定不能令人满意。应该承认，一方面，正如迪吕伊所说，大革命体现了“令法国精英反感的、古怪的、不合常规的观念”，而且这些节日充斥着醉醺醺的妇女，充斥着令人困惑的象征符号，如此混沌模糊，以至于无法在其中看到有某种哲学意图得到精心的贯彻。我们是否可以说，这种贯彻不力反而导致节日的成功？另一方面，所有的节日都极其单调乏味：在这种呆板的复制中，实施的成功难道不正应该对节日的失败负责？很显然，历史学家只能如此思考。这就让我们回到这样一个

问题：在革命节日中，哪个才是“真正的”节日？

但是，在这两种意象中，第二种更值得我们重视。因为如果说革命节日乃是一种单调的操作，这完全是因为它没有使参加者信服而赋予它以活力。这种节日意象与米什莱的那种虔诚祥和的理想模式相比，二者的差别仅仅在于米什莱模式中的参与者还不够积极。但是，相反，如果革命节日是一种放肆的僭越，它甚至允许过分的要求，仿佛它的全部快乐都来自对禁忌的破除，那么它会否定它本想赋予自身的那种形象：在这种情况下，所缺乏的不是热烈 56
参加者，而是庆祝活动本身的意义。

然而，在某些历史学家心目中，这才是真正的革命节日。达尼埃尔·介朗支持这种解释，他在雅克－路易·大卫竭力规范的那些官方革命庆典中看不到丝毫的节日气息。能够让人民的创意能够自由放肆地表达出来，才是“真正”的节日。想象力君临这些节日，“平民自由地发挥他们的奇思妙想、他们的蓬勃精力。人们能够以最大的才华、最大的智慧来庆祝这种人类的解放。他们摆脱了多少年来的重负，好像插上了翅膀。他们围绕着颠倒的神龛跳舞。这些发生在法国各地的场面具有独特的性质。”[①]在那些放肆的场面里，“所谓的圣物”被打碎，红帽子戴到圣徒雕像上，人们举着夸张的形象在街上游行并且举行嘲讽的表演——这些被保守的历史学家视为一种讽刺画，其实恰恰符合革命现象的本质——达尼埃尔·介朗赞扬它们真正表达了节日的欢乐。

这种解释的优点是，把我们带到问题的核心：什么是节日？有

① 介朗，前引书。

两个研究节日的重要哲学家，他们对这个问题做出截然相反的回答。涂尔干说，节日就是共同体的一次聚会，本身就能产生一种集体亢奋；这也是为什么节日要求参加者必须齐心合力，但并不一定
57 必须成为庆典——这正是卢梭所建议的和米什莱在革命节日中所看到的东西。但是，弗洛伊德说，节日并非完全如此。节日的亢奋只能出自于对禁忌的僭越，出自节日所允许的放肆：而这正是达尼埃尔·介朗在革命节日中读解出来的东西。

那么，我们是否应该把大革命期间的节日笼统地交付给一种解释，要么涂尔干的解释，要么弗洛伊德的解释？如果不能做笼统的判决，我们就必须对节日进行分类，决定哪些符合弗洛伊德的模式，哪些符合涂尔干的模式。这种分类应该比多德等人的分类更富有成果，后者是按照表面现象进行分类，如葬礼、宗教节日、军事节日等。[①] 其次，它会促使我们较少地关注官方的节日安排，而会更多地考虑人们可能越轨和即兴发挥的情况。最后，它还会促使我们深入地研究：暴力是否一定是革命节日的组成部分？如果有这种情况，是在何种节日里？节日在什么地方、什么时间举行？有什么人参加？

* * *

当我们对有关的法国大革命史学做了一番巡视后，我们发现，如果正如本书这样旨在对革命节日进行完整描述的话，我们就必须面对三个基本问题。第一个问题是米什莱留下的，即在节日里

① 多德：《共和国的庆典大师》。多德区分了“三种基本类型：雅各宾英雄人物的葬礼，庆祝共和国成就的盛典，以天主节为首的宗教节日”。

一致与排斥的关系：在革命节日里是否有全体人民的情感交融？58 联盟节被公认是一个和衷共济的节日，给我们回答这个问题提供了一个最好的分析案例（见第二章）。第二个问题是奥拉尔和马迪厄的争论所开启的，即法国大革命的政治史研究在解释节日方面的能力。我们可以用完全对立的节日作为案例来对此加以考察：首先是老城堡节和西莫诺的葬礼；然后是围绕热月政变的一些节日（见第三章）。最后，第三个问题是革命节日给暴力赋予的位置问题：共和2年秋冬的节日情况能够让我们对此做出一些评价（见第四章）。为了给这些问题寻觅答案，我们现在需要深入到法国大革命的史实之中。

59 # 第二章　联盟节：模式与实际

联盟节最让人惊异之处在于，它很难说是一个周年纪念日，因为它本身所具有的丰富色彩和表现，不亚于甚至超过了它声称要纪念和仿佛在纪念的那个事件。作为一个节日的观念几乎是与这个事件（联盟运动）本身同时出现。很快，它就在人们的想象中具有了绝对创新的性质。早在1789年7月18日，夏尔·维莱特就表示，希望用一个新的全国性节日来“纪念这个史无前例的革命”。[①] 他认为，这样一个节日与其说是对过去的再现，不如说是创造一个表现团结一致的戏剧性场面，形成一个全民共生的热烈核心：一个无限盛大的宴会本身就能够第一次把整个法国团聚在“盛大的民族餐桌”周围。

因此，联盟节是一次庆祝，更是一个开端。对巴士底狱的再现和纪念在其中仅仅是一个很小的因素。相反，由这个美好日子所开启的连绵不断的快乐日子本身好像已经独立于这个节日。路易·勃朗清楚地认识到这一点；是未来，而不是过去，给联盟运动
60 赋予了强大动力：“一个正在实现的真正预言，一个伟大的民族所

① 《维莱特侯爵书信选》，前引书。

曾有过的最令人兴奋的未来前景……”[①]

但是,对一个新开始的迷狂并不是这个节日的唯一精神。首先,如果与已结束的事物的决裂不是表现得十分明显,不可能有真正的开端。这个节日旨在标志着进入一个光明的世界,同时也要告别旧世界。它甚至希望也告别革命本身。虽然它是第一个重大的革命节日——它本身开启了一个长长的节日系列——但联盟节却把自身表现为一个终结。那些演讲争先恐后地宣布:这个节日“使我们的自由大厦建成”。[②] 它“给这场最值得纪念的革命盖棺定论”。[③]

但是,除了结束旧制度和骚乱外,这个节日似乎也旨在重建,这个开端似乎也让人觉得是一个重新开始。为了给这个庄重时刻增添某种神圣的分量,就需要到时间的深处去追溯某些东西。由此就可以理解为什么在这些演讲中如此之多地提到应该“还给”法国人民的东西、应该“重新寻找”他们的古代根源、人类正在“恢复”的权利以及将要“复兴”的美德。

通过这种语言,革命者的意识显示了两种互补的需求。革命者很喜欢一种观念,即认为过去乃是一个(可以任意涂写的)白板。但是被否定的过去并不是全部的过去:在毁灭历史时,革命者不过是在恢复一个中断的线索,要么与原始历史——一面尚未歪曲自然原貌的镜子——联结,要么与保持着纯洁本真的自然本身联结。
破坏是为了重建:这两个程序一启动,一切皆有可能。联盟节本身 61

① 路易·勃朗(Louis Blanc):《法国革命史》,巴黎,1847—1862年。

② 《讲述联盟节,1790年7月14日在谢尔西的庆祝活动》。

③ 波尔多教长巴特利神甫的演讲。

要体现的正是这两个程序，而这两个程序也使联盟节拥有了无与伦比的威望。

这些在当时人们的心目中是显而易见的。联盟节似乎没有无动于衷的观众。福尔蒂亚·德·皮尔斯批驳了梅西耶关于联盟运动的著名论述（后者宣称，他没有看到哪样东西不是“冗长、冰冷和凄凉”的）。[①] 他还提供了最好的证据。联盟运动所到之处都受到热烈的欢迎，甚至对革命怀有疑惧的人都对之报以热情。例如，德·图尔泽尔夫人认为，从联盟运动喷发出“一种不可想象的亢奋热情”，尽管联盟运动本身让她感到害怕。没有比她的证词更有说服力的了。[②]

历史学家大都被这种新奇的场面所折服。也有少数例外，其中最著名的是泰纳，他对节日所表现出的重建狂热视而不见。[③] 多数历史学家一致认为，这是大革命中最美好的日子。甚至像饶勒斯这样因政治观念而对节日的内部摩擦特别敏感的人，像那些难免要从日后的辛酸来评价联盟节的人，甚至那些全盘否定革命的人，也都认为联盟运动在一片虚幻中也有真诚之处。阿尔贝·
62 迪吕伊就是如此。他代表了一派史学家的观点。他仅仅从令人不快的后果来谴责联盟运动。在他们看来，从那个欢乐年的顶峰，即那个好日子开始，堕落的进程就不可抗拒地启动了。

“快乐的一年”？围绕这个说法的争论已广为人知。与那些赞

① 福尔蒂亚·德·皮尔斯（Fortia de Piles）：《致梅西耶的六封信》，巴黎，共和 9 年。

② 《图尔泽尔公爵夫人回忆录》，巴黎，1883 年。

③ 泰纳：《大革命》，第 1 卷，“无政府状态”，巴黎，1878 年。

成这一说法的人[①]相反，有些历史学家则宣称，1790 年不过让大革命的传动带有了一个喘息，只能愚弄那些对巴黎发生的事件看法肤浅、眼光狭窄的人。[②] 因此，有些人从 1790 年 7 月看到的是，革命依然和谐发展，联盟节则是登峰造极，而在另外一些人看来，联盟节不过是一种幻象，就像节日上的那些泥塑装饰一样会剥蚀。但是，我暂且先把这个最近复活的争论搁置一边。当人们说“快乐的一年”时，实际上不是在说当时革命内部还没有破裂吗？只要打开报纸，或听听马拉在《人民之友》上预言瓦伦事件的呼声，就可知道破裂的危险已经迫近。制宪议会已经分裂为不同的派系，反革命正在孕育之中，甚至阴影已在侵蚀联盟节本身，这一切没有一个历史学家否认。说这是快乐的一年，不过是说革命还可以从各种事件组成的镜子里认出自己；实际上，到 1790 年，在原则和现实之 63
间还没有出现致命的偏差；或许由此使得联盟节成为快乐的时光。

由此看来，值得我们关注的，与其说是联盟节的主观幸福感受，不如说是它是否符合其观众、记录者和历史学家为它描绘的模式。

除了从一开始就找到的这第一个革命节日的所具有的初始性之外，这个模式还包含什么？首先，这里有米什莱特别强调的那种仪式创新，在他看来这个节日是前所未有的。其次，这里有举国团结一致的辉煌景象。最后，尤其是如果记得使这个节日突显出来的直接背景，即那些“赏赐”给人民的似梦非梦的贵族节日的话，那

① 孚雷、里歇（F. Furet et D. Richet）：《法国大革命》，巴黎，1973 年。

② 有关这一点，参见伏维尔（Michel Vovelle）：《君主制的崩溃》，《当代法国新史学》第 1 卷，巴黎，1972 年。

么最突出的特点在于，这是自发的节日。例如，按照路易·勃朗的说法，全体人民自发自愿地涌向巴黎。联盟节最著名的景象是马尔斯校场上的会场搭建，那是即兴发挥的神来之笔。

人们怀着这种理想意象去翻阅档案中关于联盟运动的记录报
64 告，会感到特别失望。[①] 米什莱觉得自己像是在阅读“情书”，[②]而其他人则会发现这些文件里充斥着各种证明、申诉、警方查验报告、出席证、账单。它们显示的是纳税人的身份和征税比率，而不是他们的感情流露。关于这种感情的流露没有真正直接的描写，而是需要读者自行想象；其中只是模糊地提到人们欢乐的情绪：“先生，在这些记录中你看不到的是我们如何沉醉于欢乐，因为对它的描述流于空泛。”[③]这不过是一种行文方式，然后就例行公事地写道：“在许多的友爱表示中，这一天过去了”，根本没有提到是如何表示的。

① 但是，这些文件极其珍贵。它们给我们提供了有关优先权问题的丰富文献：城镇之间、县和省之间、各种团体之间。它们也引出了无穷的问题：全国义勇军应该护卫所有的市镇，还是仅仅驻守各区的首府？把帽子放在刺刀尖上挥舞，是否符合“军事条例对正规部队举止的规定”？代表团的次序如何安排？正如宣誓的誓词一样，一切都做了细致规定，毫无自由发挥的余地。这些文件记录着地区政府对市镇不断提出的要求，并且常常使用拘谨僵硬的严肃语言以表示各地对训令的服从，再加上当地名流、律师或包税人的庄重签名，几乎让人根本看不到这个节日所承诺的“公民彼此之间的融合”。它们强调的是等级差别，从未忘记提及地位和头衔。它们在描述行进队列时更强调区分，而非混杂。甚至当它们规划让参加者混合起来时，也是极其小心地预先进行配比。例如，在旺多姆广场上举行的国民自卫军敬旗仪式：“营队以如下方式混合：首先是各队一名市镇官员，然后依次是各队一名绶带长、一名市民、一名绅士、一名士官生、一名教士、一名绶带旗手、一名行政官员……”

② 米什莱：《法国革命史》。

③ 国家档案馆，C 120。《圣西尔－埃特朗库尔的联盟，1790 年 7 月 14 日》。

索然无味的文献也导致了研究者对联盟节的漠然态度。他们面对着这些汗牛充栋的文献,更深切地感受到了它们那种记豆腐账的单调枯燥,远没有少数零散的节日描写那样精彩动人。莫里斯·朗贝尔没有人云亦云,没有随大流,写了一部论述弗朗什孔泰的联盟运动的大作。他承认:“在所有的大革命传说中,联盟节的传说或许最接近于真实。”但是他接着得出的结论却是:“实际上,联盟节是一个与其他节日一样的节日”,而它的实际效果“完全为零”。[①] 65

针对这个负面的结论,我们可以提出两个相关的问题。第一个问题是,效果怎么会是“完全为零”?且不说革命期间的每一天都不能说毫无后果,人们在下结论前——即便假设它没有达到预期结果——也必须了解为什么这个特殊的节日在整个革命期间对于节日组织者是一个必要的参照和模式,而且对于19世纪历史学家是一种灿烂的回忆。第二个问题是,这是一个与其他节日一样的节日吗?为了找到答案,我们必须抛开这个节日的单数表述。我们太关注巴黎联盟节的情况,根本没有考虑到全国各地从省会乃至乡村在同一天举办的数以千计的节庆活动。我们太关注1790年7月14日这一天,而忘记了在此之前从1789年秋天到1790年冬天全国各地都有联盟活动。我们还忽视了在此之后第二天各地的返还旗帜或接待联盟代表的仪式。“联盟”(Fédération)这个词里包藏着许许多多、各式各样的庆典仪式。最后,我们还根本没有想到在1789—1790年秋冬与各地农民造反相伴随的、非常接近于骚

① 莫里斯·朗贝尔(M. Lambert):《弗朗什孔泰的联盟运动与1790年7月14日的联盟节》,巴黎,1890年。

乱狂欢的那些几乎没有什么组织的节庆。尽管狂野和简单，但它们毕竟也是联盟庆典：聚会使它们有了形状，恐惧成为它们的动机，而它们所有的庆典安排都出自一种随意发挥的表示团结一致的仪式。

66 骚乱与节日：狂野的联盟活动

在这第一批节日（我们不太敢这么称呼它们，因为事先既未宣布也未准备，而是毫无前兆地因农民聚集而迸发出来）里，最基本的特点，亦即与所有其他节日不同之处，是那种令人惊恐的欢乐宣泄，是恐惧与淫威的交织。正是因为恐惧，才使得农民走出茅舍，拿起棍棒枪支，驱使他们前往临近村庄，向与他们一样警觉而武装起来的农民求助，来对抗匪盗。这种结队出行，导致了无数村际亲善的场面。这些亲善活动本来是为了获得安全保障，但也由此产生了在感情中与实际场面中因显示暴力而获得的欢乐。在这些自发的节日活动里明显地可以看到那种恐惧和欢乐的交织，以及用行动体现出来的暴力与兴奋的交织。

譬如说 1790 年冬天在佩里戈尔[1]或凯尔西的一个村庄，这些躁动的集会上究竟发生了什么情况？活动通常是在星期日开始的，是在弥撒或晚祷后开始。邻村的一批武装人员会涌到这个村庄。那种场面多少有些暧昧：亲善和恐惧相互纠结，受到威胁的感觉挥之不去。在此之后，村民们会下定决心（或无奈地）仿效邻村

① G. 比西埃（G. Bussière）：《关于大革命时期佩里戈尔省的历史研究》，巴黎，1903 年。

的榜样——看来邻村已经采取行动了。把教堂里的长凳搬出来，
把风信标拆下来，在村子里种一颗自由树——或者竖立一个五月 67
柱，因为“自由树”这个说法当时没有流传开。五月柱在传统上是
友好欢乐的象征，此时则显得杀气腾腾。竖立五月柱时伴有暴力
场面，不仅如此，五月柱上也常常有某种煽动性装饰，例如一条标
语：“缴租者不得好死！”因此，这种集体狂欢的象征也变成了骚乱
的象征，因此当局很快就要求消除这些“造反的标志”。

五月柱不是这种含混态度的唯一表征。那种欢乐与暴力的交
织随处可见。正是这两种因素畸轻畸重的混合，使得人们犹豫不
决，迟迟不敢申明这些表现的真正意义。如果说第一种因素占了
上风，那是因为共同体的聚集显然保持了节日特征；但第二种因素
一直随处可见，随时迸溅出来。只要有某个倔强的本堂神甫拒绝
用三色带来装饰圣体，节日的狂欢就会突然变成一场骚乱。1789
年 7 月 19 日，隆勒索涅的情况就是如此。当时正有一场年轻人的
聚会（几乎总是由年轻人挑头闹事，并把事态扩大）。[①] 他们先是
自己佩戴上三色帽章，然后即兴地把它送给市镇政府，“让它下令
全体市民都得接受它”。这里有威吓的成分。整个场面是衷心欢
愉与挑衅要挟二者的混合。另一个类似的场景发生在多尔多涅省
马内格勒城堡的庭院。来自瓦拉茹的农民加入了当地示威者的行
列。他们形成了一种类似结盟的关系，围坐在一起，尽情欢宴。农 68
民的要求——首先是城堡主人拥抱他们——也是极其暧昧的，既
是献媚又是挑衅。暴力行为也很暧昧；最终开枪了，但瞄准的是鸽

① 索米耶（A. Sommier）：《汝拉的联盟史》，巴黎，1846 年。

子和母鸡。欢庆活动也很暧昧：农民结束了艰难的谈判，赢得了风向标、面包和红酒，还获得了当场欢宴的权利。但是他们并不满足，还希望获得某种意义，要求当场宣布——包括城堡主人和其他所有在场者在内——他们“所有人都是平等的”。[①]

在那些为正式联盟活动做铺垫的事件中，这种欢庆和骚乱交织的例子数不胜数。在萨利尼亚克附近的福里堡，村庄民兵向领主递交一份诉苦状。[②] 第二天，这在福里的集市上引起骚乱。大约 15 个发起者一路上吸引了其他意志坚决的农民加入。但是，暴力——双方交火了，却无人受伤——是断断续续的，这就提供了聚集的机会。他们点燃了一个火堆，既是在破坏，也是在庆祝。其他公共场地上的那些火堆把教堂板凳当作劈柴来烧，也有同样的性质。在其他地方，欢宴也是和威吓、打击交替进行。总之，凡有暴动之处都少不了欢宴，凡是集体欢庆之处都少不了武力威慑。

69 不过，象征符号君临一切。大多数要求都需要用各种符号来表示：亲吻礼、风向标、帽徽。暴力本身也往往是纯粹象征性的：针对风向标、教堂板凳、纹章。在有的情况下，象征物本身并没有被破坏，仅仅是被颠覆了意义：风向标被从城堡顶上取下，安在自由树上，成为温和的战利品；教堂板凳被搬到村中广场，变成主日酒徒的座椅。正如拔刀亮剑的时候多于拼杀的时候，关键在于展示而不在于做。这些骚动之所以被某种仪式所支配，是否恰恰出于这种展示偏好？在所有的事件里，农民都是到了村中集市那天，才

① 多尔多涅省档案，B 1688。

② 国家档案，D XXIX。《国王检察官关于巴尔案的调查》。

把板凳从教堂搬出来，而且在音乐的伴随下做这件事情。他们在把帽徽强加给市长时，也是列队行进的。即便他们非法践踏了正待收割的草地，也是在市府鼓手的引领下。这些自发的骚动一发生，就会套用某种仪式。

联　欢　节

我们仿佛还有很长的路才能抵达联盟节。实际上，这些半是骚动、半是庆典的聚会当时并没有享受这个名称。此外，这个节日常常是针对它们的。正是为抑制它们的暴烈程度，才有了最初的一批联欢节（Fêtes fédératives）。但是，我们不应忘记它们：它们是腐殖质，是恐惧与欢乐的混合，是联盟节的生根之处，所有与“联盟节（Fédération）”这个词相关的自发活动都源出于此。

实际上，这个词并不是一下子确立的。为了命名与1790年冬及后来得名的联欢节[①]相伴随的、将各个市镇、各地国民卫队联系 70
起来的那些防御性行动，当时的记述者在用什么名称的问题上摇摆不定。“联合”、“协调”、“社会契约”、“市镇同盟”、“友爱和爱国的仪式”，“联盟”（fédération）：最后这个词逐渐从众多竞争者中脱颖而出。

这是这个词重新焕发青春的体现吗？这个被遗忘的14世纪词语确实是新近获得好运的。里什莱（1626—1698）编的词典

① 这里用联欢节（Fêtes fédératives），以区别于7月14日举行的联盟节（Fédérations）。

(1680年)就没有提到它,菲勒蒂埃(1619—1688)编的《大词典》(1690年)和法兰西学院词典(1694年)也都没有提及。《特雷武词典》(1771年)中也没有这个名词,但提到形容词fédératif:“孟德斯鸠先生在说到组成了荷兰共和国,并以条约方式联合在一起的各省时使用了这个词。”这个词最初出现时是一个政治术语。在杜邦看来,税收是一个“联盟纽带”,①马布利则把它与共和国这个词连在一起。② 在大革命前,美国的榜样——以及瑞士的榜样——普及了fédération和confédération这两个名词*,并且使动词se fédérer开始生效,还带有对那些se confédèrent(结盟)者的赞扬之意。但是,政治术语与日常口语相去甚远。而正是大恐慌使得Fédération这个词从术语变为口语。当时需要找到一个词来命名为了反对国家的敌人而涌现的各种联合,无论是进攻性的还是防御性的联合。联合(union)和同盟(coalition)都不错,
71 但还是不足以表示一个制度的庄严性。最终fédération和confédération脱颖而出。开始,这两个词是被混用的,后来,随着形容词fédératif的流行(confédératif用的少些),fédération最终独占鳌头。

联欢节是以国民卫队为主展开的活动。为了对付据说藏身在附近树林里的匪盗,为了对付遥远的革命敌人,一个村镇的国民卫队与附近的国民卫队或驻军缔结防卫协定。举办联欢节是为了庆

① 杜邦(Dupont de Nemours):《一门新科学的起源与进展》,巴黎,1768年。

② 马布利(Mably):《对美利坚合众国的法律和政府的考察》,阿姆斯特丹,1784年。

* fédération和confédération通常译为“联邦”和“邦联”。——译者

祝这种结盟。因此,联欢节充满军事色彩,旌旗飘展,誓言慷慨,佩剑在手,而这种宗教仪式的核心是敬旗。

在官方报告下方的签名也反映了这种(军事)性质。签名者主要是正规军或国民卫队的军官。其他签名者包括教区教士、市长(镇长)和其他市镇官员、当地名流,他们往往也是国民卫队的军官。这种人员构成是一成不变的吗?官方报告显示,也有例外。有时,老朽的同业公会也会冒出来,规定按行业进行选举:外科医生、裁缝、假发匠、砖匠等等各出一名代表。但有的时候,也会有新的团体在努力冒头。例如,妇女和儿童作为具有象征意义的分组,也会加入行进的队伍,她们完全没有等级之分:似乎只有妇女儿童
在游行时候可以“混杂成一片”,而男人们总要被仔细地分门别类。72
有时,也采用严格按照字母顺序的方法。在蓬蒂维,人们索性按照字母表来安排城市的游行顺序。[①] 不过,即便在这种情况下,民主也是表象大于实际,其实是以另一种秩序为基础:所有的代表都是名流显贵或者“国民卫队中的优秀人士”,[②]他们被挑选出来参加这种游行。对于他们来说,这种游行标志着对民主的偏好,这里不仅有社会选择,还有审美选择。

很难说这些军事节日有什么新奇之处。那么在联欢节上人们通常看到了什么呢?往往是在镇子外,国民卫队和正规军露天列队行进,然后站立聆听演讲——甚至教士布道也成了“长篇演

---

① 迪沙泰利耶(A. Duchatellier):《老布列塔尼地区诸省的大革命史》,巴黎,1836年。

② 《内格勒珀利斯的联盟》。参见阿谢尔(P. Archer):《1790年蒙托邦市镇的联盟节》,载《第79届学术团体大会会报》,1954年。

讲”——敬旗，宣誓。队伍然后返回到市政厅，鱼贯而行，签署刚刚订立的联盟协定。然后通常举行宴会，点燃熊熊篝火，有时为了显得有排场，在晚上以舞会和烟火作为结束。在这种最简单的模式里，最关键的是重申联合的愿望，正如我们看到的，这种愿望乃是出自恐惧和狂热这双重因素。恐惧无所不在，挥之不去；有时，人们明确地说出来，如在波尔多，官方报告中追溯了当地恐怖感受的来龙去脉，还有许多市镇也是如此；再如在南锡，人们觉得周围“大片的树林遭到成群结队的歹徒的践踏”，因此趁联欢的机会，要求发放武器。狂热也无所不在，但要有规矩；只能在某些时
73 刻呼喊和鼓噪。最后，举办这些联欢节的宗旨是抑制暴力。在联欢中，暴力本身以及相关的挑衅和戏仿都完全不见了；除了个别地方因教区教士或市长的抵抗而引发威胁恫吓的小情况外，暴力基本缺席。

那么，是不是自发因素也都消失了？在各地不同时间举办的联欢节中，还可以发现自发的痕迹。这些联欢显示了地方的主动性和追求团结的“潮流”。我们应当像追踪恐慌的潮流一样来追寻联合的潮流。有时，甚至在欢声笑语间突然冒出了盟誓，正如在一些极少的情况下，民众的节日有一种升华的渴望。1790 年 6 月 25 日圣约翰节，当布尔日的市政官员在广场上点燃篝火后，围绕篝火跳舞的市民决定用公民宣誓来提高这次集会的庄严性。① 于是，就有了一个即兴而来的联盟。有时，联欢也使人们得以发明那些

① 布尔日市政档案馆，决议汇编，1790 年 6 月 23 日。（正文中的 6 月 25 日，可能有误。——译者）

“边界仪式”（rite frontalier），让深仇宿怨的村民投入彼此的怀抱。[①] 这种仪式通常很简陋，但行动和姿态具有很强的象征意味：为了给眼前的成就增添象征意味，在宣誓时梅尔亚克国民卫队司令握住卡斯特尔珀斯国民卫队司令的手。[②] 在这些表示团结的生 74
动场面里，青年人扮演了核心角色：青年人受邀提名自己的指挥官和骨干，由他们落实联盟和表达新的和谐一致。这里延续了一种观念：因为每一代的青年人都承担着村际较量的责任，因此也需要青年人来弥合它。这些场景显示了古老仪式和政治创新的交融，极其感人，但如若大量的文献记载确凿可信的话，那么它们太少见了。由于官方通常关注的是在市政日志中留下节日记录，因此给人的主要印象是关于活动的组织工作。我们对此无须抱怨，而应充分利用这些档案。

实际上，这些档案还有另一个令人惊讶之处：尽管还没有关于革命节庆的任何正式法律，但所有的官方记录都显示了同样的狂热激情，以及无可争议的相似性。在一份份的文件中，可以看到同样的语调、词汇和场景安排；阅读这些文件会让人感到，这些地方名流显贵所设想、所实现的联欢活动有一个统一的模式。这种模式能传到巴黎，也就不足为奇了。这项活动始于外省基层，但并未停留在那些地方。巴黎很快就接了过来，试图规训这些联欢活动，因为虽然它们已经大大减弱了戏仿因素和暴力因素，但当局仍然不能控制其中的自发性。

① 克拉旺和韦尔芒通举办联欢活动的目的就在于“二百多年来，克拉旺和韦尔芒通两镇居民一直相互视若仇雠，借此让他们重归于好”。

② 梅尔亚克市政档案，C 120。国家档案馆。

巴黎的联盟节

75 这种喧嚣引起了巴黎的不安。国民卫队把这种传染病带给正规军，而这种传染是危险的。卡米尔·德穆兰*写道："大联盟的崇高理想首先由圣厄斯塔什区的巴黎人提出，在法国各地受到欢迎，但吓坏了内阁政府。"[1]由于不能遏制这场运动，军事大臣决定铤而走险，在1790年6月4日阐释了军队的可怜境地，宣布国王允许各地军队参加爱国的联盟活动，与国民卫队一起重新举行公民宣誓。用他的话说，国王"认为它们不是一种私人联谊体制，而是全体法国人争取共同的自由和繁荣的意愿的重新凝聚"。[2]因此各个团队可以参加民众节庆。第二天，巴依**代表巴黎公社在制宪会议发言。他说，现在正是众多小联盟联合起来的最好时机。他提议，7月14日在巴黎举行王国内所有的国民卫队和正规军队的"大联盟"活动。[3]为什么在巴黎？巴依为作这种选择而表示歉意："我们将会到王国的每个角落去与你们会合，但是我们的立法者们，我们的国王都住在我们的城墙里。"巴黎公社的代表希望，各地参加联盟活动的代表至少有一半应该是平民。制宪议会很不情

---

* 卡米尔·德穆兰(Camile Desmoulins, 1760—1794)，法国革命初期著名报人，在恐怖时期作为丹东派主要成员被送上断头台。——译者

① 《法兰西和布拉邦特的革命》，第34期。

② 《1790年6月4日会议上国务秘书和军事大臣德·拉图·杜潘侯爵的讲话》。

** 巴依(Jean-Sylvain Bailly, 1736—1793)，律师，法国革命初期重要领袖，在恐怖时期被送上断头台。——译者

③ 国家档案馆，D IV 49。

愿地接受了这种要求。最后，由塔列朗起草的报告对参加者规定了两项条件：能够像积极公民一样审议法律，能够像战士一样捍卫宪法和法律。但是，出席这个全国节日的代表是作为战士被召集来的："即将聚集在一起的是武装起来的法兰西，而不是作为一个 76
审议团体的法兰西。"[①]

联盟节诞生过程的争议和阴沉，也预示了它的极其保守的性质。从各地联欢节的村落之间、军队与国民卫队之间的那些誓词中，产生了统一的官方誓词。它提醒每一个人：联盟节的目的不是鼓动，而是保护：保护人身和财产的安全，保护谷物和食品的自由流通。誓词的防御性质暗示了人们的恐慌心理，但是这种恐慌再也不会与欢乐维持一种有机的联系，再也不会激发不可预见的姿态。这个官方誓词被巴黎市府散播到全国各地。它要求"帝国各个部分的所有居民在同一时间万众一心地说出来"，节日应该是有组织的活动。实际上，有些人认为这个节日不过是"一次集体宣誓"，换言之，是恢复秩序。例如，穆兰的官方记录根本没有提及节日，只是声称这是一份"1790 年 7 月 14 日穆兰举行的庄严宣誓的记录"。此外，代表的选择更凸显了这种保守性质。各城镇的国民卫队必须在每百人中选出 6 人。然后这些初级代表在中心城镇开会，再从每百人中选出 2 人。军队则没有举行任何选举。那些军官、初级军官和资格最老的士兵被指定为代表。这很有象征性。先前的联欢聚会是青年人主导的乌合之众，却体现了社会一致。现在，情况变化了。

① 国家图书馆，法文手稿 11697。

77 在组织者的心目中,“大联盟”是结束躁动时期而不是发动民众的举措。他们没有预见到,集体狂热会溢出他们那种阴沉的设计。第一个迹象就是印刷品如潮水般涌来。解决联盟代表住宿问题的建议书,节日座位的申请书,对食品供应的关切——任何问题都成为文人长篇大论的对象。人们撰写各种颂词,还提出一种纪念章的方案。首都导游手册、“巴黎妓院的卫生爱国方案”、“皇宫妓女的价目表”以及“对联盟代表旅途的无私建议”(这显然出自雷蒂夫*的手笔[1])等等纷至沓来。在这些发热昏说的文字中,有人提议向代表开放巴黎,免费游乐。其中也有一种创新精神,却几乎没有被这个节日所采用。典型的例子是穆雷夫人(Madame Mouret)在《性别教育年鉴》提出的妇女和少女参加这个节日活动的建议。[2]这个“女性联盟”遭到制宪议会的排斥。它仅仅组织了500名少女的代表团向巴黎守护神奉献一幅表示联盟的场景。但是,这个活动安排在7月20日(星期二),而不是在正式的节日那一天。

人们都在等待节日的那一天,不安的情绪和谣言如时疫一般在巴黎四下流行。想到巴黎会被一个革命的法兰西所占领,许多
78 贵族惊恐万状,纷纷逃离。例如,维尔纳夫－阿里法夫人的母亲就担心“会有10万全副武装的革命党人云集巴黎”。[3]甚至那些革

---

* 雷蒂夫(Restif de La Bretonne,1734—1806),法国作家。——译者

① 《关于赴巴黎行程的好处和危险,给83个省联盟代表的建议》。

② 国家档案馆,C 82,n 817。

③ 维尔纳夫－阿里法夫人(Madame de Villeneuve-Arifat):《青少年时代的回忆,1780—1792》,巴黎,1902年。

命者也惶惶不安，因为一直有谣传说，这个节日是贵族精心为他们设下的圈套。清空了全城居民，巴黎一整天都将在他们（贵族）的掌控之中，从而便利他们在马尔斯校场的行动。这种恐惧想象有一个功能：为了对付所怀疑的模糊敌人，它成了缔造民族团结的最强大的黏合剂。

在刚刚开始建构的和谐神话中，最热烈的形象是马尔斯校场上的施工情况。许多人都浓墨重彩地书写这个工程的故事。当局如何无能，巴黎人如何伸出援手。巴黎人，不分贫富男女老幼，齐心协力，最终按时完成了搭建工程。回忆录、报纸、小册子，甚至很难说持支持态度的目击者，如费尔南·努涅兹伯爵，[1]都把这项工程视为真正的节日。无疑，常规的期待心理机制在起作用：周六的夜晚变成主日的最好时刻。但新奇的景观也起了作用，所有的人都从中有所感悟。有些长期离开巴黎的人回来时，颇为困惑地看到“一群群优雅的妇女”在挥动锹铲和铁镐，记住了这最滑稽、最“刺激”的场面。[2] 一些特别有教养的人从艺术史的角度看待这种 79
场景，这些人群与活动让他们想到古罗马的画面。[3] 道学家很容易从“推独轮车的巴黎一角”的景观中提取警语。当时的记载足以让人感受到节日的来临，而无须编年史家在回顾这些美好场景时添枝加叶：劳动的过程从一开始就带有了优雅和装饰的因素。对

① 穆塞（A. Mousset）：《一个被忽略的革命目击者：费尔南·努涅兹伯爵，西班牙驻巴黎大使，1787—1791》，巴黎，1924 年。

② 巴普斯特（G. Bapst）：《一个萨克森王国使馆随员的书信》，载《大革命评论》，1884 年第 4 卷。

③ 布龙尼亚致维热－勒布伦夫人的信，转引自德·萨西（J. S. de Sacy）：《布龙尼亚》，巴黎，1940 年。

它的描述数不胜数，例如，在《巴黎的革命》周刊上，有一篇描述文章注意到，实用与无用的混合把繁重的土方工程变成了“真正的公民节日”：一辆大车在马尔斯校场卸下一车泥土，返回时，大车用小树枝装饰起来，上面载着少男少女。黄昏降临，人们集合以后再离开马尔斯校场。在散去时，他们列队行进，用一根树枝作为标旗，在笛子和军鼓的引导下，手挽着手，“这既是一种友好的姿态，也是为了整齐地通过街道”。[①] 这已经是一场典礼的序幕了。其中不乏展示的意味（人们花了工夫以确保队伍被人看到），也不免包含暴力的因素。通过路易－塞巴斯蒂安·梅西耶和兰代的描述，我们知道肉店老板们的旗帜上画着一把刀。[②] 有一个行会打算在马尔斯校场出现时，由一辆柩车开道，上面画着蟾蜍、毒蛇和老鼠，意在“表示教士和贵族的灭亡”，一群化了妆哭丧的老妇人伴随其后。[③] 贵族一直是隐蔽的见证者，是那个团结一致的日子里的反面形象。

80 实际上，只有排除了他们，即便是在想象中排除他们，才能使马尔斯校场具有作为神圣场所的维度。这个大竞技场之所以能够变成了一个全国瞩目的“圣地”，是因为贵族没有染指一锹一镐。在这一点上，卡米尔·德穆兰依然比其他人更敏感。他说，这个大竞技场是爱国者亲手搭建的，因此变得神圣；反过来，这些手也变

---

① 《巴黎的革命》（*Révolutions de Paris*），第52期。

② 托马斯·林代（Thomas Lindet）致罗伯特·林代的信，1790年6月8日。《通讯集》，法国大革命史学会出版，1899年。

③ 《专制的葬礼，或贵族的葬礼》（*Enterrement du despotisme ou Funérailles des Aristocrates, seconde fête nationale dédiée à nos partriotes bretons*）。

得神圣。“我同样赞美这无数的男女公民，他们想的不是用自己的双手来使这些工程变得神圣，而是用这些工程把他们的双手变得神圣。”[①]

在当时许多记录中都可以看到这种把马尔斯校场和巴黎天真地视为圣地的观念：来访者把巴黎视为在他们的旅行地平线上浮现出来的“希望之乡”。在一份发回给阿让镇的报道中写到，大联盟将在“本月 14 日发生在首都城墙之内”。基内说得好：联盟代表进入巴黎，恍若进入一座圣城。难道不是革命的历史把这个地方变得神圣？在某种程度上，确实如此。每一个联盟代表在没有看到巴士底狱旧址之前，都不认为自己的旅程已经结束。但是，杜伊勒里宫也是同样重要的观光点。国王在巴黎，也使得这个城市变得神圣。他也是朝圣之旅的目标。他们将能看到他，甚至触摸他。有无数的例子显示这种令人惊异的期待——让当时的报纸感到大为惊讶，他们很恼火地看到如此之多的爱国者是如此轻易地被王权所蛊惑。一位来自诺曼底的国民卫队战士真诚地解释，为什么说这个节日给他提供了独一无二的奇妙的一瞥：在马尔斯校场的中心是坐在宝座上的国王，“我们十分容易地看到他”。[②] 沃韦尔的教区牧师不能亲身前往，因此请他教区的信徒们想象自己在精 81
神上也置身于“我们在巴黎的兄弟之中，此时他们正在享受一睹路易十六尊容的快乐”。[③] 在布列塔尼人向国王宣誓和都兰居民向国王敬献花环时也能看到，这种幸福场景扩展到日常生活最细小

① 《法兰西和布拉邦特的革命》，第 34 期。

② 卡昂市镇档案馆，大革命部分，第 36 卷。

③ 《沃韦尔本堂神甫 J.B.索利耶……致沃韦尔新教牧师的讲演》。

的东西。基内注意到，“正如他们给万物赋予了新的灵魂，因此万物也使他们神魂颠倒。”[①]首都本身和它的所有房屋都对他们开放。国民卫队的制服就是开门的钥匙，正如拉弗莱什学院的一位外科讲师所讲述的，是把漂亮的布尔乔亚衣服收起来的邀请函。[②]

巴黎这个节日能够满足这些新的灵魂吗？这个大城市或许能够为参加这个有组织的旅游的那些人提供自己所拥有的和所能展示的一切：阅兵（7 月 18 日在马尔斯校场，翌日在星光广场）、塞纳河上的比武、新桥上的烟火。联盟节前后那些日子都有火爆的娱乐活动和场面。有的似乎体现了那个世纪人们所一直梦想的那种理想的返璞归真的节日：例如，7 月 18 日在巴士底狱旧址，费里埃侯爵高兴地度过了一个卢梭主义的节日，虽然有点不真实，但让人想到“香榭丽舍幸福阴影下的快乐”，这个布尔乔亚在草地上吃大
82 餐，“惬意地享受人生”，还有几个水手穿着背心短裤，在设法把三色旗升到用肥皂润滑过的高桅杆的顶端。[③] 还有一些似乎预示了即将成为标志革命日历节令的仪式。例如，有一个嘉年华式的行进仪式：在诵读《自深处》（圣经旧约，诗篇，第 130 篇）的伴声中，人们抬着一根用教士的领巾和圆帽包裹的木头，围着巴士底狱旧址游行。但是，这些没完没了的节庆活动，是外在于联盟节本身的，与之毫无相似之处。

在递交给联盟节组织者的所有方案中，似乎只有盛大的游行、

① 基内：《大革命》。

② 于聚罗（F. Uzureau）：《一篇关于联盟节的佚文》，载《大革命年鉴》1923 年 15 期。

③ 费里埃侯爵（Marquis de Ferrières）：《回忆录》，巴黎，1821 年。

弥撒和宣誓得到认可。遴选之严格，是显而易见的。列队行进完全是军事化的。凡是能造成生动和丰富多彩效果的提案，如穆雷夫人提议的“女性联盟”，统统遭到否决。唯一的仪式革新——而且也具有灿烂的未来——就是设了儿童大队和老人大队，“人生的两端引起人们极大的兴趣”，他们在协和广场上分列在国民议会代表的两边。至于其他队伍的情况，巴黎国民卫队的骑兵和掷弹兵则作为整个游行的领头和殿后部分，中间是各省的代表和正规军，这是一个完全没有创造性的安排。此外，各区五彩缤纷的旗帜①、83个省的旗帜和紫天鹅绒的王座在灰蒙蒙的天色下都黯然失色了。

整个游行是不间断的，从穿过凯旋门开始，直至在马尔斯校场 83
各就各位，持续了两个多小时。德穆兰一如既往地做出明确的评论：“这个节庆之所以超过古代节庆之处，不是这个游行，因为游行很快就让人们的好奇心感到厌倦了。”②

当然，游行成为这场缓慢、死板、枯燥的舞台调度的主要部分。我们知道为什么米拉波感到极其失望的原因了。很显然，这个程序唯一突出的是拉法耶特*，这个外省的代表人物，而米拉波认为，“应该对联盟的总指挥与君主做一区分，但应该由国王履行这两个职责。联盟的总指挥在检阅了军队以后，恢复国王身份，重新

① 《对巴黎60个市区和郊区表示爱国热忱的60面旗帜的有趣描述，附有对旗帜装饰的说明》，巴黎，1790年。

② 《法兰西和布拉邦特的革命》，第35期。

* 拉法耶特（Lafayette，1757—1834），法国奥弗涅省贵族，参加美国独立战争，在法国革命前期担任国民卫队总司令，被称为两个世界的英雄。——译者

回到王座上，然后再从那里起身在祭坛前宣誓。”[①]这个场面可能产生的印象当然不会是米拉波想象的那样：国王占据了马尔斯校场的空间，就会与全体国民缔结一个契约，并庄严地对待他的宣誓。我们知道，国王是多么冷淡地对待这些仪式：他迟到，歪坐在他的宝座上，基本上处于这个节庆活动的边缘。有一些目击者与米拉波政治倾向不同，他们所惋惜的是，缺乏能够使巨大的表演场地显得有生气的活动：“我们面对这个场面显得太渺小了，而这个场面对于我们太宏大了。这个场面和观众之间的恰当比例被破坏了。”[②]

84

一个新的节日？

是历史学家们在做梦吗？在这个刻板的节日里，有什么细节能唤起他们的热情？他们在什么地方能够看到仪式创新与民族和谐等这些自发创造的果实？我们必须再回到这两个问题上。

如果我们要寻找，且不说能否找到，仪式的协调一致，就应该离开巴黎这个舞台，去考察外省的联盟活动。在这方面，米什莱提供了许多例子。实际上，外省的7月14日周年纪念活动受到的唯一制约就是同时性。这种情况并非毫不重要。当时，同时性的观念在人们的想象中扮演着重要角色；人们确信灵魂非常难以容忍

---

① 米拉波致德·拉马克侯爵，《通信集》，巴黎，1851年。

② 德·埃舍尔尼伯爵（Comte d'Escherny）：《一位巴黎居民与瑞士和英国朋友的通信》，巴黎，1791年。

绵延[1];布里索宣称他宁要报纸不要书籍,因为尽管后者能留下长久的印记,但前者能“迅速地启迪”大批的群众,“人们的思想会在同一时间做出反应”。[2] “在同一时间”,这个念头也迷住了外省节日活动的组织者。官方指令也建议在正午举行联盟宣誓,“帝国各地在同一时间万众一词”;缺了这种同时性,这个行为的神圣性就减弱了。这就是为什么当追求同时性的愿望遇到障碍时人们会千 85
方百计地加以克服。有时纯粹是使用言辞把戏,例如在山区,人们意识到自己受制于“天然屏障”,因此宣称他们依然在同一时间与其他法国人一起分享对祖国的热爱。有时也调整仪式的安排,例如,恶劣的天气迫使组织者把原定的户外会餐转移到户内,他们只得让人分散在几个房间里,当主桌开始为健康干杯时,其他房间的其他桌的人“也同时迅速拿起酒杯干杯”。[3] 这种对同一时间的迷恋可以解释为什么这些节日活动有那么多的“信息女神”:她们手持火炬,成为同时性的象征,把喜讯传播开来,“犹如野火四处蔓延”。

尽管巴黎市府向王国内各市镇发出要求实现同时性的通报,但是它忽略了发出其他指示。结果,各省的联盟节就花样百出了。尽管最原始的联盟活动都保留了“神秘的圣礼”、开幕致辞、宣誓,但都不完全仿照巴黎的模式。这种自主性从一开始就明显地表现

① 昂斯特于斯(F. Hemsterhuis)在其《对话》中指出:“灵魂把它在最短时间里设想的东西视为最美好的东西。”《哲学著作》,巴黎,1792年。

② 布里索(Brissot de Warville):《关于人类和社会的幸福的通信》,纳沙泰尔,1783年。

③ 《在南锡圣热纳维耶芙山上的联盟活动》,南锡,1790年。

在对誓词的处理权利上。篡改誓词也就等于触动不可触动的东西。但是，与巴黎那种僵硬的誓词相比，在外省的誓词中激情胜过
86 规则。例如，郎德省萨布尔城的宣誓过程中，联盟代表宣誓“永不分离，永远相爱，兄弟有难，必伸援手”。[①] 虽然这种语言是自卫性的，但它不局限在捍卫制度。

外省联盟活动的相对自由也体现在对古老传统的吸收上。例如，在贝济耶，省议会邀请所有会跳“花圈舞”（一种在葡萄收获季节跳的舞蹈）的人参加联盟节。[②] 如同在祭神节日上，给每一个舞蹈者都配备了一双鞋子，一副手套，而且为了适合当下这个场合，还配备了一条三色国家标志饰带；他们应不停地用舞蹈来给全部仪式增添气氛，“举行宗教仪式时除外”。同样，当地方节日或行会节日也恰与联盟节在同一天时，两个庆祝活动会毫无滞碍地合在一起。例如，1790 年 7 月 13 日，蒙特米诺的烧炭工在庆祝一个传统节日时，“发誓永远不惧头悬利斧，甘冒生命危险来捍卫迄今最好的大厦，即法国宪法”。[③] 有时，当地桂冠的荣膺者被安置在活动的核心位置。在波尔西安堡，当地姑娘中的“王后”就负有发表演讲的任务。[④] 有时，正如在吕德下游的德内泽，人们围绕着一根五月柱点燃传统上标志着节日结束的篝火。[⑤] 实际上，组织者会利用一切方便的手段。他们会毫不犹豫地把民间庆典融入公共庆

① 国家档案馆，C 120。
② 《历史与科学研究委员会通报，经济和社会科学分部》，1892 年。
③ 国家档案馆，C 119。
④ 莱匹纳(J.-B. Lépine)：《波尔西安堡的历史》，武济耶，1859 年。
⑤ 《拉弗莱什历史、文学、科学和艺术学会》，第 8 卷。

典。他们非常高兴把个人生命中的重要宗教仪式变成这个联盟节 87
的一部分：在当时关于外省活动的报道中充斥着有关洗礼、婚礼、甚至为贫穷的待婚女子募捐的记述。[①] 联盟节带有浓重的宗教节日色彩，甚至容纳了十字架游行、圣餐以及宗教旗帜。在祖国祭坛上，教士们反复声称，这个节日也是他们的节日，而且在市长缺席的情况下经常是由他们向参加者宣讲这个典礼的教益。

这些外省节日活动的自由度不仅明显地体现为不拘一格地吸收传统仪式，也体现为军事仪式的松懈，更体现在一些仪式创新上。游行的队伍增加了一些令人意外的群体。在不同的地方，少女、儿童和老人获准（注意，他们必须先提出要求）参加这个节日的活动。博福尔昂瓦莱的女公民们精心谋划，要给宣誓者一个惊喜。[②] 83 名妇女穿戴各省的服装，在音乐的伴奏下，瞬间消失，然后又瞬间再现。吕德下游的德内泽的妇女做得更漂亮。征得市府和家人的同意后，她们举办了自己的联盟活动。其节目优美生动，吸引了博热和勒吕德镇上的大批武装青年来参加这个节日。“（他们）争先恐后地把手中的武器放在这些女性联盟者脚下”。

最后，尽管这些表现和谐的节日通常都不许提到行业，但至少
其中有一个行业——超越了因职业特点可能引起的质疑——成为 88
高贵的团结象征，即农夫。例如在鲁昂，人们把用花环装饰的农具放在祖国祭坛上。后来有人认为，革命节日若不把“不分性别、年

① 德马叙尔（A. Desmasures）：《埃纳省的大革命史》，韦尔万，1869 年。

② 于聚罗：《博福尔昂瓦莱的联盟节》，载 *Andegaviana*，1904 年 11 期。

龄和贫富”的参加者融为一体，就不能体现全国的和谐。但是，此时的组织者尚未把这种抽象的体现和谐方式与更丰富多彩、也更倾向多样性、也更会破坏统一性的场面区分开。例如，在多勒，游行队伍就包括最小兄弟会修士、太太们、加尔默罗会修士、少女们、嘉布遣会修士、葡萄种植者、鞋匠、农夫、本笃会修士、园丁、儿童。这种混杂性虽已受到批评，却正是外省联盟节的突出特征。

这也是它们的视觉装饰。联盟的全部象征手法就是大量地利用了协和女神，利用两只握在一起的手，表示法律、国王和人民的三角形（如瑟堡的例子），相互支撑的手臂，“一个臂膀上有正规军的彩带，另一个臂膀上有国民卫队的彩带”。[①] 但是，这是一种没有准则的象征手法，可以取法任何事物、任何人。它从古代——古代本身就是兼收并蓄的，例如多利斯式柱头就稳稳地霸在科林斯式圆柱上——借鉴了庙宇、方尖碑、凯旋柱，盗用了葬礼的主题，并在祖国祭坛的侧翼安置了用假大理石做的金字塔。它从古代肖像
89 图案当时中借用了各种球体造型，用当时的方式展示出来。它从18世纪的异国情调中借用了中国亭子——导致了祖国祭坛上的华盖——还借用了石榴树和橘树及其“芬芳的鲜花”，让花瓣散落在台阶上。它从基督教的传说中借用了围绕着祭坛的天使，从古老的寓言中借用了蒙着面纱的妇女——她们带着花冠、罗盘、镜子、花瓶或熏香，我们从中可以辨认出众多的协和女神、哲学女神、历史女神和宗教女神。

但是，所有这些古老的主题，在这个节日上重演时都被涂上了

① 《1790年7月14日瑟堡的联盟节》，载《瑟堡评论》，1906—1907年。

国家民族的色彩，也掺有初始的革命象征手法。协和女神、智慧女神被用来装饰自由帽。天使摇动着三色旗。王座上散挂着红帽子。断裂的锁链覆盖着祭坛。科学时代的高空气球载着法国人偶飞上天空。

这些场景显示了没有一定之规时的相同的轻松愉快。有时，圣体节游行就成为模式，人们“像在宗教仪式中举着约柜那样”围绕着它列队行进。古罗马的凯旋仪式也是模式。里尔就举行了一次战车游行，市长、国王代表、国民卫队将军以及市政官员伴随战车左右，车上“载有类似法兰西自由女神像的奖品”。其中最精彩的是一辆由大象牵引的罗马战车，车上立着一个佩有全部国王徽饰的路易十六胸像。[①] 其他地方的联盟节也搬演了国王入城式，例如在普罗旺斯地区的艾克斯，路易十六的画像被4名国民卫队员抬着，在鼓乐声中进入该城；为了加强真实感，国民卫队伸出手臂，欢呼雀跃。

我们应该把这一切想象为即便不是奢华，也至少是某种感官 90
享受的延续。后来在官方的各种节日记录中是没有这种因素的。此时，对颜色的欣赏、对漂亮服装的喜好依然盛行，至少暂且如此。这个节日也是聚餐的机会，有些记载还为此感到得意。那些记载不厌其烦地列举食物清单：会餐的餐桌上堆满了馅饼、火腿、白煮肉、羊腿、鸭子、火鸡，酒桶被装饰了花环，放在乐队的两边。这个节日成为豪饮和显示大度、分发面包和酒、减免惩罚的时机，有时也成为集体处理纠纷的机会。

① 里什贝(H. Richebé)：《大革命时期一个里尔市民的日记》，里尔，1898年。

我们应该把这种大杂烩视为联盟节里真正的新事物。所谓新事物不是说发明了前所未有的仪式，而是指各种不同因素的混合。这种言语和视觉上的综合最恰当地表明了这个节日将什么联合起来：国王和自由——斯塔尔夫人告诉我们，他们在观众眼里“完全融为一体”；节日和天主教——正如德龙省一个乡村教士所宣称的：“不忠于上帝却忠于国家，不是一个好基督徒和一个好天主教徒却忠于上帝，这是不可能的”；[①]最后，节日和资产阶级革命的目的——按照圣约翰教堂本堂神甫在国民卫队的联盟集会上的说法，这个节日所传播的福音是“通向荣誉、地位和职务的道路现在开放了。唯才是举。”

91

全体法国人的节日？

我们很容易认为联盟节是兼容并蓄的。有两个意象可以支持这个说法。首先是马尔斯校场的大聚会。德·吉拉尔丹目睹了“帕西高地上如潮的观众，大炮的青烟，步枪的火光，各式各样的制服”，这个场面让像他这样的人毕生难忘。[②] 这不纯粹是一种赏心悦目。仅仅是万众聚集这一事实在那个时候似乎已经是一种不可思议的道德胜利：这个节日批准了私人向公众的转变，把每个人的情感“通过某种电化作用”传给所有的人。它允许做“专制从不允许做的事情”，亦即，混杂的人群陶醉于彼此造成的景观与亲密无

① 国家档案馆，德龙省，L. 224。

② 德·吉拉尔丹(S. de Girardin)：《回忆录》，巴黎，1829 年。

间的情绪。普瓦耶告诉我们："应该记住，在专制统治下，人们互不信任，没有共同利益，互相隐瞒，彼此陌生，只是聚在各自家里，只有家是集合地点。专制政治促成了这种致命的分裂。"①马尔斯校场的聚会在所有的人看来，都是那种隔离世界的颠倒。

更令人兴奋，也更有说服力的，是为这次大聚会做铺垫的特殊旅行的意象。对于许多联盟代表来说，这是平生第一次旅行，而且是唯一一次旅行。一名来自波尔多的普普通通的代表在向妻子报 92
告自己对联盟节的印象时说到，在回家前他想多转一转："明天我去凡尔赛和马尔利……然后我还要去尚蒂伊、埃麦农维尔和圣丹尼（教堂）；* 然后我将返回故里，安度余生。"②我们由此可以估量，参加联盟节并进而把这一旅行戏剧化，在多大程度上意味着一种升华。此外，为了保持那种超常的感觉，有必要让这一行动不那么容易完成。旅途必须漫长。例如，阿维农的代表在 7 月 5 日就出发了，阿让唐的代表在 7 月 7 日出发。旅程必须艰苦：报纸对那些徒步的联盟代表，例如布列塔尼的代表，给予特别的报道。"因为担心联盟代表们可能像那些小官僚们坐着马车加入他们的队伍那样坐车来到巴黎……布列塔尼人总是树立良好的榜样，他们就像战胜专制一样，也战胜了疲劳。"这是一种"斯巴达式"的征途，例如德穆兰就评论道，从汝拉山到巴黎，比从斯巴达到德尔斐还远。汗流浃背的旅行者们用自己的想象力来神化这一辛苦之旅。旅程需要有危险：在

① 普瓦耶(Poyet)：《关于 7 月 14 日节日方案的基本理念》，巴黎。

* 马尔利、埃麦农维尔分别是巴黎附近的皇家园林和贵族园林。尚蒂伊是巴黎附近的村庄，生产瓷器。圣丹尼教堂在巴黎附近的皇家陵寝所在地。——译者

② 《1790 年联盟节，一个代表的家书》，载《回溯》，1890 年，第 8 卷。

巴黎学习的埃德蒙·热罗期待着见到前来参加联盟节的弟弟(他们的父亲是一位具有启蒙思想的波尔多船主,他希望自己的孩子们能亲历联盟节,认为联盟节是19世纪的伟大开端)。哥哥给弟弟的旅程提出了大量的建议,仿佛这是一次新的“奥德赛”(意为“冒险旅行”):“千万当心,在沙泰勒罗的驿站要当心姑娘递给你的刀子。这
93 是毒药,不要买。要像尤利西斯一样,不要被海妖的乞求所打动。”[1]
这里也需要勇气,即便就像布列塔尼人那样,遇到一点风险,只是损坏了教堂的长条凳和一些封建制度的象征物。[2] 最后,若使旅程成为一种空间史诗,还需要有些磨难。联盟代表们很清楚这一点,因此他们有时拒绝村镇居民给予的热情、舒适、友好的接待,而要经受风餐露宿的神圣考验。[3]

无论在何种情况下,最重要的是法兰西全国各地的参与。无论在哪里,参加者都在寻找一种场面或角色。人们蜂拥而来,夹道迎送,互相问答。这是一场民族大融合。1790年,当塞居尔侯爵从俄国回到法国时,他已经意识到了这一点。[4] 他发现,人民能够自由地讲话。在每一个广场上,“一群群的人在热烈地交谈。”他们的眼神里已经没有了往昔的恐惧和谨慎,甚至“下层阶级的个体”,也是目光直视,流露着自豪。到处是一片喧嚣和“不寻常的运动”。联盟节的准备工作把这一切推向顶峰。为了亲历这个非凡的场

[1] 莫格拉(G. Maugras):《大革命期间的一个学生日记》,巴黎,1890年。

[2] 《宫廷和城市报》,1790年7月14日。

[3] 《4000参加联盟节的布列塔尼公民来了,他们身负武器、行李、帐篷、给养》,巴黎。

[4] 塞居尔侯爵(Marquis de Ségur):《回忆录》,巴黎,1827年。

面,弗勒尼伊男爵在1790年7月14日前4天从普瓦图动身,日夜兼程地赶路,却白费了工夫。他以为自己决不可能按时到达:“有时候,驿站一匹马也没有;路上到处是国民卫队的队员;我们只能在缝隙中穿行;我们还常常要捎上一两个疲惫不堪的人,让他们稍事休息,然后再放下他们。”[①] 94

在如此熙熙攘攘的法国,长途跋涉乃是一次国民教育。联盟代表们在路途上学到了什么?首先,正如路易·勃朗看到的,高山大河都被征服,不再成为屏障:“1200个内陆屏障消失了,高山看来也没有那么高,长期阻隔人们的河流现在不过是众多把人们联系在一起的传送带。”[②]人们不能再忍受这些限制,而是陶醉于跨越它们的喜悦之中。他们不再希望回到长期被关在笼中的生活。现在他们发现,那个支离破碎的法国正在消失。大旅行扫平了法国农村,正如一份珍贵文献在描述联盟旗返回昂热时所展示的:“昂热省、市府、所在区以及其他区和临近市镇都热情高涨,无法抑制;人们涌上前来欢迎。市镇当局没有考虑这是否超出自己的地界。今天,爱国主义热情难道会承认那些因傲慢和狭隘而定下的分隔线?”[③]

观念领域同样是一片喧嚣。有两份观念相左的证词显示了这种情况。一份十分阴郁的证词出自拉托克纳耶男爵。他忧心忡忡,担心正规军在遇到联盟代表后会感染上造反传染病。[④] 他指

---

① 《弗勒尼伊男爵回忆录》,巴黎,1909年。

② 勃朗:《法国革命史》。

③ 于聚罗:《昂热的联盟节》,载 *Andegaviana*,1905年3期。

④ 拉托克纳耶(la Tocnaye):《法国革命的原因以及贵族的遏制努力》,爱丁堡,1797年。

挥的团队从贝桑松出发,前去里昂保护遭到劫掠的制造业主和商
95 人。军队在路上遇到参加联盟节后返回的联盟代表。联盟代表一路上赶在军队之前,警告沿路城镇居民要“好好”接待士兵,目的是让士兵转向革命。阿尔布瓦产的美酒在这方面可起了不小作用。拉托克纳耶当然痛心疾首,但是他对邪恶如何传播的描述可算十分细致。一开始,掷弹兵给他们的指挥官一个三色带。他拒绝系上,但第二天屈服了,因为许多士兵给他施加压力。他接受了三色带,这一行动引起了近乎暴动的欢腾。士兵们涌到街上,跳起法兰多拉舞,并且把修士从修道院里赶出来,强迫他们与女人们跳舞。第二份充满赞叹的证词出自华兹华斯。他正好在 7 月 14 日那一天从加来港上岸。他在法国的长时间游历一直是那个节日的延续。他注意到,尽管各地搭建的凯旋门已经斑驳,花环已经褪色,但欢乐的传播依然在延续。华兹华斯和同伴在沙隆上了一条船,这条船沿索恩河送一批联盟代表回家。他们相互致意;这些英国人“像天使一样受到欢迎”。华兹华斯写道:“到处都散发着仁爱和
96 祝福,犹如一种芬芳在空气中飘散。”① 在华兹华斯看来,联盟节

① 华兹华斯:《序曲,一个诗人心灵的成长》

我们碰巧
在伟大的联盟节前夕
登陆加莱;在那里我们看见
在低贱的城市,在少数人中。
多么开朗的面容,当一个人的欢乐
也是百万人的欢乐。从那里向南
我们继续前行,直接穿过村庄城镇
节日的痕迹狼藉遍地
鲜花在凯旋门上凋落

里真正的奇迹是，个人的欢乐反映了全国的欢乐，并因此而扩大和提升。事实上也是如此。

这两个场景都是回程的场景。这并非无关紧要。巴黎是旅途的辉煌终点，但没有人会忘记自己要返回家乡，要以亲历者的身份向众人讲述。联盟节的朝圣之旅在这个意义上也是史无前例，即它是一次包括归程的朝圣，或者更准确地说，人们朝圣只是为了回家，为了通过在外省和巴黎之间的往返更好地确定法国领土的神圣性。因为在全国欢聚的气氛里，每一个角落都有价值；芸芸众生和出类拔萃者都不会被分隔开。联盟节之所以具有独特性，就是因为它既超过了一次朝圣，又不如一次朝圣。每一个朝圣者在回到家里时或许都像变了一个人，在这方面，联盟朝圣之旅也不例外。联盟代表们要求允许自己保留一个标识、“一个装饰标志”，使得他们能够被人识别。这种对“圣物”的迷恋促成了帕卢瓦所从事的纪念品生意的诞生和维持。[①]有了巴黎市府颁发的勋章和证书，联盟代表们满载而归。他们给自己的家乡奉献上全套小摆设：一

花环在窗户上残败……
　　一对孤独的
异乡人，直到日落我们游弋在
获得解放的欢乐人群里
行旅的欢乐队伍，行人中主要是代表
从刚刚举办的盛大婚礼归来。
他们的首府，在上苍的眼中
就像麇集的蜂群、耀眼快乐的蜂群；
有些在无节制的欢乐中消散
他们的话语如鲜花芬芳，仿佛
抗击粗俗的空气……

① 参见《宫廷和城市报》，1790年7月17日。

97 个巴士底狱的小复制品，里面嵌着一块(巴士底狱的)石头；一张人权宣言的画；路易十六、拉法耶特和巴依的人像。当地的大家闺秀在市镇列队游行，展示这些圣物，旨在确认这次非凡的游历，并使之不会成为过眼烟云。但是，最重要的是，人们所追求的所有这些"标记"就像是巴黎给外省施予的一次洗礼，是对法国领土就像出自同一块布料那样的同质性的确证。

最主要的圣物，也是最神圣的物品，乃是联盟旗。旅途中，每天晚上，它都被存放在当地一位德高望重者的府邸里。人们赋予它各种神奇的力量。在这个"联盟象征"面前，一切争斗都烟消云散，"一切与欢乐无关的想法均化为乌有"。[①] 沿途各个村镇为了迎接这个幸运之物都必须上演这样的场景。返程不那么紧迫，往往比去程用时更多。南特的代表于7月23日离开巴黎，尽管南特居民在焦急等待，他们到8月6日才回到自己的城市。从返程第一站阿尔巴容开始，他们就常常被"美妙的晚餐"、国民卫队提供的音乐和饮料招待以及长篇演讲所耽搁。他们收到如此之多的鲜花，要通过如此之多的凯旋门，在安格朗德、洛里斯和博让西，完全仿照巴黎宣誓的模式一再地举行宣誓。旗帜来回巡游，因为每个市镇都用自己的旗帜来迎接他们的旗帜，第二天早上又护送他们走一程，意在表示相互无法分离。每个市镇都尽可能地让这些"归来者"待的时间比在前一个市镇更长一点。这些旅行者对各
98 地舞会、宴会、乐队和礼炮的优劣加以评判。在这面旗帜即"宣誓

① 《约讷省旗帜存放记录》，约讷省档案馆，L.25。

的永恒纪念物”的凯旋仪式上，索米尔因其热情的接待而赢得桂冠。[①]

这样的故事不胫而走，其教化作用显而易见。在沙维尼翁的埃讷河河畔有一个小村子，传来了一个毫无根据的谣言，说有一群“歹徒”正扑向这个村子。[②] 听到这个消息，附近的积极公民就像联盟节前两天那样自发地聚集起来。在镇长和本堂神甫的带领下，他们整队出发，连夜赶到河边，守卫渡口，支援受到威胁的“兄弟”。在一瞬间，这个和平的小镇就变成了一个兵营。警报一解除，妇女们送来了食物和美酒，现场马上变成了一个节日。但是，反思开始了，有关这一场景的记录让人觉得——这很有意思——像是一份联盟记录。仿佛大联盟一旦确立，任何公民聚集，任何集会，只要是出于集体防卫或其他任何目的，只不过是联盟的激活。

这也正是联盟节真正的成就所在。这是一个动态的聚会形象，而不只是对一群聚会者的确认。有两种人被排斥在联盟节之外，一种永远被点名，另一种从来未被点名。而且，真正被排斥的并非人们最常说的那种人，这样说不是没有道理的。被排斥又时 99
时被点名的是贵族。他们不在现场，远离人们，看不见，摸不着，但是，他们处于所有报道的中心，不过是另一种功能性的现实存在。他们的隐形存在对于这个节日来说是不可缺少的。当居高临下地战胜某种神秘而不可见的障碍时，透明和团结的意识前所未有地鲜活热烈。但是，在某些人看来，完全见不到也不好。他们认为，

① 大西洋岸卢瓦尔省档案馆，L. 352。

② 国家档案馆，C 120。

贵族在这个节日中没有更可信的人身存在，实在令人遗憾。德穆兰等人将联盟节游行比作埃米利乌斯·保卢斯*的凯旋，感叹“缺少那种让罗马人特别快乐的情景：(马其顿国王)珀尔修斯和妻儿被捆绑跟在执政官(指保卢斯)的战车后面。”[1]

另一种被排斥者从未被提及，那就是人民**。诚然，大量的记录文献都说到，在这些公共宴会上，公民被安排就座时“不分年龄、性别和贫富”。但是，这足以断定所有的人都参与这个节日了吗？人民的参与常常是因为名人的屈尊邀请，或由于一系列的巧合，或出于一种意外。例如，在蓬圣埃斯普里，最初的节日计划是举行一个阅兵式，是给人民看的景观，而不是让人民参与的。[2]在下午的祈祷仪式后，“人民有幸可以看到军队在城镇的街道上穿过”。鲁
100 西永团的军官把士兵宴会安排在兵营广场上。最初，人民只是观看，后来显然他们“甚至参与其中”了。“甚至”一词十分能说明问题：某个意料之外的事情发生了，某种间隙被消除了。宴会后都重复同样的场景：“宴会的高潮是(由指挥官和手下军官领头)团队集体跳起法兰多拉舞。”在这份记录的作者看来，军官与士兵混在一起，这已令人惊异了。但是，男女公民们很难在跳舞时袖手旁观，“很快，所有的公民都加入进来——但是我们知道，大约需要一个小时，平民和军人才会混成一片”。从这份记录的微妙语气中，我

---

* 埃米利乌斯·保卢斯(Lucius Aemilius Paulus，前229—前160年)，古罗马国务活动家，统帅。——译者

① 《法兰西和布拉邦特的革命》，第35期。

** 人民(peuple)，指下层民众。——译者

② 国家档案馆，C 120。

们可以意识到，这个节日活动是由军人安排和举行的，人民不过是破门而入。

人民偶尔会受到邀请，但这并不能改变基本状况。有时，在公共宴会的高潮时刻，有人站起来提议："让同样数量的穷人参加晚宴吧。"[①]这样就有了两次宴会，但在市镇的不同地方分别举行。这种凸显善意的炫耀本身就很能说明问题。人民在这个节日里有一个明确的角色：他们为"平等王国的降临"提供一个图解；他们是一份活生生的证明。有些记录说的更明确："国民卫队军官和市镇官员决定，在这种欢乐场合，应该向全体公民证明，通过邀请他们同桌进餐，平等已经实现。"[②]在欢迎联盟旗归来的时候，昂热的市 101
镇官员也给了同样的证明："每一个市镇官员都挽起一个妇女的手臂，这些妇女被称作平民妇女。"[③]

节日的空间安排更凸显了这种区分，在祖国祭坛的周围，第一圈是军人，围着他们的是第二圈名流显贵，更外一圈是人民。人民在场观看第一圈和第二圈的宣誓，有时他们会大胆地要求参加宣誓。但是，他们必须提出要求，才有可能。

因此，这决不是全体法国人的节日。但是，应该指出，作为节日前提的两类被排斥者都没有让人感到他们被排斥；二者被排斥似乎都无碍这个节日所庆祝的这种民族团结精神。在1790年，到处都是接连不断的选举，选出的代表不仅有资产阶级名流，还有省级名流，还有本堂神甫等等。联盟节所庆祝的正是他们的和谐，或

---

① 例如，见《l'Ile d'Alby的联盟记录》，国家档案馆，C 120。

② 《埃斯特皮利联盟节记录》，国家档案馆，C 120。

③ 于聚罗：《昂热的联盟节》。

者说是他们的融合。我们现在可以明白为什么对这两种人的排斥并没有让人觉得可能对民族团结有害:排斥前者,是因为这正是民族团结的神秘基础;排斥后者是因为还没有人认为这里有什么悖理之处矛盾的。因此,这些不真实的记录文献所揭示的真实恰恰在于这种共识:节日所使用的语言和市民流行语言之间的契合或许是暂时的,但是对于这特定时刻来说,二者是完全契合的。

第三章　超越党派的节日(1792 年) 102

制宪议会*自始至终,其全部节日经验只有两次联盟节(1790 年和 1791 年),两次先贤祠骨灰安放(米拉波和伏尔泰)以及一次葬礼(为战死在南锡的战士)。此外,还应算上围绕颁布 1791 年宪法的系列庆祝活动。当然,在外省,因当地的各种原因,也有其他一些节日,但是无人提到有巴黎的指令。制宪议会成员敏锐地意识到,这样就会导致缺少一种民族集体性格。图雷提出宪法补充条文,建议设立全国节日,“旨在保持对法国革命的纪念,加强公民之间的友爱,以及对国家和法律的依附”。这个虔诚的心愿获得制宪议会的一致支持。难道是因为条文的词句极其宽泛,从而使得任何党派都能任意想象节日的内容及其心理活动的意义?或者,实际上这是因为图雷所提示的法制化的革命与体现全民精神和谐的节日之间的联系?1791—1792 年把这个问题重新提上议事日程。这也是有关革命节日的史学研究一直探寻的问题。

立法议会**接下来只是与制宪议会一样设立了一系列有组织 103

---

* 制宪议会:1789 年 7 月 9 日,三级会议开始判定宪法,史称制宪议会。1791 年 9 月 30 日,制宪议会宣布解散。——译者

** 立法议会:于 1791 年 10 月 1 日召开,1792 年 9 月结束。——译者

的节日；它仅仅宣布了这样一些节日，并在1792年春天，委托公共教育委员会起草一份法案。但是，委员会完全陷入筹备第三次联盟节的工作。在这个节日之后，8月10日改变了一切。无论立法议会还是其前任，都未能做出总结。这就是为什么长期以来人们认为国民公会*才真正关注节日。但这种说法是错的。早在1791年就出现了最早评估全新的节日经验的尝试，声名赫赫的塔列朗和米拉波就写过类似的文字，开创了此类文章的先河。1792年，相隔几个星期，庆祝了两个完全对立的重大节日，前者是无套裤汉组织的，后者是斐扬派组织的。前者老城堡节（La fête de Châteauvieux）引起轩然大波；后者西莫诺节（La fête de Simonneau）是特意针对前一个活动而安排的。如果可以说在大革命进程中有两个临时性的节日，而且完全是某种自觉的政治工具，那么就是这两个。它们针锋相对，而且在时间上如此贴近，理当首先被用于检验对革命节日的政治解释。在这个动荡的年代，我们在那些不太有名也不成功的方案里，在那些宗旨矛盾的节日里，难道没有看到有两种不同的设计节日的方式吗？或者说，我们承认舆论普遍抵制政治争斗，但我们就应该因此认为有统一的革命节日模式吗？

104 常规和例外

在卡巴尼斯编辑的米拉波遗作中，我们可以看到米拉波关于

* 国民公会，1792年9月召开，1795年10月结束。——译者

节日的论述。[1] 其时间很容易确定。他对两个实际举行的节日发表了感想，一个是联盟节，另一个是为在南锡牺牲的战士举行的葬礼。[2] 因此，这些谨慎、务实的奇异文字应该是在1790年9月到1791年4月（米拉波去世）之间写成的。

实际上，正是在对这两个节日“感人而崇高的”场面的常见赞词中，掺进了一种忧郁甚至痛苦的思考。在米拉波看来，联盟节的记忆乃是关于双重失败的记忆：首先是个人的失败，因为联盟人是一个可恶的竞争对手；其次是政治上的失败，因为国王没能利用人们巨大的热情和上天赐予他的舞台来显示他与革命之间的和解。此外，米拉波在联盟节中感受到正规军和国民卫队的团结，感受到传染、混淆所造成的威胁。在这种思考中流露出对兵变的担心。105
南锡事件就是一个不祥之兆。南锡葬礼恰是联盟节的颠倒，以某种方式显示了在联盟内角色的颠倒恰是各种发展可能之一。南锡事件中，正规军发动叛乱，而国民卫队奋不顾身地维护法律，即站在布耶侯爵*一边：这是违反自然的，标志着一种失败。

① 这些观点有一个归属问题。它们属于米拉波还是卡巴尼斯？这个问题的结论一度倾向于米拉波，但是，H.莫南的文章《米拉波论公共节日》（载《法国大革命》，第25卷，1893年）的论述方式很晦涩。相反，J.戈尔米耶提交克莱蒙大会的论文《卡巴尼斯及其论国家节日》则认为，这些观点属于卡巴尼斯，只是由米拉波下令把它们记录下来。当然，卡巴尼斯是米拉波的“枪手”之一。但是，他为米拉波写的4篇讲稿，显然表达了米拉波的政治意图，因此我们也可以把它们视为体现米拉波思想的文本。

此外，戈尔米耶指出，米拉波－卡巴尼斯的词汇里反复出现“热情”、“幸福”、“激情”。在我看来，情况并非如此。在表面的官样文章——被迫向流行说法妥协——里面，我们可以从对节日的严格安排里发现一种审慎、有保留的态度。

② 指1790年9月20日在马尔斯校场举行的葬礼，纪念在南锡镇压瑞士团队叛乱时牺牲的国民卫队战士。

* 布耶侯爵是拉法耶特的表兄，著名的保王党。——译者

米拉波的整个方案包含着一个关于节日的负面形象。因此，其宗旨是，避免第一次那样的联盟节，因为第一次联盟节未能实现君主政府和代议制政府之间的团结。更重要的是，要避免第二个南锡葬礼。这两项意图是他想法的核心：尽管形式并不张扬——米拉波不愿采用一种“系统而规整的方案”，声明自己仅仅提出“建议”——但这些建议是极其一致的。

出于对兵变的担心，米拉波执意在一种结构分工的名义下——正规军负有的义务远大于普通公民——小心地将公民与士兵分开。这种结构应该在爱国典礼上体现出来。每一类人都有自
106 己的仪式；国民卫队不是军人，而是平民。在节日活动中，他们不应与军人混杂。无论何时何地都不行吗？否，也有一个例外，即向已经约定的习俗让步：每年举办联盟纪念日。既然联盟节已成事实，那就不可能在那天阻止军人和平民“在宪法的旗帜下”会聚。革命事件迫使关于节日的理想概念接受一次破例，这是第一次，但不是最后一次。米拉波不愿让联盟成为一个特例，因此更关注如何对节日实施监管，而不是确定仪式。节日必须在所有细节上都遵守事先指定的方案，而且只能在立法机构的支持和控制下进行。

人们可以从更长远的角度考虑一下其他8个节日——4个军人节日，4个平民节日。米拉波说，它们可以大体上分布在这一年春夏秋冬各季的起点和中间。人们会发现它们基本上是一副面孔。这些节日有一种拙劣的装饰。它们的名字直接取自新发明的政治词汇。这些词汇都是米拉波的文字中经常出现的：集会、宣言、宪法、联合、再生。实际上，这并不是一种轻巧的办法，而是出于平衡的考虑。平民节日里有一个具有十足的军事性质。这就是

武装节。正如米拉波所说,我们应该“保持对那种可歌可泣的同仇敌忾精神的记忆,我们的国民卫队就是怀着这种精神一下子组织 107
起来,保卫我们的自由摇篮”。与之对称的是,在 4 个在兵营举行的军人节日里,也有一个节日具有平民性质:军队不能对“刚刚发生的伟大变革”无动于衷,应该有自己的“大革命节”。平民有自己的军事节日,士兵有自己的平民节日,米拉波认为这样能够确保军队和国民的团结一致。毫不奇怪,另外 3 个平民节日庆祝的是“重归于好”(指 8 月 4 日之夜)、人权宣言、宪法(“当所有的公社组成一个国民议会”的时刻)。在另外 3 个严格意义上的军人节日里,有两个节日也是为了保持平衡而呼应平民节日的。有一个关于“联合”的节日,是用来礼赞正规军在 1789 年夏天的表现,当时他们聚集在“民族”周围,响应“自由的召唤”。那些委婉的说法并不能掩盖一个事实:他们的行为实际上是兵变。[①] 因此,另一个军人宣誓的节日旨在使士兵懂得,除了前面说的那个例外节日外,服从军法乃是规矩,绝不允许偏离。因此,尽管米拉波的方案是从实用角度提出的,但其统一性被打碎了。他的方案或许是要纪念革命,但也旨在遏制它的扩散,确保现役军人的服从,避免国民卫队对军队造成污染。节日是建立一个保守组织的工具:一旦革命的法律得以确定,各种要素——国王、立法机构、军队——都应该成为该法律的忠实仆人;任何要素都无权统治其他要素,亦即,应该有严格的条文规定,如果没有立法机构的陪伴,国王不得出席国家节日。

① 把他们的行为描写成“反抗专制的错误代理人”,显然是一种托辞。

米拉波的审慎也表现在其他防范措施上。他希望把各种节日
样式区分开，进而主张把宗教机制排斥在国家节日之外。这究竟是
108 因为马尔斯校场的葬礼（在这里是一个令人厌恶的榜样）就像联盟
节一样上演了那些属于拉法耶特“闹剧”的宗教仪仗行进？还是因
为从更深的层面看，这是在尚未找到“按照那种参加爱国自由运动
的坚决意志来启动宗教发条的手段”之前采取的防范措施？[1] 米拉
波论证排斥基督教的理由——在他看来，基督教十分庄重且属于
内心，不应与娱乐混淆在一起[2]——不如他让节日避开任何污染
风险的愿望更有说服力。革命节日应该是纯粹的公民祭礼。米拉
波对节日的命名具有重复性，在此可以得到解释。这些节日里的
一切都必须完全围绕着“革命”和“宪法”进行：二者相互包含，相辅
相成。

仅有这种区分措施是不够的。人们还应警惕节日展现的东
西，预防有任何即兴发挥和违规行为。出席节日的代表、演唱的歌
曲、表演的剧目、演讲的长短和题目，都要受到严格的监管。节日
所隐含的不可预料的因素，对于米拉波来说，是不可容忍的。在这
109 方面他是疑古的传人：尽管古代节日受到推崇，但也不能免除他的
质疑。在罗马人的凯旋式里，有些东西会助长“一个征服民族的那
种贪婪狂热”，农神节在某种意义上是邀请人们“以虚幻方式唤回
人类的原始平等”。简言之，人们不可能有绝对的把握来控制节日
的后果。在这一点上，米拉波想要超过罗马人。

---

① 《关于公民教士法的发言》，1790年11月26日。

② “因为基督教的庄严不允许人们参与我们国家节日的世俗场面、唱歌、跳舞和游戏，不可以参与喧闹，因此今后这些节日不应再有宗教仪式。”

他提出，节日应该有条条框框，它们首先要给所有的人“提醒各自的责任”。塔列朗则认为这些东西太压抑了。他希望不要对节日管得太细。除了联盟节——联盟节太伟大了，不会有褪色变味之虞——他反对严格的定期举行节日。[①] 但是，总体上看，他本人的方案实际上与米拉波的想法不谋而合，除了个人气质外，也显示了二人对革命节日的某些共识。在塔列朗和米拉波看来，发明新的节日，需要参考古代的礼仪：背诵颂词，弘扬国家历史，举办各种竞赛活动、颁发桂冠和奖品。这些成为有关节日的教学内容。[②] 塔列朗没有像米拉波那样担心平民节日与宗教仪式的混杂。这种混杂很适合葬礼。但是，在喜庆的节日，即在纯粹的“自由祭礼”上 110
混杂是不适宜的。

最重要的是，二人都不怀疑“有秘密的纽带能够把自由民族的节日与他们的政治制度联结起来”。二人都把节日视为法制化的大革命的产物和工具。在米拉波那里，还有一种系统化的倾向：他的思考透露出一种愿望，即用一套紧密的节日网络来格式化全国疆域，这些节日将把巴黎的模式传递给最偏远的社区。这反过来也会激励人们去拜访首都，每个社区指定一名镇代表，每个镇任命一名区代表，每个区任命一名省代表；这些来来往往的活动将被调节得如同跳芭蕾舞，以确保用同时和同样的仪式来体现举国一致。

---

① “不应太早就计划它们，也不要太确定；不要太听命，因为欢乐和哀伤都不听命于任何人。”

② 在论述更充分的米拉波的著作里，让人感到有点偏离这种模式，因为古代的简朴节日适合简单的主题：“社会形态、最初的劳动方式、用于度量时间的某些星宿的返回……”

因此，在1791年的这些方案里，不仅有初步的摸索，还有更多的东西。这里已经有了一套说法。这套说法最突出的特征是，对节日所要赞美的革命持戒备态度，担心和防范发生新的暴动。在1792年春天两个重大政治节日的对抗中，我们会看到这些防范措施均随风而逝。

两个对立的节日？

老城堡节和西莫诺节——自由的节日和法律的节日。这是两个象征。前一个是为了庆祝参加1790年8月老城堡暴动的瑞士兵重获自由。他们遭到布耶镇压，送上苦役船，此时获得赦免。这
111 是给暴乱者的平反，甚至是对暴乱的礼赞。后一个旨在悼念埃唐普市的市长西莫诺，他因为捍卫食品法而在民众暴动中被杀死。这是礼赞暴动的受害者。前一个节日缘于“先进的爱国者”和爱国俱乐部的倡议，后一个则出于当局的官方决定。双方都有名人助阵：孔多塞为前者辩护，安德烈·谢尼埃支持后者。我们可以将老城堡节和西莫诺节的各个方面一一对照。按照布里索的说法，西莫诺节与其说是一个节日，不如说更像是一个典礼……

我们仍可将二者进行对比。两个节日的对立不是事后的虚构，而是当时就被人们意识到了。《巴黎日报》在同一期上，既刊登了安德烈·谢尼埃对老城堡节的声讨，也刊登了关于瓦兹河畔博蒙市府举办的纪念西莫诺的节日的报道。老城堡节刚过去，巴黎博堡区的积极公民和国民卫队就计划举办一个隆重的节日，用盛大的军事游行来悼念西莫诺。西莫诺节是依照一种修复的模式来

安排的设计。爱国党的报刊详尽地列举二者相对立的特征。我们可以看看《巴黎的革命》提供的两份报道。

> (老城堡节的)仪仗游行开始得较迟,大约在中午才开始;这不是因为像专制君主在宫廷节日那样需要安排人民来等候。人民从早上起就熙熙攘攘地聚到“王座城关”(后改名民族广场——译注);但是,节日没有等仪仗游行就开始了。只要人民聚到一起,就会结伴欢闹;但是,到出发的时候了……
>
> 在巴士底狱旧址,举行了一个自由女神塑像的揭幕式。112
> 我们略过这些细节,好从整体上来观看这个民众节日。这是这类节日的第一个,我们希望以后会接连不断。在第一站花费的时间给了那些居心不良的和轻信的公民以机会,使他们在庆祝胜利的队伍通过时能够抛头露面和加入进来。况且,明媚的春日也不可错过。
>
> 这里没有什么过分的奢华。没有金光闪闪,不会让公民感到自己中庸的温良或有尊严的贫穷受到侮辱。没有一个身佩饰绦的士兵会对左右往来的衣衫褴褛的在场者投以睥睨的目光。表演者和观看者常常混合,轮番列队游行:这里没有什么秩序,却非常和谐。没有人迎合那种冷眼俯视的自负,也没有人想让自己成为一个景观;郁闷,这个强求一律的后果,在哪个群体里都无处落脚;眼前的场景在不断变幻;仪仗队伍多次断裂,但旁观者马上就填补了空缺:所有的人都想加入这个庆祝自由的节日。
>
> 奢华被抛弃了,但纪念物被移来移去,在与人们进行心灵

的交流。游行队伍打头的是《人权宣言》，写在两块石板上，犹如摩西的十诫，尽管这种比喻并不恰当。有4位公民骄傲地
113 用肩膀扛着这个令人肃然起敬的重物。当他们停下来休息，或是等待后面的队伍时，就会有许多公民围上来，每一个人都骄傲而严正地大声朗读宣言的第一句：人们生来是而且始终是自由平等的。

后面以同样的方式抬着4座半身像。啊！有人说，那是伏尔泰，那个让我们尽情嘲笑教士的老家伙。那个面带忧郁的人（卢梭），不太喜欢贵族，也不听命于贵族。第三个半身像是谁？是个英国人（西德尼[*]）。他宁可头落木砧，也不向国王屈膝。那个老人面目慈祥，我们知道他是谁。他是富兰克林。他可不像那些不出远门的金发少年，他可称得上是新世界的解放者。

后面的两个棺材给这个节日蒙上了一些阴郁的色彩。看见它们，人们就会不由得想起南锡的屠杀。屠杀计划出自杜依勒里宫的内阁，然后受到其亲戚、两个世界的解放者（指拉法耶特）的关照和推荐，传递给布耶。

身穿白衣的女青年托着经过装饰的铁链开路，后面跟着的是40名老城堡团的瑞士兵，其中还混杂一些志愿者和正规军士兵。我们能够从黄色肩章辨认出我们的40名受难英雄。跟在他们身后的是自由女神战车。那副车架子曾用来承载祭

---

* 西德尼（Algernon Sydney，1623—1683），英国革命时期的共和派，被查理二世以叛国罪处死。——译者

送伏尔泰的车身。这个细节值得注意;我们不应忘记给我们带来自由的哲学。

这辆仿古战车是一个令人印象深刻的东西。幸运的革命 114
画家大卫在一侧勾画了老布鲁图大义灭亲的故事。他的儿子战功显赫但触犯法律,被他亲自判处死刑。另一侧,他刻画的是投掷标枪的威廉·退尔。靶子是放在儿子头上的苹果。但是我们在他的脚边可以看到另一支标枪的枪头。这支标枪将杀死奥地利总督,给瑞士带来独立。这个坐着的自由女神塑像,一只手倚着一根大头棒,一副居高临下的姿态,哪怕国王经过也得低眉顺眼。我们不应忘记,自由的权杖就是一根大头棒。还应该说到的是,车的前端有6柄长剑,剑尖锋利,似乎威慑着任何胆敢阻碍自由女神胜利进军的专制主义。

20匹民主马(如果我们可以这样使用形容词的话)以稳健的步伐牵引着法国人民的君主的马车;它们的行进动作毫无凡尔赛或尚蒂伊的马厩豢养的高头大马的傲慢。它们并不高昂着头;马鬃上没有编着金丝,也没有白色羽毛的装饰。马背铺着一块红布;它们的步伐有点沉重,但没有偏差。

这辆马车后面,一个小丑骑着一匹长耳马。他穿着滑稽,
象征着愚蠢。他未能制止这个节日,就来指摘它的缺陷,以通 115
知那些诽谤写手(杜邦、戈捷、迪罗祖瓦、安德烈·谢尼埃、帕里佐、鲁谢等等)。

游行绕着巴黎走半圈,穿过人山人海,但没有遇到任何障碍。无须站立的或骑马的宪兵来标出路线,无须用两排刺刀来开道,也无须内务大臣费心。此前,行省当局向市府推荐了

一个好的治安方案，头一天还下达了一份关于车辆和携带武器的命令，但执行命令的是民众自己，他们用自己的行为给行政长官们上一课，给国民卫队树一个榜样。40万公民在街头呆了半天，都走向同一地点，连一个小事故都没有发生。和平的话语笼罩了现场；从巴士底到马尔斯校场，人们看着一穗小麦而不是刺刀，排列成行。

6个星期后，《巴黎的革命》是这样描述“西莫诺节”的游行：

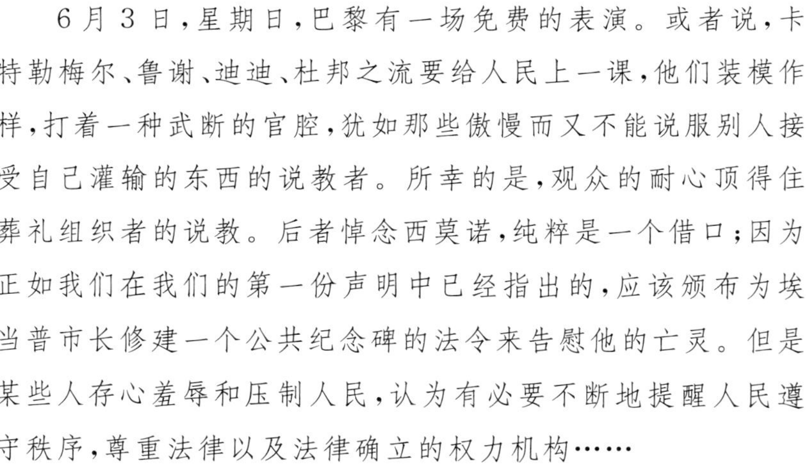

6月3日，星期日，巴黎有一场免费的表演。或者说，卡特勒梅尔、鲁谢、迪迪、杜邦之流要给人民上一课，他们装模作样，打着一种武断的官腔，犹如那些傲慢而又不能说服别人接受自己灌输的东西的说教者。所幸的是，观众的耐心顶得住葬礼组织者的说教。后者悼念西莫诺，纯粹是一个借口；因为正如我们在我们的第一份声明中已经指出的，应该颁布为埃当普市长修建一个公共纪念碑的法令来告慰他的亡灵。但是某些人存心羞辱和压制人民，认为有必要不断地提醒人民遵守秩序，尊重法律以及法律确立的权力机构……

但是，这种排场不过是一个国民卫队和正规军的阅兵，而不是别的。头一天，匆忙地举行正规军的军旗祝福礼。这个军事表演与和平的法律成就庆典形成十分强烈的反差。这种古代宗教仪式与现代军事操练的混合就好像是那些漫长的基督圣体节游行的翻版，此前多次大同小异地举行过。让大家自己评判吧……

宪兵为这次打着维护法律之名的游行开道,后面是一个巴士底狱的模型。

接着是48区的彩旗,它们用颇有品味的盾牌作为标志,上面戴着表示自由的红色软帽,写着:“不可分割”。这是一个很容易传播的简明道理,但愿它能生效!各区区长先生都穿着黑色礼服,严肃地走在队伍的一侧,就像是圣餐上的教区神甫。他们就差手中拿一束菊花了。难道有必要像要求法官那样,发布一个关于区长、秘书和委员着装的法令吗?

他们显然是要反衬正规军的白色制服。正规军以最好的 117
队形紧随其后。多数军官的脸上透出贵族气,尽管他们没有佩戴法国近卫军的菱形勋章。

当庞蒂耶夫尔先生把他的圣饼交给圣厄斯塔什教堂时,我们看到人群头上一片摇动的小旗(这些小旗后来发给了教区的儿童):它们被当做表示帝国83省的旗帜样板。

在整个仪仗行列中,最有趣的是,在一根标枪上挑着一个鲨鱼。这个海洋动物张着嘴,露出牙齿;它身上写着“尊重法律”的字样。据说,标枪代表法律,鲨鱼代表人民。相反,在我们看来,标枪是人民,而鲨鱼代表任何你想让它表示的东西:专制、贵族和宗教狂热。各省本应该小心,在自己的节日安排中要防止观众在这方面不知所云。我们就忽略了这种细节。诚然,中国的皇帝用鱼作他的纹章;但是,我们不是在北京。卡特勒梅尔先生应该给我们做一点解释,因为他是庆典专家。

人数众多的国民卫队护送着这个海洋怪物。它非但没有吓住任何人,反而引起所有人的哄笑。“法律之剑”的情况有所不同。它上面有精美的铭文:“出剑保卫”。

但是,为什么它的基座要蒙上薄金纱?为什么将这种金属与正义理念联系在一起?装饰必须极其严谨,否则宁可不
118 要。这个节日的组织者在这里使用了拉丁词 lectisternium (祭品)。但是,既然他们一定要卖弄学问,他们至少应该向民众解释一下这个词的意思……

接下来展示的是西莫诺的肩带,上面蒙着黑纱,棕榈叶和一顶花冠。接着是他的半身像和沉痛的家人;接着是表示悼念的锥形体(金字塔);所有的扶棺者都身着古代样式的服装,但极其简陋邋遢,足以使所有的人都对古希腊人和古罗马人永远感到厌恶。

在一个供着圣米内尔夫小银像的镀金象牙椅子上,吸引人们目光的是一本打开的象征着法律的书籍的造型。人们原本以为这个景象会造成更深的印象,但是它太让人想起教堂用书和圣人遗骸盒。当簇拥它们的那些人身着的服装如同圣体节游行中那些装模作样的教士时,就更是如此了。现场也有几个良家妇女,只是没有出现她们的牧师。如果再有香炉的话,那么这幅画面就完整了;因为现场有几个小孩拿着篮子,唯一有别于唱诗班少年之处是他们没有剃发。人们没有找到原来计划中的那些可敬老者,那些身着节日长袍、霜眉雪发、德高望重的农村长老。

接下来是一群在古热夫人*带领下的妇女。她们的举止

---

* 奥林普·德·古热(Olympe de Gouges,1748—1793),法国大革命期间著名女性主义活动家,发表《女权宣言》。——译者

很像走在喧闹的队伍前方的鼓乐队长。当制宪议会把法律文册交付给由母亲组成的卫队时,它或许并没有想让这成为一 119
场戏剧表演。这些身着白衣、头戴橡树枝编的花冠的女士没有获得所希望的成功。不管怎么说,这些妇女与这个重大节日格格不入。

殿后的是一个巨大的法律塑像,它是由一个坐着的女人来体现的。她倚着铭写人权的牌匾。她似乎在用她的披风来盖住它们。人们给她一个权杖作为标志;但是,似乎让她手持一个古代的法律象征马勒似乎更合适。无论如何,绝对不应该让人民习惯于将法律和君权混为一谈。

这尊塑像底座上的铭文是:“真正的自由人是法律的奴隶。”这可值得多说两句。

我们倒是喜欢在法律宝座周围写的三个词:自由、平等、财产权。

在立法机构队伍的正前方有人托着一个准备给西莫诺半身像用的公民花冠;但是,它被人托着,因为不久前形成一个惯例,在安葬我们的先人时,托着所谓的荣誉标志,即伯爵或侯爵的冠冕。

各省的行政长官与国王大臣走在国家代表之前,后者几乎都把参加这一活动当作义务。5月15日的自由节没有受到他们如此的欢迎。

当游行队伍抵达马尔斯校场时,西莫诺之死的漫画悬挂在一棵高大的棕榈树上。周围很花哨地布置了其他的胜利象
征。不过有一样事情值得注意,而且人们可以随意解释,亦 120

> 即，组织者让祖国祭坛正好面对联盟节场地的入口，(去年)7月17日，巴依和拉法耶特从这里进入，以戒严法为名，枪杀在这个祭坛聚集的爱国者。
>
> 三声礼炮；用鲁谢(他可比不上欧辛)*的方式合唱一首歌；焚香；展示法律文册；给西莫诺半身像戴花冠；但是这一切都是场外云集的公民视野之外进行的，他们只能用信仰的眼睛来观看整个仪式，因为正规军和国民卫队志愿者的警戒线被安排的尽可能地远离中心点。只有穿制服的男人和几个穿白衣的妇女享有靠近的特权。说是为人民或国民举办的，他们也为之付出很多，但是他们什么也没看见。5月15日的自由节至少是全民的，人民既是演员又是观众，当然，那天没有刺刀。

如果我们在斐扬派报纸的这两篇节日报道中加以选择，总体印象没有什么差别。我们或许应该换个角度看，不过，两个节日的对立——无论政治意义还是美学意义——依然不变。

我们不可能否认如此自觉表达的政治对立。这两个节日正是在立宪派和爱国党争斗的氛围中策划的。先看看老城堡节的情况。从3月下旬到4月中旬，雅各宾俱乐部不断发出可怕的预言：
121 要是这个节日发出屠杀无套裤汉的信号，那该怎么办？(斐扬派则相反地预估会发出一个攻击王权的信号。)这就是为什么罗伯斯庇

---

* 鲁谢(Jean-Antoine Roucher，1745—1794)，法国诗人。他是伏尔泰的信徒，大革命中的温和派，恐怖时期被送上断头台。欧辛据传说是3世纪爱尔兰吟游诗人。——译者

尔会心急火燎,[①]反对塔里安考虑到组织者的耽搁而希望缓期举办的意见。是否都准备好了,并不重要。铭文没有思想重要,受难者的现身比大卫的画笔更能打动人,况且大卫还有的是机会来表现自己。罗伯斯庇尔最突出地体现了一些人的主张,亦即,把这个节日完全当做一次政治演示:宣布对不能贯彻宪法的骗人宫廷的不信任。这也是立宪派所领悟到的。他们认为,对这些苦役犯献上敬意,无异于号召反抗。安德烈·谢尼埃说得最透彻:“据说,这个盛大仪式经过的所有公共广场上的塑像都将被蒙住。也没有人来得及问一下,私人给他们的朋友搞一个庆祝活动,有什么权利把公共纪念物都蒙上?我要说,如果这个可悲的狂欢一定要搞,那么不仅暴君的塑像将会被黑纱蒙上,所有的善良人、所有守法的法国人也一定会用黑纱蒙上自己的脸,因为那些士兵武装反抗法令的成功是对他们的侮辱。”几周之后,节日把双方改变了:组织者改变

了意图,诋毁者改变了认同。这一次,罗伯斯庇尔痛斥西莫诺节: 122
“这不是一个国家节日,而是公务员的节日……市府官员、行政官员、司法官员的列队游行让人想起旧制度的形象!刺刀、佩剑、制服,这哪儿是一个自由民族的节日装饰!”[②]

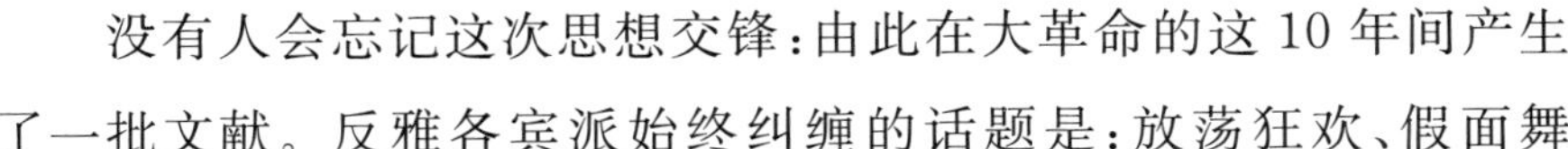

没有人会忘记这次思想交锋:由此在大革命的这 10 年间产生了一批文献。反雅各宾派始终纠缠的话题是:放荡狂欢、假面舞

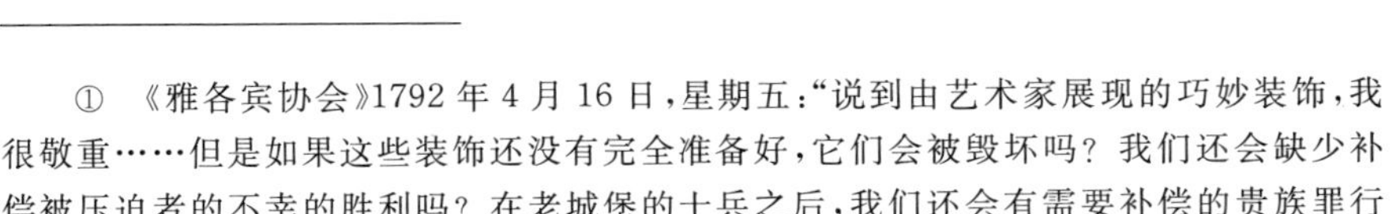

① 《雅各宾协会》1792 年 4 月 16 日,星期五:“说到由艺术家展现的巧妙装饰,我很敬重……但是如果这些装饰还没有完全准备好,它们会被毁坏吗?我们还会缺少补偿被压迫者的不幸的胜利吗?在老城堡的士兵之后,我们还会有需要补偿的贵族罪行吗?那时,大卫和其他艺术家会很高兴看到他们的才华对自由的贡献。”

② 国民议会代表罗伯斯庇尔:《宪法的捍卫者》,第 4 期,1792 年 6 月 7 日。

会、标枪林立、妓女遍地。[①] 这就是他们眼中的老城堡节。而在爱国党看来，西莫诺节是一个僵化、凝重的官方节日，是赐予的一场表演，可以观看但不能参与。两种对立的政治意图就产生了完全对立的节日，乃至对节日的描述也不相同：实际上，这是最值得思考之处。

不过，从一开始就应该指出，两个节日之间的政治对抗并没有被节日组织者搞得很极端。老城堡节的组织者就没敢让苦役犯站在为他们准备的凯旋车上，最终是让他们加入到游行队伍中：节日
123 也因此有了另外的意义。与其说这是一个敬献给老城堡士兵的节日，不如说是有这些士兵出席的一个自由节。有时，也有人像《箴言报》(*Moniteur*)那样发表声明，要求就像"春节"那样，每年在同一时间以同样方式过这个节日，把这个节日当做"春节"，这个节日就具有了不同的意味。组织者的这种温和态度(令朱利安夫人十分高兴[②])也是参加者的态度，他们在老城堡节和在西莫诺节都表现得很平和。而且，这也揭示了在节日应该是什么样子的问题上双方具有深层共识——超越了他们的分歧。大家都把自己参与的节日描述成秩序的胜利："这是一个很符合有哲学头脑的观察者的口味的场面：仅仅靠着人们对法律和秩序的尊重来约束和指挥30

① "他们给他们服苦役的弟兄举办了这个臭名昭著的节日，使他们在公共舆论中名声扫地。我们应该看到，这个多么卑鄙地欺骗整个民族的节日失败了。就我们所知道的，这次纵情狂欢还赶不上4月15日的假面舞会。我们就让读者免去看让人恶心的描写了。"《正派人报》19期，1792年4月19日。

② "因为几项明智、温和的调整，游行的开始时间推迟了。这些调整使节日具有了不同的性质，但又没有完全改变原初的宗旨。老城堡的士兵原定是和女人儿童及兴盛象征站在车上的，现在和其他公民走在一个队伍里。"洛克鲁瓦(Lockroy)：《大革命期间一个布尔乔亚的日记》。

多万人的聚会”(这是勒·科兹对西莫诺节的证词[①])。而关于老城堡节,朱利安夫人是这样写的:“这片乌鸦鸦的人群排列成有秩序而且神奇般整齐的人墙,警察也从未做到如此之好,也没有如此文雅。”[②]

按照《巴黎的革命》报的说法,尽管政治斗争有所克制,还是产生了属于两种不同美学的完全不同的节日。在老城堡节上,看不 124
到一件武器、一门大炮,没有鼓乐,也没有正步行进;[③]在西莫诺节上则有骑兵、军号、国民卫队掷弹兵、各种旗帜:这是一次军事表演,按照一个撰稿人的说法,是与法律的和平性质相抵牾的。一方面是简朴的装饰,另一方面是炫耀的奢华:金色的象牙椅,银色的米内尔夫。这既有解释功能,也有象征作用:这两派的差异也是大卫和卡特勒梅尔·德·坎西二者的美学对立。大卫是老城堡节的组织者,赞同现实主义;卡特勒梅尔是西莫诺节的组织者,喜爱抽象。按照施奈德的分析,大革命推动每一个人沿着自己的倾向发展,激发了大卫的现实主义趣味,也激发了卡特勒梅尔的逃避现实倾向。[④] 因此,前一个节日的自然主义与后一个节日的寓言手法恰成鲜明反差;这也能够解释为什么人们不能一视同仁地看待这

---

① 勒·科兹(Le Coz):《书信集》,巴黎,1900 年。

② 洛克鲁瓦:《大革命期间一个布尔乔亚的日记》。

③ 节日组织者担心国民卫队受到斐扬派宣传的挑动,坚持节日活动中不得有武器,声明他们的禁令包括“任何种类的武器”,并且很快就对采取这种措施的考虑加以说明。在 1792 年 4 月 11 日巴黎市府会议记录中,我们看到:“市府……确信,不会用任何限制手段来遏制人们的热情喷发,应该用抛弃信任来取代暴力机制,自由的节日应该与自由女神一样自由,现在到了让人民表现出他们是受尊重的时候了,人们应该相信人民的理性和美德……”

④ 施奈德(R. Schneider):《卡特勒梅尔及其对艺术的干预》,巴黎,1910 年。

两个节日。参加6月节日的人都不能完全理解所有象征物的意义，而参加4月节日的人则很容易解释他们看到的东西。多德支持施奈德的假说。在他看来，这是因为大卫不是书呆子，从未失去与凡尘现实的联系。[①] 简言之，大卫成功之处就是卡特勒梅尔失
125 败之处。大卫的对手们也不得不恭维大卫的才能，这可作为一个证明；《宫廷和城市报》哀叹道：如果大卫能够用他的才能为王权服务，“我们马上就与这位法国画派的领袖握手言和”。

然而，各种报刊迅速地把相同的群体归结到对立的美学中。例如，在两个节日都可以看到身着白衣的妇女群体。当她们在老城堡节游行队伍中出现时，《巴黎的革命》只是把她们看做年轻女公民。6个星期后，当同一群人在西莫诺节的游行队伍中出现时，她们受到的是斥责：“不管怎么说，这些妇女与这个重大节日格格不入。”我们先抛开报刊不说，让我们为那些游行观看者设身处地地想想。在他们面前通过了那些大革命已经确认的标志：巴士底狱、83省、自由帽（也出现在法律节上）、法律牌匾（也出现在自由节上）*。他们等待着节日的核心内容：两座塑像。尽管二者手中的标志不同（一个是大头棒，另一个是权杖），但二者都相当宏大，而且都被安放在凯旋车上。如果这些人跟着游行队伍，大体上沿着同一路线穿过巴黎后，就抵达了马尔斯校场参加相同的仪式。在两个节日里，人们都把游行抬着的物品放在祖国祭坛上，点燃同样的香火，演奏由戈塞克创作的同样音乐。如果此时观众开始高

① 多德：《共和国的庆典大师》。

* 自由节和法律节分别指老城堡节和西莫诺节。——译者

呼“佩蒂昂万岁！”[①]或“民族和自由万岁！”，甚至在西莫诺节上也 126
是如此，你还会惊讶吗？有些评论者确信，这些呼喊表明人民想给斐扬派举办的这个温吞的节日增添点什么。[②] 不过，我们更可能得出结论说，游行队伍中的任何巨大塑像都被当做自由女神像。罗兰所创造的这个法律塑像的手脚都是用石膏和黏土做的。[*] 卡特勒梅尔在1819年论罗兰的笔记中悲伤地写道：“这个象征性预言不会比他的象征物更持久”，他或许忘记了，这个象征物本身并没有被当作法律的象征。

此外，人们也会询问，大卫和卡特勒梅尔之间的对立虽然被描述的活灵活现，但这种说法是否真的成立？[③] 因为这两个人都对檐壁感兴趣，而节日里的檐壁就是仪仗队伍；[④]两人都确信应该按金字塔形状布局。因此让人感觉不出两人分属对立的流派。卡特勒梅尔因在西莫诺节上使用金银而遭到挥霍浪费的非议，但这不过表明一种迷恋古代彩色装饰的趣味。他曾很自觉地把这种装饰
手法用于先贤祠，大卫本人也将此用于罗马的塑像，上面安放的是 127
严肃思考的布鲁图。最后，这两人已经为各种节日合作过多次（几

① 正如迪洛雷（Dulaure）在1792年6月5日《每日晴雨表》中报道的：“斐扬派看到游行队伍中得到掌声最多的是巴黎市长（指佩蒂昂。——译者）时感到极度痛苦。这个他们所憎恶的人却是人民爱戴的人……”

② 参见《共和国的庆典大师》。

* 罗兰（Roland），吉伦特派重要人物。——译者

③ 与米拉波、图雷、塔列朗乃至大卫一样，卡特勒梅尔认为公民典礼——以及在老城堡节几个星期后的这次节日——都具有相同的教化特征：“定期的节日，不时地庆祝重大事件，是最强大的工具，可以用来让人们去仿效美好的东西。”国家档案馆，F 131935。

④ 卡特勒梅尔写道：“浅浮雕应该采用队列行进的形式。”见施奈德：《卡特勒梅尔及其对艺术的干预》。

乎可以确定的有伏尔泰的骨灰安放仪式。大卫为此设计了彩车，后来再次用于老城堡节。卡特勒梅尔称赞这件杰作，并且很嫉妒地将它保存在先贤祠的前厅，违心地示好），还将再度合作（为勒佩勒蒂埃的葬礼，卡特勒梅尔负责纪念基座）。他们在这两个节日或许没有合作，尽管表现埃当普市长被打倒在地的画作常常被说成出自大卫笔下，这种说法即便是错的，也很说明问题。大卫给《哥尔萨的通讯》写的一封信对此做了澄清，[1]明确反对让古人（穿着宽大长袍）和今人（穿着国民卫队制服）共同出现在西莫诺节的低劣品味。应该补充的是，大卫的那些学生们受命穿着古希腊长袍，抬着埃当普市长的浮雕，而大卫本人当时因有贵族嫌疑，便极力夸大自己与西莫诺节组织者的分歧。

但是，我们应在施奈德的这个假说上多停留一会儿。他提出，在现实主义的节日与寓言式节日之间存在一种深刻的矛盾。有人会说，由于有苦役犯出席，有白衣“女公民”手持真锁链的撞击声，所以老城堡节是现实主义的。但是，我们也知道，人们努力减弱这种现场冲击，并使之寓言化：苦役犯不再是桀骜不驯的，而是“人类解放的代表”；现场不是展现苦役船，而是出现一个苦役船的“模
128 型”，这个模型因微型化而变得平淡。只有船桨与实物一般大。要求节日必须有所克制的警告，只是体现在船首的剑尖上，“威慑着任何胆敢阻碍自由女神胜利进军的专制主义”。但是，有谁能察觉这个寓言里的威慑？反之，被说成寓言式的西莫诺节并没有放弃现实主义的效果：在受害者半身像的胸部和前额做出伤痕。因此，

① 《哥尔萨的通讯》，1792 年 6 月 9 日。

寓言和现实主义彼此并不绝对排斥。尤其是,人们怎么会没有注意到现实主义在这里只是表现在细节上:半身像上的伤口,玩具般的苦役船。实际上,这两个节日里特别宏大的、也是对人们的想象形成冲击的东西,就是那些大寓言。

此外,对于当时的人们来说,现实主义表征和使用寓言是绝对不相兼容的吗?诚然,大卫责备卡特勒梅尔把现代服装和古代服装并排展示,但是他不是在现实主义的名义下做同样的事情吗?其实同样可以在追求纯粹性的古典寓言理论的名义下做出这一批评。反之,勒佩勒蒂埃身上绽裂的创伤也会出现在大卫的画作上,上面还装饰着表示永垂不朽的花环。花环既是对创伤的否定,同时也是创伤的化身。这是因为创伤在这里与其说是通过"呈现"来表现可信性,不如说是被当做本身意义的示例。它不是一个再现,而是一个争取花环的激励,一个提倡积极行动而非沉思冥想的主题。正是这种激励性质,通过英雄动机的预期功能,把现实主义细节与寓言象征联系起来;这也能够解释为什么在如此全新的环境
里,借用古代形式既不显得陈旧过时,也无方枘圆凿之虞:古代的 129
套路不仅是形式和形象的宝库,更是经验教训的集大成。

总而言之,这两个节日极其近似。我们应该抛弃政治解释的结论,即迪洛雷的说法。他比其他任何人都更巧妙地解释了这两个节日通过自觉而细致的决定确立各自个性的困难。[①] 如果法律

① 迪洛雷:《法国大革命主要事件的历史探讨:自三级会议召开到波旁王朝复辟》,巴黎,1823—1825年。

节接受了自由的象征物，而自由节接受了法律的象征物，那是因为“每一方都策略性地向另一方做了让步”。但是，迁就另一方的愿望与其说是出于算计，不如说是因为没有进行其他想象的能力。那些策划这两个节日的人拥有对同样内容的记忆，他们所仰赖的思想和形象的储备也完全是双方共有的。实际上，并没有一个大卫的节日，也没有另一个卡特勒梅尔的节日，艺术家是把每一个节日都看做是施展在同一科班练就的才能的机会。无论他们是否站在正确的一边，也无论他们所准备的节日是由温和派还是由无套裤汉组织的，他们都只会运用新古典象征主义来建构和谐神话，不可能有其他的想象。

悲剧的统一

事实表明，在如此聒噪的这一年里，一些特征确定下来了，以至
130 于共和2年的节日，甚至督政府时期的节日都不能摆脱这些特征。其中最明显的特征是，节日从宗教影响下解放出来。[①] 与联盟节截然不同，这些节日似乎验证了米拉波的意见：在公民祭礼上，不应再有教士，不应再有弥撒。[②] 伏尔泰移葬先贤祠的仪式是一次世俗化的彩排，甚至西莫诺节本身也“完全照抄异教徒的节日”，[③]这

① 这种情况仅适用于巴黎的重大节日。在外省，许多庆典依然兼有宗教和世俗因素。

② 尽管米拉波本人进入先贤祠的仪式也插入了在圣厄斯塔什教堂的弥撒。

③ “人们当然会想到，这里没有天主教教士，死去的教士不会在活人的耳边聒噪。”《正派人报》，1792年6月7日。

是让西莫诺的推崇者悔之莫及的。在差不多同一时间,巴黎公社发布了敌视宗教仪仗游行的法令。由此,开始了对宗教的屏蔽,这是在不同领域必须分离的借口下展开的:宗教退缩到私人生活的暗处,而公民责任感的公共领域得到宏扬。所有人共同的宗教现在是公民盛典:没有比这更确定不移的了。

但是,这个重大的公民节日并没有完全与宗教模式决裂,还在不倦地照搬游行方式。仪仗游行不仅仅是节日那一天的标志,而且它实际上填满了整个活动。无论是伏尔泰移葬先贤祠仪式,还是老城堡节,游行队伍行时时壅塞,行进缓慢,晚上才抵达先贤祠或马尔斯校场。几乎没有时间再大搞入场式了。而且入场式也是马马虎虎设计的。终场——揭开蒙在祖国祭坛上方国旗上的黑纱,点燃香火,小心地把半身像和旗帜安放在祭坛上——远远没有
神圣物品的"移动"那么重要。正是这种护送者一站站的交接,定 131
义了革命节日。① 难道这是想象力丧失、退回到模仿的一个标志?并非完全如此,因为在室外举行活动、让成千上万的人参加进来,不用戏剧表演而用仪仗游行形式,这也是节日本身逻辑的一部分。这种形式要求演员和观众彼此之间有一种默契,甚至要有一种认同。

那些雅各宾派的厄运预言者们抱怨;原定的老城堡节装饰决

① 就这个时期而言,即节日尚未成为定型,尚未成为国家法律对象,但观念迅速成熟的时期,巴黎的情况尤其如此。直到 1792 年 4 月 21 日,公共教育委员会宣布,不久它将提交一份关于国家节日的方案。在此之前,正是这座大城市首先给这种仪仗游行配上装饰和群众演员。在较小的社区里,只有少数参与者,但缺少服装,且只能挥舞纸板象征物。革命节日的模式被证明很难输出。

不可能按时完成。对此，罗伯斯庇尔高傲地回应道："我们将不会缺少弥补被压迫者不幸的胜利。"由此，他就触及到另一个统一的特征：无论过去还是未来，在革命节日里有一种悲剧性的、阴郁的
132 主题。1792年，这是祖国在危急中的一年，这种宣示在巴黎激发起具有阴暗效果的一种仪式：两个仪仗游行，一个在（塞纳河）右岸，另一个在左岸，在巴黎城区穿来穿去，在各个广场逗留。在那些圆形广场，图尔泽尔夫人看到阴沉的"罩着一个小篷的断头台"，[①]两只鼓上放着的牌子，以及在圆形广场围着的一圈人。他们不是漫不经心的观众，而是志愿者。他们围着的不是自由树，也不是祖国祭坛，而是一门大炮。1792年也是莱茵军团战歌[*]响彻大地的那一年。它的副歌直接体现了那种激烈情绪，具有强烈的号召力。它像闪电一样传遍祖国大地。4月25日在斯特拉斯堡市长私人客厅它第一次被人们高声唱起；[②]10月17日，它被封为"革命颂歌"，从此便与革命难解难分。它是被全体人民自发选中的，而人民与其说是接纳它，不如说是创造了它。最后，1792年也是死亡占据了革命节日的舞台中心的一年。在头一年，已经有两个葬礼——米拉波和伏尔泰（移入先贤祠仪式）——几乎遮蔽了第二个联盟节。现在，在老城堡节上，幸存的苦役犯混在其他游行者之中，远没有那两个象征死者的石棺那么明显，而受害者的半身像是西莫诺节的核心。毫无疑问，组织者借鉴了由共济会所保存的

① 图尔泽尔夫人：《回忆录》。

* 即《马赛曲》。——译者

② 见让-路易·雅姆（Jean-Louis Jam）提交给克莱蒙大会的论文《马赛曲》。

古代仪式，[1]希望能够用这些装饰性的神化形式——金字塔、戴面具的哭丧者、花冠、柏枝——来减轻对死者的记忆。这些形式对于斐扬派死者和雅各宾派死者同样适用。但是，我们看到，他们并没有把寓言化进行到底：疤痕和伤口依然留在那里，它们也具有预示意义。

因为革命节日的表现主义在葬礼中体现得最明确。正是在模 133
拟坟墓周围举行的仿古葬礼中，组织者打破了从古代艺术中承袭的那种排除死者形象的意图，开始诉诸观众的想象力。对于勒佩勒蒂埃的葬礼，伤感的马里－约瑟夫·谢尼埃也希望“我们高尚的同事的身体向所有的人展示他为人民的事业奋斗而遭到的致命创伤”。大卫为流产的巴拉/维亚拉节*也策划了同样有表现力的场面：“你，不可腐蚀的马拉，展示了你那被暗杀者用利刃所洞穿的心灵门户；你，勒佩勒蒂埃，展示了你那被我们最后一个暴君的小走卒所撕开的侧腹；你，博韦，展示了那把你慢慢拖到坟墓的伤口。”弗朗索瓦·德·纳夫沙托**虽然在做指示时极其谨慎，但也建议“让带着伤口的血淋淋的形象在公共广场巡游”。这个为拉施塔特悼念活动***而设计的悲剧拟演旨在激起义愤。不仅在巴黎，而且

[1] 1788 年 11 月，在法国共济总会，为伏尔泰举行葬礼。在这个葬礼上可以看到所有这些特征：悬挂黑纱的庙堂、从后面打光的设置、骨灰瓮、断柱、金字塔坟墓造型，后者在巨大噪音中消失，显现出一幅伏尔泰升天的画作……

* 巴拉和维亚拉是当时宣传的死于 1793 年革命战争的少年英雄，死时均为 13 岁。——译者

** 弗朗索瓦·德·纳夫沙托（François de Neufchâteau）在督政府时期担任重要职位。——译者

*** 1799 年 4 月 28 日，法国参加拉施塔特会谈的代表遭到奥地利骑兵袭击，一名代表逃生，两名代表罗贝若和博尼耶遇难。——译者

在外省各地，在举行葬礼时，人们展示血衫，折断祖国祭坛周围的杨树并涂抹上红颜料，展示“仿真的装饰品”。[①] 总之，回归到人们本来想避开的那些套路。

按照节日设计者的初衷，死亡不应成为庆祝的借口。1792 年 11 月，当国民公会得悉热马普战役的胜利消息而考虑举办一个庆祝活动时，许多人（包括巴雷尔和拉索斯）[②]都反对为此举行公共
134 庆祝活动的方案：节日应该是全人类的，否则就一钱不值。当人们流血死亡时，怎么能够庆祝呢？但是，具有讽刺意味的是，葬礼反而成为大革命各个阶段的标志——亦即为米拉波、拉佐夫斯基、勒佩勒蒂埃、马拉、费罗、奥什、茹贝尔、博尼耶和罗贝若举办的葬礼。尽管有人极力排除悲剧场景，但是它还是反复出现：勒佩勒蒂埃送葬队伍中的血布；用黑纱装饰的罗贝若的衣冠——此后就放在他在五百人院留下的空位上；陵墓——这个大革命的真正纪念碑式象征，孤独矗立，手持柏枝的人群列队走过，军队刺刀向下正步走过，军旗军鼓系着黑纱，祭坛上燃着香火。“这些不逊于古罗马的阴沉葬礼”[③]表达了一种前浪漫主义的情感。它们散播了一种与通常展示的乌托邦欢欣格格不入的情绪。它们摆脱了那种求欢的诱惑，而介于吸引与拒斥之间。这恰恰是康德而且恰恰在 1790 年
135 给“崇高”下的定义。革命节日，按照 1792 年的那些设计，给予“消

① 在布雷斯特举办的拉施塔特纪念活动，菲尼斯泰尔省档案馆，10 L 154。

② 拉索斯主张推迟这个活动。他提出的理由是：“让我们等待设立一个年度节日，或者等待某一天我们被自由的人民团团围住，那时我们将投入宏大的欢乐场面，我们将庆祝全世界的节日。”

③ 《马尔斯校场举行的南锡围困死难公民纪念仪式的细节》。

极快乐”[1]留有空间,因此并不符合本来的意图。

在展开下一步的论述之前,我再阐明一下我的这个最基本观点。1792 年,人们看到了两个严重对立的节日——以及利用这些节日时的党同伐异——,但是由此产生的不是两种节日观念,而是统一的节日观念。这揭示了仅仅把节日说成政治对抗表现的那种解释的局限性。我们应该再回到这个问题上来。理性节和最高主宰节之间的所谓对抗,以及热月所造成的所谓中断,将给我们提供一个很好的机会。

① 康德在《判断力批判》中写道:“崇高的情感是一种仅仅间接产生的愉快,因而它是通过对生命力的瞬间阻碍,及紧跟而来的更为强烈的涌流之感而产生的……因此它也不能与魅力结合,并且由于内心不只是被对象所吸引,而且也交替地一再被对象所拒斥,对崇高的愉悦与其说包含着积极的愉悦,毋宁说包含着惊叹或敬重,就是说,它应该被称为消极的愉快。”(《判断力批判》发表于 1790 年。中译文参考邓晓芒译本。——译者)

136 第四章　戏弄与革命(1793—1794年)

对于我们在法国大革命期间的节日中能够看到某种总体意图，但在当时对此从未有过完整的表达。尽管许多人一直在呼吁建立一个节日体系，但实际上没有这样一个体系。维尼奥和让·德布里提议举办一个庆祝热瓦普胜利的活动；公共教育委员会为此提出一些设想。[①] 但是，这个庆祝活动没有举行。对国王的审判以及1793年春天的政治斗争让所有的人无暇他顾。只有消灭吉伦特派后才能再考虑节日问题。因此，到了6月，拉卡纳尔向国民公会提交了一份国民教育方案，其中包括西哀耶斯关于节日的思考；而且在5月31日，就颁布了一项关于在8月10日举行“全体法国人民共和联盟活动”的法令。

最终由拉卡纳尔提交的方案采纳的是召集国民卫队和正规军
137 到巴黎来的方式。[②] 其唯一创新之处是用“团聚”(Réunion)这个词取代了“联盟”(Fédération)。当联邦主义(fédéralisme)成为一

---

① 但是公共教育委员会仅仅确定了一个巴黎庆祝活动——庆祝军队的重大胜利和自由事业的扩展——的原则(1792年11月17日)。活动的细节问题留给行政部门来处理。

② 这份文件最终未获讨论；参加节日的条件写入召集法国人民参加基层大会的法令，每个基层大会可以派一名公民代表在8月10日出席“团聚节”。

些省反对国民公会的旗帜时,“团聚”就少受一些株连。于是就有了一个团聚节;但是在组织者心目中,这是一个新的联盟节;[1]与1790年的那个节日一样,这个节日也谋求体现一种想象的和谐一致;[2]而且,它也伴随着希望一切重新开始的情绪和幻象。拉卡纳尔决定在8月10日前夜向国民公会陈述他为什么要把这一天作为一个博爱的“狂欢节”的理由。那一天应该成为全体法国人普遍和解的时刻。

8月10日的庆祝活动被设想为一个新生场面,它是一个宪法节。届时人们应宣读“铭文”,把宪法放到祭坛上(同时也把新生的幼儿放到祭坛上)。人们可以搭起柴堆,用来焚烧旧制度的象征物。不过,作为仪式中心的,不是毁灭之火,而是再生之水。在巴

黎的巴士底广场,有一个巨大的埃及风格的自然女神塑像,清水从 138
她双手握着的乳房中流淌出来。基层大会的特派员每人都喝一杯流出的水。在外省的许多公共广场上,喷泉成为临时的节日装饰的一部分,例如在克雷斯特,花环装饰着这样的铭文:再生喷泉。[3]

但是,现实与节日意象之间的差距在这3年里愈益扩大。已经很难让人相信这种洗礼是非常纯洁的。缺少的东西太多了;新

① 实际上人们也是这样理解的。科尼亚克区的行政当局在8月7日致该省行政当局的信中写道:“我们把这个节日视为从7月14日联盟节推迟到8月2日。”夏朗德省档案馆,L. 143。

② 外省的方案都强调,在这个节日里不需要再容忍“似乎铭刻在大自然中的差异”。游行队伍不应再允许“任何自然人和公职人员的划分,也不沿袭任何旧有的秩序或规则”。多姆山省档案馆,L 659。

③ 参见马耶(A. Mailhet):《1793年多菲内市克雷斯特镇的一个革命节日》,载《“原始文件”考古、历史、艺术学会通报》,1905年。

的节日比联盟节简化了许多。哪里能够找到对1793年夏天宏大事件的提示？对祖国在危机中的提示？对外省反叛的提示？1793年8月10日的庆祝活动就是庆祝一个胜利。根本没有提到危机，也无视被排斥者和受难者，而且回避正在发生的暴力。甚至人们再也看不到那头不合时宜的驴子——在老城堡节上，它跟在仿古战车后面，驮着一个“小丑”，被用来表示愚昧。这次，节日完全变成了爱德蒙·利奇所说的“例行公事”。[①] 更不用说，它拒绝角色颠倒，也拒绝化装舞会这种让生活规则仅仅暂时遮蔽一会儿的中间形式。因此，1793年8月10日节庆以极其虚伪的庄重而彻底批驳了保守的历史学家所看重的节日意象，即大革命所想象的那些酒气熏天、胡作非为的节日意象。但是，这完全是历史学家的幻觉吗？是否从来没有一个节日超出官方程序，搞的不可收拾，揭示
139 了大革命的伤疤？现在我们就来探讨这个问题，这也是前人的历史研究留给我们的问题。

另一种节日

塞巴斯蒂安·梅西耶非常高明地提供了另一种节日的模式。他对革命节日和革命“日子”几乎不做区分。在《新巴黎》对节日的13种描述中，实际上有7种是“日子”。这种混淆就导致了把节庆事件、骚乱事件以及生动的细节混在一起的大杂烩。梅西耶一直

① 例行公事、角色颠倒和化装舞会，这是利奇所区分的三种节日形式。见利奇（E. R. Leach）：《反思人类学》（法文译本），巴黎，1968年。

喜爱生动的细节——例如在断头台周围叫卖馅饼，用圣餐杯喝烧酒——即便当他身陷巴士底狱，难以围绕“新巴黎”这个主题写作之时，也是如此。[1] 我们现代人受凯卢瓦和巴塔耶[*]的熏陶，已经习惯这种大杂烩了；把革命日子当做节日的做法，我们也是可以理解的；我们甚至期待这些革命日子被赋予作为节日的特权。但是，我们应该抵制这种倾向。这不仅仅是出于对历史形式的尊重，严格地维护当时人们所称谓的节日，而且更是因为在节日里可能存在的暴力完全不同于骚乱日子里的暴力。后者是不可控制的爆发，没人能准确地知道会在何时何处结束；前者则在若干方面受到制度的约束。后者让人毫无距离感；前者总是让人觉得或多或少是暴力的表演，从未完全摆脱控制。 140

我们在档案里看到，那些文献非常得意地宣称，节日办得有序而体面——“丝毫没有旧制度下常见的那些下流行为的影子，疯癫行为也没有招摇过市”[2]——如此明显地倒退到警察命令和主教训谕的用语，这至少让我们通过对比了解了那些组织者是如何看待“另一个”节日的。对于他们来说，就像此前一个世纪以来对于民政和教会当局一样，这当然是准备不周的节日，秘密的夜间节日，喧闹的节日，饕餮的宴饮，不分年龄、阶层和性别的混合，纵酒狂欢。法国大革命的节日真的能够做到绝不出现这种闹翻了天的

① 关于梅西耶提供的见证，见卡特林·拉法热(Catherine Lafarge)提交给克莱蒙大会的论文：《新巴黎的反节日》。

* 凯卢瓦(Roger Caillois，1913—1978)，巴塔耶(Georges Bataille，1897—1962)，均为法国著名学者。——译者

② 富瓦市政档案。参见布拉齐(L. Blazy)：《大革命时期富瓦的国家节日》，富瓦，1911年。

形象吗？

在大革命十年期间的许多节日中，我们发现有一些是在计划之外即兴举办的节日：当信使把消息带给民众俱乐部时——不论真假，只要是喜讯，这些节日便随之出现了。收复土伦的消息就是一个很好的例子：在克雷萨克，人们冲上街头，欢乐的人群四处流动，最后涌向自由树。[①] 人们欣喜若狂地迎接这个喜讯，鼓乐鞭炮
141 乱响，歌声断断续续，也并非都齐声同唱。而且，人们有一种传递情感的冲动：他们与临近的民众俱乐部联络，受到鼓乐的欢迎。[②]这些原始的节日——人们很难这样称呼它们，除非采用一种非常混合的方式——被称之为“无套裤汉的喜庆”。[③]

细细寻找，我们还会发现有夜间节日：火炬伴随象征王权的棺材，充分展示了戏剧性效果；篝火格外引人注目；舞会持续到凌晨两点。在这种节日里，人群会跨越各种空间界限，走到小社区之外，占用教堂等不寻常的地点来跳舞和宴饮。在这严酷的岁月，很少有关于宴饮的记录。联盟节的官方记录所渲染的菜单在这里看不到了，这些书记员提到的“斯巴达式饭菜”不是套话，而是沉重的现实。但是，至少所有的人都同饮一个碗里的酒，作为“真正的无套裤汉”；而且，至少所有的人都确实彼此混杂在一起，完全不同于

① 共和2年1月24日，获悉攻占里昂的消息后，盖雷的民众俱乐部也有类似的表现。参见拉克罗克(L. Lacrocq)：《论克勒兹的民众俱乐部》。(本书中的 société populaire，按中文学界习惯，一般译为“民众俱乐部”。——译者)

② 《大革命期间克雷萨克的一次公民节日》，载《佩里戈尔历史与考古学会通报》，第45—46卷。

③ 例如，格勒诺布尔的民众俱乐部即兴举办的节日，见帕雷斯(A. J. Parès)：《收复土伦和公共舆论》，土伦，1936年。

“平等的无序”[1]——这是地方官员在沉着地让村民4人一排地排队时的说法。“无序”在这里指的是消除等级制;这里并没有像教士一样一本正经的巴雷尔所想象的那种“混杂”所具有的不寻常的积极意义。在那个节日里,妇女——在革命节日里她们的位置通常是这样获得的,她们的角色也是受到限制的——冲破国民卫队 142
的圈子,去争抢主教模拟像或君主模拟像身上的最后一块碎布。夜幕降临时,社区青年往往不愿散去,会与邻近村镇发生一些纠纷。很容易发生争执,有时会发生斗殴。这就证明了经典的节日印象:“(节日)往往是争吵、争执和斗殴的源头”。

因此,就有了另一种节日。它完全不同于组织者所宣传的理想模式,首先就是它允许嘲弄。例如,波城的民众俱乐部开会讨论一个非常严肃的问题:如何能够“展示法官、律师教士、司法职员和检察官的可笑之处?”[2]可惜,没有记录下讨论的细节(尤其可惜的是,根据官方记录,有些人提出“很好的想法”),但召开这种会议本身就有很大的意义。不管怎样,只要我们仔细考察节日的情况,就能发现人们是如何嘲弄的:夸大某些特征,制造某些生理变形,拉长斐扬派分子的鼻子和贵族的耳朵,突出国王的脑满肠肥形象,滑稽地改变身体比例。人们用巨大的人偶来表现宗教狂热和王权的形象,就像在弗莱芒的节日上让布兰维里耶惊讶的那种“巨人”;教皇的人偶则被做成峨冠博带的侏儒。蒙蒂尼亚克的民众俱乐部挑选了一个“虽已成年,却至多3英尺6英寸高”的公民来扮演西

① 布雷凯(Breque):《大革命期间莱斯卡尔的一个节日》,1902年。
② 安纳(J. Aannat):《民众俱乐部》,波城,1940年。

143 班牙国王费尔南多。他的手臂被铁链束缚,前面是两个头裹绸巾的孩子,后面是演奏萨伏依曲调的乐师。这组人来到一个小丘,在那里让观众嘲弄。[1] 有时,仅仅让服装变形就能达到滑稽效果:国王的斗篷被撕烂,国王代理官只穿半个袍子,玛丽-安托瓦内特衣衫褴褛。有时,通过污辱手法也能达到目的:用荨麻和蒲公英把圣人塑像围起来;土伦城市的女性形象"国王的妓女"使用妓女的服装和化妆;[2]皇家文件被胡乱地扔进粪车里,因为粪土在羞辱戏弄中也是工具。有时,人们强调和机械地重复某些姿态:就像喝醉的木偶一样,主教无休止地给人祝福,苦行者无休止地摇动香台。这样,一队稻草人在节日里鱼贯而行,变成了嘲弄对象。

人们还通过动物形象来造成滑稽效果——而且在这种情况下,节日沿袭了一种长久的民间传统。植物的茂盛被认为能最理想地体现了革命的感情,而动物的形象则被视为倒霉的形象,至少也是怪诞低劣的形象。弗洛伊德提示,用动物形象来取代父亲形象乃是幼儿神经症的一种主要表征。那么他是否同意用动物形象来表达皇家形象或教皇形象也是集体神经症的一种主要表征呢?
144 披着袈裟喷鼻息的马,批红戴绿的猪,头戴主教冠的猴子,从来都是这些非典型节日的可怜主角。这与联邦主义的七头蛇有天壤之别,那种动物纯粹是一种隐喻的存在。而这些真实的动物则被认为表达了对它们所披挂的物件和所驼着的形象的贬黜。它们身上披挂着的是在脖子上叮当作响的圣餐杯、十字架、圣经、系在尾巴

① 鲁瓦(E. Roy):《大革命期间蒙蒂尼亚克的民众俱乐部》,波尔多,1888年。女人头裹绸巾是萨伏依地区的习俗。

② 莫兰(B. Morin):《里昂的大革命史》,里昂,1847年。

上的福音书;骑在它们背上的是国王、主教以及反法联盟各国。各地的人们几乎都把教堂饰品套在毛驴身上;[①]让山羊拉着封建徽章;给身上捆着梭镖的猪戴上王冠;举着牛心游行,象征贵族的心。组织者常常利用反语来提示正常表现,有时也在将现实加以漫画式表现时使用某些象喻:用猪来影射国王的肥胖,用牝山羊来影射他的"坏伴侣",即王后。[②] 为了寻找相应的比拟,这种革命的发明常常诉诸传统的民间母题。有些公社让国王和主教倒骑着驴,就像乡村把通奸者和战败者游街一样;人们如今又复制了此类场景,比如在多尔芒的节日上,威廉·皮特的偶像倒骑着毛驴,在全城游街。[③]

这些包含着此类形象的节日当然具有嘉年华的味道,当这些形象成为庆祝活动的组成部分时尤其如此。这些庆祝活动不会允许那些非法活动,但会允许已经合法化的活动。人们欢快地把异于日常生活的东西混在一起,日常的规则被暂时搁置,各种角色被颠倒互换。我们看到,孩子们抱来木柴,焚烧贵族制度的不良遗迹。他们受到大人的鼓励,在整个游行过程中向堆满羊皮卷、标着"我们兄弟的遗迹"字样的大车吐唾沫。[④] 我们还看到,妇女在棒打圣人像。教士脱掉长袍,露出无套裤汉的装束;修女跳起卡马尼奥拉舞。一个红衣主教像和一个妓女像分别吊在埋葬专制主义的棺材的两边;欢庆者厚颜无耻地穿着从教会偷来的法衣袈裟,例

① 科曼日就有这种情况。德尔(J. Dhers):《团结山的理性女神》,1960年。

② 如共和2年雨月7日韦尔芒通的情况,国家档案馆,D XXXVIII 3。

③ 贝兰(J. Berland):《18世纪末19世纪初马尔纳斯居民对英国人的态度》,马恩河畔沙隆,1913年。

④ 布尔古尼翁(Bourgougnon):《屈塞庆祝土伦胜利节庆》,载《我们的波旁地区》,第61—69期。

如,巴黎“联合”区设想的、共和2年霜月在国民公会前举行的游行就是如此。表象与本质的差距越大,效果就越好。当车夫穿着一件从圣器室找到的法衣时,[①]或者像在圣埃尼米那样把僧侣的装饰披挂在龙的身上时,[②]效果尤为显著。

在这些非典型节日里,革命者们似乎克服了对乔装打扮的普遍厌恶,打消了把任何服装包括无套裤汉服装统统视为掩护革命敌人的伪装的猜疑心理。公民毫不犹豫地戏弄贵族的红色或蓝色
146 绶带、在《人权宣言》面前落荒而逃的警官的制服,甚至愿意扮演某些可恶的角色。欧什的民众俱乐部吹嘘找到一位女公民,她能与夏洛特·科尔黛一样穿着打扮,扮演她的角色。[③] 革命者们也不那么讨厌模仿了:有时,他们在祭坛上宣读新编的弥撒,结尾也是乱哄哄的旧词 Ite missa est[*];有时围着千夫所指的宗教狂热形象唱“亡者日课”;对国王的审判,乃至对国王的处决,都被公开搬演,甚至搭建了真实的断头台。

在这些节日里,在面具的掩饰下,人们会抛弃克制的语言(学校里的历史记忆就使用这种语言,肯定会回避大革命的悲剧内容)而采用粗鲁的调侃:人们不再说“法兰西人的末代国王”,而是说“掉脑袋的路易”、“被咔嚓的路易”。人们在歌曲里告诫他:“卡佩[**] 下

① 索泽(J. Sauzay):《1789—1801年杜省的革命迫害史》,贝桑松,1922年。

② 德洛兹院长(Abbé P. J. B. Deloz):《洛泽尔省的革命》,芒德,1922年。

③ 热尔省档案馆,L. 649:欧什民众俱乐部登记簿。

* Ite missa est 是古代教会举行感恩仪式结束时对参礼者说的话,意思是:你们去吧,散会了。——译者

** 卡佩王朝是法国早期王朝(987—1328年),法国大革命时用于泛指法国历代王朝。——译者

台,法兰西在命令你。”在布尔格,人们模拟废黜“教皇”,把写着“我完蛋了,世上再无偏见”字样的“教皇”扔进火里。[①] 就像嘉年华一样,这个可怜的人偶是节日活动的中心,以至于有时节日会牺牲其严肃的目的(例如,“纪念自由烈士的节日”)而迁就更简洁的表达:烧毁人偶。[②]

所有这些调侃场面都伴随着恫吓场面,似乎使用戏剧性手段 147
只能采用挑衅方式,似乎所有被嘲弄、放逐、淹溺、焚烧的人偶,就像某种祭品,能够以假唤真。当这些人偶在胸前被大字标示为贵族、封建分子、狂信者时,对它们公开斩首的意义就特别直截了当。[③] 在孔什(地名)模拟斩首的现场,人们唱着修女会的曲调,歌词指向其他的君主:“你们这些不知道这个节日的人/卡佩命丧断头台/你们这些国王,小心有一天你们的头/也会这样落地”。[④] 这里的节日是明确针对被它所排斥的人,不像许多严肃的节日那么虚伪地哀叹:出于无奈而与之疏远(例如,后来的配偶节* 宣布不允许“冷漠的单身汉”参加),而是质询他,宣布给他应得的惩罚,而且以象征方式来实施对他的惩罚。于是,人们把宗教偏执分子拖到节日活动中,当着他们的面焚烧宗教装饰品,恶作剧地强求他们膜拜自由。有时甚至会留点儿血,例如在莫泽带有表演性的节日上,

① 迪布瓦(E. Dubois):《安省的大革命史》,1931—1935 年。

② 米索尔(L. Missol):《从市镇档案看大革命在维勒弗朗什,理性圣殿和节日》,载《博若莱地区科学与艺术会通报》,1904 年。

③ 例如阿莱斯的情况。鲁维耶(F. Rouvière):《加尔省的法国大革命史》,尼姆,1887—1889 年。

④ 国家档案馆,F^{i}CIII Eure II。

* 1796 年春天法国各地举办了配偶节。——译者

有一个人偶被用来表示英国首相皮特，“为了让表演更逼真，在人偶的脖子上系了一个装血的小袋，手起刀落之时，鲜血溅向观众”。[①]

蒂勒的一个节日也展示了所有这些特征。民众俱乐部组织了一场法兰多拉舞。实际上，这是一个反讽的游行，从大教堂里拿出
148 来的装饰品在人群中金光闪闪。其中最核心的部分是模拟葬礼：在一口装着“迷信遗骸”的棺材上，摆放着一顶方帽、一对驴耳朵和一本祈祷书。这里也有模拟的暴力，即鞭笞圣徒塑像。这整场舞蹈活动实际上是一个威慑行为：民众俱乐部想通过这个机会用政治囚犯换回利摩日的雅各宾派分子。这是一个颠倒的欢迎活动，是威胁加污辱的接待，其中还展示了“真正的”断头台。

在这类节日里，我们实际上看到了另一种模式。它们是唯独一些没有让一队白衣少女或贞洁母亲来代表革命的节日。在蒙泰居－昂孔布拉耶，民众俱乐部设计了一次游行，由手持木棍草叉的男女公民来表现“把暴君送上断头台的革命”。[②] 这里有一种认同的努力，但是，所以我们不能由此得出结论说，节日认同的就是暴乱，因为这种表现方式引进了距离感。当然，二者有可能相互重叠，因为从“模拟的断头台”到真正的断头台，只有一步之遥（而且常常就在同一地点）。

① 帕雷斯：《收复土伦和公共舆论》。

② 多西（L. Dorcy）：《蒙泰居－昂孔布拉耶的民众俱乐部》，载《法国大革命》，第59期。

何时，何地，和谁？

我们现在需要考察这些节日如何插入革命的时间与空间的，以及是由谁举办的。这些嘲弄性节日的地理分布不是很容易确定。但是，可以确定的是，在有嘉年华传统的地方，例如在西南地 149
区，人们在节日上会更经常地利用滑稽人偶。还能证实这一点的是，当节日恰逢嘉年华季节时，嘲弄的场面就会流行：当庆祝处死国王的活动被推迟——或者由于天气恶劣，或者由于巴黎发出的指示姗姗来迟——因而与嘉年华重合时，就会出现这种情况；由此看来，在某些地区和某些时候，文化传统的力量仿佛比革命创新的力量更强大。

什么人举办这样的节日？可以说，越是远离巴黎政府的地方，越有可能自由发挥。巴黎各区的节日十分规矩，而外省区镇的节日就不那么墨守成规。不过，那些最自由、最胆大妄为的节日大体上是民众俱乐部发起的。这是因为他们提出的方案与巴黎的创议无关(而市政当局则会亦步亦趋)。这还因为他们活动的极端程式化，他们聚会的仪式，他们歌曲和诗歌的熟稔，标语和装饰的呈现，对优先权以及话语的管控等等，这些使得他们十分清楚庆典仪式的问题所在。最后，我们应该考虑革命军队的出场对他们的刺激。那些焚烧教皇人偶和向各国君主示威的节日，也是欢迎这些士兵的节日；正如里夏尔·科布清晰地看到的，这种重合凸现了军队和俱乐部的政治同盟关系，并且给这些节日赋予了进攻性的

基调。[①]

150 那么，是在什么时候举办节日呢？这个新问题之所以重要，还因为这涉及我们关注的另一个问题。实际上，如果我们必须确定带有暴力情节的节日在大革命历史中的确切日期，我们就要探究为什么它们会被铭刻在这段短暂的历史中，也就必须回到节日的政治分期，而这种分期迄今似乎还不完全令人信服。但是，当我们考察全部革命节日时，我们就要对这个问题给出一个更准确的回答。这些嘲弄的、带有暴力的节日是在什么时候举办的呢？是在共和2年的葡月和风月之间（亦即，1793年9月下旬到1794年3月中旬——译注）。在这段时间之外并非找不到戏仿嘲弄、意义暧昧的节日，但比较难找。而在共和2年秋冬季节的那6个月，则有大量的例子。在葡月之前，几乎普遍奉行的是大卫类型的8月10日节这种乌托邦模式。而到了芽月（1794年3月下旬——译注），戏仿的因素消失了。革命节日的嘲弄狂风仅仅刮了6个月。

需要指出的是，在同一时期，人们还在继续举办规规矩矩的、毫无矫枉过正痕迹的节日。在多数公社，与梅西耶所确认的传统相反，无论是庆祝土伦收复的节日，还是理性节，都不一定有戏仿或放肆的场面。当然，有些地方会出现这类场面。实际上，这六个月的三大节日——理性节（雾月）、土伦收复节（雪月）和国王驾崩节（雨月）——是否会有嘉年华式场面，取决于当地的情绪。整个秋冬季节，各地收到在巴黎定做的半身像后，会举办揭幕式。嘉年
151 华式场面在这些揭幕式上更为常见。这很可能是因为与那三个节

① 科布（R. Cobb）：《革命军队》，巴黎，1961—1963年。

日不同,这项活动不是出自上面的命令,因此更容易允许越轨。

最后,应该记住,节日的其他因素并没有消失。如果认为,纯粹嘉年华式节日与我们前面描述过的节日并行不悖,那就大错特错了。我们应该看到,这些包含嘲弄因素的节日也包含其他因素。在莫尔托有一个十分明显的例子。[①] 那是给君主制送葬的节日,最引人注目的是游行队伍的复杂多样:毫无戏仿意味的模拟(伏尔泰和卢梭);带有戏仿意味的模拟(国王人偶,加在两个索邦博士中间的王后,“科利耶枢机主教和瓦卢瓦－拉莫特夫人”,“一大群耳朵长长的贵族”)。但是,队伍的中心部分是表示时间、命运和信使的象征物(女神)。有一队庄重的母亲跟在几只戴着主教法冠的驴子后面。“微笑和仁慈”伴陪着一个粪车,卡佩人像陷在里面。

为什么是在这个时期?是否可以说,国家面临的危机强化了驱魔意识,点燃了惩治叛徒的欲望,为此,嘲弄场面或者成为一场彩排,或者成为驱魔祭祀?若是如此,那就很难理解为什么在情绪更为高涨的夏天并没有产生这种类型的节日。那么,我们是否应
该诉诸另一种假设,亦即,当时的档案开始描述嘲弄场面恰与非基 152
督教化运动的发动在时间上重合?在反“迷信”斗争的那几个月里,民众俱乐部开始习惯了越轨?焚烧教士誓词,用圣餐杯为共和国祝酒干杯,给宣教士雕像戴红帽子,或者用斧锯来恶搞它们,或者打碎“所谓的圣骨”,都带有某种模糊的无法无天意识,在乡村恶棍中更是如此。从大量的证言中可以看到这种情况。而民众俱乐

① 戈姆(Mgr Gaume):《革命,关于自文艺复兴至今邪恶在欧洲的起源与传播的历史研究》,巴黎,1856—1859 年。

部则胡乱地鼓噪迎合：什么事儿也没有！亵渎带头者没有遭到天打五雷轰！上帝没有为阻止雕像被拖离底座而行奇迹！在这种得意洋洋的喧哗中，我们可以感受到一种隐藏其中的暧昧的亵渎召唤，一种显能逞强背后的恐惧，以及一种对胡作非为的敏感意识。在这种氛围中，这样一些场面进入了节日，有时甚至成为核心场面，难道还有什么可奇怪的吗？此外，非基督教化的活动本身常常会被组织成为节日：例如，考桑的本堂神甫就目睹了一次焚烧十字架和圣像的游行。[①] 共和 2 年芽月 3 日，莫内斯捷在历数非基督教化中的各种做法时详细地描述道："卡马尼奥拉歌舞为所有这些仪式添色不少，所有的好公民，不分男女老幼，都被跳舞的愿望所征服。"[②]

于是，有些做法在共和 2 年秋冬的这几个月流行开来。非基督教化的各种做法与节日的各种做法之间的亲缘关系足以说明问
153 题吗？达尼埃尔·介朗持肯定意见。在他看来，民众冲向被反宗教的煽动者打开的缺口，他们自己不是发起者，但只要给他们提供了可能性，他们就会冲过来，找到自由发挥他们想象力的机会。非基督教化运动一启动，"无套裤汉就意识到，他们摆脱了一个巨大的压迫。于是，欢乐爆发出来，一片解放的呼喊。罗伯斯庇尔、丹东和达尔蒂戈依特* 所提到的'洪流'使得在颠倒的神殿和其他'独一无二的'场景中的跳舞具有了一种绝对独特的韵味"。

① 热尔省档案馆，L.694：欧什民众俱乐部登记簿。

② 《热尔考古学协会学报》，1930 年。

* 达尔蒂戈依特(Pierre-Arnaud Dartigoeyte，1763—1812)，国民公会议员。——译者

这是一个非常聪明的解释。介朗十分清楚戏仿反讽的节日与“大卫所精心拔高和调控的革命盛典”之间的区别。但是，他想把资产阶级的节日(刻板、规矩、乏味)与“人民的节日”(富有想象力和充满欢乐的恶作剧)二者对立起来，结果使他过分强调自己的论点。他是否有点太高抬“赤膊汉”[*]了？在共和 2 年的民众俱乐部里，我们再也不会只看到那些“爱国的资产阶级”——宪法之友俱乐部曾经以他们为主要吸收对象，而且无论在法理上(根据它们的规章)还是在实际上(由于实行高额的会费)，排斥工人、工匠和中农贫农。而此时，这些群体随着新一波浪潮大批地加入民众俱乐部。不过，贫困的农民阶层还是未充分参与。即便他们在俱乐部里占多数，领导者也一直是资产阶级和小资产阶级——后者接近
人民，但已经凌驾于人民之上。正是这些领导者举办节日，起草日 154
程和指示，编写歌词，发表演讲。

因此很难说有“赤膊汉的节日”，尤其是当嘉年华式的表演也可能仅仅是将革命资产阶级的语汇转化为某种形象的表达。正是他们对教士的“拨浪鼓(即华而不实的小玩意)”、“假面哑剧(即装腔作势的仪式)”、“把戏花招”、“古怪打扮”极尽嘲讽之能事：宗教的全部戏剧手段恰好都被用于革命节日的炫耀性表演。这个观点有时表达得非常坦率天真。关于波城的理性节的记录报告几乎是在为允许毛驴参加游行队伍而辩解，这些毛驴身披红袍黑袍，“用慢腾腾的踱步来模仿先前主审法官的庄重姿态”。[1]这个节日必

* 赤膊汉(bras-nus)，指社会下层，有时可与无套裤汉同义。——译者

① 朗德省档案馆，67 L I。

须展示"在民众心目中表示自由战胜奴役的那些标志和漫画"。于是,嘲讽就采取了一种实用图解的方式。实际上,当演讲者们大谈"让主教的权杖和法冠在圣山(指共和国——译注)的岩石上撞得粉碎"时,[①]这不是赤膊汉的语言,而是古典文法学校学生的修辞。这很可能仅仅停留在口头上,至多会成为一种表演指示。在这种情况下,我们也可认为那些愚氓野夫会参与行动是受到民间游戏记忆所吸引的。但是,重要的是,二者能够最终在此交汇。

最后,当查阅这些档案时,人们很难得出结论说,想象力在共
155 和2年大行其道。介朗把自己的解释建立在少量常见的文本上,而且他们主要描写的是巴黎的场景——如在国民公会前窄路的游行。这些游行的戏仿成分十分明显,但严格地说,它们不是节日。他也没有看到,"民众的"和"资产阶级的"两种类型的节日相互习染、二者的仪式因素大混合,以至于很难确定哪些因素是民众的,哪些不是。毕竟,把官方文件——不仅有教士誓词,还有特许状和地籍簿等——堆在一起,围着焚烧文件的火堆跳舞,并非赤膊汉的节日所特有的。"爱国者的炉火"不一定都是亵渎宗教的;相反,在整个革命十年里,就像节日的礼貌规定一样,这些"炉火"本身就成为创造力不足的标志。

这一点还可以用另一个事实来证明:嘉年华因素的出场似乎并非与组织者的学问程度无关,但是与主导节日安排的政治意图完全无关。因为恶搞模拟可以出现在各种不同的政治背景中。在王党和联邦派地区的节日中,人们也焚烧人偶,只不过这是在民众

---

① 罗讷河口省档案馆,L 1037。

俱乐部所散发文件的堆积上而不是在君主发放的特许状的堆积上;而且,此时也绝非“埃贝尔主义”——即便是达尼埃尔·介朗所界定的模糊意义上的。当残酷的共和 2 年冬季过去,威胁的戏仿重新出现在未曾预料的地方。共和 3 年,与其他许多地区一样,在维克勒孔特,人们沿街搜捕雅各宾派分子。这种搜捕被称作“节日”:“每天晚上都犹如一个欢乐的节日。我们捆绑一个雅各宾派分子,在笛声和鼓声的伴奏下,押着他游街;我们唱啊跳啊;我们在雅各宾派分子的房屋前逗留一会儿,吓吓他们;然后就该把他们吊 156
死在灯杆上了。”热月之后,被嘲弄的人偶又回来了:共和 3 年雨月(在这个时期举办了十分正式的国王驾崩节),一群群年轻人焚烧雅各宾派分子的人偶,然后在一种狂欢的污辱仪式中把灰烬集中到一个尿盆中,然后抛洒进蒙马特尔的井里。报纸都大谈“可怜的人偶”,表明它们遭到恶搞。① 共和 5 年热月 26 日,博蒙-德佩里戈尔镇举办了一个节日——确实,这是一个有点暧昧的公共节日,因为这是一个还愿节的日子,但也安排了种自由树——年轻人制作、鞭笞和焚烧了一个“稻草人,他们将其命名为恶名昭著的罗伯斯庇尔”。② 在布卢瓦,在共和 6 年的 8 月 10 日节上有一个恶搞的模拟处决:人们用“焚烧罗伯斯庇尔的变形人偶来取乐,这个漫画形象把人们逗得开怀大笑”。③ 共和 7 年花月 29 日,加斯坦在五

① 有关例子,见《共和通讯》(雨月 4 日)、《法兰西报》(雨月 4 日)、《晚间信使》(雨月 4 日)、《公正报道》(雨月 3 日)。

② 泰斯蒂(L. Testut):《大革命时期的博蒙-德佩里戈尔小镇》,波尔多,1922 年。

③ 布卢瓦,中心办公室的报告,共和 6 年热月 25 日。

百人院提到一个非常接近雅各宾式恶搞——但是反动的恶搞——的场面:“我在一个因在各种反动过程中发生许多谋杀事件而著名的公社里,看到人们把国家标志系在最可恶的动物的尾巴上,一大群人领着它们穿街过巷,把它称作公民。”

157 这种回潮表明了什么呢?一方面——再次,但不是最后一次——它表明,尽管滑稽模拟表面上镶嵌在大革命的短暂历史中,却并不是为了表达某种特殊政治观点。暴力和嘲弄既不专属于“埃贝尔派”,也不专属于“忿激派”。而且因为革命和反革命双方都可以利用它们,因此它们甚至与大革命的事业都毫无瓜葛。另一方面,它表明,这些戏仿段落主要不是源于造反群众的创新,而是源于嘉年华的习俗:实际上它们是用一种挑衅或威胁的方式告别旧世界、宣布新世界的规则。无论火烧还是水溺,无论模拟罗伯斯庇尔还是模拟卡佩,即无论这出革命戏剧的两个主要角色中的哪一个,“牺牲品”代表的都是过去。但是,正如官方节日的情况,这不再从逼真性或说教目的的角度来表现人物。这涉及的是一种包裹在预演性仪式中的解放行动。青年人——因为通常都是青年人制造这些场景,把革命节日与自己的传统角色联系起来——关注的与其说是象征性地投入一个乌托邦社会,不如说是迅猛地冲向未来。模拟的意义不是向后看,而是向前看。

合 理 的 理 性

我们应该简略地考察一下理性节。在历史学家们看来,理性节汇集了散见于各种革命节日的所有骚动特征。我不想以此作为

考察暴力和嘲弄的出发点。与共和 2 年秋冬季节的节日一样，暴
力和嘲弄确实在理性节上露出鬼脸，但是虽不逊色也没有更加过 158
分。那种把理性女神供奉在祭坛上，把祭坛上的十字架扔到地上的情况非常稀少。[1] 因此，我们要问，为什么人们会形成一种负面的观点，甚至革命节庆的积极分子也把理性节视为“最不值得嘉许的”。[2]

首先，它的名称就有激进无神论的嫌疑。但我们知道理性节的诞生是多么的暧昧。当时人们最初设想的是共和 2 年雾月 20 日在皇宫举办一个庆祝自由的公民节日。这是一个公民节日？这更像是一个露天音乐会，由国民卫队的乐师们来演奏乐曲。这个拟议中的节日毫无异议是献给自由女神的，因为已经准备在那里首演谢尼埃作词、戈塞克作曲的《自由颂》。这个打算是在前 3 天放弃的，这是因为此前十天里有些人游行谴责国民公会，影响颇大。在之后模仿之风流行的气氛里，就在巴黎主教戈贝尔辞职那
天[3]，省政府和公社下令，举办地点从皇宫转移到圣母院，但是，应 159
该指出，为这个爱国节日所做的安排不做任何改变。还是国民卫

① 佩兰(J. Perrin)：《贝桑松的妇女俱乐部》，载《大革命年鉴》第 10 卷，1917—1918 年。

② 参见蒂耶索(J. Tiersot)：《法国革命的节日和声乐》(巴黎，1908 年)。该书有点名不符实，没有怎么论及节日，主要论述的是革命时期的法国音乐。仅就此而言，这本书很有价值。实际上，音乐领域是迄今革命节日研究最出色的部分。另参见皮埃尔：《大革命期间节庆的音乐》(巴黎，1899 年)和《大革命时期的赞美诗与歌曲》(巴黎，1904 年)。

③ 头一天，国民公会决定，公民有权采取任何适合他们的礼拜形式，废除他们不喜欢的仪式。见纪尧姆(J. Guillaume)：《共和 2 年雾月 20 日节庆的自由女神》，载《大革命年鉴》，1899 年 4 月号。

队的乐师和歌剧院的乐师一起，在“这个法国人的主神”面前演奏“自由颂”。为什么有歌剧院的乐师？因为他们已经习惯于提供一套爱国的娱乐节目。1792 年，当爱国热情把成千上万的士兵送上前线时，加德尔* 策划了这个节目。只要排除了征兵、炮声和行军，改编这个抒情节目是很容易的事情——其名称“自由祭”是很有意味的。吟唱赞美诗可以参与其中，以“庆祝理性在这一时刻战胜了 18 个世纪的偏见”。但是，与其他许多节日一样，法国人的主神在此依然是自由，而依旧不是理性。

节日的安排丝毫没有消除方案中的暧昧因素。谢尼埃的颂歌以这样的呼唤开始了演出：“下凡，噢，自由女神，大自然的女儿。”在堆起的假山顶上，在供奉哲学的小圆形庙堂入口“安放的仿真美女塑像”就是自由女神。[1] 没有理性女神，但是在半山腰的希腊祭坛上点燃理性的火炬。如果我们把目光移开巴黎，转向外省，我们会发现场景安排时具有同样的不确定性。在有的地方，如同巴黎的情况，作为节日中心的塑像当然是自由女神：在圣瑟韦，人们认定的是她的“庄严姿态”；[2] 在梅萨克，她被刻画成在向一个瓶子倒酒，头上有一顶火炬冠。[3] 但是，在有的地方，她是理性女神，例如
160 在贝桑松，游行队伍围着理性女神走向大教堂，[4] 在蒂龙，游行队

* 加德尔（Pierre-Gabriel Gardel，1758—1840），法国芭蕾舞大师。——译者

① 见国民公会档案。

② 朗德省档案，67 L I。

③ 《梅萨克理性节的组织工作，共和 2 年雪月 18 日》，载《科雷兹历史与考古学会通报》，第 65 卷。

④ 索泽：《1789—1801 年杜省的革命迫害史》。

伍簇拥着一个手握巨大花束的、卷发的理性女神。[①] 但是,在更多的情况下,她的特征是不确定的:[②]或者与平等女神一样手持水平仪,或者与自由女神一样佩有盔甲和长矛,或者与死神一样带着断头台。她并非总是伴有火炬——根据《爱国和文学年鉴》,火炬是理性女神唯一适当的特征——和书籍。在孔福朗,她是一个牧羊女,手持系着三色带的牧铲,被“一群”女伴围着。在科贝伊,她是一个美丽贤淑的女子,全副武装,周围是受伤的男人,[③]尽管献给她的歌曲在理论上也能够献给理性女神,但她实际上是胜利女神。[④] 在其他地方,她头戴橡树、葡萄藤和谷穗编织的花冠,更像 161
是一个自然女神。而在圣加蒂安-德图尔,她带有翅膀,更像名誉女神,而不是理性女神。[⑤]

“主神”,布里厄港的再生民众俱乐部的主席一言以蔽之。他言之有理。关键在于她是一个守护女神。[⑥] 就塑像而言,促成这

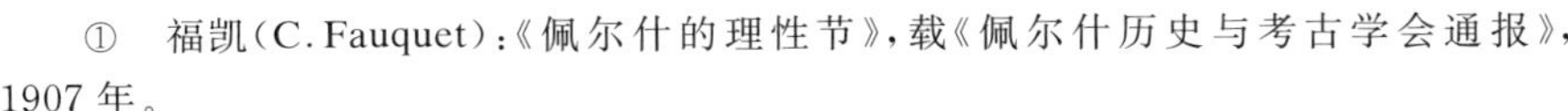

① 福凯(C. Fauquet):《佩尔什的理性节》,载《佩尔什历史与考古学会通报》,1907年。

② 洛特-加龙省的文件对其形象做了规定:“这个女公民将穿白色服装,腰系三色巾,头发垂肩,右手放在一根柱子上,手持印有人权宣言和九三年宪法(古体字)的纸卷。另一只手指点着在她右边的一个地球上的法国、美利坚合众国、瑞士、圣马丁共和国以及世界上的其他自由国家。这些国家都是明亮的,而地球其他部分都是黑暗的。”从这种观点看,理性就是自由;若是为了更好地辨识,还可以加上被打破的权杖和法冠。

③ 迪富尔(A. Dufour):《1793年科贝伊的理性节》,载《科贝伊历史与考古学会通报》,1911年。

④ “虽然你的公社/显示了自己的热忱/真理只有一个/将取代谬误。”

⑤ 安德尔-卢瓦尔省档案馆,L 598。

⑥ 正如朱尔·勒努维耶在《大革命期间的艺术史》(巴黎,1863年)中指出的:“她们穿着不同的古代服装,弗里吉亚的帽子、雅典的头盔、罗马的王冠……但我们看到的是同一个女人,她目光如炬,手臂迎风。”

种混合形象的，乃是缘于对另一形象再利用的可能性。例如，罗德兹的民众俱乐部就建议保留钟楼上的巨大圣母像（很容易把她周围的4个福音作者改成勒佩勒蒂埃、马拉、谢尼埃和……培尔*！），把她改造成“将很快得到举世公认的唯一神祇”。理性女神？否，还是自由女神。因此我们不应把所有这些女性形象视为非基督教化政策的象征。有时，她仅仅是当地推举的美女。在蒙特维拉因，经由“众多出色的白衣少女”选举，被选出的美女就是当地的选美王后。市政档案表明，一个少女站出来“以她身体的名义”向女神表示致敬。

因此，我们没有丝毫感受到这是一个非常个性化的节日。根据官方记录，它实际上有各种不同的名字：道德节，美德节。同时，很容易理解为什么难以将它同最高主宰节区分开，尽管在逻辑上
162 是对立的。在此无须重复奥拉尔和马迪厄（两人只在这一点上一致）已经充分论证的事实：在组织者的思想里也没有把这两个节日明确地区分开；他们使用同样的装饰、同样的演讲、同样的祈祷以及同样的群众演员。在一些地方的理性节上人们向最高主宰祈祷。[①]人们也会在理性庙堂里庆祝最高主宰节，而且不会去费力把刻在墙上的字刮掉。在沙特尔，一位演讲者宣称：“是啊，公民们，有些宗教观念是所有聪明真诚的人在内心深处都会相信和信仰

* 培尔（Pierre Bayle，1647—1706），其著作《历史与批判词典》被认为是启蒙运动的先驱之作。——译者

① 共和2年霜月30日，在皮若勒的理性节上，有演讲者说：“噢，理性，最高智慧者的崇高本质！理性揭去面纱，向我们展示了一位最高存在，他关照着被压迫的无辜者，惩罚罪恶……”洛特－加龙省档案馆，L 530。

的;这些观念是真理……”这是在共和2年霜月9日讲的,他肯定聆听和记住了罗伯斯庇尔在霜月1日的演讲。理性庙堂揭幕时他使用的是同样的语言。简言之,不是在1794年,而是在1905年的法国,理性崇拜才意味着思想自由的胜利。*

那么,还有什么可以用来解释理性节在法国大革命的众多节日中占据了一个特别难堪的位置呢?最近有一个精彩的解释把这种声誉归因于这个节日浓重的戏剧特征,而这在一种排斥戏剧表演的仪式套路中特别显眼。朱迪思·施兰格为她的解释提供了许多证据:[1]节日就像戏剧一样,可以演出几次:上午在圣母院演出,下午在其他景点,如国民公会,再演出一场。与戏剧表演一样,它也需要有专业人士参加。与在剧场一样,它也封闭起来。朱迪思·施兰格还应指出这种表演的戏剧来源:它抄袭了歌剧剧本。163
这些证据应该逐项加以检验。这种场面的戏剧性十分明显,外省的一些节日更是超过了巴黎(少女列队走在理性火炬前面,就是毫无创意的发明),因为它们还动用了整套的舞台机械装置。在沙特尔的教堂里举行了一个名为“理性战胜狂热”的表演,一个女人头戴三色盔,手持长矛——代表共和国——点火烧掉“宗教狂热的各种装备”,然后被一个表示云彩的机器高高托起,飞向一个理性女神像。当云彩移向高处时,观众发现了一个“新世界”,那是由“大群白衣少女和身着国民卫队服装的少男”组成的。很显然,这种有

* 这里指1905年法国参众两院通过政教分离法案,天主教与政府机构完全分离。——译者

① 朱迪思·施兰格(Judith Schlanger):《革命戏剧与善的表现》,载《诗学、理论与文学分析评论》,1975年,第22期。

气势的场景需要有建筑师的帮助和当地艺术家的参与。

无论这种表演可能多么有匠心，但是难道它因此就与其他的革命节日大相径庭了吗？组织这个场景的紧迫性或许使之更需要专业人士的帮助。但是，与所有的革命节日一样，这里使用的也是显现和隐没的戏剧手法。[①] 各地都是用纸版宝座遮盖住祖国祭
164 坛，随后点火来揭幕；或者是一个大型帐篷，褶皱处有王权的标志，随着一个火盆爆炸，帐篷被火卷起吞噬；所有的装饰都垮塌了，于是，“人们在一个光辉亮丽的客厅里看到了一个祖国祭坛，上面矗立着自由女神像”。这样的表演从一个节日到另一个节日不断地重复，其主题不是清洗或摧毁，而是黑暗与光明的较量。在这里被理想火炬所驱逐而变成光明的就是黑暗，就是一切“阻挡自由光线”的东西，由“洞穴”所体现的一切——王位似乎就是建立在这种洞穴上，自由女神像被关在洞穴里。从假山的侧面挖凿出一个洞穴，据说自由的敌人在那里藏身。所有这些道具都出现在理性节上，但不仅仅出现在那一个节日上：它们属于所有革命节日的共同设备。

还有两个特征使得理性节具有了更多的戏剧性。首先，如同戏剧一样，这里也有活生生的演员，只不过这里是女演员。女性在理性节里如此刺眼，这难道不是女性以某种模糊的方式取得的胜利吗？自革命之初，妇女就有一种参与节日的愿望，这种愿望在联

---

① 亮相和退场的仪式在理性节里也很明显，成为共和 2 年风月 10 日圣奥梅尔民众俱乐部的争论话题：“民众俱乐部成员提醒公社委员会，应该对程序进行改革……蒙住理性女神的帷幔到庆祝活动之时才掀起；仪式宣布结束时又蒙住她。那些公民发现，理性一旦被揭开，她就不应再避开我们的目光。”布莱（Chne Bled）：《大革命期间圣奥梅尔的民众俱乐部》，圣奥梅尔，1907 年。

盟节的表演中得到了部分实现,但是她们还有更具进取性的打算,例如被归到奥林普·德·古热名下的那篇演讲(虽然错判给她,但颇能说明问题)显示了让妇女成为新的“女祭司”的愿望,让她们“至少能够指导节日和婚礼”。这种愿望屡屡遭到拒绝(例如,在波城,妇女希望参加“感恩节和爱国节日”,当局拒绝了她们的请求;但是尽管这个请求被说成轻浮,这些妇女还是在市政厅集合,准备
游行,“因为害怕出事”,还带了12个武装到牙齿的伤残军人作为 165
警卫),但有时也得到充分表达。各地选美最后依照女性的评判挑出理性女神扮演者不就是很好的例证吗?妇女在革命仪式前台的出现让人感到惊异,有时还引发了一种热情,以至于在热月9日之后,“反动分子”在为恐怖时期的节日感到懊恼时还情不自禁地说道“女神的清新魅力”。在流亡到布鲁塞尔慢慢老去时,大卫回想起那些节日,热情丝毫不减:“理性女神和自由女神端坐在古式马车上;那可是绝代佳人,先生;绝对明净的希腊线条,身着短披风的美丽少女抛洒鲜花;然后,从头到尾一直是勒布伦、梅于尔、李尔……的颂歌。”[*]

但这并不意味着,这种演出——即便得到美学家的赞扬——总是能被大众所接受。有些人伪称所看到的理性女神不是贞洁少女而是妓女,还有些人认为女性表演在这种环境是不适宜的。《爱国和文学年鉴》的一位读者得知理性是一个女性时大为惊讶,以为文章作者肯定搞错了。他说,这不应该是理性的形象,而是自由的

---

* 勒布伦(Lebrun-Pindare, 1729—1807),法国诗人;梅于尔(Méhul, 1763—1817),法国作曲家;李尔(Rouget de Lisle, 1760—1836),《马赛曲》的作者。——译者

形象。“因为人们的感觉和哲学想象都受到用一个女人，尤其是少女来表示理性的想法的冲击。女人，纯粹就其身体素质而言，通常是被视为软弱、偏见，被视为性诱惑本身；男人的领域则是远离所
166 有的谬误：与之相随的是力量、精力和严格。尤其在于，理性是成熟，庄重和严峻，而这些品质都不适合少女。”因此，理性节的不可容忍的与众不同之处确实一部分原因就在于由女人扮演这个角色：她们的出场引进了一个错觉，甚至是一个颠覆的幻想，因此似乎包藏着危险。[1]

第二个特点是，理性节是在室内举行的。这似乎打破了在户外举行节日的革命教条。但是，应该指出，这并不像人们通常所说的那么独出心裁。在外省的节日里，经常会有长长的户外仪仗游行最终在教堂里结束的情况，因为其目标是举行理性庙堂的揭幕式。这种情况，而且是在这个季节，就需要教堂这个空间。但是，这需要付出激进改造的代价。教堂里的黑暗被光明驱散——布龙尼亚[*]就以自己在波尔多设计的照明设置为荣[2]；为了战胜神秘，用常春藤缠绕的榆树枝帘封闭小教堂；为了消除隐秘，例如在科尼亚克，把教堂变成“田园”，遍地“铺”草，直至门前，堆起带有瀑布的

① 例如，1790 年 7 月 14 日，博讷市的一些女士集会“宣誓按照新宪法的原则养育自己的孩子”，但是遭到市政官员严厉谴责。他们威胁说，如果她们继续搞下去，就必须把她们的纱巾放在自己的口袋里。他们声言：“不允许把如此庄重的仪式变成一场狂欢闹剧。”

* 布龙尼亚(Alexandre-Théodore Brongniart，1739—1813)，法国建筑师。——译者

② 布龙尼亚写道：“晚上，我用我的方式点亮教堂：在入口处，一片光明，但看不见一盏灯。矗立在这个庙堂尽头的假山就具有了一种令人惊讶的效果。全场响起一片掌声。”转引自德萨西(J. S. de Sacy)：《布龙尼亚家族》，巴黎，1940 年。

假山,让母亲能够坐在藓苔上哺乳小孩,无套裤汉的青年则点起火堆。在这种田园风光里,谁还会有亵渎感?公民都可以到这里来 167
野餐,“兄弟般地共同进餐”,唱歌跳舞,毫无越轨冒犯之感。与其他许多事情一样,这也是后来的想象。

暴力和节日

我们现在需要考察一下革命节日中的暴力这一普遍问题。显然,节日通常并不敢表现暴力,并不经常成为一出残忍的戏剧。从统计角度看,弗洛伊德的解释大体上不能阐明法国大革命的节日,而涂尔干的观点则更为适用。节日是去戏剧化的;它们愿意透明,并常常因此而取得成功,尽管会带有一些乌托邦的俗套。大革命使生存状态极端地戏剧化了,节日则是其中插入的例外片刻。

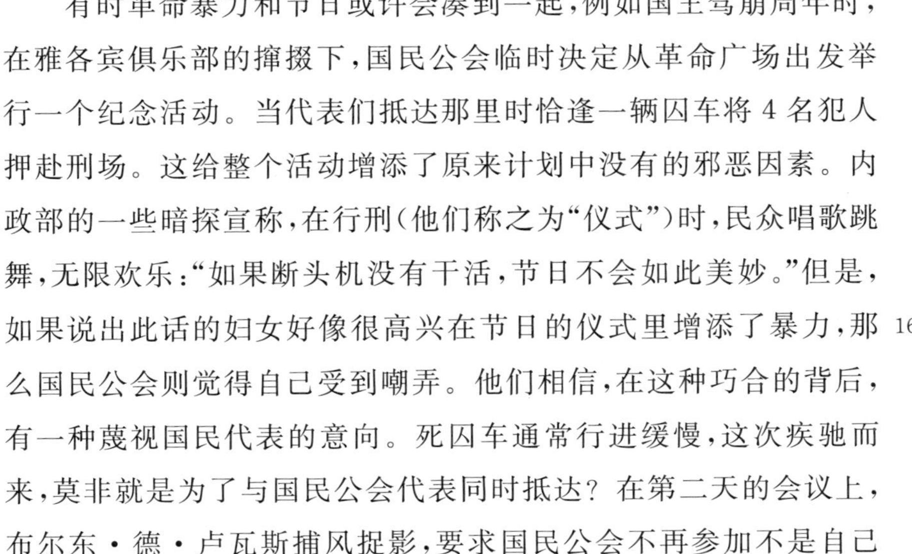

有时革命暴力和节日或许会凑到一起,例如国王驾崩周年时,在雅各宾俱乐部的撺掇下,国民公会临时决定从革命广场出发举行一个纪念活动。当代表们抵达那里时恰逢一辆囚车将4名犯人押赴刑场。这给整个活动增添了原来计划中没有的邪恶因素。内政部的一些暗探宣称,在行刑(他们称之为“仪式”)时,民众唱歌跳舞,无限欢乐:“如果断头机没有干活,节日不会如此美妙。”但是,如果说出此话的妇女好像很高兴在节日的仪式里增添了暴力,那 168
么国民公会则觉得自己受到嘲弄。他们相信,在这种巧合的背后,有一种蔑视国民代表的意向。死囚车通常行进缓慢,这次疾驰而来,莫非就是为了与国民公会代表同时抵达?在第二天的会议上,布尔东·德·卢瓦斯捕风捉影,要求国民公会不再参加不是自己

安排和警戒的节日。这个提议没有遭到反对就被通过了。节日组织者们坚信，节日和暴力是水火不容的，节日不仅不能模拟暴力，甚至与暴力不共戴天。

不过，在革命过程中确实爆发了暴力，因此虽然节日的总体情况尚好，但确有少数节日不够光彩，出现了暴力场面。因此，我们必须为这些节日寻找另一种解释。通过勒内·吉拉尔最近的专著，我们看到，可以对它们做出怎样一种弗洛伊德式描述：[①]节日接受对暴力的戏仿，唯一的原因是为了把节日参加者从暴力下解放出来；这种受控的越轨有一个功能，即可以避免它不受控制地成为社会暴力。节日展现暴力，更是为了终止暴力。接受模仿的——因而可终止的——暴力，是一种结束正在发生的，因而不可终止的暴力的手段。

此外，根据这种假说，法国大革命的两类节日似乎具有同样的
169 功能：都是为了摆脱暴力，或者是否定它，建立一个根本不应提到它的世界，或者是用打疫苗的方式或驱魔的方式来利用它。第一类节日排斥戏剧，有时甚至禁止任何形式的表演；第二类节日接受了利用嘉年华因素的粗俗戏剧。于是，就有了两种节日，形式和效果都大相径庭，但最终追求同样的目标。

但是，很难认为这种解释能够充分说明法国大革命中的戏仿性节日。它或许对所考察的节日有效，但对于一个尚在探寻自身礼仪的时期，节日仪式也飘忽不定，这种解释就不适用了。实际上，这里最引人注目之处在于，戏仿被当做一种威胁挑衅，当做

① 吉拉尔(René Girard)：《暴力与神圣》，巴黎，1972 年。

一种暴力号召。《爱国和文学年鉴》报道说:“据我们在沙特尔的通讯员的来稿,在期待新奇之时,他们把叛徒佩蒂昂的半身像送上断头台。”①对暴力的模拟宣示和启动了同样暴烈的事件。在坎佩尔,在一个普通的旬日(旬末假日),人们在监狱前玩模拟攻击,目的是恐吓那里的囚徒。② 有时,模拟的暴力甚至会与现实的暴力发生联系。在埃穆捷的博爱广场,戏仿的处决联结着一个绝非笑谈的处决:“我们看到断头机女士准备好赶快打发掉一个疯狂的教士。”③这里的模拟绝不意味着要避免诉诸暴力;相反,它宣告了一种随时可以使用的革命暴力。

的确,这难道不是我们所能看到的吗?在此,无人会问这个模 170
拟是否再现了真实情况,如果是,那是在多大程度上。相反,模拟得越滑稽,越是摆脱了对逼真性的关注,它就越明白易懂。对于它,最重要的是——恫吓以及对革命尚未成功的确认——要让所有的人都能清楚地看到。在审判国王期间,国民公会变成了一个剧场,请愿者出出进进,挥舞撕裂的衣服,女性衬衫碎片和血污的床单。根据巴雷尔对这种化装表演的回忆,社会恐慌和审美厌恶难解难分:“国民公会感到惊骇和愤慨,以至于厌恶这种至多适合英国剧场的方式。”④但是,国民公会不需要向他们来解释这种场面会对卡佩之死有多大影响。

---

① 共和2年雾月26日号。

② 菲尼斯泰尔省档案馆,10 L 55。

③ 茹奥(L. Jouhaud):《小城里的大革命,白与红:埃穆捷,1789—1794》,利摩日,1938年。

④ 巴雷尔(B. Barère):《回忆录》,巴黎,1842年。

因此,节日里戏仿场面的出现不能归结为革命群众的某种特殊表达方式。它们也不能归因于某一个政治事件。毋宁说,它们体现了革命尚未完成的状况。每当新的进程似乎陷入难产——无论在何种意义上,共和3年情况也同共和2年相似——这些场景就会卷土重来。① 模仿的暴力会有诱人前进的作用。这是一个充满动力的主题,是一种彩排。因此,我们就能明白为什么官方节日
171 的组织者极力排斥对暴力的模拟,至少要加以限制,因为谁也不知道这种暴力模拟会把人们引向何处。总之,毋庸赘言,这吓坏了许多人,因为他们试图通过节日“在道德和政治世界里创造一种和谐”②,亦即,结束革命。

① 实际上,我们可以从共和2年霜月和雾月那些节日上的那些演讲中感受到这一点。演讲者们宣称,革命远远没有完成,被无数障碍所拖延,因此号召革命者们变成“泛滥的洪水,从山间泻出,翻腾汹涌,横扫一切。”共和2年雾月20日,红帽区区长、公民皮埃龙的讲演。

② 罗伯斯庇尔1794年5月26日在国民公会的讲话。

第五章　回归启蒙(1794—1799年) 172

自共和2年芽月*开始,人们可能会认为,一切都过去了。戏仿的因素在消退:不再有面具,不再有乔装改扮,不再有狰狞的模拟。与此同时,民众俱乐部筋疲力尽,会员流失星散,会议也越来越少,只剩下少数头头在活动;面对从巴黎传来的强硬模式,各地的主动性也萎缩了。

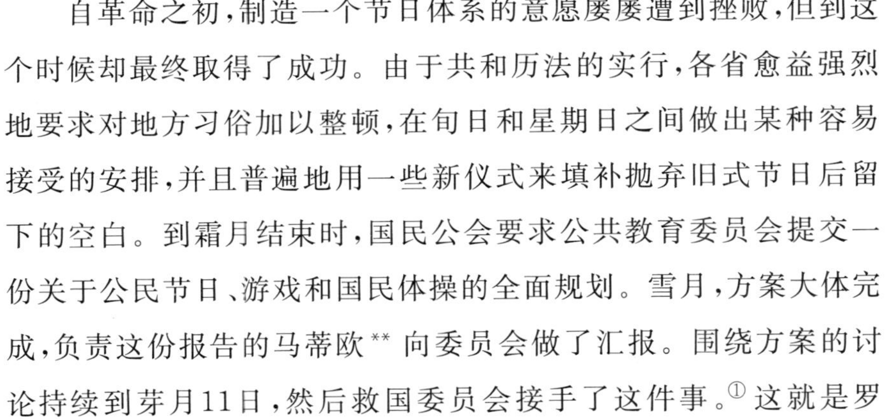

自革命之初,制造一个节日体系的意愿屡屡遭到挫败,但到这个时候却最终取得了成功。由于共和历法的实行,各省愈益强烈地要求对地方习俗加以整顿,在旬日和星期日之间做出某种容易接受的安排,并且普遍地用一些新仪式来填补抛弃旧式节日后留下的空白。到霜月结束时,国民公会要求公共教育委员会提交一份关于公民节日、游戏和国民体操的全面规划。雪月,方案大体完成,负责这份报告的马蒂欧**向委员会做了汇报。围绕方案的讨论持续到芽月11日,然后救国委员会接手了这件事。[①]这就是罗 173

* 共和2年芽月,指1794年3、4月间。——译者

** 马蒂欧(Michel-Mathieu Lecointe-Puyraveau,1764—1821),吉伦特派议员。——译者

① 芽月11日,公共教育委员会要求马蒂欧在这一点上与救国委员会"达成一致"。而这使他最终丧失了对这一方案的控制权。

伯斯庇尔关于共和原则的重要报告的起源。[①] 这个报告与马蒂欧一样对全年的再生节日做了分配，但用一个很长的序言来加以论证。国民公会此时完全屈从于这位演讲者的才能，因此迅速接受了这个方案。这个最终确定的节日体系的第一个节日是最高主宰节，这个节日与罗伯斯庇尔的个性紧密相关，因此被认为完全属于他的创造，因为这个节日似乎是他设想出来的，而且由他规定了实施细节，并在其中扮演主角。

因此我们不可能回避这个问题：最高主宰节在其发明者的心目中到底意味着什么？这是一个凡是论及罗伯斯庇尔就会遇到的老问题。最高主宰节是一个独出心裁的新发明吗？究竟是一个旨在确保有产者好运的奸诈诡计（达尼埃尔·介朗的观点），还是把爱国天主教与革命协调起来的善意花招（马迪厄的观点）？或者相反，它只是一个宗教方案的发展结果，一个自然神秘主义者的情感流露（奥拉尔的观点）？总之，通过设立这个节日，罗伯斯庇尔表明自己是一个精明的政治家，还是一个真正的虔诚者，是一个策略家，还是一个大祭司？

这些解释每一个都不缺乏很好的理由。如果认为罗伯斯庇尔善于谋略，那么显然就要像马迪厄那样主张，革命刚刚从击败埃贝
174 尔派和丹东派这两个反对派中恢复过来，此时竭尽全力避免新的分裂，指望这个节日能够促成社会的整合。我们也可以像多芒热那样，把最高主宰节视为罗伯斯庇尔最伟大的——几乎是他唯一

① 罗伯斯庇尔：《关于宗教和道德观念与共和原则的关系以及关于国家节日的……报告》，巴黎。

的——政治方案，他有条不紊地做了一系列的准备。[1] 的确，早在 1791 年 11 月 21 日，罗伯斯庇尔就力图说服雅各宾派：最好不要与“人民所喜爱的宗教偏见”迎头相撞。1792 年 3 月，他在反对葛瓦代[*]时重申，要警惕把对神的崇拜与对教士的崇拜混淆起来。由此，这就很容易地发展到共和 2 年霜月针对非基督教化政策的打击，再发展到花月提出的理论以及牧月推行的实践。

如果我们想探讨罗伯斯庇尔的信仰有多么深厚，那么也不乏相应的论证。我们在这里会看到一幅经典肖像：一个人的角色与其本人完全吻合；在他身上，卢梭的思考养育出一种本能的虔诚观念。罗伯斯庇尔思想的一贯性再次表明——正如奥拉尔所说——“对于宗教事务，从 1792 年起，他就有了一个很明确的意图，一种反对大众冲动的强大意志，一种几乎与整个巴黎对抗的惊人决心，当时巴黎人的无神论哲学正在嘲弄埃贝尔的小把戏。”[2]

实际上，这两种解释并非互不相容。因为我们很可能在最高主宰节里同时看到一种政治谋略和一种严肃的信仰，而后者可以证明前者的合理性。使这一点更容易理解的是，无论信仰 175
还是谋略在当时都不是独创的。如果有人想把最高主宰节解释成理性诡计的一个例子，那么罗伯斯庇尔显然期待它能实现革命的完结，因为我们可以重新读解花月报告，在其中寻找并能找到至少像“神圣的名称”一样让他萦绕于心的具有建制魔力的

① 多芒热（M. Dommanget）：《罗伯斯庇尔与礼拜》，载《法国大革命历史年鉴》第 1 卷。

* 葛瓦代（Guadet），又译“贾德”，吉伦特派议员。——译者

② 奥拉尔：《理性崇拜和天主崇拜》。

词汇。[①] 这些不过就是“归属”(把道德系于永恒的基础上)、“固定”(信念和幸福)、“确立”(在坚实的正义基础上)之类。而这恰恰是大革命的所有领导团队前赴后继所力求实现的目标。因此,无论所追求的目标,还是所采用的手段——把节日当做维护已有成果的力量——都不是罗伯斯庇尔特有的。无论罗伯斯庇尔受到赞誉或是抨击,罗伯斯庇尔只是发展了革命思想中被广泛接受的那些部分。由于这种从众性,几乎无须再考虑一直令人棘手的真诚问题。

如果我们想把最高主宰节视为宗教冲动的一个结果,也同样可以有许多理由可讲。罗伯斯庇尔所想象的“无形状的上帝”、那个“伟大的存在”、那个“存在中的存在”,那个“最高主宰”都不是他独有的概念。没有什么不是在这个自然神论的世纪里的教理问答手册中反复讲述的。甚至可以接受让·德普伦的说法:罗伯斯庇尔使用的修饰语是同时从基督教和启蒙哲学家这两方借来的,是“贝吕尔*、卢梭和伏尔泰诸传统”交汇之处的用语,甚至比通常所
176 想象的更具有普遍性。在这个花月摇篮周围几乎可以找到这个世纪的所有思想和道德权威,只有百科全书派例外,他们被明确地钉在耻辱柱上。[②] 从庙堂里驱除出来的只有这些“野心勃勃的骗子”,原因是他们持好战的激进主义,他们对自然神论的话语特别

① 参见让·德普伦(Jean Deprun):《罗伯斯庇尔两次演讲中的“神圣名称”》,载《法国大革命历史年鉴》1972年4—6月号。

* 贝吕尔(Pierre de Bérulle,1575—1629),法国枢机主教。——译者

② “那些最有野心的……似乎分成了两派。一派愚蠢地捍卫教士和专制。最显赫的一派则是那些以百科全书派著称的人。其中包括少数值得尊重者和许多野心勃勃的骗子……就政治事务而言,这一派总是认识不到人民的权利,就道德而言,他们又总是比摧毁宗教偏见走得更远。”——罗伯斯庇尔,前引报告。

蔑视，尤其是他们“迫害”让·雅克（卢梭）。可以想见，这种排斥也是实现全民和解的一个条件。一旦抛弃了这个派别，罗伯斯庇尔的花月报告和两次关于节日的演讲就很容易在卢梭主义的主张——“无神论是一个必然让人痛苦的体系”——的基础上把精英分子聚集在一起。因为排斥原罪、将无神论视为迷信的相反极端，要求把礼拜从狭窄的神庙和僵死的教条中解放出来，在上帝与教士之间拉开距离，设想上帝与普通人的亲近，抛弃历史性宗教而推崇自然宗教，最后也是最重要的，将宗教情感从个人存在领域转移到社会存在领域——花月演讲以雄辩的言辞所论述的这一切都超越了个人之间的分歧，乃是 18 世纪启蒙哲学家的共识。布瓦西·当格拉斯[*]热情洋溢地对罗伯斯庇尔的演讲加以评论。他甚至想
找到一种将百科全书派重新纳入自己人圈子的方法：完全可以把 177
他们的无神论想象为一种必要的策略，看成是出于对迷信所造成的“无数灾难”的惊恐疑惧。①

与其他情况一样，罗伯斯庇尔的演讲在此也不过是一个回声。但是，花月演讲雄辩华丽，使得人们难以将其简单地视为剽窃之作。18 世纪的思想共识在他那里表现为一种内在气质的袒露。如果说在他对雅各宾派争论所进行的策略性干预中存在着某种一

---

* 布瓦西·当格拉斯（Boissy d'Anglas，1756—1826），法国文人，革命期间先后选为三级会议（后制宪议会）和国民公会代表。——译者

① 布瓦西·当格拉斯：《论国民节日》（*Essai sur les fêtes nationals*，Paris，Imp. polyglotte，an II）：“哲学有时会拒绝被你们草率地采纳的神圣观点。但是，你们可以确定，这仅仅是因为它被那些紧随其后的无数灾难吓怕了。如果有合理的制度，正如由你们所造就的制度那样，能够保证这种神圣的观点绝不会被用来造成地球上的坏事，那么哲学也会急于宣布这种神圣的观点。”

贯性，那就是对展示的憎恶，无论是伊斯纳尔挥舞的佩剑，* 还是表示支持巴黎各区代表的主张的红帽子。总之，他憎恶“标志”和“人像”。共和2年冬季的节日有三个方面让他震惊：阴暗、假面游行和暴力。[①]这位循规蹈矩的人对其中任何一个方面都无法忍受。他对自己的描述是“自革命以来最无畏也最忧郁的爱国者之
178 一”。[②]或许可以确定，这位阿尔赛斯特** 不仅需要用“国家理性”来打击无套裤汉的上帝（外省间或依然有不适宜的赞颂），而且追求体面的本能也使他做出对“纯净宗教”的政治选择。

因此，在共和2年的花月报告里有一种生存意向与应变政治的汇合。二者共同致力于——这是其力量所在——实现一个世纪之久的梦想：因为如果所有的开明舆论都能接受花月方案，如果如此之多的狂热者相信，牧月20日就会看到革命的结束，这是因为他们在节日里看到魂牵梦绕的“新费城”*** 、“幸福民族”的神圣形象。

此外，如果我们想否定罗伯斯庇尔的创造天才，无论是高尚的天才还是邪恶的天才，我们都只能回到马蒂欧的方案。该方案似

---

* 伊斯纳尔（Isnard, 1758—1825），时称“吉伦特派的丹东”。——译者

① 在这件事情上，他于1793年12月对雅各宾俱乐部的干预很能说明问题：“我想谈谈反礼拜运动。从时间和理性来衡量，这本来应该成为一个很好的运动，但是其中的暴力已经使它带有最大的邪恶。”他针对克洛兹（普鲁士男爵因同情革命流亡巴黎）说：“我们知道你的拜访活动和你的夜间阴谋。我们知道，在夜幕的掩护下你与戈贝尔主教策划了这种哲学假面游行。”

② 1793年6月14日在雅各宾俱乐部的讲话。在博阿尔内子爵被任命为战争部长后，罗伯斯庇尔试图平息舆论。

** 阿尔赛斯特是莫里哀喜剧《恨世者》的男主人公。卢梭在他身上看到自己的影子。罗伯斯庇尔也被视为一个现实的阿尔赛斯特。——译者

*** 意为博爱之城。——译者

乎已沉陷在芽月的流沙中,但实际上在罗伯斯庇尔的方案中得到很大程度的体现。马蒂欧确实没有设想过最高主宰节,但是他方案中的所有节日都被置于最高主宰的荫庇之下。马蒂欧设想了5个纪念节日:7月14日,8月10日,1月21日,5月31日和10月6日。罗伯斯庇尔看中4个,排除了10月6日(或许是由于其过于野蛮?)。因此,两个方案中有23个旬日节是一样的。罗伯斯庇尔所做的改动很小,人们能够发现其中的意义吗?他让庆祝不同年龄组的节日与季节不那么紧密地联系在一起,消除了马蒂欧从制度和生理角度过分推崇家庭所造成的某些累赘,抛弃了婚姻节、兄 179
弟友爱节,扩展了美德的范围,在马蒂欧的清单中增添了正义、谦逊、坚忍、节俭以及拒腐蚀所需的无私。他放弃了民族联合节日,而强调法兰西民族;放弃宪法而强调共和国。所有这些毫无惊人之处。我们至多能够注意到,马蒂欧依然推崇的理性节,从罗伯斯庇尔的节日名单中消失了。这也不令人惊讶。[①] 花月方案的确带有一点无畏的战斗性:它规定了“一个仇恨暴君和叛徒的节日”。这是这个灿烂计划中的唯一阴影,是对断头机加倍工作的唯一一点暗示,顺带承认一切尚未结束。但是当时人们在享受重新找回的乌托邦节日,无人注意这些。

① 相关的准备工作已经很长时间了。这里只需要引证共和2年花月9日科洛·德布瓦在雅各宾俱乐部的干预。按照他的说法,法国士兵的士气不是缘于“被人们变成一个恶神来窒息最柔和情感的那种理性,而是缘于一种庄严肃穆的理性。这种理性能够扩展思想的范围,支持坚实的美德。它直接出自我们心向往之的最高存在。让那位想否认他的人告诉我,为什么海难中抓住碎片的遇难者会举手指向苍天?”

“幸福的民族”

39 年后，夏尔·诺迪埃已经太老了，很难记清楚共和 2 年牧月 20 日那一天节日的细节，而他当年又是那么年轻，不会太注意那段时期的“恐怖印象”。他依然赞扬它，因为它与此前冬天那些令人作呕的狂欢一刀两断。他试图传递他的热烈情绪：“从来没有
180 一个夏天的白昼能比这更纯净地从地平线上升起。只是在很久以后，在欧洲的正午或日出时，我才看到同样透明的天穹，我们的目光似乎能穿透它，看到其他的天体。人民把它视为一个奇迹，认为这种尚不习惯的皓天朗日乃是上帝与法国和解的某种象征。酷刑已经终止了。死刑工具隐没在黑幔和花束之后。城市中的十字路口无一不悬挂城市的旗帜，河流上的船只无一不装饰着彩带；最小的住宅也装饰着自己的彩旗花环，最简陋的街巷也点缀着鲜花，在普遍的沉醉中，仇恨和死亡的呼喊销声匿迹了。”[①]还有许多类似的记述有时会使历史学家赋予最高主宰节一个极其特殊的地位，按照马迪厄的说法是革命期间“最辉煌的节日”，也是“最大众化的”节日。

大众化吗？与此前的节日相比，它的即兴发挥余地最小。这是系列节日的第一个，是节日周期的先行官（有时，人们心领神会，让它包含 36 个身着旬日节标志的少女，就像众多节日都汇入这个节日一样）；人们竭力控制它的每一个细枝末节。在巴黎，各种指

---

① 诺迪埃（Charles Nodier）：《全集》，第 7 卷，巴黎，1832—1837 年。

示纷至沓来，或者是任命安排各个小组的专员，或者是分发谷穗和花篮，或者是指挥场面调度；甚至对代表的服装也进行了长时间的讨论，按照巴雷尔的说法，此事在一些“从不估量立法的感官效果”的轻浮者眼中纯属琐事。在外省，布雷斯特的市府官员写信给“女 181
公民路易丝·巴蒂斯特、女教师”：“请向下列男女公民宣布他们被选中来代表纯朴和智慧”。[①] 各种指示中包括少女的发型应该什么样子，应发给她们什么样的花束，绦带应如何系扎；事无巨细，无一遗漏。节日的音乐也被精细地规划。在巴黎，国立音乐学院受命监管各区歌手演唱指定颂歌的热烈排演。[②] 而且，这里还有一些不那么令人愉快的文件，上面列着应该为节日出钱的人的名单，并规定了对暗中破坏节日者的惩罚，这完全是一种预先强制机制。当时采取了许多防范措施，做了许多努力，以确保活动的顺利进行，因为在最高主宰节上将有大批的民众出席：至少在这个意义上它是大众的节日。

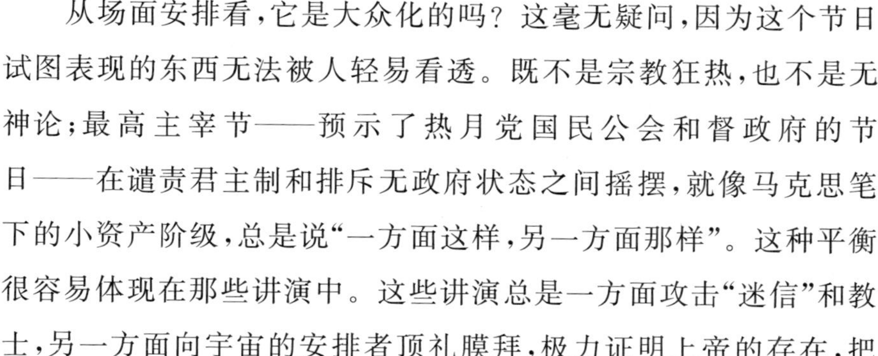

从场面安排看，它是大众化的吗？这毫无疑问，因为这个节日试图表现的东西无法被人轻易看透。既不是宗教狂热，也不是无神论；最高主宰节——预示了热月党国民公会和督政府的节日——在谴责君主制和排斥无政府状态之间摇摆，就像马克思笔下的小资产阶级，总是说“一方面这样，另一方面那样”。这种平衡很容易体现在那些讲演中。这些讲演总是一方面攻击“迷信”和教士，另一方面向宇宙的安排者顶礼膜拜，极力证明上帝的存在，把

① 菲尼斯泰尔省档案馆，10 L 155。

② 参见蒂耶索：《法国革命的节日和声乐》。

一切归结为对最终原因的论证。但是，这个纲领的形象部分不那
182 么容易填充，尽管人们为此付出了许多聪明才智。在欧什，公民图卢泽命令向最高主宰祭坛方向行进的队伍在阴郁的柏树前停下来。树上悬挂着一个条幅，上面写着："路过时请看着我，记住教士给你带来的痛苦"，由此使法国人民逐渐习惯符号语言。[①] 这种愿望是用套话表达出来的，但它也肯定是虔诚的。

诚然，许多地方都有对杜伊勒里神话雕像（一组被烈火吞噬的"可怕形象"）的模仿：虚假的简朴、自私和野心构成了无神论脚下的扭曲底座。但是，很少有城市像勒芒那样，展现的不是无神论，而是一个无神论者，用实物大小的弯弓威胁着苍天，而那些可怕的形象大多没有直接表现出来。[②] 正如布瓦西·当格拉斯讲述的情况，当长袍、教士帽、成堆的羊皮卷被焚烧时，就是另外一回事了。[③] 但是，更重要的是，怀着爱国激情焚烧无神论，不再是仪式的核心，其戏剧性已经减弱了。把两个场景——破坏的场景和向最高主宰奉献的场景——在空间上分开，就表明了这一点。正如在巴黎，在马尔斯校场举行的仪式，就与在杜伊勒里宫前的仪式不同，是纯粹抒情的和虔诚的，有交响乐、祭献童男玉女、宣誓。几乎各地都奉行这种分离。在昂热，在一座方尖碑旁树立着一个被自
183 由女神击倒的"宗教狂热"（Fanatisme）雕塑（注意：不是无神论，而

① 布雷盖尔（G. Brégail）：《天主节在欧什》，载《热尔考古学会通报》第 21 卷，1920 年。

② 沙尔东（H. Chardon）：《天主节在勒芒》，载《法国大革命》第 10 卷，1866 年。

③ 布瓦西·当格拉斯：《论国民节日》。

是宗教狂热，因为当时无神论在昂热还不是真正的威胁)，因此，人们对游行的意义展开了长时间的辩论。[①] 应该从永恒庙堂出发游行到方尖碑，还是应该从方尖碑游行到永恒庙堂？最终，人们采纳了第二条路线，因为一个组织者指出，应该先打倒“宗教狂热”，然后再向最高主宰顶礼膜拜。没有比这能更好地表明，焚烧可恶的象征物已不再是核心仪式了。这是前半程的一个场景，应该在它结束后，才开始具有建设意义的节庆活动。实际上，很容易免去这个环节：在许多外省的节日里，这种象征性暴力很自然地消失了。

因此，这是一个体面的节日：它具有官方记载很满意地指出的那种“庄重体面”以及特派员所要求的“克制”。儿童应“在清晨5点钟就十分整洁地开始准备”；少妇们应略施粉黛——“如果她们执意要化装的话”；她们应低眉顺眼；裙子向上卷起部分应按罗马方式符合礼仪；她们的旗帜上应有稳重的格言：“我们是按照原则养育的”。这也是一个和平的节日，丝毫没有戏弄、亵渎或号召报复。这里可能会有少数枪手和焰火制造者，有武器开火，但武器都托付给未成年人，而非成年人；因此，武器的威慑性要多于攻击性，
他们是共和国的后备军。实际上，对革命的暗示已经减少到最低 184
限度：“胸像”几乎在全国各地都消失了；只有粗鲁的、没有教养的演讲者会像波尔西安堡的演讲者那样宣称：“革命是沸腾的大煮锅，断头机是撇渣子的大漏勺。”[②]有的地方依然残存着送葬模式。

---

① 布瓦(B. Bois)：《共和2年到共和8年昂热的革命节日》，巴黎，1929年。

② 莱皮纳(Lépine)：《波尔西安堡历史》。

例如在加莱，节日被设计为在5个纪念碑之间的长途游行。[①] 但是，这种仪式的基本精神是反英雄的。当所有的人都是英雄时就没有英雄了。最高主宰节是将日常生活英雄化，几乎将生物性活动也英雄化，而对革命英雄主义不屑一顾。

取代这种英雄主义召唤的，乃是对废除差别的表现。要想让人们相信最高主宰节制造了一种回归出身平等的幻想，只需将两个游行加以比较：1790年7月14日波利尼的游行队伍包括"区政府行政官员、当地法院的法官、国王的专员、调解处官员、治安法官和陪审员、宪兵、镇上的教士、正规步兵的官员和战士"。[②] 4年后，这些"先生们"都消失了。波利尼这次的游行队伍是由男女青年公民和父母组成的。但是，我们由此而下结论时必须小心谨慎。这个节日绝不是旨在——这个个案即是如此——显示社会共同体的
185 永久团结，或证明大革命所造成的平等。贡比涅的民众俱乐部的一个成员希望在这个节日里，让一个身着衬裙的朴实乡村少女和一个文雅的女公民并肩而立；但是这显然暴露了一个人们尤其想回避的社会裂痕。[③] 民众俱乐部都随波逐流：与其他地方一样，这里的民众俱乐部也坚持让少女手持花篮。因此，通过巧妙地分派角色，这个节日实现了和谐的平等。昂热的居民，"从慈善院的不

① 这5个纪念碑分别纪念维亚拉、巴拉、勒佩勒蒂埃、马拉和其他革命英雄。见《天主节在加莱》，载《加莱历史学会》，1924年9—10月号。

巴拉和维亚拉是革命时期牺牲的少年英雄。大卫曾策划在共和3年热月10日(1794年7月28日)纪念这两人。见第三章。——译者

② 格朗沃(V. Grandvaux)：《关于大革命时期波利尼的回忆》，载《波利尼农业、科学与艺术学会通报》，1888—1889年。

③ 索雷尔(A. Sorel)：《天主节在贡比涅》，贡比涅，1872年。

幸者到有产业的人”是由于什么奇迹而能以兄弟相称?[1]“无论父亲还是丈夫,无论女儿还是母亲,无论贫富,也无论老幼”,每一个人都成为节日不可或缺的部分。即便是跛子,也能提供一幅“荣耀的不幸者”的生动肖像;在这个抒情的节日里,人们会把一两句歌声唱给他。

把社会人归结为生物人,是一种乌托邦的特征。凡是熟悉该世纪各种乌托邦的人都会看到,最高主宰节创造了一个世外桃源再现的意外惊喜:村民的队伍——“怀抱孩子”的母亲、用瓷盘托着一对斑鸠的少女、“用粉红带子牵着绵羊”的牧人、还有那些仿佛直接来自正义女神阿斯特来亚的、带着箭袋和牧铲的轻盈部队——他们终于来了,从书本上走出来,将他们的优雅与法兰西大地上美好坚实的名字结合在一起。当伽拉忒亚(由皮格马利翁所创造的美女—— 186
译注)不过是邻家女孩玛丽·弗努耶时,让人多么兴奋!在伊泽尔省的泰伊,3 个农夫拿着一把齿耙,后面跟着 6 个收割者,她们会是“大家熟知的女孩,每人都一手持镰刀,另一只手拿着一束用草系起来的矢车菊。她们把草帽都挎在背上。”[2]最后一组可能是带着各自工具的各行匠人,这些公民可能是“大家熟知的工匠,手中拿着梭子、梳子、斧子、锯子,或穿着围裙,手持铁匠工具……”

与田园牧歌一样,最高主宰节也旨在成为富裕的节日:节俭,但甜蜜而安宁。它是一个充盈着牛奶、水果和面包的节日。车上载着装满花果象征丰收的羊角;面包用奉献给祖国祭坛的谷穗来

[1] 布瓦:《共和 2 年到共和 8 年昂热的革命节日》。

[2] 《天主节在泰伊》,载《“原始文件”考古、历史、艺术学会通报》,第 16 卷。

装饰，然后在参加者中间散裂开。这是一个庆祝繁殖的节日：少女的标语显示了她们的命运：“当我们成为母亲”；而母亲则让孩子吃奶，“尤其是男婴”。怀孕的妇女本身就是革命到底的隐喻，因此必须到场。“公社总委员会要求你们每一个人都带上各自的丈夫，早
187 上 6 点到自由广场。如果你正在怀孕，你的丈夫必须履行陪伴你和搀扶你的职责；你应能用手抱着孩子。”[①]为了展示这种合法的圆满，组织者会按照格勒兹*的绘画安排活人画。例如在南锡，使用了一辆“美好家庭”的花车：一个女人在照料一个婴儿吊床，父亲在教坐在自己膝上的孩子读书，第三个孩子抱着父母，第四个孩子在给父母戴花环。[②]

农村常常会表现这幅“生动的道德和爱国活人画”，因此这个节日应该而且实际上有时就被称作春节。与其他节日相比，这个节日放弃了城市空间，转移到公共花园（如圣马洛的情况）[③]或草甸（如卡昂的情况），[④]或在村庄房屋群的边沿空地上举行。公社所承担的责任——或者说，大卫的方案中所强求的——是堆起一座山，让母亲、孩童、少女、农夫能够轻松地坐下来，参与这个出游。理性节的小山此时需要放在户外，放在一座山丘上，这个“天然的小丘”就成了神圣之所。如果没有这种土堆或小山，那么就用柏

---

① 勒克吕塞勒（A. Lécluselle）：《康布雷和康布雷人的历史》，康布雷，1873—1874 年。

* 格勒兹（Greuze，1725—1805），法国洛可可时代的画家。——译者

② 托玛（S. Thomas）：《1830 年前后的南锡》，南锡，1900 年。

③ 埃尔潘（E. Herpin）：《大革命期间圣马洛的节日》，载《圣马洛历史学会年鉴》，1908 年。

④ 康皮翁（A. Campion）：《大革命期间卡昂的国家节日》，卡昂，1877 年。

叶、蕨草和灌木覆盖在能够拆卸的木架上,上面的“小径”蜿蜒在茅屋之间。乌托邦的茅屋——例如在勒比格,茅屋出现在化为灰烬的城堡背后,里面有许多高尚的共和派[①]——乃是节日的真正胜 188
利者,其含义远不止是自然神论信仰。

在一片生机盎然的植被中,动物形象消失了,除非是有益的形态(牛羊)或动人的形态(鸽子)。遵照大卫的建议,人们广泛使用紫罗兰、桃金娘、葡萄藤、橄榄枝和橡树作为装饰,各地根据当地 6 月灌木树篱的情况,可能用野蔷薇和金银花来代替那些东西。在索镇,节日的组织者建议居民不要在交叉口摆放旧时代的挂毯和坐垫,而代之以鲜花和绿叶。当然,这不仅仅是何种装饰更好的问题,而是关系到仪式的本质的问题:用棕榈叶做花冠,在老人脚下铺洒玫瑰花瓣,母亲手持大捧鲜花,然后抛向天空奉献给伟大的恩赐者——这些行为是整个礼仪的重要部分。除了最高主宰节外,还有一个自然节。这是起早者的节日。例如在塔布,这些起早者聚集在跨阿杜尔河的桥上,等待日出。这也是向宇宙建筑师及其作品表示感恩的行为。莱昂纳尔·布尔东的诗句很清楚地揭示了这一点:

无信仰的人们若
希冀看到和听到最高主宰
应满怀高尚的道德

① 戈尔菲耶尔(Michel Golfier):《共和 2 年勒比格的理性崇拜和旬日节》,载《佩里戈尔历史与考古学会通报》1968 年,第 96 卷。

但你们应到走到田野中
成双成对手持鲜花
在那里靠着纯净的流水
189 用心聆听上帝
宛若在大自然中看到他。[①]

这正是节日参加者所感受到的激情来源所在，有乡村教师、文学教员、市政官员和节日组织者所留下的一批文献可做证明。当然，这个节日反映的是一小批开明居民的热情，但它很重要，因为它代表了革命。正如我们看到的，这不是即兴发挥的热情，也并非因牧月恐怖给人的生命带来威胁从而需要付出的代价。饶勒斯认为，这种有益的恐慌能够让一个一直以来有点像苍凉的白日梦的问题，即灵魂不死的问题引起强烈关注[②]。这过高地赋予了这个主要以社会团结为快乐的节日以形而上学的深度。基于一个大谎言的最高主宰节实际上在庆祝革命与其所要求的原则、与革命极力维系的自身形象的重逢。帕尔默对此看得十分清楚。[③]

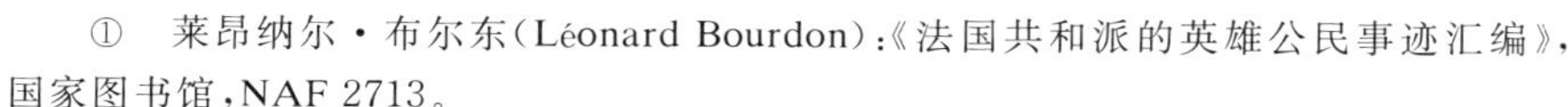

① 莱昂纳尔·布尔东(Léonard Bourdon):《法国共和派的英雄公民事迹汇编》,国家图书馆,NAF 2713。

② 饶勒斯(Jaurès):《法国大革命的社会主义史》:“断头台给这个城市填充了一抹不朽的微光。”

③ 帕尔默(R. Palmer):《12人的统治》,普林斯顿大学出版社,1941年:“无论有多少政治谋略,也无论政府是如何强制,牧月的种种作为反映了某种更深层的东西,也达到了5年来自发兴起的节日的高峰。它们实际上也是这个世纪的顶峰。启蒙哲学家的目的难道不是从谬误的灰烬中汲取智慧,把天主从教士的上帝伪装中解放出来?启蒙哲学家们不会欣赏牧月的节日,他们可能会觉得它粗俗甚至喧闹,会抱怨它在细节上并不符合他们的期望。他们是否会觉得它很天真,那就能更难说了,但可以肯定的是,这里表达的思想是他们的。”

在特鲁瓦,市政当局邀请公民拿着饭菜到城门口,据说这能让 190
人想起“先人和黄金时代的美好时光”。马吉奥罗挖苦说,人们从来不说 10 天后,特鲁瓦可能只有仅够 36 小时的食品![1] 问题的实质不在这里,而是在国民公会议员向国民公会汇报的那些精彩文字里。特雷武・梅奥勒写道:“我得到纯贞少女给我戴的花冠。农夫献给我几穗麦子(在牧月?在安省?)。男孩和女孩们交替背诵人权宣言的条款。欢乐是那么纯洁,热情是那么高涨,革命就在这里。”[2]

实际上,在这里革命极其接近于它的梦想,以至于人们忘记这种表现的虚假性以及随之而来的绝望。[3] 这还需要更多的证据吗?那个世纪的所有幸福民族的列队游行都是那么的整齐划一,
但我们不从这里寻找证据。而是要在共和 9 年,由波尔多的律师、 191
前立法议会议员约瑟夫・赛热所设想的那个简单的乌托邦中寻找。[4] 他对恐怖统治的义愤显而易见。他设想的新费城乃是对共和 2 年混乱的反击,在他看来,最高主宰崇拜是共同体的黏合剂,而正是牧月的那次节日启发了他为当年这个重大节日所做的安

① 马吉奥罗(L. Maggiolo):《大革命期间的节日》,载《斯坦尼斯拉科学院院刊》第 5 系列,第 11—12 卷。

② 牧月 22 日的信,国家档案馆,AF II 195。

③ 当然并非所有的人都如此,例如格雷特里在共和 2 年春天从香榭丽舍回家后的记述。他在那里欣赏了“人间所能看到的最美丽的紫丁香”,“我来到革命广场,即过去的路易十五广场,被音乐所打动。我向前走了几步,看见了一些提琴、一个笛子、一个手鼓,听到了舞者的欢快呼喊。我想到这个世界上与此相反的场景:一个人从我身边走过,指点着那个断头机。我抬起头来,看到远处那把夺命铡刀起起落落,连续 12 到 15 次。一边是乡村舞蹈,另一边是血流成河。对于这些不幸的受害者,鲜花的芬芳,春天的和煦,落日的余晖再也不会有了……这种印象留下了不可抹去的印记。”格雷特里(A. E. M. Grétry):《论音乐》,巴黎,共和 5 年。

④ 赛热(J. Saige):《孤独者散论》,波尔多,共和 11 年。

排，包括盛放香料和香水的花瓶、牧羊人的音乐、少男少女的天真队伍、他们头上的花环和手中的花篮，旨在用多彩而和谐的方式来庆祝上帝给四季的恩惠。一个模式所能实现的理想状态莫过于此了。

这个节日与革命话语、乃至与整个法兰西都完完全全地融为一体——对于被节日所蕴含的统一潜力所吸引，并且决心“在共和国内不留一持异见之人”的人来说[①]，这是一个极其敏感之处。这个节日常常被视为最后一个值得重视的革命节日。热月 9 日的断裂似乎区分了两个完全互不兼容的系列。此后就属于热月或督政府时期的节日。这是对革命节日做政治解释的最后一个论点，也
192 是争议最少的一点。如果认为这是可争议的，如果认为比以前的节日更符合革命期望的最高主宰节是一个革命节日的典范，此后人们除了重复它之外不可能再有更多的想象，这岂不有点奇怪吗？

共和 4 年雾月体系

从热月震荡到国民公会结束，在这段时间里实际举行的纪念活动，都带有时局动荡的印记。最初的两个活动是山岳党人的遗产。共和 2 年最后一天，按照雾月 26 日法令，将马拉的遗体送进

① 共和 2 年芽月 16 日，加尼耶·德·圣特在雅各宾俱乐部对清洗问题发表了超乎寻常的演讲：“如果我们清洗我们自己，我们就有权清洗法兰西。我们在共和国里绝不给任何异物留有余地……有人说我们要摧毁国民公会。不，它将完整无缺地保留下来；但是我们修剪那棵大树上的死枝。我们正在采取的伟大措施就像一阵阵狂风，将把虫蛀的果子吹落在地，而把好果子留在树上。”

先贤祠。但是，这真的是马拉的节日吗？读一读莱昂纳尔·布尔东关于这个节日的报告，尽管游行队伍使用了完全符合马拉生平的象征物，人们仍会对此有所怀疑。因为马拉的节日也是国家的胜利节日、共和国军队的节日、友爱的节日。这个节日负荷的内容太多了，特别再加上国民公会因突然举行一个差点忘记的例会而在节日中明显缺席，这就很难让本来不多的参加者想到他们是在纪念马拉。20 天后，同样的情况轮到卢梭了。这个节日也是罗伯斯庇尔的遗产。实际上，游行队伍中的乡村占卜者、园丁和母亲让人想起最高主宰节的氛围。但是，这一次国民公会代表们到场了！10 天后，葡月 30 日是胜利节。这完全是热月党人的节日。3 天前，玛丽－约瑟夫·谢尼埃在国民公会上打破大卫的独断专横，宣布了一个新的国家节日体系；实际上，在葡月 30 日那一天， 193
军事操练，还有士官生进攻要塞的演习，取代了大卫制定的艺术表演。

但是，所宣布的改革姗姗来迟。国民公会在制定国家节日政策的问题上遇到了很大困难。共和 2 年雪月和雨月的冗长讨论就证明了这一点。讨论主要集中在旬日节上，而不那么关注国家节日。当时依然有许多发言者使用已经大大贬值的词汇，主张第一个节日应该献给最高主宰。这种摇摆不定是完全可以理解的。在督政府最初的日子，玛丽－约瑟夫·谢尼埃也说了类似的话。国民公会常常被叛乱打断其日程。它被迫匆忙地搞一些节日，诸如议员费罗的葬礼这种留下阴暗记忆的活动。它还不得不满足于延续某些纪念活动（7 月 14 日，8 月 10 日）和增加一个自己的节日：热月 9 日。所有这些都是在无休止的辩论后决定下来的。直到共

和4年雾月3日公共教育法通过，我们才看到关于节日体系的坚定信念和完整计划。

共和4年雾月公共教育法的出现，使得共和2年的花月法令被废弃了。国家节日现在不是4个，而是7个。诚然，其中5个是风俗节日：青年节、老年节、夫妇节、感恩节和农业节。在共和2年的纪念性节日中，有一个节日毫无困难地从山岳党的法令中移到热月党的法律中，这就是葡月1日庆祝共和国的建立。[*] 其他节日则沿路丢失了；当然，尤其重要的是，5月31日节[**]在共和4年官方活动中消失了，这是为了进一步悄悄地抹去共和3年的痕迹。
194 与此同时，共和4年葡月11日在议会大厅举行的仪式，试图通过向“自由的殉难者”赔礼道歉而永远抹去令人不快的5月31日记忆。现在在象征性层面取代5月31日的是这个政权本身的节日，即热月9日被定为节日。这种安排很快得到扩展：共和4年雪月23日法案恢复了处决路易十六的纪念活动，共和4年热月10日法令确定了7月14日和8月10日的纪念活动。于是，督政府就有了5个重大国家纪念活动：7月14日、8月10日，葡月1日，1月21日以及热月9日。有时还会临时增加一次性的纪念活动，例如奥什和茹贝尔的葬礼，共和6年雪月20日庆祝欧洲和平的胜利节日等。有时还会有其他欢庆活动，最突出的例子是，共和6年热月10日一个冗长的队列向巴黎人展示从意大利收集来的科学艺术品。这次对该世纪“珍奇物品”的检阅，不论从哪个角度理解，或

* 共和4年葡月1日(1795年9月23日)，国民公会宣布1795年宪法。——译者

** 5月31日节是纪念1793年推翻吉伦特派的起义。——译者

多或少都是为了显示热月9日的宗旨。[①] 最后,还有共和6年雨月13日法案为了讨好而确定的人民主权节(在选举的头一天,作为“恰当选择”的序曲)以及作为全部节日结尾的果月18日节[*]。

在制定这个新的节日系列时,人们在讲话中明显表达了对体系的追求。[②] 巴拉隆在热月党国民公会挑起了关于旬日节的争 195
论。他批评花月18日法令缺少系统性。罗伯斯庇尔的这项工作“乱七八糟”,没有区分不同的效果,在一年之内以不同的名字多次重复同一个节日,而且还忽略了节日与季节之间的天然和谐,[③]也不太考虑将历史节日与其中所展现的基本美德联系起来。这个法令创造了一个节日系列——推崇无私、良好信仰、勇敢、节俭和友谊的节日——但没有递进关系,好像是随意排列的。任何一个节日都不是“承前启后”的。巴拉隆的批评在最后提出了一个希望:“不应只改变一个节日,这样会导致某种断裂或缺失”。有时,热月党国民公会的议员在提到节日之间的必然联系时,会引证孔狄亚克的权威。后者竭力通过一系列的庆祝活动塑造一套“精巧的语言”。梅兰·德·蒂翁维尔在共和3年葡月9日发表《关于国家节

① 共和6年热月11日《编辑报》(*Rédacteur*):“来自天涯海角的珍稀动物似乎体现了热月9日人类之手所束缚住的那种凶猛。”

* 果月是共和历的12月。——译者

② 这种愿望贯穿了整个督政府时期。共和6年穑月28日迪普朗捷说:“我认为,如果我们每一个人都可以对新生共和国的命运和未来世代的幸福所依仗的事物进行全面反思,那么我们只是在树立一个脆弱的纪念碑。”

③ “花月18日法令在年初安置了那些要求人们思考、应该安置在年末,即夏季(共和历法的第一个月葡月是从公历9月21或22日开始,年末即到了夏季。——译者)的节日;在冬季,却安置了那些需要在户外展示、置景和操练的节日。”巴拉隆(J.F. Barailon):《旬日节的组织和列表》,巴黎,共和3年。

日的意见》。他宣称："啊！如果我刚刚说到的决议能够伴有孔狄亚克论证过其必要性的决议，莱佩和西卡尔也为之做了很好的准备，桑格兰似乎也专精于此*；如果有一天节日用语的绝对清晰和准确能够与这门语言的尊严、光彩及和谐结合起来；简言之，如果
196 推理的艺术终究能归结为讲一种精巧语言的艺术……那么法兰西人民更容易被演讲者所启蒙，也更容易给自己启蒙，必将登上智慧和真正辉煌的顶点。"①

人们如何确认一种精巧的语言？首先，它的词语不能无休止地细分，因此不应该有太多的节日。甚至那些思考也浸透着一种不折不扣的怀旧情绪：如果革命能够一下子完成，如果革命没有受到笨拙、犹豫、背叛等等的阻碍，那么我们就只需要庆祝一个纪念节日——例如每月一节，可以像迪朗·德·梅扬所希望的那样将其简单地称作共和节，②或者每4年一个盛大的纪念节日，其内容涵盖整个革命过程，如马蒂欧·德·卢瓦斯在共和2年所主张的"革命节"。③但是，因为现实并非如此，所以必须有若干节日。既

* 孔狄亚克（Condillac，1714—1780），启蒙哲学家，语言学理论家。

莱佩（Charles-Michel de l'Épée，1712—1789），法国神父、慈善教育家，人称"聋人之父"。

西卡尔（Roch-Ambroise Cucurron Sicard，1742—1822），法国神父，先后任波尔多和巴黎聋哑学校校长。

桑格兰（Antoine Singlin，1607—1664），法国詹森派教士，创立波特罗雅尔修道学校。——译者

① 梅兰·德·蒂翁维尔（Merlin de Thionville）：《共和3年葡月9日在国民公会上发表的关于国家节日的意见》，巴黎，共和3年。

② 迪朗·德·梅扬（P.T. Durand de Maillane）：《关于旬日节的意见》，巴黎，共和3年。

③ 马蒂欧·德·卢瓦斯（Mathieu de l'Oise）：《国家节日方案》，巴黎，共和2年。

然如此,那就要限定为一个很小的数量,而且要一锤定音。此外,人们要求有一种精巧的语言能够小心地将节日词语分开。讲演者们一直在努力确定,通过某种想象的试验,能否将节日与各种不同的纪念活动混合起来。因为如果说有某些障碍使它们不能被共同庆祝,那岂不是一个信号,说明如同在一个有效的公理体系中,被确认的节日各自独立、彼此无关?但是,无论它们可能如何独立, 197
重要的是,人们依然能够感受到它们如同一家子,即它们都源于革命的启示:因为所有的节日体系都显示了分散在不同时空的行为的相互兼容。最后,它们应该是无可争议的,应该给所有的人提供同样的一面镜子。在这方面,纪念性节日展示了它们推行统一教益的主张:如果是在专制统治下"全体人民的编年史被一个家族的历史抹杀掉,迫使整个民族在那种历史中寻找自身快乐以及年度公共节庆的理由,那么自由国家的公民则仅仅庆祝和推崇整个民族大家庭的不朽事件。"[①]

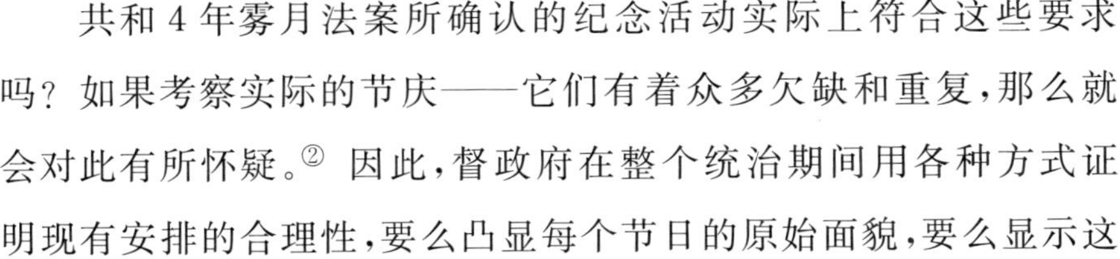

共和4年雾月法案所确认的纪念活动实际上符合这些要求吗?如果考察实际的节庆——它们有着众多欠缺和重复,那么就会对此有所怀疑。[②] 因此,督政府在整个统治期间用各种方式证明现有安排的合理性,要么凸显每个节日的原始面貌,要么显示这

① 《国民公会主席、公民多努为8月10日节发表的演讲》,巴黎,共和3年。

② 有人会对这种判断提出校正,指出,无论组织一次节日有多么困难,法国各地都有节庆活动。应该重申,说督政府时期没有共和节日,乃是一种错觉,原因在于巴黎没有了宏大场景。还有一个原因是,正如L.S.梅西耶在一段著名论述中所说的:"在加尔默罗修道院跳舞,会被割喉,那就在耶稣会初修院跳舞……"奇观、舞会、世俗节日的复活在与乌托邦节日竞争,以至于使得人们(误)以为,后者已经消失了。

个节日在“哲学和精神系列”中的位置。这是弗朗索瓦·德·纳夫沙杜在两任督政官期间最喜欢做的一件事情。他一直孜孜于整理
198 已有的节日。例如，夫妇节接在青年节后面，“由于这种相邻关系，它向那些过分沉迷于感官享乐的青年人指明了一种基于道德的、将肉体与爱联系起来的神圣结合。”[①]与此同时，弗朗索瓦·德·纳夫沙杜为了编写一个国家节日手册，查阅了内务部保存的大量官方报告，选取他视为可收入“一卷精粹”的最佳事例，应能被共和国的最小公社所模仿。因此，到革命十年结束时，我们发现了同样追求一致性的梦想：每一个公民在任何地方都应该认可同样的计划、同样的目标、同样的礼仪、同样的歌曲。实际上，这种对整齐划一的极度追求倒是给研究者的一个提示。[②]

① 弗朗索瓦·德·纳夫沙杜（François de Neufchâteau）：《通信、指示、纲领、演讲以及其他公共文件集》，巴黎，共和6—8年。

② 实际上，正是这种体系化追求促使研究节日的历史学家翻查档案。因为，正是由于共和4年雾月体系的建立，在整个法国，从巴黎到各省、从省到市政府、从市政府到公社，开始向下传播少数几个人所设想的模式，与此同时，当局所不断要求的官方报告则沿着相反方向送到巴黎。因此，我们应该仔细考察一下这些有关节日的官方报告。编写者常常先列出众多关于节日的官方指令，然后再记述公社所发生的实际情况（采取这种法规主义是有许多的原因：报告写的长些才像样，也可以少写公社的热情，亦即，寻求举国一致的感觉）。编写者往往是市政府的主席，或他的秘书，有时是督政府的专员。他们显然要通过恪守规范来获得许多东西：这样他就可以避免那些过于老实的报告所遭到的调查、责难或猜疑。无疑，这就是为什么许多官方报告乐于做这样
199 的说明：节日“有秩序和庄重”地结束了，而这两个词根本不涉及节庆的热烈情绪。这也能解释为什么这些文件极其单调；可能还会有某些怪胎，诸如那些用条件状语写的奇特报告：有些公社的市政当局满足于抄袭省政府的模式，后者有关于节日程序的建议；有些精明的编写者会把这种建议变成指示，而不那么精明的编写者则照抄这种模式。结果有时就可能出现这样的文字：“因此我们将在上述时间举行，国民卫队的队长将带着全副武装的队伍参加，后面是男女老少都有的大批人群。当游行队伍如此组成后，在鼓乐手的带领下，我们将进发到公共广场。抵达那里后，我们将点燃为这个节日

那么,与罗伯斯庇尔的节日系列相比,这是一个全新的节日系列吗?节日的设计者希望如此;热月之后,他们不断地提出自己的方案,意在摆脱共和2年的精神。布尔东·德·卢瓦斯敦促国民公会放弃对列队游行的迷恋。梅兰·德·蒂翁维尔则主张抛弃强制性的指令,玛丽-约瑟夫·谢尼埃则热衷于重建一种纯洁政治。我们是否应该按照字面意思来理解他们的主张?我们是否应该像亨利·格朗热那样[①],认为在罗伯斯庇尔派和热月党人之间有一道鸿沟,划分出两个节日理论和两种理论家,只有后者想使民众屈从于国家,哪怕借助宗教的手段;只有后者才图谋通过条件反射来控制民众,其行为近乎强奸,一种有条不紊的、机械的强奸?诚然,我们也愿意把节日视为一种操控。但是,如何能够看出拉雷 200

准备的火堆,将围着自由树跳法兰多拉舞。”这个节庆活动举办了没有?谁也不敢说。

但是,我们必须考虑这些文化模板。对于这些人来说,写作本身也是一个事件。官方报告里有一种天然的滞重风格。在记述一个不够排场的节日时,可能会使用学生的修辞来弥补不存在的庄严:“一位年高德劭的长者用他虚弱的声音称赞统治我们的神圣机构;有一个年轻的公民,代表了共和国的希望,为能够有一天成为这种共同幸福的荣耀而激动。”这也是为什么在记述冬季节日的报告里添加了许多关于暴风雨、暴风雪或结霜冻冰的见证资料,恶劣的天气阻碍了许多的游行活动,也阻碍了人们种植更多的自由树,而编写者却总是不动声色地宣称:“大自然的主人拨开了云雾,让他的阳光洒向自由的子民。”

这些僵化且贫弱的文献有什么用处?其中回避、遗漏、掩盖之处甚多。但是其中也有自觉或不自觉的记述(显然我们不应太看重其中的断言,如“这里有巨大的人群”,而应重视其中的具体细节:钟楼上安排了多少人,从什么时候开始演奏音乐,向挂毯工支付了多少钱)。最后,它们也为官方规则增添了一些东西,有的是以对巴黎的指示加以解释的方式,有的则超出了正式要求之外:例如,不是在法律规定的区政府所在地,而是在所有的公社庆祝节日——这要怪法律规定的还不够明确。因此,在档案馆里有时会有大量的资料,与那些出自更重要的市镇的资料相比,它们的表达更自由,语气也更朴实。

① 见克莱蒙学术研讨会论文。

韦里埃-勒波*所设计的目的和手段与罗伯斯庇尔所设计的目的和手段之间存在着矛盾？很难，因为罗伯斯庇尔也要依靠集体意见一致来行使支配人们灵魂的权力，也要依靠宗教情感来抚慰和
201 控制民众；此外，他的节日与拉雷韦里埃的节日一样庄重。[1]但是，在罗伯斯庇尔那里明显可见的卢梭思想遗产，不可能像亨利·格朗热所想的那样逃脱试图操纵人民的罪名。当然，拉雷韦里埃希望通过使人“认同这种政府，把热爱自由变成自己的主导情感”来改造人的本质。[2]但是，如果不是从卢梭那里，他又能从哪里获得这种认同概念？卢梭在《论人类不平等的起源和基础》中写道：“我愿意自由地生活，自由地死去。也就是说，我要这样地服从法律：不论是我还是任何人都不能摆脱法律的光荣束缚。”与罗伯斯庇尔一样，拉雷韦里埃在卢梭那里找到了“善意”调控的理念。这里的全部窍门在于：被调控者毫无察觉。一旦调控完成，一切都将按照盲目的本能展开。“那时我们不得不做的只是让事情顺其自然。”这话是谁说的？拉雷韦里埃。是谁强调必须在早期打上“服

---

* 拉雷韦里埃-勒波（Louis-Marie de La Révellière-Lépeaux，1753—1824），国民公会议员，督政府成员。——译者

① 在这一点上，拉雷韦里埃的想法似乎是基于罗伯斯庇尔的想法。他在考虑一种现实的崇拜方式时，希望有一种极其简朴的方式能够容纳灵魂不朽以及一个奖善惩恶的上帝。他反对宗教礼拜的铺张奢华。他的结论是：“只有当巨大数量的人们聚在一起，被相同的情感所激动，在同一时刻以同样的方式来表达它们自己时，这个大会才有一种不可抗拒的支配灵魂的权力。其结果将无比辉煌。”转引自迪布罗卡（J. F. Dubroca）为拉雷韦里埃的《共和5年花月12日关于道德、国家节日等问题的演讲》写的导言。

② 拉雷韦里埃（La Révellière）：《论使全体参观者参与民族节日中所有活动的方法》，巴黎，共和6年。

从和温顺的印记，时候到了就如同第二天性了”？是卢梭，见之于《关于德·圣玛丽先生的教育的计划》。当问题涉及的不是儿童而是人民时，卢梭和拉雷韦里埃会再次同气相求。将人民召来参加游戏和节日，但无须让人民参透其中的意义；他们能浸润其中，做好节日的活动，就够了，无须再刨根问底……[①]

因此，从共和 2 年的节日到热月党国民公会的节日，在卢梭的 202
“统制主义”权威下，人们落实和弘扬的是相同的理论。此外，人们发出的是同样的祈求（继续在最高主宰面前举行仪式），呈现的是同样的象征物。甚至到了共和 7 年热月，在克莱蒙举行的 8 月 10 日节上，还是使用大卫的场景设计：一个自然女神雕像被装上两排乳房，从中流淌出乳汁。[②] 但是，因为有了新的节日，就需要做新的设计。可是，对于农业节，人们完全借用了米拉波老方案中的仪式：公共权威留下犁沟，把游行转移到田野上；对于人民主权节，这个典型的“形而上学节日”，人们想起了联盟节用来代表各省的白色小棒。不过，为了热月 9—10 日节，这个政权自身的节日，人们发挥了最大的想象力。这个节日延续两天，似乎是为了表示热月党在君主政体和无政府状态之间保持平衡。第一天，全体市镇居民按照年龄分组，推倒和捣毁一个镀金的宝座。这个宝座上有王冠、彩带和百合花图案，还标有“1791 年宪法”的字样。第二天，这个宝座只剩下一堆碎片。在碎片上放置了另一个宝座，它被蒙上

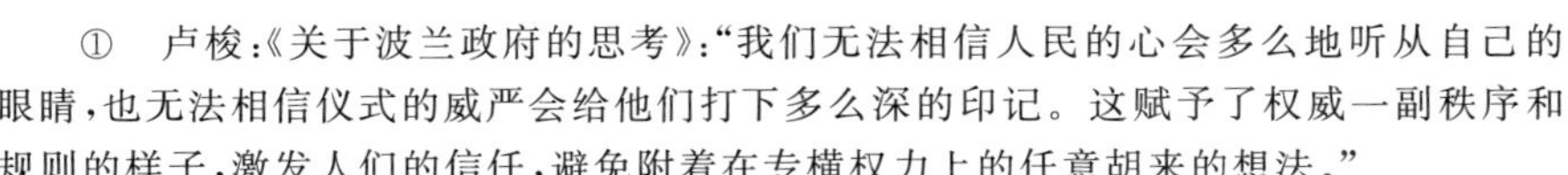

① 卢梭：《关于波兰政府的思考》：“我们无法相信人民的心会多么地听从自己的眼睛，也无法相信仪式的威严会给他们打下多么深的印记。这赋予了权威一副秩序和规则的样子，激发人们的信任，避免附着在专横权力上的任意胡来的想法。”

② 多姆山省档案馆，L 668。

黑布，如同一具尸体，身上插着匕首短剑、挂着各种面具，顶端是写着“1793年宪法”的标志。这个宝座也被按照程序销毁掉，这次是火烧。然后，当这两个宝座的所有痕迹都被清扫后，在清洁的广场
203 上矗立起一个自由女神像。然而，无论这个仪式多么有趣，尤其是使用了两种不同的摧毁宝座方式，[①]人们很难把它视为一次重大的创新。共和2年的节日已经使用了摧毁宝座和代之以自由女神像的做法。最后，不能不指出，利用各种形象——面具、匕首等——来指代和抹黑罗伯斯庇尔派的做法，也与罗伯斯庇尔派如出一辙。

因此，我们在这里看到的是重复：热月党和督政府时期的节日组织者在自己的作品中消除的只是在罗伯斯庇尔眼中可疑的因素；事实上，只要热月党不得不捍卫国家节日而批驳那些诋毁者时，他们就得诉诸罗伯斯庇尔的论点。当多努要把共和4年雾月节日体系安置在“对慈善与和解的普遍需求”之上时，当弗朗索瓦·德·纳夫沙杜认为所有的节日都含有“一种宗教性质、一种情感哲学、一种面对所有心灵的道德说服力”时，当拉雷韦里埃认为自己的想法“既能取悦教士，也能取悦（启蒙）哲学家”时，我们总能听到共和2年花月（罗伯斯庇尔——译者加）的声音。此外，当第二届督政府在果月之后开始搅和节日的余灰，试图恢复旬日节时，[②]他

---

① 似乎对付无政府状态需要有比对付君主政体更激烈的清除手段。

② 在这十年里，旬日节与国家节日的关系变动很大。当人们强烈主张填补宗教节日的衰落所留下的空白时，两者的关系就会特别密切。对于罗伯斯庇尔和马蒂欧来说，国家节日和旬日节是不可分割的。在共和3年的雾月、霜月和雪月，围绕谢尼埃草拟的旬日节方案展开了一场激烈的争论。谢尼埃认为，设置旬日节是阻挡天主教势力卷土重来的最好办法。共和3年芽月和牧月的动荡（平民起义遭镇压。——译者）给了

们依然回到罗伯斯庇尔的方案或更老的马蒂欧为每旬命名的 204
方案。

因此,不需要有更多的证据来证明这种连贯性了。我们在法国大革命期间的节日里所发现的这种令人惊异的连续性,会使人们相信,如果说大革命是一个整体,这肯定会在节日里体现出来。下面,我们就不再讨论复数的具体的节日,而是从总体上讨论法国大革命的节日。

这个方案一个致命打击。共和 4 年雾月 3 日,多努毫不含糊地抛弃这个方案。他说:"迄今一直妨碍公共节日建立的,就是以前给这些节日起的名字……我受托向你们提及的这个方案至少具有这样一个优点,即它表明,国家的庄严典礼可以独立存在,无须与私人崇拜活动竞争。"果月 18 日政变(主要打击右派。——译者)使旬日节方案得以复活,在共和 6 年的一年里,节日的组织者又回到罗伯斯庇尔和马蒂欧的想法。

205 第六章　节日与空间

与共和国或者与法国革命有关的空间隐喻非常之多，数不胜数：从革命一开始，各处的人们就任意地把自由的恢复与空间的收复联系起来。冲开门栅，跨越围壕，踏入禁区：冲入某个应该打开的空间，占领这个空间，这是革命的第一份快乐。

这是一种新鲜的体验，但是对于革命的参加者来说，这种经验背后有着整整一个世纪以来关注如何展示空间造型对公共幸福的影响的传统。相信空间具有教育力量的观念直接出自乌托邦的观念：改革鼓吹者、城市规划者、卫生专家和建筑设计师们写了大量的文字来普及这个观念。这个观念被人们深信不疑，根本不需要来揭示空间对人们思想如何发生教育作用的那些环节。它似乎是以一种直接的方式来强加于人。因此，一种新的城市空间安排似
206 乎就主导了一种新的政治安排：正如神父布罗捷指出的，当尤利乌斯·凯撒想改变政体时，“他首先着手改变竞技场”。① 同样，对空间的巧妙部署本身就可能遏制个人的失误：在议会大厅边上安放

---

① 布罗捷（Abbé Brottier）在法兰西文学院的一次会议上宣读他写的关于竞技场的笔记。转引自布莱（Boullée）：《建筑学——论艺术》，见 J. M. Pérouse de Montclos 编辑的版本（Paris，Hermann，1968）。

一个公民圣坛，就足以防止立法者背叛其职责。[①]

因此，这里有一种毫不含糊的空间意志主义：在这些人的心目中，一个完整的、有意识的、透明的、蕴义明晰的地理系统取代了无意识的地理系统。需要有一个理性的空间占用方案，包括对广场和街道重新命名，对住房加以编号，远离教堂，破除旧的徽标。这是一项浩大的工程，而节日在其中是一个十分重要的角色。因为对节日的情感似乎就是从对空间的明智安排中产生出来的；正如设计完善的乌托邦城市会消除一切冲突，一个明确划定所用空间的节日也应能避免一切意外与杂乱。这个空间必须找到：有时是创造出来的，有时是重新划分出来的，但必须是边界清晰且完全腾空，还需要画好位置和安排通道。我们将要看到，这并非一件易事。

无质量的空间

207

在寻找举办节日的地点时，组织者从未忽视这样一条律令：公共娱乐必须有规则地展开，不能有任何障碍。节日的空间必须能够包容如潮水上涨般的没有尽头的、不可阻止的、平静舒缓的人员流动。就此而言，节日的空间就相当于革命空间本身。正如费希特所描述的："当明晃晃的洪水席卷而来，隐隐约约的礁屿变得越来越小，四分五裂，只有蝙蝠和鸱鸺留在上面"。[②] 在费希特看来，

---

① 托马斯(S. Thomas)：《致国民议会的备忘录》，国家档案馆，N III，Seine 789。

② 费希特(J. G. Fichte)：《为矫正公众对法国革命的判断而做的思考》，巴黎，1859 年。

令人炫目的洪水就是大革命的真相;对于节日组织者来说,它是革命的欢乐。二者感受到了一种同样的膨胀:“民主是快乐地、无拘无束地延展着幸福”;“神圣的平等光临整个大地”,官方报告如是说。因此,这里毫无僭越的痕迹,也没有对暴力的疑惧。革命所征服的地方已经永久地保证了这一点,节日所选定的空间将要为此作证。

至少在理念上应该如此。但是革命历史的那些化身对这种要求一次次地打了折扣。那么,就让我们考察一下这个历史的最初时刻:那时那些联盟节用无拘无束和完整无缺的自由来表达这一点。

208 节日的首要要求是露天场地。各地庆祝联盟的活动都是在城镇外边、“围墙下”、“大路上”、“草地上”、“旷野里”举行的。只要可能,组织者就会舍弃拥挤的乡村广场,躲开教堂的阴影,而选择原始自然、空气新鲜的开放空间。结果,市镇会议往往成为不断与教士冲突的舞台,因为教士们愿意在自己的教堂里、守着自己的祭坛举行弥撒。这种抗拒态度显示了选择露天场地是让人们多么开心,因为他们既把这看做是一种解放,又把这当做一种挑衅。维尼奥在1790年1月16日的信中把这一点说的再明白不过了:“在佩里戈尔地区的一个村庄里,农民迫使教士把一个国旗标志放在圣体上;接着他们要求教士把圣体龛的门打开,因为他们想让他们的仁慈上帝获得自由。”①

这种对开放空间的热爱有着极其古老的根源。它不仅明显地

① 维尼奥(Vergniaud):《手稿、信函和文件》,巴黎,1873年。

体现在乌托邦空想家的梦幻中，也同样明显地体现在那个世纪的城市设想中。对于革命者们来说，这种情感从封闭、分裂和孤立的贵族节日这个反面样板中汲取了额外的力量。分隔很快成为反革命意愿的标志。[①] 应该记住，在 1789 年 7、8 月的第一波骚乱期间，城关、税卡、路障都被捣毁；巴黎周边屏障的废除（夏尔·维莱特始终是一个敏锐的见证者，他把这些屏障视为“6 组围墙，把一
百万人像羊群一样圈在一起”[②]）被人们当做一个节日，特别表现 209
为那些象征性的举动上：巴黎民众围着城关岗楼载歌载舞，他们一直把这些岗楼说成是受到封闭、隐匿和阴暗三重诅咒的冒烟的兽窟。女商贩们走出被捣毁的栅栏，砍伐了一棵小树，把它立在卢浮宫的卡鲁塞勒广场中心，国王窗户的下面，以此象征城乡之间边界的废除。打开空间的暴动自发地表现为节日的方式。

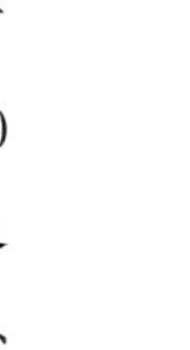

的确，只有开放的空间才能成为联盟活动即民族团结的戏剧所需要的舞台。在大气环流的户外，在健康的不再封闭的中性空间，所有的区分似乎都被废除了。在各地联盟节的演讲中可以看到有关这个主题的无数说法。例如，在蓬蒂维，在“布列塔尼 120 个市镇大联盟”的集会上，演讲者发出警告：“让我们一起来警惕各种削弱我们情感的因素，如距离的考虑，旧日那些国度、国家、省区、被征服的和未被征服的，大小城镇、城市和乡村、区县和村庄等

① 让·斯塔罗宾斯基提示了这一点。他指出，革命最初的胜利成果之一，就是不允许三个等级“分别”审议事项。斯塔罗宾斯基（J. Starobinski）：《1789 年，理性的标志》，巴黎，1973 年。

② 维莱特侯爵，见前引书。

等似乎能够分裂我们的名称。”[1]在蒙特利马尔，演讲者宣称：“我们聚集在这里，勇敢的邻居们，你们打破了以省区为名义分裂我们大家庭的儿女们的藩篱。”[2]

210 因此，在理想的节日空间安排中，不应该有任何界限意识，也不应该再有覆盖感觉：“全国性节日能够与天穹一样没有边界，因为主权者，亦即人民绝不能被封闭在被圈定和被包裹的空间里，因为只有他们是自己的对象和伟大的荣耀。”[3]人们应该面对蓝天宣誓，正如联盟者在南锡所做的那样：他们“就像呼吸的空气那样自由”，登上一座山头，为了更靠近天空。[4]天穹显然是一个以神为中心的空间，由上帝－建筑师的耀眼目光所支配。[5] 这个无形的穹顶体现的是革命节日所承认的唯一超验者。这也解释了为什么人们谴责在仪式上使用华盖；因为华盖很随便地神化了它所覆盖的任何人。此外，它还在最高主宰与其崇拜者之间设置了一个讨厌的屏障。[6] 这完全是一种僭越。

---

① 迪沙特利耶(Duchatellier)：《布列塔尼各郡的大革命史》。

② 1789年2月13日，蒙特利马尔国民卫队中校德·马尔桑(M. de Marsanne)向聚集在该城墙下的国民卫队发表的演讲。

③ 《共和2年雾月30日萨雷特宣言》。

④ 无名氏：《孚日地区的联盟活动》，载《孚日史研究委员会通报》，第3卷。

⑤ 几十年后，米什莱在描述1838年3月4日为2月的牺牲者举行的葬礼时，再次确认了这种情感。他批评这个葬礼的不足之处在于人们被迫“挤在一起”，“排列成行”，缓缓向上进入希腊神庙的窄门。米什莱留在外面：“唉！我没有上去。我自己的教堂在那里，宏大的蓝天教堂……”——米什莱：《我们的孩子》。此外，他关于联盟节的描述也反复地回到这个意象：“不再有人造的教堂，取而代之的是宇宙的教堂。从孚日山脉到塞文山脉，从比利牛斯山脉到阿尔卑斯山脉，只有一个穹顶。”——米什莱：《法国革命史》。

⑥ 参见《巴黎纪事报》(*La Chronique de Paris*)，1790年6月20日。

最后，开放空间的一个巨大优点是，它是一个没有记忆的空
间。因此，它可以表现人们走向新世界。默尔特、摩泽尔和上马恩
的三支国民卫队离开南锡那些饱经沧桑的广场，聚集在城外一座 211
“陡峭”的山上，那是“迄今无人居住的地方”。关于这次仪式的官
方报告十分清楚地显示了这种选择的原因：首先，放在山顶的祭坛
是可以看到的唯一的人工制品；其次，无论对周围空间如何搜寻，
“人们在荒山野岭看不到丝毫的奴役痕迹”。[①] 这种令人愉悦的环
境并不是在哪儿都能找到；有时，节日的地点设在分成几处的空
间，参加者必须从祖国祭坛出发，沿着蜿蜒的道路，穿过城墙，绕过
废塔，通过吊桥。[②]毫无疑问，如果有封建景物冒出来，会是很不寻
常的。但为什么会冒出来呢？官方报告竭力回避这个问题，把这
种情况归结为审美好奇：“有一个景物与这个公民节日的整体形成
强烈反差：这就是摇摇欲坠的旧城堡废墟。”[③]

举行革命节日的理想场所因而提供了一个全景视角。在这
里，所有的活动都一目了然，所有的人都能一眼看出组织者的意
图。观看的方便和节日的感受密不可分。在鲁昂的“圣朱利安草
地”，四支队伍可以毫无遮挡地向祖国祭坛聚拢，可以同时行进，伴
随第一声炮响同时进入营地。在南锡，三支队伍从远方的不同地 212
点出发，在圣热纳维耶芙山的山顶会合，给人一个人类必然走向团
结的形象。只有这种毫无滞碍的空间才能造成“数千武装起来的

① 《在南锡圣热纳维耶芙山上的联盟活动》。

② 迪普雷西斯将军（Général Duplessis）：《1790 年 3 月 18 日老勃艮第地区国民卫队的联盟节》，载《第戎科学院院刊》，1922 年。

③ 《孚日地区的联盟活动》。

普通人，分列在不同的旗帜下，彼此毫不熟稔，却整齐迸发，汇聚成一个亲如兄弟的人群”的奇观。① 只有这种空间才能让所有的人都能感受那独一无二的汇聚时刻：“在那一瞬间，所有的恩怨，所有的成见都消失了；他们相互拥抱，就像兄弟一般亲密。”②正是在这样一种全景画面中，激发起类似于理性的、具有教育感染力的欢乐。马卢埃认识到这一点，这可从他的抱怨中看出来：“把人们送到山顶，向他们展现他们的全部权利，有什么用呢？因为我们必须再让他们下来，给他们规定界限，把他们再抛回让他们举步维艰的现实世界。”③马卢埃用艰难坎坷的现实与全景视角中的幸福乌托邦加以对比，他怀疑这种极乐状态的不可持续性，但他并不质疑现实。

由此，我们可以理解节日组织者为何重视地点的选择。④ 我们可以举出巴黎联盟节的例子。建筑方案如潮水涌来，建筑师互相诋毁竞争对手，但这些都不能掩盖一个惊人的事实，即存在着一种
213 共识。什么人提议讷伊的大路，格勒内勒平原或克利希，选定马尔斯校场有多么艰难，这些最终都不重要。重要的是，在关于理想的节日地点的整个讨论中，大家都主张这个地点应该符合早已由布莱提出的毫不令人惊讶的规则，能够展示兄弟友爱，能够便于进入。⑤

① 《在南锡圣热纳维耶芙山上的联盟活动》。

② 《圣布里斯、克拉旺、韦尔芒通、努瓦耶、韦兹莱、阿斯昆、里尔、蒙雷阿勒和阿瓦隆的国民卫队》。

③ 马卢埃是王政派议员。引文见《1789 年 8 月 2 日会议上马卢埃关于人权宣言的意见》，1789 年。

④ 参见埃特兰（R. Etlin）：《建筑与联盟节》，巴黎，1790 年，克莱蒙会议论文。

⑤ 布莱（E. Louis Boullée）：《建筑学》。此外，这是有关该世纪剧院和竞技场的研究主题之一。

建筑师们所要求的是一个巨大的场所，视野开阔，抵达方便，不会为实现某种戏剧效果而过多破坏自然环境。在所有的文本中都隐含着对露天竞技场的迷恋。这是那个世纪魂牵梦绕的理想建筑，一直被认为具有便于公共集会的优点，[①]因为它能使观众公平地分享他们的情感，能够同样地看到彼此。[②] 当兰盖寻找烟火表演的理想地点时，新桥——5 座平行的大桥、延伸到格雷夫广场的堤岸，如同许多现成的露天大剧场——显然完全符合要求。[③] 在蒂埃梅看来，夏悠修道院旧木栅外草地的平行侧道就像“专门为庆祝自由而安排的许多露天大剧场”。[④] 这也是布龙代尔对塞莱里耶方案提出根本性批评的要点：在马尔斯校场挖沟，就破坏了天然大 214
剧场所提供的一览无余。[⑤]

人们的另外一个关注是，因为这个空间显然不应划定边界，那么如何能够包容人群而不是把他们圈在一起？在所有的安排计划里都有一个想法：尽可能地让仪式的边界若有若无：如果这是绝对必要的条件，那就用三色带来表示；更好的方法是将外圈观众当作

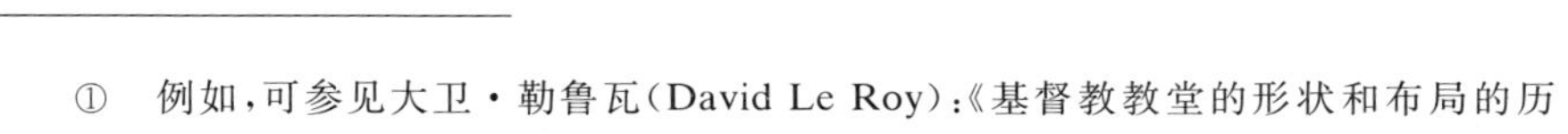

① 例如，可参见大卫·勒鲁瓦(David Le Roy)：《基督教教堂的形状和布局的历史》，巴黎，1764 年。

② 参见德·瓦伊(De Wailly)：“坐在包厢前面的观众因此变成了极好的景观，那里的每一个观众都会被其他所有人看到，从而参与创造了他自己也分享的快乐。”《论最有利的剧场形式》，国家图书馆，手稿，NAF 2479。

③ 兰盖(M. Linguet)：《致关心如何庆祝 1790 年 7 月 14 日全国纪念日的法国人民》。

④ 蒂埃梅(G. Thiémet)：《关于即将来临的 7 月 14 日……的仪式方案》，巴黎，1790 年。

⑤ 《国王内阁建筑师和设计师布龙代尔先生对 1790 年 7 月 14 日联盟节方案的意见……》，巴黎，1790 年。

边界，这个波动的边界在理论上总是能够随着人数的增加而扩展。正是这种观念使得圆形成为节日地点的最佳考虑。正如小穆耶法里纳敏锐地意识到的，圆圈是举国一致的象征。他为“他的方案中有许多的圆形”做辩解。他说：“我并非主张圆形应该高于其他符号，但是，在我看来，它更象征了那些应该万古长存的事物，它的坚实稳固来自于团结与和谐一致。”[①]这种观念也让有的人强烈主张
215 选择萨布隆平原：布洛涅森林可以容纳任何数量的观众；既能扩展节庆的范围，又能保持普遍的友爱气氛，避免在某一个边界突然中断。只有极少数的当事人——艾舍尼是这些零星的发言者之一——批评巴黎联盟节的安排，认为人们的情感被过于宏大的空间稀释了。[②] 因此，节日似乎不会因比例失调的巨人症而有所困扰；团结的情感似乎依然会强大到足以防止任何分散。

无论实际上发生了什么情况，人们都会感觉到，这些方案是否为巴黎设计的，并不十分重要，因为正是在一个没有这些特征的地方，节庆活动才能舒展自如。当年塞尔万多尼* 选择“在巴黎之外的某个偏僻地点”兴建路易十五广场。他在论证时提出的方案就遵循了举行节庆活动的基本要求。但是革命节日在寻找一个无遮无挡又可辨识的空间，使它唤起的情感能够有规律地散播开来，因此它选择地点时所看重的是抽象的适用性，而不是历史厚重性或

---

① 《关于取代巴士底的(地点安排)……的备忘录》，国家档案馆，N IV，Seine 87。

② 艾舍尼(F.L.d'Escherny)：《一个巴黎居民与瑞士和英国朋友的通信》(巴黎，1791年)：“想去看许多的东西，却什么也看不见……地方太大了，一个人可以放五六只脚。场景与观众的比例完全被破坏了。”

* 塞尔万多尼(Giovanni Niccolò Servandoni，1695—1766)，法国建筑师、装潢设计和舞台布景设计师。——译者

审美独特性。由此，它就显示了自己与乌托邦的亲缘关系。所有的地点都同样适合乌托邦的节日；它不需要风景如画，也会拒绝“特有的便利”，无论在什么地方都能举行：乌托邦（utopia）是“易适托邦”（isotopia）*。

革命节日的核心节目往往是一个热气球升空。这有什么可惊 216
奇的呢？升空的节日不过是乌托邦节日最终找到的化身，因为热气球使所有的人同时仰望天空，那里是节日的唯一超验之处。这就实现了所有个人情感的完美汇聚。这就实现了被仪仗游行所否定的同时性，因为仪仗游行只让人们看到片断的场景。[①]它竭力克服所有的障碍；节日的报道都利用悬念，强调早期装置飞行的不确定性，以突显最后的成功。共和 6 年热月 10 日，在接收在意大利收集的科学器物和艺术品的活动中，一个热气球升空，起初它在“冲破”障碍物时非常困难。“但是这个精良的机器突然获得上升的动力，直入云霄……这个意外而又忠实地体现了共和国命运的象征震撼了所有的观众。”[②]对于所有的观看者来说，那个升空者象征性地体现了大卫所承诺的魔力：“军鼓隆隆，万物更新。”[③] 217
1791 年 9 月 10 日升空迎接宪法的航行员非常好地描述了空中航

---

* isotopie（英文：isotopia）原为同位素之意。这是一个机巧语。——译者

① 这种方式克服了距离。非常像电报。拉卡纳尔明确地批评这两个同时性代表：“18 世纪有两项发明尤其需要论及：热气球和电报。就像亚尔古英雄劈波斩浪，蒙哥尔费发现了一条穿越空气的路线。正是科学与艺术的结合使得第一艘船下水，为发现新世界准备了基础。热气球将会在我们的时代，在值得纪念的战斗中为自由服务，将会成为制胜的利器……电报这个思想的快递员使距离缩短了。”巴黎，无出版日期。

② 《编辑报》，共和 6 年热月 12 日。

③ 《法兰西共和国全境举行各种仪式的细节……》。

行带给他的兴奋。这是无须经过曲折狭窄的街巷而飞越一个城市的陶醉心情:“我挺身站立,毫无遮挡,手持宪法,沿着一条直线飞越香榭丽舍、杜伊勒里、卢浮、圣安东街区。”[①]这是一种飞越的心旷神怡,是鸟瞰“整个巴黎组合体”的能力。这个腾云驾雾者是沃韦纳格*梦想的体现,也是那整个世纪梦想的体现;他本身成为“扩展的心灵”,能够“思考处于复杂关系中的事物,能够将事物的枝蔓丫杈尽收眼底,能够将事物的来龙去脉收拢在一个同心圆里,能够将光明撒播到大江大川。”正是无质量的空间所允许的这种有序而必要的宏大调动是节日的全部快乐所在。

象征性标记

人们为节日找到了一个空旷的场所,而这一场所又因其自身的空旷变得更有说服力,但仅此就能够说明一切问题吗?[②] 并不
218 完全如此。正如弗朗索瓦·德·纳沙托所说,在考虑举行节日的场所时,人们会“郑重地对待”凡是种了自由树的地方、“凡是青草覆盖了一个祖国祭坛的地方”。[③] 哪个地方也许并不重要,但也要标识出来;节日应该消除一切旧制度的痕迹,建立自己的象征标

① 《1791年9月18日宪法宣布日飞越香榭丽舍的有趣报告》,巴黎,1791年。

* 沃韦纳格(Vauvenargues, 1715—1747),法国道德学家,散文作家。——译者

② 这是巴雷尔在《论军事学院为空旷而辩护》(载《总汇通报》,共和2年牧月15日)中对此做了精彩的论述:“对于皇家军事学院来说,有必要用人民的血汗来修建一座大厦,仅仅为了证明修建它的校长的无礼和傲慢……对于革命的军事学院来说,所需要的是一片空地,萨布隆平原(沙石场),一些营房,一些武器和大炮。”

③ 共和6年果月10日通报。

记。没有纪念性建筑就没有节日：甚至从联盟节这个范例开始，人们就强调二者的必然共存关系。[①] 因为只有纪念性建筑才能表示永恒的意义。为了使这种特权显得更合情理，古瓦认为应该把“伟大的宪法放在纪念性建筑中”。[②] 这也是为什么这些建筑需要用坚硬的大理石作材料。而具有讽刺意味的是，这个要求与联盟节的热潮中匆忙搭建的临时工程背道而驰（在革命十年的其他时候也未能摆脱时间的压迫）。[③] 没有一目了然的建筑材料，那就凭借形式说话：在一个广场上端坐着一个正在由法兰西女神加冕的国 219
王塑像；另一个地方有一个长宽各 20 英尺的讲坛；“在讷伊大道的弯曲处”搭建金字塔，等等，到处有各种表示稳定的意象。

在所有的方案中有两个题材是反复出现的。第一个是巨大的柱子。这是所有虚构的纪念性建筑最常用的，因为除了古代的蕴义外，它还便于从任何角度观看。在加托看来，它应该能够令首次造访首都的人感到惊异，产生疑惑。[④]（这完全是乌托邦的风格：圆柱集中体现了这个城市，而城市则被开创性事件所笼罩。）第二个题材是广场中心祭坛，有时与柱子连在一起。祭坛是节日的重心所在，因宣誓活动而带有戏剧色彩。它具有凝聚作用，而不带丝

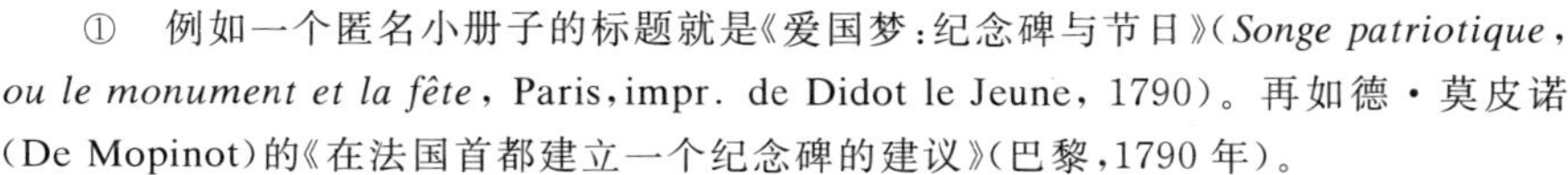

① 例如一个匿名小册子的标题就是《爱国梦：纪念碑与节日》(*Songe patriotique, ou le monument et la fête*, Paris, impr. de Didot le Jeune, 1790)。再如德·莫皮诺(De Mopinot)的《在法国首都建立一个纪念碑的建议》(巴黎，1790 年)。

② 古瓦(E. P. A. Gois)：《纪念碑与爱国日的方案》(巴黎，无出版日期)。

③ 关于这个话题，可参见共和 3 年雨月 18 日《世界摘要》(*l'abréviateur universel*)“法兰西共和国要闻”：“现代野蛮主义愚蠢而自负地自称理性、启蒙、天才、美德、再生，极力取代长久以来我们民族引以为荣的杰作。而它能给予我们的只有滑稽的构思、石膏像、木板台、仿大理石或岩石的布景、表现那些临时说法的扎眼而简陋的象征物。”

④ 《国王奖章制作者加托的革命纪念碑的方案》，国家档案馆，C 120。

毫分离之意：不仅没有任何东西把祭坛与天穹（这里显然不是小华盖）分开，而且也没有把它与宇宙万物分开，四个翘边“指向世界的四方”；[①]它还能当作“全体人民的阶梯”。[②] 塞莱里耶的方案被采纳，用于马尔斯校场。他的方案真的比布隆代尔的方案更能体现牢固、朴素、实用的要求吗？这个问题不会有明确的答案，但获胜
220 的方案确实没有辜负人们对祖国祭坛的期待。四方柱座体现了牢固，而且至少在人们的想象中，巨大的阶梯可容纳很多的人。

最后，联盟节设计者们希望用塑像来标示节日的空间。所有的人都强调塑像作为世间典范的教育功能。但是塑像也可能有消极意义。由此可以解释为什么在联盟军进入巴黎之前，人们急着把胜利广场上的丑恶塑像清除掉，[③]为什么稍后针对塑像开始了革命破坏活动。但是因为塑像的教育功能当时似乎是无可争议的，[④]因此不妨让它服务于善。我们只需回顾一下教育塑像群：国王和民族的成对塑像被一群教育塑像（表示法律、哲学、富裕和宗教的众神）所环绕，它们都服从统领的自由女神塑像。在兰盖看来，自由女神应该从巴士底废墟中升起，就像米涅瓦女神总是身披盔甲从人们的脑袋里跳出来。[⑤] 在索布勒的塑像方案里，自由女

---

① 《7 月 14 日全国联盟：这个庄严仪式的前前后后纪实》，1790 年。

② 一位国民议会成员给朋友的信，转引自 1790 年 7 月 15 日《巴黎报》。

③ 《处理胜利广场雕像的法案》，国家档案馆，C 41 n° 363。

④ 关于这个问题，还可参见共和 8 年葡月 3 日德塞向五百人院提出的“褒奖共和国艺术家”的动议：“我们也应该拥有像雅典那样用一系列纪念碑和雕像进行完整的道德和公民教育。”

⑤ 兰盖：《致人民》。

神在夜晚被明亮的基座所照亮，高达 12 英尺，令人仰望。[①] 在加 221
托的方案里，自由女神左手持棕榈叶，右手持一杆顶着帽子的枪，看上去“掌有这个庞大的王国”。[②] 德·莫皮诺感到高兴的是，革命似乎由此有了希望。[③] 用英勇的塑像来布置公共空间，所有的塑像都被赋予了应该和正在向广场上的一切人展示的某种教益。这样的布置表达了让古代记忆和乌托邦梦想融汇在一起的愿望。[④]

塑像、立柱、方尖碑、金字塔以及流行一时的自由树使人会想到高和低的天然公理：对于一个强调水平状态的空间而言，这个特征有些令人惊异。但的确有一些立体垂直物。与哥特式建筑不同，立柱、塑像乃至小树并不那么引人注目。它们显示上升的主题，而不是限制上升；它们是道德题材，而不是视觉束缚。金字塔以及后来经常出现的山岳不也是同样情况吗？[⑤] 应该指出，早在山岳事件之前，一些文献就非常明确地表达了这种仪式安排的目
的：接近天空。尽管山岳的出场已司空见惯，尽管现实中山岳形象 222
大量出现，人们还是能够感到革命情绪被这个“模糊一片”的建筑样式搞的不舒服。于是，当提议消除山岳形象的政治机会来临时，

① 《小索布勒提出的在联盟场所建立纪念碑的方案》。

② 加托的方案。

③ 德·莫皮诺：《纪念碑提案》。

④ 这是那个世纪的一个主旋律，参见贝尔纳丹·德·圣皮埃尔（Bernardin de Saint-Pierre）：《自然研究》，1784 年。

⑤ 两个直立物有时是有联系的。例如，在里昂的联盟节上，自由女神像立在一个山上；在巴黎联盟节上，祭坛安置在一座假山上；在许多爱国广场的设计方案中，路易十六的塑像安置在山顶上，或者“一座向天空敞开的庙宇”矗立在一个金字塔上。

各种出自实际考虑的理由就再次涌现出来。“小麦市场”(Halle au blé)区提出的反攻倒算动议,在涉及原先罗伯斯庇尔主持仪式在荣军院广场上堆立的假山时,主张保留其中所有的装饰:沼泽、虫蛇、怪兽以及关于联盟的胡乱想象。但是,在开始讨论时(共和2年风月1日),除山派很自然地诉诸一种超越政治的语言。马蒂欧大声疾呼:“什么是山岳,不就是永远在反对平等吗?”不难感觉到,人们在重申整个空间安排的一个基本观念,即,垂直就是可耻。共和2年雾月22日,巴黎公社呼吁摧毁所有的钟楼,一部分理由是“它们凌驾于其他建筑形式之上的地位看来与真正的平等原则背道而驰”。奥拉尔指出,这种说法非常愚蠢,但也表明了革命节日的空间安排偏好水平的基本特征。

此外,这些为各个节日搭建的建筑物都不是住宅,我们怎能不对此感到惊讶?的确,在革命期间的建筑方案中,住宅话题极其罕见。只有让代表们齐聚一堂的愿望一直在激发着建筑师们的兴趣。在多数情况下,为节日修建的纪念性建筑绝不会让人想到中
223 间是空虚的,即便里面需要放置什么东西(通常是放档案而不是让人住)。设置大型的金字塔、立柱和方尖碑都不是出于实用,而是为了达到象征的效果。它们既是符号(它们上面都有文字,这些纪念性建筑成为“大书”),又是信号。在索布勒的方案中,站在方柱上的自由女神像安坐在一个“光明的槽子”上。这有两个功能:能运载着一个“放光的象征”绕行几里,同时在需要时能放出欢庆自由或表示祖国危急的信号。[①]

① 小索布勒的方案。

此时的革命节日完全忽视了室内空间的安排，似乎不懂这种安排的情感感染力量。当环境或天气迫使人们必须在室内庆祝节日时，那是多么倒霉的事！当人们把教堂作为掩体来过节时，教堂的内部空间毫无意义可言：立柱遮挡视线；穹顶是虚假的天空；建筑本身成为干扰。教堂是设计得很糟糕、使用很不便利的剧场，是无法实现自己目标的错觉艺术的产物。它小心翼翼地收藏着秘密和惊异。人们只能一点一点地发现它；它更像一首诗而不像一座建筑。这种反感由来已久，伴随那个世纪始终。当莫雷莱参观罗马的圣彼得教堂时，[①]他感到惊讶的是，这个巍峨的建筑迫使他形成几个阶段的印象，但他更惊讶的是，他与同时代的艺术家和玄学
家们对此看法不同。[②] 对于后者，以及节日的组织者们，举办仪式 224
的空间应该一目了然。因此，把教堂变成旬日庙堂（temples décadaires）时，最重要的不是把以前的永恒父亲变成扛着镰刀的时间老人，或者把持三角音叉的圣赛西莉变成持水平仪的平等女神等等的聪明想法。[③] 这种改造的本质体现在那些被废除的侧堂、被破坏的耳堂以及那种在教堂里用旗帜、帷幔和树叶改造成的一目了然、人力所及的空间：这是安全的必要保证。

当革命者追求纪念性建筑的意志用于已有的建筑上，这些要求就充分显现出来。国立道桥学院的一位工程师想把网球场变成

---

① 莫雷莱神父（Abbé Morellet）：《回忆录》，巴黎，1821 年。他代表了多数人的观点，即因循守旧的观念：“一个令人仰慕的纪念碑不能一下子造成深刻印象，就是一种大缺陷。”

② 关于这个问题有许多的史料。例如孟德斯鸠就说过：“哥特式建筑让观看者觉得是一个谜，心灵感到困扰，就像遇到了一个晦涩的诗人。”《论品味》，巴黎，1766 年。

③ 例如，杜埃市理性庙堂的布置。法国北部省档案（北部省档案馆，L 5050）。

一个纪念性建筑。他最关心的根本不是如何处置网球场的内部空间(在他的描述里,网球场不过是“四堵墙和一个露天景色”),而是如何依据安全加美学的理由,按照那个世纪城市规划的规范,使这个纪念物突出显眼。[①] 为了便于游行队伍的进入,需要在一条街上清理出一个拾级而上的宽敞道路。为了使场景更戏剧化,应该
225 在这个庙堂的一端修建“一个牌楼,更好地标示这个地方”。但是,这位建筑工程师的丰富灵感遇到内部空间却顿时枯竭了。他所设想的不过是用生铁来复制“这个庄严大会的那些沉闷却体面的家具”。那么朝圣者们到这里该做什么?他没有说。正如其他许多革命节日方案一样,一旦游行队伍抵达目的地,就无须再指示参加者接下来做什么。[②] 似乎只要看到纪念性建筑甚至庙堂本身就能使情感得到充分满足。进入到里面又有何必要呢?

仪式空间的革新:卡昂的例子

如果在一个城市过节,人们必须进入城市并在里面游行。对开放空间的偏好曾经在联盟节得到满足,但那样的机会很难找到。其他节日不会有军事表演,也不可能有早期节日那么众多的人群。这些节日只能被迫去适应城市空间。而城镇很难作为一个随处可到、没有记忆的水平空间来使用。在障碍重重的街巷里,让各路游行队伍汇聚到一起是很不容易的;让观众聚集起来也不容易,但没有观

① 洛朗-阿南(Luarent-Hanin):《凡尔赛市政史》,凡尔赛,1885—1889 年。

② 在这方面,大卫为 1793 年 8 月 10 日共和国团结日制定的方案特别引人注目。

众，游行就没有了意义；也不能保证一路上不免会勾起某些记忆。因此我们从游行队伍在城市空间的路线可以发现城镇反抗理性专 226
制的痕迹。组织者的要求不同，人们对节日所纪念的革命事件的关注不同，各个城镇的结构本身不同，因此这种反抗也大不相同。

我们可以看到村庄里的特殊情况：从村公所到旬日庙堂，路程通常比较短。人们不会非要摆脱历史的在场，或许人们无意于此。此外，在村子里革命事件的痕迹可能也不多。可纪念的东西较少，需要忘记或回避的或许也就少。

再来看一般规模的城镇卡昂。[①] 那里的仪式路线我们很熟知，足以画出一幅地图，所有在卡昂举行的革命仪式，除个别仪式之外，只要有游行行列的，都能在其中得到呈现。[②] 图上共有 34
条路线，多数是往返路线，少数是单程路线。与其他地方一样，卡 227
昂也从未有过环城的计划。这倒不是因为革命的仪式忽略“环绕”的心理治疗意义——环绕祖国祭坛或自由树一直被视为大有裨益——而是因为城市空间很少能够用一个相对应的图形来圈住。

① 选择卡昂为例子是出于如下原因：这里的市镇档案馆提供了并不多见的游行线路细节；地方官员显然是极其小心地防止节日被当地的旬日所淹没，规定了公民游行的重大日子；现在人们对其旧制度的路线也比较清楚；从 1683 到 1786 年该城市的各种仪式都有记录；本研究在很大程度上也得益于佩罗(J.-C. Perrot)的杰作：《一座现代城市的诞生：18 世纪的卡昂》(巴黎，1975 年)。

② 在这幅革命十年期间卡昂仪式路线图上所缺失的是档案没有记载的路线，例如老人节日的游行路线。他们为了表达他们的公民精神和他们的美德而选择参加从他们的住宅到市府的游行队伍。这种缺憾不太重要，因为这些路线只是偶尔使用。图上还缺少各种公告(例如“祖国在危急中”)发布后引起的游行。我们非常有兴趣了解这种游行路线，因为我们知道那些旧制度时期庆祝和平公告的游行路线，而且我们知道这些游行把实际目的和形象表现结合得更好。可惜的是，官方记载仅仅提到人们聚集在“主要广场”和十字路口。最后，一些市民的旬日游行路线也没有记载可查。

环城“公民游行”在较小的城镇中举行过，但这绝不是一种常见的仪式安排。

在卡昂，游行路线遵循着两个基本图形。第一个是把老商业区与古典城区，即把圣彼埃尔教堂与皇家广场联结起来。这第一个模式有几种变化：北边一条路线沿着平民商业区边缘。这个区有根深蒂固的神圣传统。尽管在1789年曾经有来自郊区的武装队伍汇聚在老商业区的谷物交易所，要求降低粮价，但无论北边还是南边，老商业区几乎不受节日打扰，很少有游行队伍穿行。游行的重心是在古典城区。做出这种选择在很大程度上源于一个世纪以来游行队伍不断地“拜访”圣约翰岛的大人物、主教府邸或阿尔
228 古公爵府邸。这些拜访也把这个城市的古老中心与名流府邸联系起来。[①]

第二个模式在革命十年里愈益受到青睐。它完全抛弃了老城，改为从皇家广场出发，到国民大道会合。这条路线也会因近几十年的城市发展而有所改变。这些路线中的一个典型例子是最高主宰节。与其他许多城市一样，卡昂的最高主宰节坚决放弃传统的城市路线，而采用非常分散的游行方式。建设了新的道路，才可能有这种全新的游行路线。但这种路线大有前途。采用这种路线的原因肯定是出于实用：即便是沿圣艾蒂安－圣彼埃尔（此时的笛卡儿－勒佩勒蒂埃）轴心绕着老城走，那条道路尽管在18世纪后期已经拓宽，但依然十分狭窄。这足以解释为什么放弃了旧制度

① 但有一处不同：革命节日路线是以圣约翰岛的西部为中心，而旧路线主要在东部，即这个岛的显贵区。

时期经常使用的、尤其是圣灵降临节的公共游行所采用的一条路线。但是，官方记载告诉我们，讲究“体面”的心理原因在这种情况下也与注重便利实用的原因不谋而合：穿越老城，可能遇到民众抵制革命仪式的符号。共和 7 年，青年公共游行采用了一条传统路
线，正如省长愤怒地向市府抱怨的，游行过程中，商店没有打烊，商 229
贩和佣工在公路上干活儿，街道被货车堵塞住。[①] 我们完全可以猜到这种实际堵塞会与精神堵塞有什么样的关联。

还有把这两种模式结合起来，把老城与新区联系起来的第三种模式。这方面的一个例子是共和 6 年葡月 1 日的游行。这是一个很有追求的游行，因为它把丰泰特广场与国民大道联系起来（这两个都是最近才有的城市空间，后者更是新的城市空间），[②]在二者之间要通过一些老区。环境在某种程度上决定了游行路线，[③]但游行的规模无疑具有另外的意义：葡月 1 日共和国国庆节是一个团结和谐的节日，力求尽可能多地占用城市的空间。这一点看来得到了确认：当天在各区都由国民卫队组织公民宴会，以显示弥漫全城的民主意愿。

总之，所有的路线都突显西南城区在仪式方面的压倒性地位。革命的游行都毫不含糊地选择一个城区来对抗另一个城区，选择下城而不选择上城，选择低洼地区而不选择城堡，选择草地而不选择修道院外围陡峭狭窄的街道（游行者不懂那种劳累使攀登变得

---

① 参见康皮翁：《大革命期间卡昂的国家节日》。

② 革命爆发时，法院尚未竣工。参见佩罗：《1789 年前卡昂的地图、计划、设计和景色》（卡昂，1962 年）。

③ 省府在节日的组织工作中起了很大作用，它当时就坐落在丰泰特广场旁边。

230 神圣，这在圣灵降临节中起了很大作用），选择游堕的城市而不选择活跃的城市（背弃商人街区与海滨），选择空旷沉寂的花园和修道院（此时被分割）而不选择喧嚣、拥挤和被切割的城市。这种选择几乎完全排除了旧制度时期传统的沿南北轴线穿越城市的路线。这原本是封斋期第二个主日游行队伍从圣母院到圣索沃尔的路线，也是圣体瞻礼最后一日的路线：全城居民陪伴来自代利伏朗德的朝圣队伍攀登沃格山路；1685 年 9 月 5 日，沿相反方向为皇家广场举行落成仪式。这样做时，人们只会想到从科特利埃修道院出发一路向下走到那个塑像的路线。一位演讲者说，那个塑像“应该永远在宣道”。这是老城向新城的象征性膜拜。在革命时期的游行中，这种传统几乎不见踪影。游行队伍对于到城郊去几乎毫无兴趣。在 34 条路线中，只有 10 条路线越出严格意义上的城区边界。

走出城市不再意味着通过重重要塞。[1] 尽管这些要塞都有围墙——18 世纪这些围墙逐渐破败，在十年革命期间继续被拆
231 除[2]——但游行队伍把这个城市当做完全开放的。本来需要经过一系列围墙才能抵达国民大道：要么经过打穿城墙而新建的圣路易桥，要么经过跨越壕沟和奥恩河的临时桥梁。有一个地方似乎是很自然的必经之处，既没有什么站点做标示，也无须用任何戏剧

① 从 18 世纪中期，城墙就没落了：倒塌的部分不再修补，私人业主打穿城墙不受惩罚，破旧的城门也被拆毁。许多地方的要塞完全没有了军事形象，圣于连的壕沟成了滚球和射蝶的娱乐场；自从修建丰泰特广场，城市（卡昂）就向巴约方向敞开了大门。以上分析见佩罗：《1789 年前卡昂的地图、计划、设计和景色》。

② 实际上，港口建设就敲响了这个城市沿码头一带高塔和围墙的丧钟。

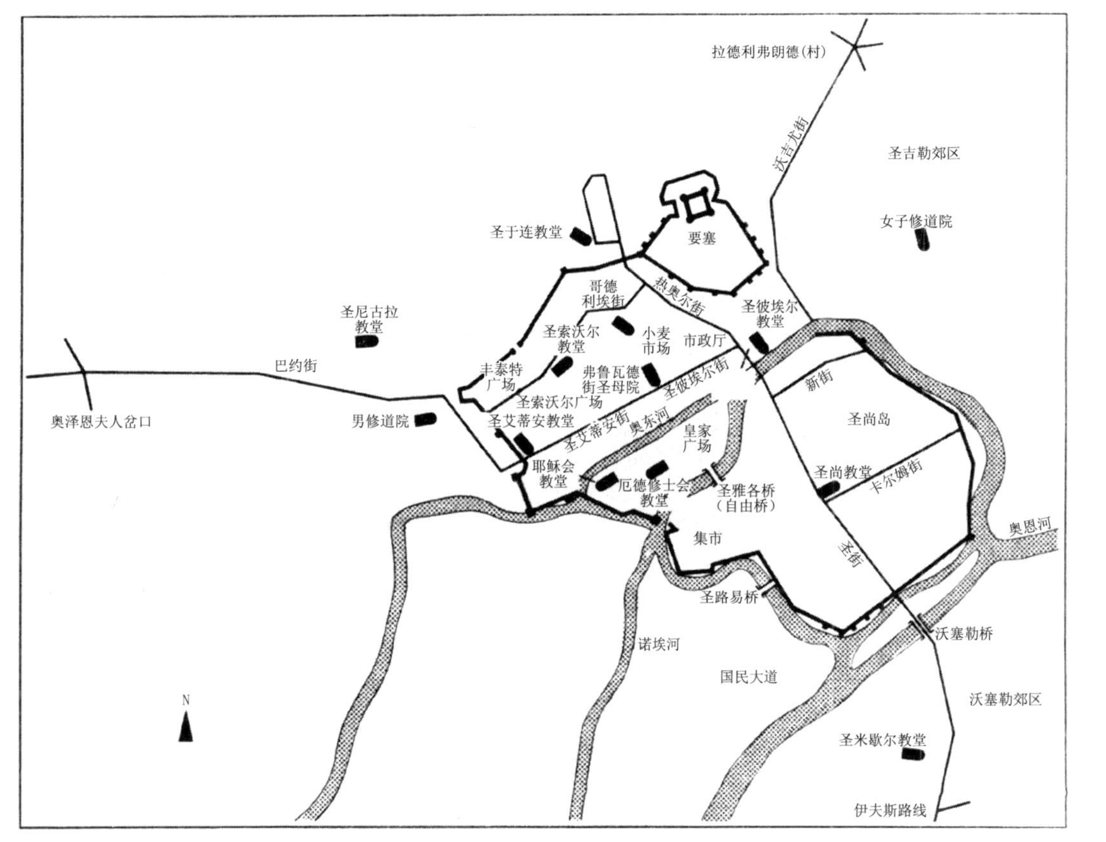

大革命期间卡昂节庆活动时(游行队伍通过的地点)的游行路线

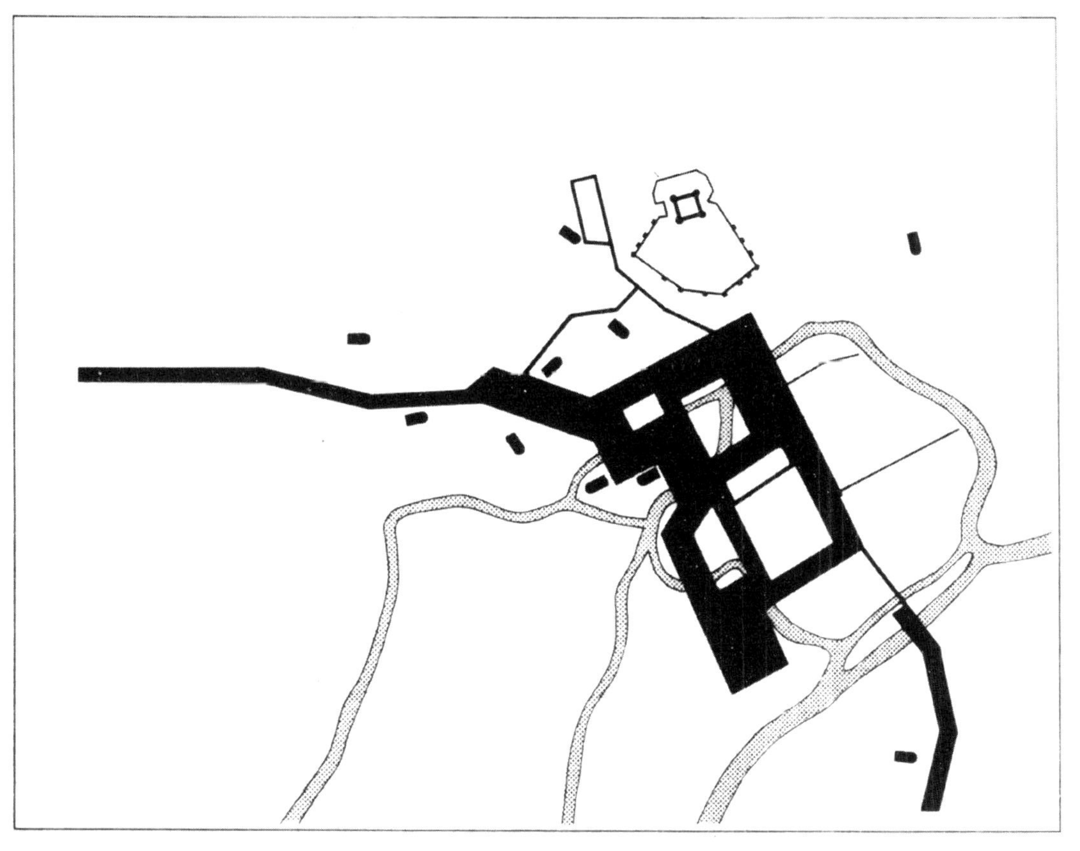

大革命期间卡昂游行路线的总示意图

化的方式来突显。这就是该城的最低点。这个界限不明的低地是水草之地，让人们可以放开思路遐想，但不会产生什么穿越障碍的戏剧性想法；这个城市当然应该是一个不设防的、完全开放的城市，即便只是在人们的想象之中。

然而，走向国民大道这个商业和休闲之地，绝不是要证明节日期间对郊区的整合，也并不表示人们开始有城市中心的意识。相反，很少有游行队伍沿着新道路追溯城市的发展。在所有的路线中，最不典型的一次情况是：唯一一次所有的队伍都沿着南北轴线游行；唯一一次从城堡边沿通过；唯一一次游行队伍进入狭窄街巷、即城区，“平民”王国；唯一一次穿过圣于连市场的老栅栏；唯一一次游行队伍停在公民精神广场——圣索沃尔广场——为的是在原先设立示众柱、此时和后来安放断头机之处立起一棵自由树；[1]
唯一一次很巧妙地利用公民精神广场——此时与丰泰特广场相 234
连，因此具有新的深度——造成壮观的场面。如果知道这次游行路线是由圣于连、圣索沃尔和圣艾蒂安－勒维厄等教区组成的公民精神区设计的，那就不难理解它为何有如此多的特异之处了。这条前所未有的路线，无视旧教区的范围（它们实际上已变得模糊了），[2]旨在展示出一次武断的行政手术后的现实情况，这个新区因手术而出现：这个地区的爱国主义受到了认可，如果我们相信官方记录的话，那些官方记录异口同声地宣称，在卡昂，这次游行的节日气氛乃是空前的。

---

① 1792 年 11 月为惩治一些风化罪行而在索沃尔广场设置断头机。共和 2 年春天，即风月（游行是在共和 2 年风月 20 日）之后，断头机用于惩治其他罪行。

② 见佩罗：《1789 年前卡昂的地图、计划、设计和景色》。

除了这条路线（以及特殊局势下迎接特派代表拉普朗什的公民游行[①]）外，实际上有两个进入郊区的常规契机。第一个是军事节日：1790、1791 和 1792 年的三次联盟节，感恩节以及共和 4 年的几个胜利日。这些节日都有大约 5 千国民卫队的游行。这些节日都需要空间，因此游行队伍离开城市，跨过奥恩河的最宽处，经过沃塞勒桥的 4 个拱门，散在伊尔夫平原，由军事团队构成一个四方形。这个节日的军事性质明显地体现在场地装饰上，[②]也明显地体现在路线的选择上：游行队伍穿过的革命广场也是兵营所在地，市政府为了将士兵与城中的病人和疯子隔开而新近安装了铁栅。[③] 虽然这些节日活动确实扩展到郊区，但是与其说是把郊区
235 纳入了城市，不如说是穿过了郊区：预先没有把沃塞勒郊区作为一站。但是当局可以通过军事调动而把郊区的热烈参加者吸收进来。

穿过郊区的第二个契机是农业节。共和 5 年，游行队伍采用了联盟节到沃塞勒郊区的路线。共和 4 年、6 年和 7 年，农业节的组织者都选择了东西轴线，其原因可能是在这个方向上城乡联结更容易。因此游行队伍为了抵达圣米歇尔田野这个传统的 9 月洋葱集市所在地，就要走到巴约街的尽头，即奥泽恩夫人岔口。出城游行似乎是仪式本身所必然导致的。地方行政长官和指挥官必须命令队伍沿着真正的农夫用一张真正的耕犁所犁出的一道真正的犁沟前进。但是，因为城市里并不缺少可以造成这种场景的花园

---

① 这位山岳派特派代表从瑟堡来到卡昂。

② 祖国祭坛上的六边形华盖是由 6 门大炮做支架。

③ 见佩罗：《1789 年前卡昂的地图、计划、设计和景色》。

乃至田地，因此我们可以断定，穿越郊区的模糊空间必有其他缘由。最重要的原因是要通过税卡，即货物进城征税的地方。这才是城乡的真正分界点。过了税卡就进入了免税的开阔农村，也就被认为真正出了城：这个“边界”节日比其他节日都更能证明这一点。

但是，这些超出城市空间的出格情况并不足以说明人们真正
重视郊区。诚然，旧制度时期人们也不看重城市郊区。[1] 在圣灵 236
降临节的卡昂大游行中，市政委员会在圣艾蒂安停下来休息，没有跟着游行队伍进入圣尼古拉丘陵区；自 1762 年起，一些有政治反抗倾向的行会也拒绝走得更远。但是，在理论上，人们会期待革命游行队伍能够对圣于连和沃塞勒居民的热烈情绪给予更多的承认（尤其是革命之初的那些日子唤起他们过节般的热情：1789 年 6 月 28 日，整个沃塞勒区开始用橡树、玫瑰和矢车菊来装饰一个向内克致敬的三角金字塔）。

这种对边缘的冷漠，对城市空间西南部分的明确偏爱，显示了一种有取有舍的鲜明模式，在城市中划出泾渭分明的界限。城堡是被节日明显摈弃的地方之一。在整个 18 世纪，城堡是新年时城市游行队伍向市政厅和城堡表示致敬的终点；自 1760 年起，游行队伍还绕道总督府。或许在这个 18 世纪城市，城堡不再有那种尊贵的地位，甚至工程兵也不再四处修补城墙，杂乱的建筑物布满了
沟壑。但是，城堡依然支配着城市空间，随便放眼一望，随便走到 237
哪里，都能感到它的存在。而且它还有象征的意义，正如 1789 年

[1] 1777 年 5 月阿尔图瓦伯爵从阿库尔到阿夫朗什，途经卡昂时，当地士绅从市政厅出发在多菲内广场欢迎他，而不选择丰泰特广场；尽管米勒城门已经消失，尽管沙蒂穆瓦纳塔不久前遭到破坏，但是一个想象中的城市环绕带依然存留在人们心中。

7、8月动乱之时和1791年11月的动荡时刻，我们可以看到一种颠倒的节日，来自郊区的队伍攻打城堡，不仅寻找武器，而且寻求流血。尽管如此（或许也正因为如此？），仪式路线有意不理会它。节日里没有任何东西会让人想到城堡，除了宣告节日开始的炮声：因为城堡依然是发射礼炮的地方。除此之外，革命游行队伍故意抛弃原来的公共暴力机构所在地。

卡昂还有一些被冷落的地方：例如修道院，尤其是女子修道院。后者变成了一个干草仓库，尽管圣吉勒郊区与城市联系方便，但游行队伍从未光顾这里。共和2年6、7月间，男修道院还有过短暂的辉煌，它一度被定为最高存在的庙堂。显然，它被选作最终的仪式场所，是由于其11世纪修建的本堂具有宽大的空间，可以容纳众多的民众——在米拉波的哀悼仪式上，教堂里人满为患，人们散布到教堂前的广场上；在庆祝康波福米奥和约时，高高的祭坛被一排三色旗遮挡住，欢乐的人群可能根本没有想过这个地点的宗教性质。

最后，这些游行还冷落了大多数教堂，当然也包括郊区的教堂，也包括圣于连教堂（只有该区的游行队伍从旁边走过）和圣尼古拉教堂（现已废弃的圣灵降临节的终点）。圣尚教堂位于这个城市引以为荣的唯一一条8米宽的街道。许多游行途经其斜塔和正
238 门，但从未在此停留。不过，在旧制度时期，圣尚教堂前的广场是自卫队的集合地点，在这个城市中扮演着相当于中心城堡的角色。1791年11月，圣尚教堂让一名拒绝宣誓的教士做弥撒，愤怒的沃塞勒民众攻打并象征性地占领这个教堂。

实际上，革命游行只利用了卡昂城里的两处神圣场所。第一

个是圣彼埃尔教堂及其30米宽的广场。在那个世纪里,广场上的各种建筑物被逐渐清除。于埃早已指出了这个地方的便利之处。[①] 这里举行过路易十五的哀悼仪式和路易十六加冕庆祝活动(有意思的是,这些活动不是在皇家广场上举行)。在那个世纪里,一直在这里燃放庆祝烟火;[②]在圣尚前夜,最年长的市府官员在这里点燃上百个柴捆组成的篝火。革命保留了这个广场的仪式功能:在这里燃放庆祝烟火,不仅焚烧柴捆,而且焚烧皇家徽记和圣徒雕像;革命用大量的方尖碑和古代圆形雕饰改造了教堂,让极其肃穆的纪念处死国王的游行队伍走进教堂。革命节日所利用的第二个神圣场所是位于奥东河岸农村地区的耶稣会教堂。民众俱乐部之所以选择在这里集会,从地形角度看,这里可以鸟瞰各个方向,从审美角度看,正如市镇委员会所说,它是“该城最好的纪念性建筑之一”。在这座天主教复兴的建筑物里,在表现一群可爱的天 239 209
使纷至沓来的木制天穹下,民众俱乐部开会讨论和发号施令,共和2年喧闹的游行队伍从这里出发。

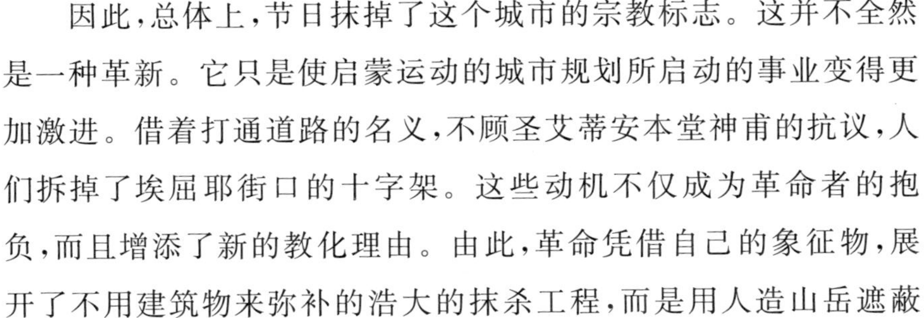

因此,总体上,节日抹掉了这个城市的宗教标志。这并不全然是一种革新。它只是使启蒙运动的城市规划所启动的事业变得更加激进。借着打通道路的名义,不顾圣艾蒂安本堂神甫的抗议,人们拆掉了埃屈耶街口的十字架。这些动机不仅成为革命者的抱负,而且增添了新的教化理由。由此,革命凭借自己的象征物,展开了不用建筑物来弥补的浩大的抹杀工程,而是用人造山岳遮蔽

① 于埃(Huet):《卡昂城的起源》,鲁昂,1706年。

② 例如,为夺取马伦戈、圣卡战役战胜英国人、王储康复等等举行的庆祝活动。

圣索沃尔教堂，把自由树栽在示众柱的位置，在皇家广场用装饰的旗杆取代国王塑像。我们不能说象征标记工作不彻底：整体来看，在革命十年里，卡昂的广场和道路岔口被31棵自由树装饰起来。但是，除了两棵前面提到的，似乎只有自由桥上的白杨树和兵营的圣栎值得游行队伍停留，甚至可以在此做最简单的表演。与其他多数情况一样，这些纪念性建筑一旦落成，革命者的想象力就不太清楚该如何利用它们了。

革命游行认为适合停留的地方都是新地点：丰泰特广场是革命爆发时刚刚具备现有的模样，崭新的法院正在建设，新古典风格
240 的方形立柱更加令人瞩目。[1] 皇家广场遭到传统游行的冷落，部分原因在于它距离主要道路较远，或许还因为它有些简陋。[2]（这种冷落也促成了革命对它的挪用：1791年7月3日，国王塑像被移走，代之以三色旗杆和祖国祭坛；甚至在奥什蜡像送葬活动中用一个包含坟墓的金字塔作为一个更戏剧化的聚焦点。由此，这个空间就丧失了原来的王权性质。）[3]最后，还有国民大道，这里特别适合举行节庆活动。[4] 诚然，这个地方在传统上被用于娱乐和消

① 除了具有象征符号的法院外，丰泰特广场之所以被选作某些游行（尤其是7月14日游行）的起点，还由于省政府也位于那里。

② 古典时期的卡昂城市规划比其他地方更胆怯一些，皇家广场太开阔，缺少那种能够让人们都把目光投向国王塑像的亲近感。

③ 应该指出，某些特殊情况会让人们选择皇家广场，尤其是在把古典优雅的神学院建筑变成市政府的办公地。市政委员会把厄德修士会教堂选作开会地点，而仅仅把教堂翼廊封闭起来。

④ 关于游行队伍的途经情况值得说几句。当游行队伍离开皇家广场前往国民大道后，要穿过集市，途经刚刚兴建的道路和建筑。集市是传统的集会地点，从那片平台可以看到牧场与河流的和谐景色。这也是一个休闲娱乐之地，流动的戏班可以面向东南搭建舞台，节日结束后还有音乐会。但是，成排的石头档位不适合节日活动的安排。

遗；根据于埃的记载，“夏天，贵族在这里游逛”。[①] 此外，1725 年 9 月还在这里举行了烟火活动，庆祝路易十五迎娶波兰的玛丽。但是，除了这些习俗的原因，还应该加上这个地点本身的壮观景象所 241
造成的效果。这里是卡昂最令人赞美的地方：在奥尔恩河畔，苍翠的小岛在城市与沃塞勒桥之间被河水环绕。工程师们梦想的正是通过在这里修建一系列的肖塞桥来扩展城市的范围；节日也是在这里充分利用这个城市地点明显的多水性质：有三个枝杈的奥恩河，蜿蜒曲折的诺埃河，支流汇聚的奥东河都集中在这片低洼的草地。在 8 月 10 日和葡月 1 日这些美好季节的节日里，水战表演、靶船投枪、游泳比赛等等为节日场面增添了一种新的因素。

在国民大道，最好的地点是“小渠”和“大渠”的夹角。有时候这里是万众瞩目之地。在这里搭建最高主宰节的祭坛，母亲们抱着孩子拾级而上去亲近天宇。在共和 4 年的自由节上，这里先摆放一个国王宝座，然后换上一个执政官宝座，由模拟罗伯斯庇尔的人坐在上面。共和 5 年，为了便于观看，也为了使仪式制度化，这套表演换到相反位置：宝座摆放在草地上，大渠和小渠的夹角处成为观众席。这里成为当局借以赢得民众支持的临时露天剧场的支点。共和 7 年，当局把这里变成一个官方的大型集会场所：利用河对岸军火库的旧砖石，搭建了一个供奉祭坛的环形会场。

由此不难理解，为什么经过如此整修之后，国民大道越来越多地成为游行队伍的目的地，而且民众即便没有加入游行队伍也愿 242
意前往那里看热闹——观看战争或烟火表演。人们在那里免除了

① 于埃：《起源》。

参加游行的神圣责任，但民众也大有所获，因为这个区域变成了极其便利又赏心悦目的专门娱乐区。节日在这里更多地是为自己切割出了一个新的空间，而不是力图改造旧的空间。

在卡昂，革命者的唯城市意志主义(volontarisme urbain)成功地体现在节日里。诚然，旧卡昂依然存在于那些路线里：断头机总是会立在示众柱广场，圣彼埃尔教堂广场依然会被烟火照亮。但是，即便庆祝活动采用了旧的路线，也仅仅是由于惯性使然。实际上，活动的组织者也在尽力避免重走老路，而且在多数情况下取得了成功。他们所创造的节日都竭力排除记忆，包括对革命十年的记忆。因此，游行路线会避开关押过雅各宾分子普里厄和罗默的城堡、发生过暴动的市场和教堂广场、在联邦主义运动时期曾庇护过吉伦特派分子的圣约翰岛显贵区。他们也很少顾及总是嘟嘟囔囔的郊区。节日成功地把革命史放在括号里，给自己提供了城市居民梦寐以求的“空地”。这个词(dégagement，开放空间，解除约束)在这里可以有各种不同的理解。

巴黎的抵制

各地是否都能轻松地做到这一点呢？在巴黎，革命节日没有一刻不与革命的历史纠缠在一起，怎么可能保证避免与带有自身意义的旧空间的联系？

243 当然，组织者的坚定意图是与卡昂人一样的。他们希望像卡昂那样，把巴黎变成一个无处不可进入的开放空间，因此游行队伍采用了古典主义时期城市发展所提供的路线：万森讷大道、皇后大道，新的大桥（和协广场桥刚刚完工，是左右两岸游行的主要接连点），新的林荫大道。后者不久前还是城墙，现在已经树木成排，可以有不同的用场了。有的节日则坚守尚未被城市化所触及的空间：共和6年热月，来自意大利的油画和雕塑、来自伯尔尼的熊以及骆驼队伍穿过南城那些点缀着英式花园和老式宅邸的林荫大道，绝不偏离出这个区域。有些节日，如巴黎公社组织的拉佐夫斯基*葬礼是从市政厅出发；因特殊情况，如米拉波入葬先贤祠需要在圣厄斯塔什教堂举行弥撒，有的节日就深入到中央市场周围的狭窄街巷。但是，一般而言，节日组织者既不想重走带有历史痕迹的老巴黎路线，也不想走让人联想到动乱的新路线。

上述结论可见于这样一个特征：除了移葬先贤祠需要一条不同的路线外，游行的几何学重心通常是路易十五广场；但即便是那些喜欢该广场的建筑的人，也觉得路易十五广场是外在于巴黎的。在为"向未来的人类昭告幸福的革命时代"的纪念建筑寻找最合适的地点时，"莫皮诺骑士"更倾向介于老城区和新城区之间的商业和居住的真正中心——胜利广场。诚然，旧制度时期，节日，尤其是有热气球升空的节日，常常把这个地点作为出发地。革命时期，除了两 244
次游行外，[①]其余的游行都遗忘了胜利广场。这是因为它们考虑的主要不是地理中心而是精神中心，即马尔斯校场，尽管后者远远偏离地理中心，但那里因举行过联盟节而成为真正的全国中心。

巴黎居民以前对这个经典的游行终点几乎毫无所知，只是最

---

* 拉佐夫斯基是一个波兰籍的浪荡公子，在1792年九月屠杀中胡乱杀人，后死于热病和酗酒。——译者

① 这里指米拉波入葬先贤祠和共和4年热月9日这两天。

近才知道如何抵达那里。在巴黎人看来,那里是“乡野”,之所以极其符合举行庆典的要求,恰恰是因为那里是一片“荒野”,可以随意改造。米什莱对此洞若观火:“帝国有纪念柱,王国有卢浮宫,革命则把一片虚空作为自己的纪念碑。它的纪念碑是一片沙滩,犹如阿拉伯半岛一样空旷……右边一个坟头,左边一个坟头,与古代高卢人修建的坟头一样,是英雄传说的晦暗证明。”[①]他认为马尔斯校场正是大革命给巴黎城市发展留下的一笔遗产。

但是,游行队伍确实与这座古典城市的伟大建筑装饰擦肩而过。拉佐夫斯基的送葬队伍途经卢浮宫。团聚节和最高主宰节在芒萨尔宫和加布里埃尔宫前树立起石膏建筑模型。但是,这些节日其实漠视这些建筑。这些伟大建筑师*的作品从未被纳入节日的临时布景之中。它们也从未接受改造,通过变形而成为节日的
245 一部分。有时,节日的安排方式就是尽量减少帝王之城在人们意识中的分量:例如在最高主宰节上,活动中心是圆形露天场地,在那里一个象征无神论的鬼怪会从火焰中升空,而这个场地背后是一个遮挡着它的团结亭;人们还用一排排树木来掩盖国民宫的建筑物。再如在纪念南锡围困中死亡公民的节日上,加布里埃尔建造的宫殿式正门被一个走廊所遮盖,观众可以背靠着走廊观看祖国祭坛、金字塔以及位于场地另一端的凯旋门。因为革命节日不可能与这个城市的宏大建筑风格一争高下,就极力抹杀它的存在。

革命节日绝不试图与这些建筑物较量,而是否定它们,肯定乡

① 米什莱:《法国革命史》,1847年版前言。

* 指芒萨尔(Mansart, 1646—1708)和加布里埃尔(Gabriel,1698—1782)。前者曾设计凡尔赛宫等,后者促成了从洛可可风格向新古典主义的转型。——译者

野。巴士底狱也被帕卢瓦* 改造成绿树掩映的舞场，关于这个地方人们提出无数方案，但兴建另外一个纪念性建筑的想法遭到否定（人们再次用空旷的好处来自我安慰）。改造后的巴士底几乎只能让人联想到乡野，而不会想到其他。在伏尔泰移葬先贤祠那天（1791 年 7 月 17 日），这里变成朱莉的天堂**："从石头下面冒出了月桂、玫瑰、香桃木以及各种灌木丛。"[①] 不仅巴士底，而是整个城市都为这个国葬日而变成植物世界。举目望去，所有的门前都是花彩、花环和树枝，城市被完全抹去："巴黎似乎变成了一个巨大美丽的果园……"这个模拟的乡野排除了神秘因素，远胜过真正的乡
野：在马尔斯校场为这个葬礼而匆忙造出的树林（布尼埃和罗伯若 246
后来也葬在这里）完全摈弃了迷宫的形象。它绝对不是一片杂乱混沌，而是曲径通幽，四通八达，十分安全。但是，人们在任何地方都可以有这种设想，任何城市都能建造它。人们会再次感到，这种方案绝不是单为巴黎空间所设想的。

但是，巴黎的确在抵制。这个城市用小气的格局[②]、狭窄的

* 帕卢瓦（Pierre-François Palloy，1754—1835），在 1789 年 7 月 14 日后负责拆毁巴士底狱。——译者

** 朱莉是卢梭《新爱洛漪丝》的女主人公，她把自己的花园称作希腊神话中的天堂。——译者

① 见《每旬维护者》，杂志全名《共和原则与政治道德的每旬维护者》（*Conservateur décadaire*），共和 2 年获月 30 日。

② 市政厅广场因此而失去举行仪式的特权：一个世纪关于城市规划的文献都在贬低它，众多建筑师都考虑迁走市政厅（斯塔尔兹和孔唐希望设在马拉凯码头，德·莱斯特拉德希望设在孔蒂码头）。有关旧制度时期在市政厅举行的节日的描述都强调这个地点的不安全和不显眼。布莱对 1782 年巴黎的节日做了评论。他指出，节日本应该宣告"普天同庆"，却被束缚在这样狭小的地方，几乎放不下国王的轿车和随从。见布莱：《建筑学——论艺术》。

街巷[①]、名声可疑的地点[②]等等所有这些无奈的历史遗存，与那种理想的抽象空间相对抗。这也使节日没有了人潮涌动的热闹：游行时只有官员的狭长队伍而没有观众，因条件所限只能选择不那
247 么张扬的路线，有时甚至默默无闻。最后，不论组织者怎么努力，这座过节的城市都被革命搞得颠三倒四。有些对城市的要弄总是破坏人们理性而慎重的创意；不论采用什么路线，总会无意中引起有关暴动的记忆。1789 年 7 月 13 日，民众试着从马尔斯校场出发，但有些胆怯：那天人们不敢越过护城河。第二天，他们怀着更大的自信再次原路出发，越过了护城河。一年后，在举行联盟节时，那条路线象征性地被全法国采用。街巷和广场到处是鬼魂形象和其他形象。人们怎么可能不把那段历史变成节目中的形象，光彩照人的形象和阴森吓人的形象？伏尔泰的送葬马车怎么可能不在曾经关押他的那个监狱的原址停下来庆祝一番？拉佐夫斯基若不安葬在(1792 年)8 月 10 日架起大炮的卡鲁塞尔广场，还能安葬在哪儿？即便是那些在节日的地图上常常被说成是空白或在观念上被当做荒滩的地方也抵制这种中立化。但是，马尔斯校场这个纯粹是大革命的人工作品，并不是节日的安排者所提示的、米什莱眼中的那样虚空："罗伯斯庇尔宣布：即便是在这里，在这个祭坛

① 这就是为什么不用科特利埃区作为马拉葬礼的出发点：科特利埃区的街道太狭窄曲折，无法举行大型集会。

② 这些地方一般会让人想到隐晦之处，总是让希望有一个平展空间的人心怀疑虑。例如，人们通常说，皇宫(Palais-Royal)有一个诡异的地下通道，内壁有洞穴，"通过通气口可以看到一圈圈跳跃的小姑娘"(参见梅西耶：《大革命期间的巴黎》)。1790 年，警察部门提醒各省联盟节参加者小心这个阴森的下水道。唯一打算在这里庆祝的革命节日——共和 2 年雾月 20 日的自由节——最终因省府的命令而改变了地点。

上，我们的双脚也不可能踏上一块没有沾染无辜者鲜血的土地。”[①]反之，在共和 7 年热月 26 日，西哀耶斯也提醒人们：“正是 248
在这里，正是在这个地点，野蛮人的匪帮、凶残嗜血的异类曾经聚在一起。”[②]革命把这片田野变成了“死亡原野”。因此，无论节日的组织者是否喜欢，节日总会碰到革命的悲剧因素，不得不从自身中清除它。

因此我们就在许多方案中看到了那种犹豫和摇摆。在阴郁的革命日子之后究竟是必须抹去那些痕迹，还是应该进一步加深那些印记？有时，后者是人们所期待的。波尔捷* 也正是这样理解的。共和 3 年获月 20 日，他坚持认为，应该“在这个地点”庆祝节日。就是说，在“被鲜血染红”的国民公会的讲坛、在芽月和牧月的叛乱者聚集的卡鲁塞尔广场庆祝节日。有时候，组织者也会屈服于那种急切的遗忘愿望，使之体现在节目安排中(甚至在共和 2 年罗伯斯庇尔以及其他人的最张扬的节目安排中)，试图让游行队伍远离革命期间的那些阴暗地点，从而使得节日好像是暴动的反面。人们所追求的这种空间方式，有时例如在最高主宰节甚至得到实现，但是在这个受制于革命的城市里则必然不会那么洁净。共和 4 年热月 9 日，自由节的路线就采用已经十分经典的方案(以巴士底为起点，以马尔斯校场为终点)，避开革命广场，但没有避开卡鲁塞尔广场，而断头机最终就立在卡鲁塞尔广场。

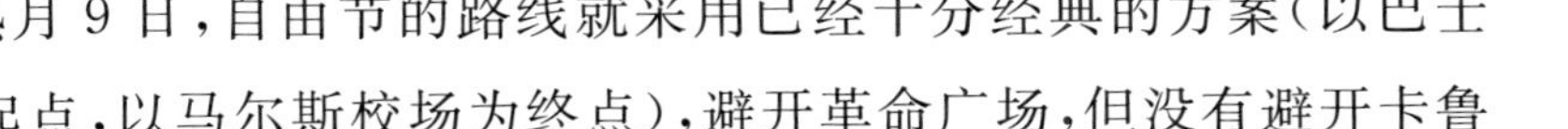

① 罗伯斯庇尔：《宪法的捍卫者》，第 9 期。

② 西哀耶斯：《论 8 月 10 日纪念活动》，巴黎，共和 7 年。

* 波尔捷(Louis-François Portiez，1765—1810)，先后选任国民公会代表，五百人院议员。——译者

这岂不是承认有些地方是不可能被净化的？不管怎么说，这
249 正是人们对革命广场的看法。众所周知，有两个显赫的人物在热月之后也被抛进遗忘之谷。热月正统派当然希望让人们想到君主制（其象征将在卡鲁塞尔广场上焚毁），但不要想到路易十六（因此要避开革命广场）；让人们想到“执政官暴政”（其象征将在马尔斯校场焚毁），但不要想到马克西米连·罗伯斯庇尔。实际上，这不过是早已开始的革命退潮的最终完成。国民公会在节日上有一次意外地与断头机相遇。这发生在1794年1月21日。第二天瓦兹省代表布尔东的演讲中所表达的厌恶乃是一种预兆——众所周知，他迫使国民公会做出决议，国民公会以后不再参加自己事先没有“对游行和治安做出规定”的节日；这宣告了节日与暴力的分离。一方面断头机向东转移（虽然因警示性地处决罗伯斯庇尔而重新设立在革命广场），先后立在圣安托万广场和“被推翻的御座广场”（今天的国民广场），另一方面节日活动则不断地向西转移。甚至山岳派的重大游行，除团聚节外，也摈弃了巴士底，改为从杜伊勒里宫出发，走向马尔斯校场。由此孕育了一种不久就击倒了革命广场的迷信禁忌。许多演讲者试图用不停的追问来除魅：如何才能清除这种污点？难道我们不应在这个广场上树立一个和谐纪念碑，以此表示赎罪与和解，重新聚集爱好和平的公民？难道应该任由它成为一片荒滩？净化工作有时被托付给一句庄重的话语：波尔捷建议在广场上郑重宣告，这里不再会成为刑场。实际上，国民
250 公会就已经对此做了规定，但从未落实。它把宣告的事情拖延下来。革命广场倒是很快改了名字。不过，所有这些讨论表明，这个城市在节日里所能唤起的记忆是，这个广场阴森凶险，应该避开它。

上述这一切表明，历史意外地陷入乌托邦的梦想。乌托邦只承认神话形式的历史——开创性事件，由人们定时地在各种庆典上重申它的意义。革命的庆典很快就不再让人感受到开创性事件的原貌：革命的时间过得飞快，正如巴尔扎克所指出的，使得各个事件之间出现巨大的鸿沟。[①] 后续事件也歪曲了开创性事件，由此观之，革命的洗礼也就远离了后人的视线！当然。人们在演讲中很容易绕过密集的历史所造成的困难：人们可以假装说，8 月 10 日的意义只不过是完成 7 月 14 日开始的事业。人们甚至会把杜伊勒里宫改名为“巴士底”——“8 月 10 日的巴士底”或“九二年的巴士底”——从而使时空同质化。但是，这种把戏很难在节日的安排中落实。人们必须决定在哪里庆祝节日；因为某些地点经常在改变意义，例如卢浮宫的走廊；巴黎公社和国民公会进行较量的卡鲁塞尔广场；因已经成为王党偏爱的集会地点而不再成为第一个革命夏季的美好记忆的皇宫；在那里因联邦主义失败而使得“联 251
盟”一词都变得可疑的荣军院；[②]当然还有革命广场。对所有这些地点的再征服是一项没完没了的事业。在节日梦想能将理性和可

① 巴尔扎克：《一桩神秘案件》：“今天读法国革命史的人绝不会晓得，对于仍然很近的年代发生的事件，在民众思想上已恍若隔世。经过激烈的动荡之后，每个日都感到需要和平安宁，所以对以前发生的最严重的事件也彻底遗忘了。新的炽热的事件不断催得历史成熟，历史很快就老化，变成了旧史。”（巴黎，1843 年版）（参见郑永慧中译本。——译者）

② 1793 年 6 月 25 日，拉卡纳尔向国民公会提交一份议案，以决定将国民卫队召集到巴黎的方式。他为这个节日——从 7 月 14 日改为 8 月 14 日——命名为团聚节，而不是联盟节。“联邦主义”是各省反对国民公会的旗号，因此联盟一词也被废弃（巴黎，无出版日期）。

逆转兼容并蓄的地方，历史上发生的却是非理性的和不可逆转的更迭替代。

大革命的时空

这里有一种明显的失败。作为启蒙运动的忠实继承者，节日的组织者们把空间和时间视为同一项探索的契机。他们所梦想的节日应该使举行庆典的空间等同于革命的时间。但是，不管他们如何努力，事情却发展成另外的样子。

仪仗游行既是一种时间的艺术，也同样是空间的艺术。它否定同时性；[①]有时，人们期待它把历史转变成空间。例如公民让斯
252 就是这样看待马拉的葬礼。[②] 这是一个悲伤的方案，但其具体安排很有意思，因为它已经超越了一个特定的节日，而是力图表述一种关于节日、特别是游行方式的理论。文章总体上是为流动性辩护。与那个世纪的主流看法一样，他确信“人们要打动灵魂，首先要通过眼睛这个人体最强有力的器官。”他认为，人们应该“通过游行过程，就像用活动画面一样，展现著名人物生平中的所有重大事件，用各个连续队伍的标语和特殊标志来回溯它们。”这种技术性

---

① 它迫使观众选择自己的观看地点，因此也限制了观众的视野。一位建筑师的女儿埃米莉·布龙尼亚对此颇有体会。她 13 岁时，满怀热情地想在最高主宰节那天看到一切情况，而与她同行的那些妇女则只想看焚烧无神论鬼怪，因此坚持呆在杜伊勒里宫前。因此，她悄悄离开她们，和其他少女一起跟着农业花车走。见德·萨西：《布龙亚尼家族》。

② 让斯(J. B. Gence)：《关于公共节日的见解以及这些见解对马拉哀悼日的实际意义》，巴黎，共和 2 年。

和教育性的思考还有很多，都是出自感觉主义理论，其宗旨在于把游行变成精制的视觉语言。游行队伍应该细分成小组，凡是能分别表达的思想，就由每组表达一个。但也不要让小组之间过于脱节，否则整体感就可能会被打破。理想的情况应该是“要让物件既不分散又不混杂”，“要让各组的情绪和思想既不孤立又不交错”。最后，游行队伍的行进应该是“匀速的，不要太匆忙”，让观众的眼睛有时间来“扫视画面”，进而深入其中和获得教益。

但是，就马拉葬礼的具体安排而言，人们怀疑其游行队伍是否能够既造成一种行进的印象又避免简单的序列。与让斯的期待相反，游行队伍在空间上的分配根本不是按照发生的先后展示马拉
生平的情景，而是展示一些孤立的传说：简单的分组，毫无深度可 253
言。那些“隆重葬礼”的观众首先看到的是“马拉的一组公共美德”。在标示这些美德的马车上，慎重地用一句警句来配合一个动作，表现马拉要么在抨击宝座上的暴君，要么在谴责叛逆的将军，要么在埋头写作。然后是“一组私人美德”，展示“人民之友”在日常生活中的虔诚和慷慨行为。然后是奖赏马车，载着与马拉的美德相配的各种花冠和颂词。最后是榜样马车：由不同年龄组的人组成，按照各自的角色和能力，各自从马拉生平中汲取一个方面的榜样。这些年龄组及其不停的祈祷，体现了时间的循环往复。假使还有什么疑问的话，这种用年龄组来结束游行队伍的方式最终使人们相信，悼念马拉的游行队伍不过是一个传说和典范的汇集，各部分之间的关系只是纯粹的毗邻关系。正是建筑师的眼光，而非场面调度的眼光，决定了这个设计，使之更像是一个（带有装饰的）中楣，而不像是一个游行队伍。其中所包含的时间是道德教益

的时间:表演的各个片断与打算表现的东西毫无关系,如果要看清和理解表演的各个片断,就必须要费时间。游行队伍的连续性至多是看书翻页的那种连续性。

节日的主题如果是人,尤其是已故之人,通常会用讲述传说的方式来理解和固化;如果主题是革命本身,情况就变得复杂得多。在所有的节日方案中,在如何涵盖巴黎的空间和革命(过程)的时
254 间这个问题上,大卫提出的1793年8月10日节庆方案可能考虑的最多。① 米什莱正是如此向巴黎人讲述的在5个连续地点的"五幕革命故事":巴士底、鱼市口(Le Carrefour Poissonnière)、革命广场、荣军院和马尔斯校场。

这个故事的开头和结尾都必须借鉴革命的修辞。游行从巴士底这个性质已经回归自然状态的地点出发:这一选择既要掩饰又要体现事件的意义。掩饰是因为历史上的7月14日没有留下任何东西,只留下"每隔一段距离"提及它的那些标示文字;但它也象征性地体现了那个事件,因为"将从大自然获取财富"的这片空地,曾经用于完成伟大的革命洗礼。基层大会的代表用同一个高脚杯饮用从巨大雕塑的"丰乳"中流出的水,表示将会再生。节日当天埃罗·德·塞舍尔的演讲清晰地表达了这种起源回归。他重复大卫的话:"上帝将再次看到平等和友爱的人类,一如他们刚刚被他

① 在整个共和国被巴雷尔说成是"一个大围城"的时候举办这个节日。官方理由是,庆祝新宪法和纪念8月10日一周年。这不过是一个口实。真实的目的是用民族团结来对抗联邦主义。此外,节日的庆典仪式尽管有不同的主题,但还是尽力展现这种团结一致。国民公会议长把基层大会代表分别带来的标枪捆成一束,放在祖国祭坛上。当时的报纸和小册子表明,这种"共和国团结"给人们留下深刻印象,被说成是似乎终于体现了革命所许诺的"壮丽辉煌"。

的神圣双手创造出来时的情况。”相对称的是，马尔斯校场这个游 255
行的终点也意味着革命的终点。游行队伍的陆续抵达表示革命停靠港口。明确的程序安排确认了这种主观意志对时间的否定，表明不再承认革命引发新的事件的能力：祭坛上的奉献，誓词，象征团结的标枪捆束，在人民的护卫下安放宪法拱门。每个队伍都要经过一个门廊，这里再次“完全由大自然本身来埋单”：在浓密的枝叶遮盖下，由三色花环相连支撑起一个顶面，这里正是双重意义的“终点”。

许多方案都包含这个约定俗成的起点和终点。但是，大卫的方案还有尝试着把革命的历史放在起点和终点之间来表现的创意和兴致。3个重大情节、3个地点、各种戏剧表现手段，这些构成了一部大革命简史，且生动感人。首先在巴士底笼统地不强调具体日子地纪念革命洗礼，然后大卫却保留了1789年10月5日6日——这是很不寻常的选择，在大革命期间的节日史上好像也只有这一次。但是，在哪里纪念？在鱼市口，这是10月5日6日的女英雄们并未到过的地方。空间的转换揭示了场景安排的主观任意性；当代人也强烈地感觉到这种非现实性，因此总是有人在要求把凯旋门移到更合适的地方，理由总是说，现在的地点不能唤起任何联想，而凯旋门也只是个为了举行仪式的纪念性建筑。但是，大卫的方案也不乏现实性：10月5日6日的女英雄们应该“像当年那样坐在大炮上”。但是，观众们能看出这些手持树枝，还有大卫
视为非常“暧昧的”的战利品的女人就是把国王从凡尔赛宫抓回来 256
的那些女英雄吗？我们与当时报纸的报道一样，对此表示怀疑。就在节日当天，甚至埃罗·德·塞舍尔在鱼市口的演讲也能消除

不确定性：这个演讲呼唤自由，对于妇女生养英雄的角色给予一些乌托邦式的颂扬。重述这个故事的任务留给了凯旋门上的铭文：这个失去了历史的场景再次把历史留给书写来记载。

从鱼市口大路到举行8月10日纪念活动的革命广场，游行队伍穿过了一片象征着3年历史的空间。大卫这时通过把具体日子与具体地点联系起来而生动有力地突显这个新事件。“公民们，这里我们来到了8月10日这个不朽的、永不磨灭的日子。”游行队伍实际抵达的是革命广场。这也是一个主观任意的选择，因为其实卡鲁塞尔广场更合适。但是，这样选择完全是因为在革命记忆里，8月10日是与1月21日（处决路易十六的日子）浑然一体的。国王肉体的消失本身就能造成其社会影响的消失，同时这也使1月21日具有了涤荡情感的能力。这也正是大卫为其空间选择进行辩护的理由：“正是在这个暴君死去的地方，应该加以庆祝。”在节日当天，埃罗·德·塞舍尔正如大卫所希望的那样回顾了公开处决暴君的情况，并进一步宣称：“正是在这里法律的斧钺重击了暴君。”但是，这里连国王的鬼影也看不到，在他的那个位置上，更准确地说，在原来矗立路易十五塑像的那个地方，早已不声不响地矗立起一座由树叶包裹的自由女神像：于是在加布里埃尔宫对面重
257 新出现了“树林”——“如果让他（狄德罗）在同一地点重建路易十五广场”，狄德罗会保护下来的。繁茂的树叶消解了人们关于断头机的记忆，因此只能到别的地方，亦即此时常常被革命节日所利用的那些标识来寻找国王或君主制的痕迹：权杖、羊皮纸卷、王冠等。按照此时的戏剧程式，这些东西被当做“赎罪祭品”被烧掉，一片小旗帜迎空飘扬，拉扯着“人权宣言的几个条款”，数千小鸟腾空

飞起；这个幸福的景象会使观众的目光离开革命历史上的凄惨中心。

荣军院是被大卫视为微不足道而抛弃的一个空间。而正是这个地点被完全主观任意地选做纪念革命最后高峰之处。那是指在人们能够庆祝革命结束之前的最后一次震动：击败联邦主义。正是在这最后一个回顾之处，出于显而易见的原因，节日的安排和历史现实之间出现了最大的裂痕。人们在荣军院看到了什么？一个巨大的赫拉克勒斯塑像（代表法国人民）把一个从沼泽中冒出来的九头蛇（野心勃勃的联邦主义）踩在脚下。当时的人们是如何理解这个寓言的？《共和国艺术协会报》说到人们对此的可笑无知。埃罗·德·塞舍尔觉得需要说得更清楚些："法国人民，这个巨人用强劲的巨掌把所有的省都抓在一起，这就是你们。这个怪物就是联邦主义。"但是，一句也没有提到5月31日。

在所有的节日方案中，这个方案可能是最认真地考虑如何表
现革命的时间的。但是，其方式显示了这个方案的组成因素：多数 258
情况下对地点进行主观任意的选择；场景设置具有寓言性质；[①]不涉及事件的细节（很少提到纪念什么和为什么纪念）；不在乎所选

① 《共和国艺术协会报》（共和2年雨月号）就暗示了人民感受到的不确定性。它记述了8月10日纪念活动中一个假发师和一个建筑师之间的对话。建筑师尽力解释节日的装饰设计，而假发师反驳说："我想的是，尽管你讲了关于马尔斯校场上的神庙、祭坛、入口界标的那么多东西，但是我只能说我很惊愕。为什么那些节日的负责人要让你所描述的这些物体具有一种埃及风格？就拿我昨天在巴士底广场见到的那个女人塑像。我想知道为什么她戴那样的头饰？我们是法国人。他们以我们在道德和纪念碑方面已经腐败为借口，想把我们变成埃及人、希腊人、伊特鲁立亚人。我认为，我们应该做的比那些民族要好得多。我要告诉你，公民艺术家，我宁愿要一个我想象中的那样模拟自然的塑像。"

择的事件的声誉；对各种事项做统一要求（游行队伍在脚踏联邦主义的高大但僵硬的赫拉克勒斯塑像前绕行）；在一些历史地点运用粗糙的表现消失和出现的戏剧手法。在各个地点之间，游行完全不表现相关事件之间的联系；此外，各个地点所表现的事件都彼此雷同，因此也使得各个地点之间的距离不会给人提示某种历史联系。大卫把历史简化成年谱，从而杜绝了人们对历史起源的理解。实际上，他对此十分清楚，因此他希望建造“一个巨大的剧场，用哑剧形式来表演革命的主要事件”。这个建议被实际的节日彻底否
259 定了，[①]但是它显示大卫拟议的游行抛弃了对历史的任何解释：这个方案突出了时间的印记，但不考虑其意义。

这种失误应归咎何处？与其说这是因为处理空间的方式——正如我们看到的，革命节日常常显示了某种天马行空的放肆——不如说这是因为让这种空间来讲述革命本身的一些事情十分困难。组织者并没有能够在一种因果联系中来设计各个场景。对于他们来说，这些事件不过是开创性事件的搬演，不可能改变大革命的一贯形象。革命的时间反而是一种障碍。在理想中，革命应该放大倍增，但不能变形走样。

① 只有一次是向当事人表演“里尔围城”（亦即1792年9月29日到10月7日里尔被奥地利军队围困的事件）。

1.1790 年 6 月 6 日在里尔举行的北部省、索姆省和加来海峡省的大联盟活动。油画，作者：路易－约瑟夫·瓦托，现藏里尔美术馆（第二章）

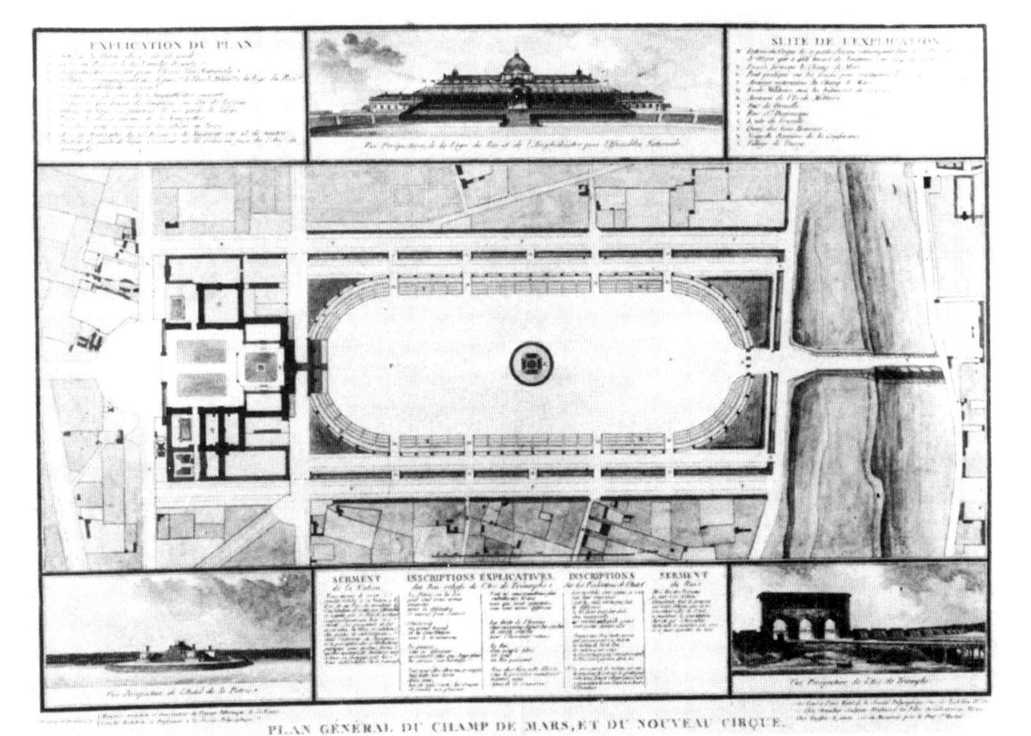

2. 巴黎马尔斯校场和新场地的平面图。水彩版画，作者：默尼耶，戈谢，现藏巴黎卡那瓦雷（历史）博物馆（第二章）

3.老城堡士兵节。（法国大革命历史画）版画，原作:普里厄尔，仿作:贝尔托。现藏巴黎卡那瓦雷（历史）博物馆（第三章）

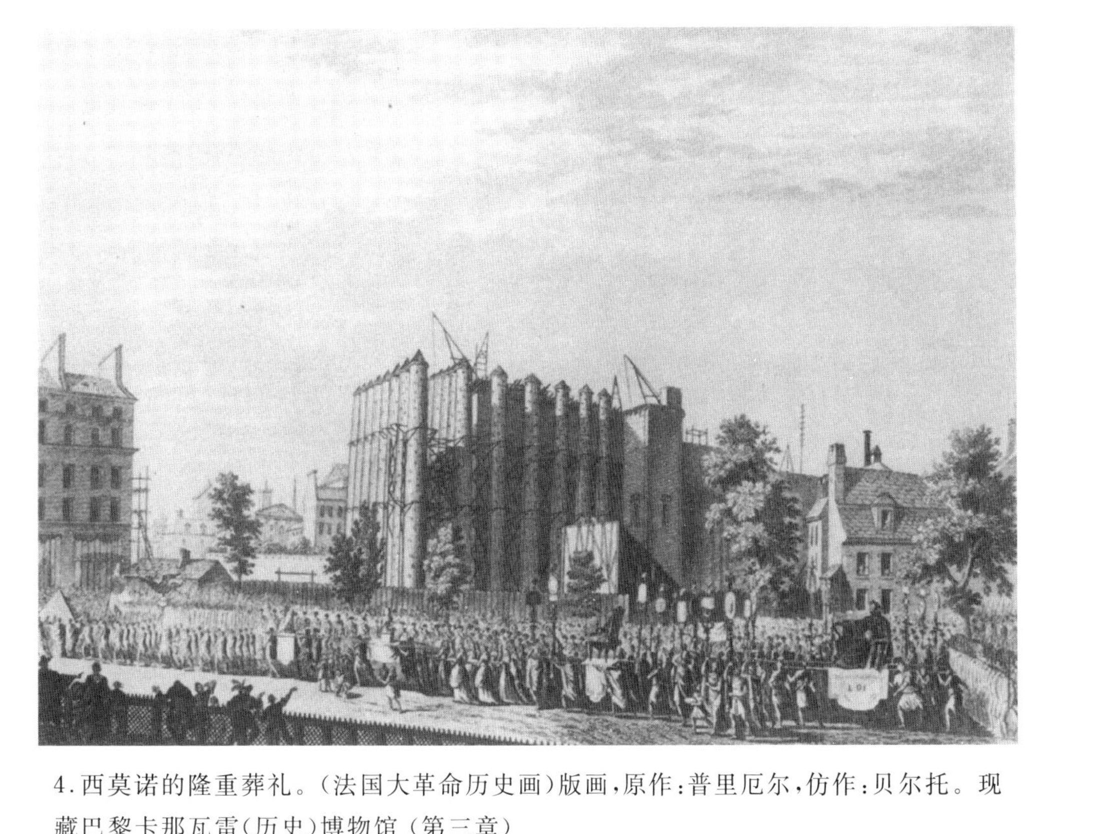

4.西莫诺的隆重葬礼。(法国大革命历史画)版画，原作：普里厄尔，仿作：贝尔托。现藏巴黎卡那瓦雷(历史)博物馆(第三章)

5.再生喷泉。水彩设计图,作者:塔西。现藏巴黎卡那瓦雷(历史)博物馆(第四章)

6. 山顶布道。油画，作者：克洛德·洛兰。现藏纽约弗利克美术馆（第五章）

7.团结广场上的假山。水彩版画,作者:无名氏。现藏巴黎卡那瓦雷(历史)博物馆(第五章)

8.人权宣言。版画,作者:尼凯(第八章)

9. 自由入口的法国五月柱。巴黎国家图书馆，万克藏品（第九章）

10. 老人节。铜版画，作者：迪普雷西－贝尔托，设计：P.A.威尔。巴黎国家图书馆（第七章）

第七章　节日与时间 260

时间不仅仅是大革命借以发生的形式架构，也是大革命顽强不懈地进行加工的原材料。我们必须要考虑那些档案箱里众多涉及时间安排的文件。只要它值得人们费力制造出这些文件，这项共和国的事业就确实如一直所说的那样“伟大”。我们需要想象一下对休闲和劳作的新安排，去发现继续按照旧的七天一周的历法分配工作时间和日子的人们的反抗（由此就有了大量指控、起诉和处罚两类违法行为的警察局文件：拒绝在星期天工作和拒绝在旬
日休息）。[①] 传统的节日，亦即“圣经中的时刻”，必须被废除；由此 261
就发生了与那些守旧者、那些需要在文件上签署日期的人——律师、公证员和印刷业人员、那些售卖皇历的人（皇历上若是没有标

① 在数以千计的证据中，有一个证据表明星期天和旬日之间的裂痕继续发展。这个证据出自共和2年沙托鲁警长写给市政府的材料：

“以前的星期天和旧历法的节日才是人们遵循的休息日；在这些日子里，所有的作坊，无论是室内还是室外的，统统关闭。散步处、咖啡馆、弹子房、酒馆等等公共场所会有很多人光顾，他们会在大路上聚集，玩滚球游戏，根本不管你的禁令。

“反之，在旬日，工匠们会关上店门，在自己房间里工作。商人也会在家里交易，而许多制造商的工场不在大道上，继续开工；那些只能在户外工作的，如种地、石工、木工、毛纺等工人依然劳动；人们形成了一种同盟来保护违法者和规避我的监视。由于有其他公民预先告知我的出行时间，甚至在我尚未看到这些违法者时，他们就逃之夭夭了。我常常一无所获，只看到留在现场的劳动工具……”

出老百姓看重的日子就卖不出去）之间无休止的争论。[①] 人们必须用共和国的节日来标示出新历法的节奏；由此就出现了特派员与市政官员之间的粗暴通信，因为那些市政官员对此无能为力，他们没有人手和财力，甚至没有信仰。除了这种创造共和国历法的坚定意愿所产生出来的大量文件外，还有为了协调两种历法以及当地民俗而产生的众多繁冗的文献，因为有些教士被迫同意把教会的仪式改在旬日举行，而附近地区的教士则绝不从命。这种曲扭成为各地无穷争执的根源，而且更为讽刺的是，人们在之前宣称并且真的认为改造历法是一项化繁为简之举。

它已被证明失败了？的确如此。但是从革命者的角度看，这项工作也表明了一种坚定的意愿。因此，我们先不必考察这项事
262 业的后果，而是考察其强大的动机。这些革命者非常清楚地意识到历法是以非理性的方式控制着人们的情感；在他们看来，历法是一种“辟邪物”。在这个意义上，正如约瑟夫·德·迈斯特所看到的，新历法是一种“咒语”。罗默和法布尔·代格朗丁都确信，历法里包含着“神圣化的东西”。他们都希望用一种咒语来对抗另一种咒语。他们是迫不及待的改革者。对于他们来说，一切都需重来。第一件需要做的事情就是显示革命造成的时间之流的断裂，毫不含糊地宣布革命的时代不再是君主的时代，并且标示出这个绝对的开端。这就需要用仪式性的标记来划分时间，需要选出值得庆祝的对象或事件。最后，他们必须发明出一种防止不可预见的变

① 关于这一点，见共和7年热月21日伊苏丹的一个印刷厂主的信（安德尔省档案馆，L 300）。

化的办法，进而找到一种能够抗拒时间、让革命长存的手段。节日成为所有这些事业的节律。人们利用它来规定开端、切分、纪念、结束，且怀着一种无与伦比的幸福感。

开　　端

立法者们的第一项任务就是用一个节日来为共和纪年揭幕，设置一个新的超越争论的历法，显示历史起源于一个开创性行动。为此，必须找到“一个此后所有其他事件都会与之相关的固定节点”。[①] 对于这种必要性，人们几乎没有任何争议。当然，公共教 263
育委员会内部曾经一度提出为何不必设定任何新开端的有力理由：通过全部重新向后推算，并改变所有的名称，我们就可能让旧的纪年符合共和时代的节奏。但是，无论这种对历史的重新发现对于急于化腐朽为神奇的人们多么有吸引力，“后推法”斗不过新开端的魔法魅力，也战胜不了强调断裂的急切需求和相信自己生活在一个杰出时代的信念：革命所开辟的时代不仅其节律是全新的，而且其内容也几乎是全新的。在这种情况下，怎么可能想象按部就班地从旧的历法转向新的历法？国民公会认为，这几乎无须争论，尤其是特殊的境况已经规定了日期和节庆内容。正如罗默所提醒的，一年可以有两种开始的方式，或者根据某个季节，或者

① 来自伊泽尔省的代表沙雷尔（P. F. Charrel）在国民公会提出的《宪法补充条例》，巴黎，共和3年。

264 根据某个历史事件。[①] 但是这种不确定性没有困扰共和国的改革者们，因为他们自己的历史就已经选定了季节。根本无须长时间地论证二分点（秋分）与二至点（冬至）各自的优点：共和国已经宣布了秋分的准确日期。罗默的报告一再地强调了这种奇异的同时性："正是在这一天"，阳光同时照射到地球两极，自由的火焰也照亮法兰西民族。"正是在这一天"，太阳开始从一个半球移向另一个半球，人民从君主政权转到共和政府。罗默列出了这个人类历史与星宿运行的交集而出现的一系列重大重合现象。[②] 此外，秋季也是丰收的季节；埃及人甚至要庆祝在那个时段大地从混沌中诞生。[③] 总之，所有这一切都汇成一个证明，因此罗默对未来充满信心：这个新的元旦将会成为子孙后代最广泛地庆祝的节日之一。

诚然，这解释了葡月 1 日在共和国的节日体系中所占据的特殊地位。对于立法者们来说，葡月 1 日就像 7 月 14 日一样，是一

① 革命十年快结束时，这类方案再次涌现出来。例如共和 6 年热月 12 日，塞尔洛克就提出按照共和时代来算历史："例如，不应该说（雕塑家）利西波斯是基督前 4 世纪人，如果我的修正案得到采纳，就应该说这位艺术家生活在共和时代前 21 世纪。"——《塞尔洛克关于共和历法的决议案》（巴黎，共和 6 年）。

还是共和 6 年，一些坚持突显时代断裂的人又重新拾起了罗默的论点。他们说，无须改造古人的纪年法："我们应该尊重纪年法的多样性，它们是适合各个民族编年史的纪念碑，是多少黑暗世纪里照亮和确认伟大历史时代的灯塔。"——《勒努瓦－拉罗什向元老院提交的关于共和国年鉴的报告》（巴黎，共和 6 年）。

② 罗默（G. Romme）：《关于共和国纪年的报告》（巴黎，无出版日期）。的确，罗默最激烈地强调，如果君主时代和共和时代使用"同样的铜表"可能造成公愤："在同样的铜表上，有时是屈辱的刻刀，有时是坚贞而自由的刻刀所刻下的，难道不会看到被美化的国王罪行和他们今天注定受到的极刑？"

③ 选定葡月 1 日就协调了一切：天体运动、季节、古老传统以及时势潮流。罗默强调："这样的琴瑟和鸣怎么会不能把全民族凝聚在新世界秩序中呢？"——罗默：《报告》。

个开端。但是,7 月 14 日掀开了一段激烈动荡的历史,而葡月 1 日开启了一种自然的历史。[①] 毫无疑问,与旧元旦相关的习俗会 265
转移到共和年的这一天;这一天将庆祝法兰西人民的社会再生,同时也祝愿在共和时代天象和谐。这种愿望体现在庆祝活动的细节中。葡月 1 日的象征标志主动地使用“天象”:在游行队伍里,太阳花车跟随着季节花车,当太阳进入天秤座的标志时,气球升上天空。

康塔尔省的欧里亚克市府设想了如下令人惊叹的游行:“然后出场的是一个由 12 匹马拖拉的光彩夺目的花车;这是太阳花车;在它前面是象征黄道十二宫的标志和新划分的时辰标志;在它两侧行进的是表示白天各个时辰的白衣少女,以及表示夜晚各个时辰的面罩黑纱的白衣少女。花车上将会看到依然睡眼蒙眬的法兰西守护神,她蒙着被百合花覆盖着的面纱,不时地做着简单的动作;人民的官员们走在队伍的前面,表示他们的警觉;他们将按区分组;另外还按照性别和年龄分组;儿童和妇女也将蒙着面纱,表示她们尚未完全觉醒……”

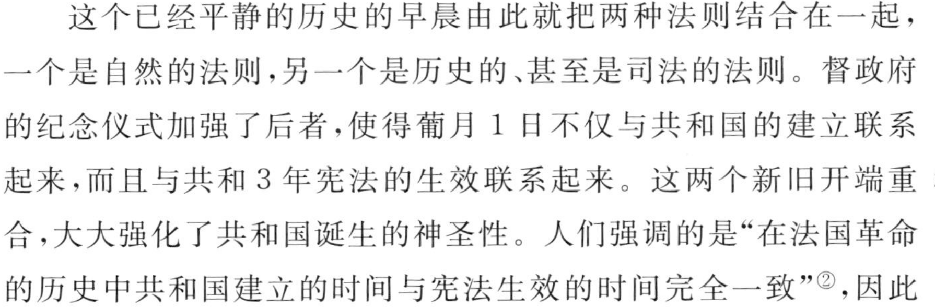

这个已经平静的历史的早晨由此就把两种法则结合在一起,一个是自然的法则,另一个是历史的、甚至是司法的法则。督政府的纪念仪式加强了后者,使得葡月 1 日不仅与共和国的建立联系起来,而且与共和 3 年宪法的生效联系起来。这两个新旧开端重 266
合,大大强化了共和国诞生的神圣性。人们强调的是“在法国革命的历史中共和国建立的时间与宪法生效的时间完全一致”[②],因此

① 共和 6 年葡月 1 日,督政府派驻欧里亚克行政当局的特派员的演讲:“这个元旦节日将通过与太阳运行一致而显现自己的性质;因此与元旦有关的旧习俗将会转移到这一天……”(康塔尔省档案馆,L 648 bis)

② 帕朗－雷亚尔(N. Parent-Réal):《关于葡月 1 日的动议》(巴黎,共和 7 年)。

有可能在葡月1日这一天同时庆祝两个纪念日了。[①] 在这些警惕的言论中，在这些罗列的理由中，我们是否能够感受到一丝眩晕：这个开端不管怎样辩护都不够？当我们读到这些用自然来援救历史的宣言时怎么可能不想到这一点？诚然，革命历法是人的作品，但这是启蒙后的人们的作品，而这些人遵循着“万物的自然过程”。无疑，这里往往会抹去这些工作的人为痕迹，掩盖被困在某一具体历史中的改革者的痕迹。为了整个革命，有什么是不可以做的呢？我们将要看到，这正是在革命的庆典中不顾一切愿望而试图落实的事情之一。

切　分

历法和设立节日密不可分：任何历法都不可能没有节日。但
267 是，传统历法所呈现的一系列节日犹如一堆乱麻。这种看法不是革命时期才有的，一个世纪以来对此就有各种抱怨。长期以来人们认为，在这种混乱背后隐藏着一个设置原则，尽管它其实很简单，但被人们遗忘：节日最初是与太阳和月亮相位的回归相关，旨在标示季节的循环。在布朗热的《习俗揭示的古代》中（这本书当时被奉为经典），革命者们了解到，如果人们在设想节日时没有偏离这一点，他们那种有节制的尊贵就无与伦比了。但是，按照布朗热的观点，“原始的方案”早就败坏了：“大体上可以说，两千年来，

---

① 沙雷尔的《宪法补充条例》阐述了这个观点：共和国的诞生日应该用共和国的宪法来庆祝，“从而使得对它的纪念受到保护，能够承受后人肯定会让它经受的任何打击。”

世界各个民族的节日划分已经没有趣味，没有秩序，没有理由，没有立法意图，已经纯粹成为无数偶然情况与各种错误原则之间的一系列巧合。”[①]一堆讲不出道理的习俗有什么价值可言？应该用有更好理由的、更平均分配的节日来取而代之。这些节日是时间的高峰，它们将把自己的意义赋予日常的时间；它们通过调节社会生活的节奏而创造和整理了时间。因此，在历法中做出新的节日安排，这背后不是简单的狭隘的反宗教情绪，更多的是基于从秩序意识衍生的种种理由而清除习俗丛林里的丛枝灌木的愿望。《习俗揭示的古代》一书就像罗默那样，严厉地谴责格列高利十三世的胡乱做法：他接受了时间不固定的节日及其必然带来的一系列“让 268
我们的历法蒙受羞辱的全部混乱”，岂不是太软弱了吗？罗默如同布朗热一样坚决要求建立一个基于简单而不变的原则——一个彻底明晰的“仪式规则”——之上的节日体系。

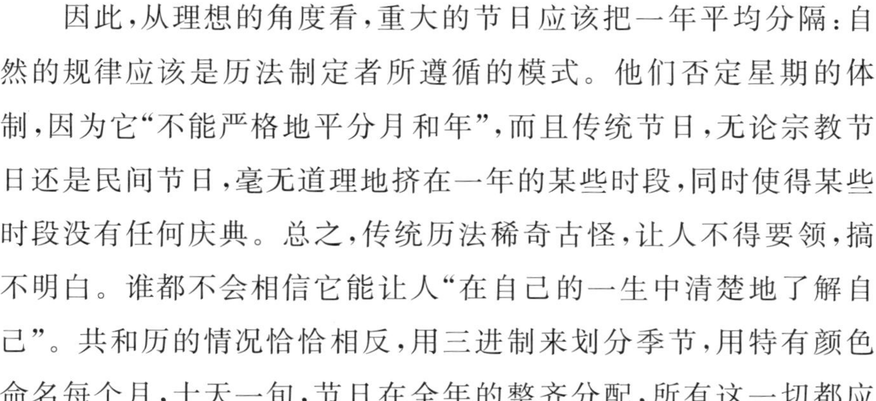

因此，从理想的角度看，重大的节日应该把一年平均分隔：自然的规律应该是历法制定者所遵循的模式。他们否定星期的体制，因为它“不能严格地平分月和年”，而且传统节日，无论宗教节日还是民间节日，毫无道理地挤在一年的某些时段，同时使得某些时段没有任何庆典。总之，传统历法稀奇古怪，让人不得要领，搞不明白。谁都不会相信它能让人“在自己的一生中清楚地了解自己”。共和历的情况恰恰相反，用三进制来划分季节，用特有颜色命名每个月，十天一旬，节日在全年的整齐分配，所有这一切都应

① （教皇）格列高利十三世“修正古代的历法仅仅是为了维系它的存在，也就是说，让错误延续下去：另外，复活节依然是一席流动的盛宴，继续把让我们的历法蒙受羞辱的全部混乱带进从它开始的每年系列节日中。”——布朗热：《习俗揭示的古代》。

该有助于这种目的。[1]

毫无疑问，十进制也遗留下闰日的问题，有时是5天，有时是6天，使得这个杰作有点瑕疵。这不是大不了的问题。这些时段可以用节日来填充。罗默与罗伯斯庇尔一样用这种方法来使那段
269 独特、反常、难缠的时段与普通时段区分开来。法布尔·代格朗丁丰富了罗默的方案，认为后者过于“冷漠”。那么他担心什么呢？担心的是罗默没有完全消除那种“残存”、那种“时间零头”的专断性质。时间账目上留下的日子确实破坏了平等的感觉，也就需要更耀眼的隆重仪式；因此也就需要寻找一个集合名称，发明一个很不文雅的词汇“无套裤汉日”；因此，为了更突显一年的结束，就把这段节日当作给共和国一年的历法账的献礼。清点共和国的“时间账目”时，也就不会多出五天了。在这五天的节日中，一年积累下来的智慧都得以爆发，历数才智[2]为共和国所做的贡献（罗伯斯庇尔的一个略带愤怒的修正案最终用一个人人平等共有的东西——道德——取代了才智这个可疑的天赋），以及工作和高尚行动（应该指出，这里不包括文功武略）的贡献。* 这5天被用于论功

① 关于这一点，见厄尔托－拉梅维尔（Heurtault-Lamerville）关于共和历的第二次报告：“时间的分隔是人类精神最大胆、也最有用的概念之一……人需要有一个坚定的指南，能够引导着他满怀信心地面对过往的事件和即将来临的时代。”（巴黎，共和6年）

② 关于这一点，见纪尧姆（J. Guillaume）：《公共教育委员会档案》（巴黎，《法国历史原始文件汇编》，1891—1907年）：“疏忽或自尊都会使报告人把天赋的节日放在美德的节日前面。罗伯斯庇尔要求每一个节日都各自归位。他指出，凯撒是一个有天才的人，加图是一个有德性的人；实际上，乌提卡的英雄（加图）比法萨鲁斯战役的屠夫（凯撒）要好得多。”

* 共和历中，最后余下的5天分别是道德日、才能日、工作日、舆论日、奖赏日。闰年加一个革命日。——译者

行赏，在这个奇特的“舆论日”最终把评判变成公共事务，让人们张口说话，对公务人员进行评判，这“既欢乐又可怕”。[①]（在标志新
历开始的节日里，这5天是由本地的长老来代表的，他们分发花 270
冠，接受宣誓。）[②]因此，一年将以评判作为终结。这个评判最终使因履行职责而得以上升的那些人重新回到共同基准，造成“白板”，让一切重新开始。这些补差的日子尽管有些畸零，也因此有助于一个平静的“均化”。这还需要更多的证明吗？当轮到闰年时，余数的余数，即第6天被用来举行全国体育比赛。这是节日中的节日。这既是一年的结束，也是4年周期的结束。

追求秩序的抱负在理论上支配着全年的节日分布。节日应该成为年历纬线上有规律的接头，它们之间应该是同样的世俗时段，恰当的时段，不要太短促。[③] 历法改革是18世纪老生常谈——例子很多，可见鲁耶·德奥弗耶的论述[④]——的一个缩影：节日太多
了，应该删剪削齐。实际实行的共和国节日历法中含有这种需求： 271

① 在各种节日方案中，唯一让人想到狂欢节的，是法布尔·代格朗丁的设想：“在这个唯一隆重的舆论日，法律让全体公民就公务人员的公德、私德和行为张嘴发言；法律让法兰西人的轻佻欢快的想象力自由驰骋。在这一天，意见可以用任何方式来表达：歌曲、影射、漫画、讽刺、雅谑、哄闹都是那一天给予那些背叛人民或遭到唾弃或憎恨的民选代表的报酬。”

② 例如，在圣奥梅尔，有一个标志新历开始的节日，是在“统一而不可分隔的共和国的第二年第二个月的第一个休息日”。

③ 这方面最严密的方案是巴拉永在共和3年雪月提出的旬日节方案。他设想每月一个大节日，而且为了维持这种有规则的安排，他坚决地合并了各种纪念活动，例如获月成为“法国英雄月”，以便同时纪念共和国的两个难忘时刻。见巴拉永(J. F. Baraïlon)前引书。

④ 鲁耶·德奥弗耶(Rouillé d'Orfeuil)：《法律的蒸馏器：法国人之友关于人类和法律的观察》，伊斯帕安，1773年。

芽月10日青年节，花月10日夫妻节，牧月10日感恩节和胜利节，获月10日农业节，果月10日老人节。所有的第一个旬日节——感恩节和胜利节除外，因为也能在牧月之外的其他时间庆祝——显示了季节与庆典内容的和谐。它们都体现了那种让节日在全年的分布既简单又令人满意的努力。

为什么这个体系一直是不完整的？从春到秋，确实有规律地举行庄重的典礼：热月的空白很快就被9日和10日纪念自由节填补上了。但是，一方面，秋天和冬天空空落落，成为漫长而少有节庆的死寂季节。另一方面，气候宜人的季节不仅有分布和谐的节日，还有7月14日、8月10日和葡月1日的纪念活动。这些节日不可能不庆祝，也不能改变时间，因为正如谢尼埃指出的，一个纪念历史的节日“在情理上无法与另一个节日合并，也不可能在另外的时间来庆祝。”[①]结果，夏天节日过剩，导致旧制度时期的抱怨卷土重来：节庆太多，无人种地。革命节日没有实现有规律地分配劳动与休闲时间的预想。

妨碍甚至阻止这种预想变成现实的是，对革命时代的纪念与年龄节日或季节节日有些交错。从罗默方案中摘出的这一段文字
272 凸显了这一点，它试图把全新的共和历与持续的革命叙事联系起来（见表格1）。

罗默要让我们相信，这个令人惊异的对比完全出自革命。为了确立这种条理性，罗默也不得不容忍非条理性：他让共和新年开

① 谢尼埃（M.-J. Chénier）：《关于7月14日和8月10日节庆的报告》，巴黎，共和4年。

始于春季的7月，为的是追念那个让法国人感到“再生需求”的1789年之春。他要把整个革命叙事放在一年之内来讲述，这就使他被迫采纳了令人晕眩的捷径，例如从1789年7月14日直奔到1792年8月10日：“凡是有人追求自由的地方，那里的巴士底狱都会在主权者人民的打击下陷落。”在罗默写的说明中，7月19日到8月17日这个月的标题“人民”当然是指1792年8月10日的人民：因此尽管有3年的跨度，人民却好像是一下子就倾覆了巴士底狱和国王，国王的倾覆好像也属于1789年7月14日。这里还有一个怪事：4月20日到5月19日这个月被称作“团聚”，是因为这个时候“法国人民指派代表，后者的勇气激怒了暴君”：这是在纪念三级会议，在罗默的说明里也表示这个月“根据宪法而献给基层大会”。通观这个表格，我们会感到一种对多元决定因素的需求：每一选项都应能得到多方面的辩护；无论通过追溯革命历史中的遭遇和巧合，还是通过其与大自然的和谐关系，均可以证明其合理性。因为即便说罗默尤其注重用“目的或手段”展现“革命的主要事件”，他也没有忽视自然的主题。第7月之所以奇特地作为这个表格的开端，难道不是因为它是春天的“第一个月”，因而特别适合 274
唤起万物再生吗？再如，表格的底部有许多比喻，在“团结”和“博爱”标题下显示，在那些月份里人们“在田野里收获大地的果实后，在自己的屋檐下休憩。”因此，正是晚秋的安谧也给共和国的成立配上一幅和平的景象。在罗默的说明里，接下来的是对这种对应的肯定。9月，人民将能“兄弟般地一起分享大自然和良好社会组织的种种好处”。

因此，人们会察觉到，罗默的方案里有一种举棋不定。在乌托

共和历法的月份，采纳罗默的方案

月	意　义
芽月(3月21日—4月19日)	法国人已经被14个世纪的压迫所蹂躏、被可怕的宫廷腐败进程所震惊(这个宫廷早已在犯罪,成为鉴戒),法国人需要**再生**。
花月(4月20日—5月19日)	宫廷的资源正在耗尽。它召集了法国人民,但他们的**团聚**使得他们得到拯救。他们指派了代表,代表们的勇气激怒了暴君。
牧月(5月20日—6月18日)	他们受到威胁,但他们在**网球场**聚集,在人民的保护下,他们宣誓把人民从暴政下解救出来,使人民免于毁灭。这个誓言得到全法国的响应。
获月(6月19日—7月18日)	各地的人们拿起武器;各地的人们都要自由。**巴士底狱**
热月(7月19日—8月17日)	被拥有主权的愤怒民众的攻陷。敌意涌现,叛逆丛生,宫廷构织阴谋,背信的代表为了卑劣的目的而牺牲**国民**的利益。
果月(8月18日—9月16日)	但是,坚贞的**山岳派**称为法兰西的奥林匹斯。
葡月(9月22日—10月21日)	在国民的簇拥下,国民公会以国民的名义宣布了人民的权利、宪法和**共和国**。
雾月(10月22日—11月20日)	**统一**
霜月(11月21日—12月20日)	**博爱**
雪月(12月21日—1月19日)	是法国人的力量所在;**自由**——通过主权行为。
雨月(1月20日—2月18日)	和国家**正义**砍掉了暴君的头颅。
风月(2月19日—3月20日)	永远与神圣的**平等**结合在一起。

邦的节庆安排中很容易出现这种情况；用革命节日来划分时间——罗默、罗伯斯庇尔和玛丽－约瑟夫·谢尼埃在这一点上异曲同工——总是会在数学的精确分配（理论上的目标）和不那么规则但重视重大革命事件的那种分配之间摇来摆去。因此，革命年历本身也过于臃肿、分布不均，不能像罗默所梦想的那样——尽管有法布尔·代格朗丁赋予它的田园牧歌含义，尽管有各种野生花草——真正适合“田野上的人”。难道它就适合革命中的人吗？

纪　念 275

纪念的理由

从一开始就有一桩令人满意之事：所有的历法和节日组织者都认为必须用革命记忆来支撑节日；他们竞相阐述举行庆祝活动的原因。为了纪念，首先必须克服无知。节日应该向共和国的儿童展示全部革命历史。[①] 甚至成年人也应在纪念仪式中受到教育。[②] 因为节日紧跟着革命事件而来，这显得似乎是一种多余的重复。但是，人们回首时会惊异地发现，短短几年异彩纷呈，值得

---

① “（在节日里）小孩将站出来宣读英雄的名字和光荣事迹。他们的灵魂将浸透对祖国的热爱和对美德的赞赏。”多贝尔梅尼（F. A. Daubermesnil）：《引进振兴公共精神手段的委员会的报告》，巴黎，共和4年。

② 共和国的节日不仅是为儿童设立的学校，也完全是成年人的学校：“因为正是在这里，意象变得具体了，活生生的例证成为最有说服力的教师。这样就将不分老幼对所有的人都成功地进行教育了。”厄尔托－拉梅维尔（Heurtault-Lamerville）：《关于旬日节的意见》，巴黎，共和6年。

纪念的事件似乎浓缩了许多时代，“3个世纪的革命、经验和光荣”都挤在一起。[①] 用节日来整理泛滥的记忆，并非徒劳无益。此外，
276 节日也是克服虚幻感的一个可感知的信物。通观18世纪，从洛克到休谟，这些思想家都认为，信念必须不断用现实印象的力量来加油；人们相信，通过把关于重大革命行动的记忆与定期的宏大场面联系起来，这些事件就不至于逐渐变得不可置信。此外，通过重复，就能重新激发神话时代的那种神圣而有益的氛围。通过默想、记述，尤其是通过模仿革命时期纯真的光荣日子，人们在这种与英雄主义的接触中，将重新点燃信仰。[②] 通过把往事搬到现在，历史仪式就把彼时的美德转移到此时。直到雾月事件之前，人民不断地期待通过追寻7月14日而产生奇迹，仿佛回到起点一定会是一次新的公民洗礼。

这些理由既能解释一些东西，同时也会掩盖一些东西。如果我们考察一下纪念的词汇，就会觉得节日的目的十分保守：就是维持、延续、守护。然而，凡是没有任何方案加以维系的记忆都会窒息而亡。对记忆的召唤在这里应该完全听命于未来的表演。事实上，节日的组织者确实在考虑未来，但这必须是一个完全重复性的未来。节日的目的就是实现一个伟大的愿望：终止革命。[③] 我们

① 多努(Daunou)：《论8月10日纪念活动》，巴黎，共和3年。

② 在这个意义上，古代节日确实是很有生命力的样板：“你读上一百遍关于那些军事游戏、那些孵化出英雄的凯旋记载。”多贝尔梅尼，前引书。

③ 朗特纳斯宣布，在节日上，国民公会应该找到结束革命的“力量和手段”。朗特纳斯(F. Lanthenas)：《设置旬日节的法律框架方案的阐述》，巴黎，共和3年。这也是共和3年花月勒佩勒蒂埃向国民公会提交的《思考》的主题。他提议，通过节日，“引导着共和革命没有危机、没有震荡地抵达我们为之奋斗的目的。”勒佩勒蒂埃(F. Le Peletier de Fargeau)：《对当前局势的思考》，巴黎，无出版日期。

可以看看用一个节日来纪念热月 9 日的理由："（热月 9 日给了我 277
们）多么有益的教训！它成为革命所探及的底线！"[①]这里有双重的教训：除了政治科学的一般教训（革命完成），还有一个独特的诊断：热月 9 日体现了这个完成。

但是，确信热月 9 日乃是革命链条中最后一环的看法并没有被所有的人认可；尤其是芽月和牧月先后两次暴动表明，郊区工人有能力开创新的"日子"。不管怎样，节日将给这个结局提供失落的证据：它会被搞成最后的革命事件。人们恰恰想让这个纪念性的节日体现这个人们追求的但又武断确定的收场。这是因为为了告别社会动乱——这个挥之不去的主题贯穿所有关于节日的文献——必须满足两个条件。首先，必须把革命历史抓在手里，并且宣布一切不可逆转。纪念历史的节日确认了非法行为的合法性，就成为一个担保；它能防止后退；它能打消那种认为英雄的牺牲徒劳无益的消沉观念。[②] 它给所有将自己的命运与革命的命运紧密连在一起的人、所有被元老院主席列入葡月 1 日节庆名单的人一
个保证。换言之，那些人是攫取了国家财富的人和"所有通过产业 278
或农业附着在法兰西大地的人——人数众多、勤劳有用和值得尊重的阶层，他们运用智慧而极其幸运地经历了大革命"。[③] 其次，

① 《共和 6 年热月 9 日元老院主席拉沃的讲话》，巴黎，共和 6 年。

② "我凭我的职责和荣誉宣誓，永远不会让我们倒退到任何暴政；恐怖的血枷再也不会压迫法兰西，共和 2 年热月 9 日不会白白发生。"迪莫拉尔（J. Dumolard）：《论共和 5 年热月 9 日节》，巴黎，共和 5 年。

③ 《共和 5 年第 5 个补差日元老院主席的讲话》，巴黎，共和 6 年。

如果为了安抚那些人而不得不保全历史，那么也得向他们许诺一个未来：不会有新的震荡，不会有为了完成革命而可能打破平衡的新事件。

为了结束革命，也为了消除威胁未来的不确定性，最紧迫的任务就是确定关于革命事件的叙事。如果有可能从有这个“极其多变”①的民族抽取一个公认的历史解释，那就万事大吉了。② 删除胡作非为的日子，把革命投射成永恒的话语，这样既消解了人们对革命的质疑，也消解了人们对革命的坚持。此外，通过搬演那些“美好的时代”，或许能够重新缔造失落的团结一致。无论如何，这是纪念性节日的组织者所追求的目标。他们并非不知道这里潜伏着危险：“革命的时代在本质上很难控制狂风暴雨，也很难创造晴朗的天气。”③

确定这种叙事就需要做出选择：如何在革命的众多事件中做
279 出选择？应该让编年史讲述所有的一切，因为这包含着一切能够激发人们好奇心的东西。但是节日仅仅是唯一一种感性的编年史。如果让这些节日讲述一切，会达不到目的；因为即使旧制度已经远远退隐，已不再让人想起“其差异和杂乱”，那么革命的这段直接历史也正如米什莱在《十九世纪史》中清楚地显示的，乃是一个“废墟的世界”。节日所寻找的只是那些能够通过让人感受到革命

① 德布里(J. Debry)：《庆祝人民主权节的法案动议》，巴黎，共和6年。

② 节日是“最有效地在一切人思想中固定一个对这场革命的恰当认识、在人们思想中实现一个理想的统一的手段。”朗特纳斯：《巩固热月9日革命、重建真正共和派的和谐的手段》，巴黎，共和3年。

③ 同上。

结束而加强民族和解的东西。[①]

当然，这就意味着节日提出的叙事要有空白。在这些空白处，一些日子失落了：如共和3年的芽月12日和牧月1日，提起这些令人气馁的日子，就会打击把热月9日定为革命终结之时的意愿；再如，共和1年的5月31日，提起它国民公会就会唤起不堪回首的记忆；再如，1792年9月2日，提起它就会玷污8月10日的光彩。于是，在这些纪念日之间就有了大块的遗忘之地。有时甚至有整片空间销声匿迹。迪布瓦－迪贝在演讲中自比为一个画家，在表现伊菲格涅娅被父亲阿伽门农当做祭品献祭时，在阿伽门农的头上蒙上一块面纱；他本人则被迫放弃一段“对于敏感的心灵过于恐怖的故事，也把一块黑纱罩在从可恶的5月31日到值得纪念 280
的热月9日使坟墓和废墟遍布法国的众多无法名状的恐怖场景上。”[②]许多演讲都阐述了这个话题：应该从集体记忆中删除这“众多的受难者”，[③]因为不应该把不幸变成永恒的记忆，而提起不幸仅仅是为了让人获得正确的教训，正如一个“民族庆祝在自己房屋和庙宇的废墟中所保存下来的崇高智慧和对自由的挚爱，为的是

① 关于这个观点，同样可以参见谢尼埃的论述：“毫无疑问，应该每年在我们眼前展现属于一切革命的那种急促而无特征的事件的影像；但是我们在未来必须崇奉那种永恒的时代，那时一切暴政都已在全民的声浪中垮台，理性的巨大脚步正穿越欧洲，并将踏遍世界的每个角落。”《统一而不可分的共和国的第二年雾月15日谢尼埃的讲话》，巴黎，无出版日期。

② 迪布瓦－迪贝（L. T. Dubois-Dubais）：《论热月9日节的理由》，巴黎，共和7年。

③ 莫热内（F. Maugenesst）：《果月18日节方案的动议》，巴黎，共和6年。

激发自己去反抗波斯人”。[①]

因此，在纪念性节日里，查禁也与记忆相互较量。对于这种节日的不确定后果，遗忘的提倡者和记忆的提倡者也展开了争论。有时后者也会后悔。我们需要纪念，因为我们正在为现在的时代立法。但是，“如果我们把我们革命的暴风骤雨都抛在脑后，如果法国的自由无论在内部还是在外部从来不曾有过敌人……那么我要对你们说，传递给子孙后代的东西根本不会让他们想到我们曾经有过那种怀疑和骚动。”[②]这种抹杀过去的欲望有时具有地理情结。在共和3年芽月之后的惊恐日子里，演讲者们时刻念叨的形象是“不可侵犯的祭坛”，[③]他们希望把它立在革命广场的中心，就

281 好像立在大革命历史的阴暗中心，因为需要一个庞大的纪念物来消除断头台的形象。他们甚至庄重的宣布，革命广场绝不再被用作酷刑之地。[④] 也有人主张通过清洗语言来促成遗忘：早在共和2年果月，来自埃纳省的代表M.E.珀蒂就提议，对那些使用革命中产生的但显示分裂的词汇的演讲者，实行禁闭，那些词有“山岳派、平原派、沼泽派、温和派，斐扬派，雅各宾派、联邦派、金色青年*、警觉者”。甚至有人试图用彻底遗忘来掩盖共和国的来源：“我希望下一代不要再复制那些记忆，从而完全不知道法国曾经被国王

① 勒库安特-皮拉沃（M. Lecointe-Puyraveau）：《庆祝热月9日、葡月13日和果月18日诸事件的讲话》，巴黎，共和3年。

② 拉利耶（L. A. Rallier）：《论骚动的程式》，巴黎，共和7年。

③ 迪佐（Dusaulx）：《共和3年国民公会演讲》，巴黎，共和3年。

④ 瓦兹省的波尔捷（Portiez de l'Oise）：《波尔捷代表公共教育委员会提交的庆祝热月9日节的报告和方案》，巴黎，共和3年。

* 金色青年（Muscadins），指法国1794年热月政变后的右翼青年。——译者

统治,尤其不知道共和国有过弑父的孩子。”[1]按照这种悲观的观点,对革命起源的茫然无知乃是实现团结的最好保障。

但是,是否有哪一个对受到节日所纪念的事件的回忆不会造成危险?坚决主张集体遗忘的一派坚持认为存在着无可指摘的纪念活动;为了庆祝战胜专制联盟,为了尊崇获胜的将军,绝不需要缄默。在庆祝奥什将军或茹贝尔将军的胜利时,他们的同时代人简直就像开出了一份后人的债务。不过,这些是临时性的纪念活动,因其事件的突然性而举办。这些节日无法建立一个民族。如果人们仅限于纪念军事成就,那么法国人似乎就是为了战争而被 282
造就出来的。[2] 节日会背叛原来的目的。如果人们希望它能提供无论个体还是政治团体都不懈地追求的“长期动荡之后的喘息”,[3]那么就应该创造一个永恒的节日,唯一能够持久存在的节日。

重要的是找到那些毫无疑义的隆重日子,那些不会引起杂多记忆的节日。7 月 14 日或 8 月 10 日?即便在这些特殊的例子里,叙事的安排也丝毫无助于造就记忆的纯洁性。因为如果想从纪念活动中收获所有期待的好处,那就必须遵守许多的要求:必须使重要的形象风格化,也就是“把已逝英雄的激情和偏见留给历史”,[4]实行史诗般的简化;必须避免记忆的互相污染,要把革命的

① 莫热内:《果月 18 日节方案的动议》。

② 这是《德普朗克对共和国制度的意见》中的主要观点:“正是因为法国人民是自由的,正是因为他们非常强大。因此我们应该倍加小心,不要把他们推进战争,要去除掉他们心中野心的种子。”(巴黎,无出版日期)

③ 勒克莱克(J. B. Leclerc):《关于婚姻和婴儿出生的仪式的新决议案》,巴黎,共和 6 年。

④ 迪莫拉尔:《论共和 5 年热月 9 日节》。

日子与其后来发生的事情区分开。实际上，如果把它们纳入事件的系列链条，那就必须进行一种利弊的估算，至少可以说，其结果未必令人满意。再有，有意识的记忆必须配有大量的预防措施："追念7月14日和8月10日，我们不是为了庆祝流血和对罪人的
283 惩罚。相反，我们正在努力从记忆中消除这些东西，使之不要毒化自由的胜利给予我们的纯洁欢乐。"[①]"我们不要通过回忆随后那些太近的日子而毒化这个节日——8月10日。8月10日的胜利者没有参与九月谋杀。真正的法国人懂得如何战斗和取得胜利；他们绝不会干谋杀的事情。"[②]进而言之，"我们不要把革命柏枝同自由树、胜利花冠混在一起。"[③]在这个纪念活动中丝毫谈不上天真纯洁；首先要做的就是精细的剪切，把庆祝的日子从原来的事件经纬中分离出来。这个节日孤岛性质——单调劳作日子里的幸运岛屿[④]——也呼应了所纪念日子的孤岛性质：这是保证惬意记忆的双重条件。

因此，不难理解，结果是，革命节日向公众展示一系列彼此无关的"画面"，而不是提供一个连续的历史。那种让每个节日体现一种美德的做法，也促成这种结果。在一个国家节日的重组方案中，勒基尼奥提议让每一个纪念活动来赞美一种美德。例如，8月

① 格勒利耶(L. F. Grelier)：《对庆祝果月18日节日决议案的反对者的回应》，巴黎，共和6年。

② 莫热内：《果月18日节方案的动议》；菲利普-德莱维尔(J. F. Philippes-Delleville)：《共和5年8月10日宣读的法令动议》，巴黎，共和5年。

③ 莫热内：《果月18日节方案的动议》。

④ "人生的航行中，节日就像汪洋大海中的岛屿，喘息和放松的地方。"(迪布瓦-迪贝：《论热月9日节的理由》)

10 日登场的是自由，1 月 21 日登场的是平等，热月 9 日体现的是勇敢。[1] 这样，通过权威命名，每一个历史节日都成为一种稳定价
值的寄放处。甚至尽管热月 9 日本身十分具有戏剧性，但关于它 284
的叙事也可以简化成两种永恒价值之间的冲突，它们的较量产生出两个对立的画面。一方面，“历史的刻刀”所刻画的是“罗伯斯庇尔、库通及其党徒犯下的前所未闻的可怕罪行”，另一方面是“国民公会表现出来的勇敢、奉献、坚韧和智慧”。[2] 在罗伯斯庇尔派与国民公会之间，到底发生了什么？什么也不告诉我们。历史蒸发了，留下的是美德和恶习的分类。节日变成道德的活报剧。

纪念活动的选择

在遵守这些预先要求的情况下，有一些纪念活动是没有争议的。其中 3 个似乎没有受到任何质疑：受到广泛尊重的葡月 1 日，理由前面已经讲过，还可补充一点，就是那天没有流一滴血；7 月 14 日，那是不用说的；确定性越来越少的 8 月 10 日。

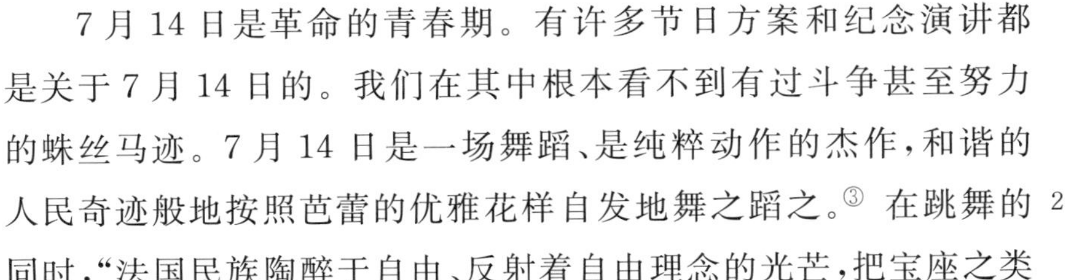

7 月 14 日是革命的青春期。有许多节日方案和纪念演讲都是关于 7 月 14 日的。我们在其中根本看不到有过斗争甚至努力的蛛丝马迹。7 月 14 日是一场舞蹈、是纯粹动作的杰作，和谐的
人民奇迹般地按照芭蕾的优雅花样自发地舞之蹈之。[3] 在跳舞的 285
同时，“法国民族陶醉于自由、反射着自由理念的光芒，把宝座之类

① 勒基尼奥(J. M. Lequinio)：《国家节日》，巴黎，无出版日期。

② 拉米(C. Lamy)：《关于热月 9 日的动议》，巴黎，共和 5 年。

③ “没有征召、没有首长、没有薪水，这支军队是在战斗中聚集，是由一场胜利组织起来。”博丹(P. Baudin)：《论 7 月 14 日的纪念》(巴黎，共和 7 年)。

的摆设踩在脚下。”[①]或者他们在唱歌：“在革命的美妙日子里，在公共广场上，嘹亮活泼的歌声乃是打翻宝座的前奏。”[②]后来发生的事情被加在这个行动上。捣毁高塔、冲破大门，二者如同纪念活动中攻占巴士底那样轻而易举，这里没有预谋，纯粹是本能的发泄。[③] 这个节日的优势就在于它只需重复已有节日的样子！因此，从来只用抒情的语言来描写7月14日：“这些自由的最初时刻是多么美妙！人们的勇敢多么一致！人们倾泻的信任多么芬芳！人们的感情多么亲密！”[④]但是，它是革命的出生证：是自由的“我
286 思”，全部革命“日子”链条都系于它。在关于7月14日的纪念活动的讲演中，博丹明确地表示，在他看来，逻辑的顺序和历史的顺序被混淆了。实际上，共和3年宪法把1789年7月15日确定为“那些抛弃自己祖国、永远丧失了全部回归希望的法兰西人的政治罪行的起点”。[⑤] 7月14日之所以具有优先地位，原因就在于社会契约所认可的两个时代的断裂。由于它不得不用一种排斥作为代价，那么这不会使这个节日失去了某些色彩吗？根本不会，因为正是革命的存在使得“自由之敌”的流亡成为必要；由此产生的民族

① 《马尔博的演讲……共和6年获月26日》，巴黎，共和6年。

② 德布里(J. Debry)：《论公共道德的基础》，巴黎，共和3年。

③ 当巴士底的象征物缺失时，人们抱怨：“如果沙尔格兰(凯旋门的设计者)——他与那位大臣一致，而且眼高手低——用一个可摧毁的巴士底模型来取代这些柱子和亭子，那么这个节日不是更有意思吗？这正是人们在沙特尔所做的……正是通过艺术的魔法，放大的往事会在记忆中留下深刻的、不可磨灭的印象。”《法兰西爱国者》，共和6年获月28日。

④ 约讷省的莫罗(Moreau de l'Yonne)：《7月14日法案动议》，巴黎，共和6年。

⑤ “自由之友与自由之敌之间不可消除的分界线可以追溯到那一天……巴士底的瓦砾成为从那个时刻起矗立起来的分隔之墙的材料，出生在同一片土地、操同样语言、在同样习俗中成长的人不再有同一个国家。”博丹：《论7月14日的纪念》。

团结也更加灿烂辉煌。[①] 这个节日属于整个法国，“除了几乎察觉不到的少数叛乱分子”。[②] 但是，这幅画面上有一点阴影：7 月 14 日没有完成这项工作；它没有一下子生出整个革命；革命新手缺乏经验，用一个不好的宪法来支持一个被蛀蚀的宝座，当然这足以解释为什么必须着手新的斗争。实际上，8 月 10 日给予君主们的教训对于立法代表们也是有益的，因为正是由于他们的笨拙造成两个事件在时间上的分开，但是从督政府的角度看，二者在理念上属 287
于同一时期。[③]

因此，8 月 10 日是 7 月 14 日预告性事件的完成。它通过“消除共和国构成因素中的那些异质部分（由于这些异质部分，联合造成了有利于暴政的不纯合金）”[④]使原有的工作变得纯净，实现了 7 月 14 日的意义。但反过来看，正是 7 月 14 日给了它活力。那些在 8 月 10 日与“联盟节代表”向王宫进军的人是圣安东和圣马尔索郊区的居民，也是 7 月 14 日的那些人。众所周知，在整个革命期间，贴上“1789 年爱国者”的标签是何等的意气风发。让人放心也很有政治意味的是，在这些有时不得不征召的郊区人中，人们只希望看到巴士底狱的攻占者！无论如何，正是他们参与了 8 月 10 日，把 7 月 14 日的魔力转移给 8 月 10 日。因为 8 月 10 日首先让

① “革命的美好日子，你看到法兰西民族如兄弟般的团结……只有一种情感、一个目标、一个意愿。”同上注。

② 德布里：《纪念 7 月 14 日法案动议》，巴黎，共和 5 年。

③ 有人天真地强调这一点：“如果制宪议会能够通过宣布共和国来利用第一次民众追求自由的热潮推进革命，这两个值得纪念的时刻会很自然地并列在一起。”曼恩－卢瓦尔省议长勒泰尔姆－索尼耶的讲话，见《共和 7 年昂热的革命节日》。

④ 迪普朗捷（J. F. Duplantier）：《关于庆祝 8 月 10 日节的动议》，巴黎，共和 6 年。

人感受到的是某种巨大而可怕的东西，[1]这与7月14日的欢乐气氛恰成对照，引发人们严肃的思考。但是，与7月14日的情况相
288 同，一切都以迅雷不及掩耳之势完成了！推翻王权如此轻易，连胜利者都感到惊异；人民通过自身的行动发现了此前深藏的秘密，即暴君的虚弱。关于这一天的各种记述[2]都与这些庆祝活动呼应：在庆祝活动上，当警钟鸣响、集合鼓声大作之时，人们就把权杖和宝座扔进火堆之中，同时撕开一块幕布，露出自由女神的塑像，一群鸟儿腾空而起。8月10日过后的报纸评论说，这个主显节式的节日背离了事件本身的性质。[3] 这种说法不无道理。但是这种情况之所以出现，是因为在记忆光辉的照耀下，事件变得清澈透明，它纯粹变成"马布利们、卢梭们、雷纳尔们以及其他现代哲人们美好观念"的实现。[4] 但是，要想陶醉其中，就不能太细致地探究其后果：如果我们追溯事态的发展过程，难道不会看到突显出来的9月2日或5月31日吗？"当回到在8月10日那个时间，梳理三年间祖国命运的线索时，我们好像同时在沿着两条道路在走。"[5]第一条道路是共和国军队之路，它取得了完全胜利，但第二条是暴政

① "那个伟大日子的前夜非常美好；天气晴好，巴黎极其静谧……但是那种阴郁的缄默，那种深沉的宁静具有某种强迫性的、甚至可怕的东西在里面……"迪布瓦－迪贝：《论8月10日节的理由》，巴黎，共和7年。

② 迪布瓦－迪贝在前引文中的论述："历经14个世纪、早被蛀蚀的宝座歪倒在尘土中，王权及其虚假的荣耀灰飞烟灭；自由取得了胜利，专制惊恐万状，退缩逃逸，从法兰西的土地上永远地消失了。"

③ 例如共和6年热月25日的《89年爱国者报》就这样评论："难道8月10日节不应该有某些记录其重大恐怖后果的特点？"

④ 迪布瓦－迪贝：《论8月10日节的理由》。

⑤ 《公民多努论8月10日纪念活动》。

之路，也是源自于光明的8月10日本身。为了获得这种不可思议的结果，人们不得不超出自己的实际能力，大胆蛮干："为了推翻王权，人们必须超越自由的限度，结果人们做的太过分了，严重损害 289
了在一个大国里能够维持对公法的尊重的严格原则。"[①]如果想让8月10日具有其真正的意义，我们就最好少谈论其后果。

这样我们就有了葡月1日节、7月14日节，或许还有8月10日节。这个无争议的纪念日清单当然太小了。除了这3个重大日子外，其他重要的革命日子几乎很少有不引起苦恼或重新挑起冲突的。甚至有些日子，如1月21日，几乎不可能来庆祝。还有些日子若是庆祝的话，就会打开了一个闸门，就需要永远不停地重新安排庆祝活动。果月18日节就是一个很好的例子。

不可纪念的日子

在革命时期的所有节日里，有一个节日完全可能使它所纪念的历史事件变得更令人难以忘怀；发生那个事件的"日子"与许多革命日子不同，似乎丝毫没有含糊不清之处。这里所说的就是1月21日节。[②] 更准确地说，它是那个带有一长串具有多种含义的定语的"对法国人最后一个国王实施正义惩罚的节日"。说"正义 290

① 《公民多努论8月10日纪念活动》。

② 从共和2年雨月，人们就庆祝国王之死。但最初是一些零星的庆祝活动，形式随意，并不严格限定在每年的那个日子，在国王肉体消灭之前就在一些地方进行了，名为"王权消失节"。共和2年罗伯斯庇尔的花月讲话把这变成官方节日，并使之具有了全国性。与罗伯斯庇尔派方案中的其他节日一样，热月后它变得不确定了。但是共和3年雪月，由于"六条法令"，它最终定型。六条法令为革命十年的余下时期确定了基本路线而非细节。

惩罚”或许是在一个没有真正完结的审判中要求清债；但这也是一种委婉的说法，拉开与某些过于残忍的形象的距离；说国王是最后一个，既可以是一种单纯的事实陈述（就自然的继承规则而言，他确实是最后一个），但也可以是一种愿望，更是一种纲领：铡刀将国王的序号一刀斩断，从而保证了他确实将是最后一个。

这个节日显示了它所表现的事件吗？节日的表现远不能表达节日的对象（事件）。公共教育委员会的建议只有一点平庸的创新：在蒂里翁的方案里，篝火既能让参加者在这个冬季节日里取暖，又能用来焚烧王权和封建制度的象征物，但共和国的许多节日都使用篝火。实际上，这个有点陈腐的寓意遭到了尖刻的批评。勒孔特嘲讽地问：“按照建议，篝火将在人们眼前烧掉封建主义象征的残余，这要表达什么意思呢？”二者只能选一：要么这些象征物依然存在，有比模拟烧掉更为好的方法处理它们；要么它们已经不存在了，这个仪式就是多余的了。勒孔特的问题触及了有关革命节日的大辩论的核心：按照启蒙节日所设想的节日能否表现阴影和恐怖？人们有一种恐惧的迷信，害怕表现人们想否定的但在节日中总能感受到的东西。这种担心在1月21日节表现得更强烈。因此官方的安排十分简洁，节日本身的表现十分贫乏。1月21

291 日，人们在公共广场焚烧羊皮纸文件和权杖。然后仪仗队开始游行，满眼只见布鲁图、自由女神、卢梭、富兰克林的形象以及极少的王权标志。哪里见得到路易十六的名字？那就更少了。即便有，也很难让人看出是国王的形象：在共和7年雨月2日的波尔多，在“神庙”的两个大门之间立起一个伪誓者塑像。位置较好的观看者或许能够在这个寓言形象的王冠上看到“路易十六”几个字。但

是，官方档案和报纸报道似乎只注意表达抽象教训的仪式：他们所记住的就是对伪誓者的惩治。

共和 2 年的那些纪念日是在当局掌管这些纪念活动之前进行的，没有什么拘束，因此可以比较大胆地创新。尽管可以嬉笑胡闹，尽管具有近乎狂欢的哄吵，但从中还是能感到某种不安。共和 2 年风月 20 日，有一个被公众嘲笑的可怜对象被放在车上游街，但他不是路易十六，而是穿着皇袍的圣路易——这是从哪个教堂里搬出来的塑像？这是一个具有多重意义的形象，因为他实际上是被当做路易十六的："圣卡佩先生的头（卡佩是公元 987—1328 年间法国王朝的姓氏）代表的是胖子维托，他的多少代孙子。"在这种混合中，冷嘲热讽不是失去了火力，丑化泄愤的性质不是逐渐减弱了吗？诚然，狂欢式的凌辱把端坐在宝座上国王赶下台：这是因为这使人们觉得有一天能侮辱他、殴打他、轰他下台很痛快。但是这个节日的表演废黜了一个已经废黜的国王；它致力于搬演一个事件，但是那个事件的悲剧情绪或丑恶力量是它根本达不到的。进一步说，它无意于此，并且只让人们看到这种因素最少的表露。292
那么让人们听到什么呢？即便是在这个不那么直白的领域，人们也能感受到庆祝活动里的骚动；在共和 3 年巴黎人的这个节日里——这是第一个官方的重大样板——由国家音乐学院演奏的葬礼进行曲被批评为太温柔甜蜜了。这看起来难道不像是人们想哀悼暴君的去世吗？戈塞克试图拯救他的世界："人们完全应该沉溺于一种温柔甜蜜的情感，即因摆脱了暴君而产生的幸福在敏感的心灵中激发出来的温柔甜蜜情感。"

于是，通过一种刻意欠缺的象征手法而实现了对相关事件的

删除。这种手法是使意象的出现不过是为了迅速引出那些说法：要么引出标语队伍的棋手高举的旗杆上的文字，要么引出市政官员在祖国祭坛上发表的慷慨激昂、辞藻华丽的演讲。当然，有的演讲者会直面相关事件，有的则根本不会提及。但更有意思的是那一类占大多数的演讲者，他们说到 1 月 21 日只是为了更好地忽略它。在这些演讲里回忆变得模糊，其中有两个特点令读者印象深刻：抹掉了国王这个人，而且抹掉了惩罚——在一个具有这样名称的节日里这是一个引人注目的事实。各式各样的演讲都是旨在赶走那个受刑者的形象。几乎无人提到路易十六或卡佩。在演讲里随处看到的是“伪誓者国王”、“背信弃义的国王”、“最后一个头戴王冠的暴君”、“一个无耻恶毒女人的玩具”或者“第一公务员”——正是在这个说法里，卡佩王朝的神圣国王在世俗制度里被最大程度地抹杀了。论辩也使国王的特征变得模糊。人们质疑的与其说

293 是他本人，不如说是他所体现的王权，而他是凭运气，更是因为倒霉才成为王权的化身。他的个人罪行放在国王罪行自我炫耀的画卷中，开始逐渐褪色和销蚀，因为演讲者们喜欢谈的是法兰西通过惩罚最后一个国王惩罚了其先人的暴行，那些先人的罪过并不比他轻：“这是这个或那个世纪中最终对被篡夺的权威实施正义的可怕例子。”“在这个或那个世纪”，这种对历史的漠视具有一个明确的功能：在当时展现的浓缩的时间中，人们读解出来的与其说是历史，不如说是一种有偏差的第二天性；集体的责任把过于针对个人的惩罚意象推到一定距离之外。

实际上，处死国王引发了许多婉转的措辞：在这些演说中断头台的字样无影无踪，“民族之剑”是在其中可以找到的最残忍的断

头台隐喻。演讲者们也几乎没有提到死亡：他们更愿意把它说成是“全部罪行的代价”、“可怕的事件”，或者兜个大圈子，让我们能够看到那种竭力摆脱罪愆的窘迫愿望：“那个后果太真实、太公正、太自然了，时机也恰到好处。”极度消解了那个讳言之事后，1 月 21 日变成了什么？自由宝座安放之日，共和国的成立纪念日？8 月 10 日或葡月 1 日也很容易成为这样的日子。纪念的内容消失了。在这个意义上，也仅仅在这个意义上，这个遗忘节日乃是第二次死刑。

到底是谁惩罚谁？我们细读这些演讲，但不得要领。它们都闭口不谈那个审判以及国民公会的分裂；它们把惩罚归因于天命，或诉诸某种德性的警喻（要么是仁慈的自由，要么是智慧；当演讲者强调大革命的这个阶段与其他阶段的不同之处时，这种德性是 294
正义）。对某个永恒的德性给予特殊的戏剧化展现，而且似乎仅仅想着如何充分表现，除此之外没有其他动机，因此 1 月 21 日不需要更多明确指定的行动。

但是，无论意象还是言论都属于装饰，而且如果人们决意让这个节日的仪式基于被隐匿的历史上，那么它们就更是微不足道。共和 3 年雪月训令使这个节日从此具有一种特殊的形象，即“共和国工薪者”的节日，宣誓敌视王权成为节日的核心内容。宣誓从一开始就使节日具有了凝聚力；从共和 3 年到共和 7 年，宣誓的地位不断上升。宣誓仪式在共和 4 年的各种典礼中还很简单，但是到共和 7 年就变得繁复冗长：此后向最高主宰祈祷成为必要的部分，仿佛竭力向宣誓人群显示一种最高存在。然后是“对伪誓者的诅咒”，这给中心学校的教师提供了卖弄学问的机会，他们用华丽的辞藻描述了伪誓的后果：永久的漂泊和内疚。可以清楚地看到节

日会启动什么样的联想。通过预先描述伪誓者会受到的惩罚——宣誓者刚刚受到的法律施加的制裁——节日成为国家的恐吓工程。雨月2日，所有的人都会感受到那种严肃性：施加给伪誓国王的惩罚也被用来支持用恐惧教学法提供的一般教训。

295 实际上，要让人们相信恐惧是节日的真正基础，并不需要用诅咒来展开关于恐惧的说教。各种情况都在证实这一点：在祖国祭坛上大写的仪式程式；走向宣誓台的“上升”过程；把左手放在共和3年宪法上面的方式；高举右手、身体绷紧的英雄姿态。此外，众目睽睽也有一种沉默的压力。这种僵硬的毒誓仪式很可能引起一种恐惧。在许多档案中透过禁锢的官方语言可以感觉到这一点：在将要宣誓时，许多人溜掉了；有些人修改誓词，认为可以消解其效力；还有许多人在宣誓或唱歌时会发呆，仿佛被一种神秘的麻痹所击中：在这种“突发症”里我们怎么可能看不出那种对癔症的真诚模仿呢？

但是，宣誓如此可怕，完全是因为恐惧本身是它的土壤。如此执意强迫人民宣誓敌视王权和热爱共和，只能用恐惧来解释：越来越担心将来可能有君主而无共和。誓词的内容是：革命不可超越；它所表达的不仅是众口一词的不能走回头路，还有未来只能重复现在，不能有其他前景。情况不正是像萨特所描述的那样，所有的宣誓者都发誓要不计后果地永远维持现状吗？宣誓者所拒绝的是具有销蚀作用的时间。节日的保守目标很容易在遵守誓言的教学法中得到展现。
296 宣誓体现了全体支配个人的生死大权，是克服个体虚弱性的集体保障，同时也是克服历史失控的集体保障。

无休止的纪念

但是，热月之后在对纪念活动的无休止修改中还是能够看到这种偏离。最后一个被提议纪念的果月18日就是这方面的例证。

与米什莱的看法相反，其实很难把果月8日事件提升为重大革命日子：清晨军队在没有抵抗和骚动的情况下占领巴黎；督政府的3个成员剥夺了另外两人的职权，两院无奈地认可了这次清洗。在这场乖戾的胜利中缺少了许多东西：人群的活动，人民的呼啸，更没有断头台的悲情。一个小团伙急于压制反对派但又要维持体面，他们更偏好“干涩的断头机”*。这种消音方式并不能阻止一切发生变化。而且，即兴发挥和大胆冒险再次被果月18日打开的缺口所吞噬。人们可以马上清楚地看到，这个事件立刻把对往事的重新解释变得很必要。

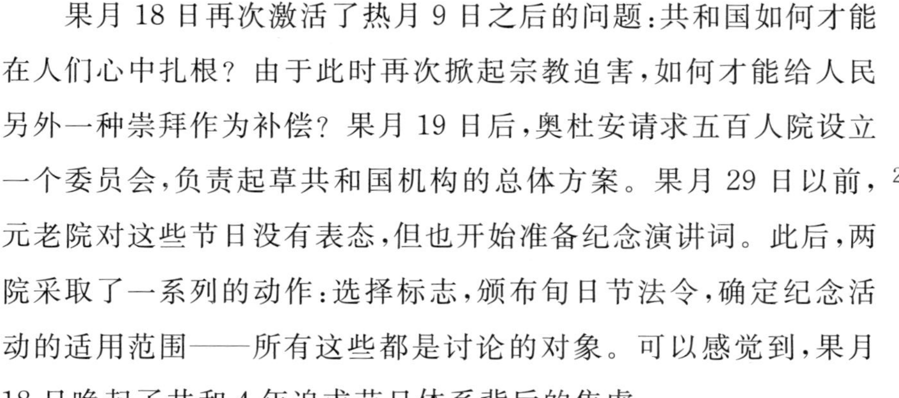

果月18日再次激活了热月9日之后的问题：共和国如何才能在人们心中扎根？由于此时再次掀起宗教迫害，如何才能给人民另外一种崇拜作为补偿？果月19日后，奥杜安请求五百人院设立一个委员会，负责起草共和国机构的总体方案。果月29日以前，297
元老院对这些节日没有表态，但也开始准备纪念演讲词。此后，两院采取了一系列的动作：选择标志，颁布旬日节法令，确定纪念活动的适用范围——所有这些都是讨论的对象。可以感觉到，果月18日唤起了共和4年追求节日体系背后的焦虑。

---

* “干涩的断头机”(la guillotine sèche)，指流放到海外殖民地的惩罚方式。——译者

在当时展开的长时间辩论中，对纪念性节日的反思占据什么位置？它是神经痛点。诚然，就旬日节而言，人们并不害怕取消已有的东西，因为在这里一切都要重新创造。但是对于那些已经设置的纪念性节日来说，果月 18 日是一个新事件，因此需要重新安排一切。首先，热月正统派不断地重申“革命停在共和 3 年宪法确立之日”，那么现在不是应该重新考虑这种说法吗？[①] 元老院讨论的问题极具代表性：用一个国家节日来纪念果月 18 日，是否合适？从来没有人对其他节日提出这个问题；这就足以表明人们讨厌这个暴发户。事实上，有些人确信革命早已结束，很愿意能够忘掉这个嘲弄了他们希望的果月 18 日。对于另外一些同样希望结束大革命的人来说，果月 18 日是热月 9 日的延续，体现了革命的结束。

我们必须注意这些不和谐的声音，它们搅动了整个大革命的历史。有些人认为这个新的纪念活动很讨厌。首先让他们感到震
298 惊的是自我颂扬的恶劣品位：“我们是要给那些依然在位的督政府成员树立纪念碑吗？我想以共和国的严肃态度对你们讲话。千万小心，不要树立一个违背共和国法律的精神、推崇这些个人所参与的事件和行动的例子。”[②]但是如何能把果月 18 日和谐地整合进其他节日的整体中？如果说其他节日以各种方式表达了一个伟大民族追求自由的冲动，那么这个节日发布的只是阴郁的教训。其他所有节日都是那么伟大，而庆祝果月 18 日则是在庆祝平庸。那么它展示什么呢？“普遍的背信弃义，法国人的共谋”；那么，人们

① 奥杜安（P.J. Audoin）：《组建负责提交共和国机构方案的委员会》，巴黎，共和 5 年。

② 布莱（J. P. Boullé）：《对为果月 18 日建立纪念碑和公共节日方案的意见》。

会庆祝自己的不幸吗？吕米耐宣称："今天你们把果月 18 日变成一个永久的纪念性节日，将会庆祝哪些事件？你们将会庆祝少数阴谋者的软弱无力，爱国者对王党的第一千次胜利，我们勇敢的保卫者对一小撮叛逆的胜利。在莱茵河、波河、阿迪杰河的沿岸，在西班牙边境，在旺代的沼泽地，胜利上千次地更光荣地给属于他们。"[①]在政变之后发出这种指控几乎不可能哪怕是委婉地被果月 18 日的非法性所取代。方案的反对者们强调这个不协调的节日所显示的分歧，[②]强调人们的疲劳感：不是已经有太多的节日了 299
吗？但是，如果一定需要庆祝果月 18 日，为什么不把它并入热月 9 日的纪念活动中？因为"在共和 2 年热月 8 日就像在共和 5 年果月 17 日一样，我们处于反革命的包围之中。"[③]这种合并建议的目的是什么，我们可以看得很清楚：通过恢复孪生险境互为因果而无限循环的形象，使人们相信果月 18 日处于历史之外，它什么也没有改变。

但是，对于新节日的支持者来说，果月 18 日与热月 9 日根本

① 吕米耐（M. P. Luminais）：《论格勒利耶提交的建立纪念碑和确定永远节日来纪念果月 18 日的报告》，巴黎，共和 5 年。吕米耐把这个欠考虑的纪念活动与其他节日做了比较："你们很明智地把 7 月 14 日、8 月 10 日和葡月 1 日定为节日。7 月 14 日见证了所有法国人第一个博爱纽带的形成；8 月 10 日见证了君主制庞然大物的颠覆；葡月 1 日见证了共和国的建立；热月 9 日中止了无政府状态，恢复了秩序，为我们今天庆祝的美好宪法做了准备。"

② 例如莫热内的《果月 18 日节方案的动议》："我们推翻了王权；我们不要公开我们的分歧，否则会让君主的支持者幸灾乐祸：这些失策的节日只会激化情绪，唤起报复心理，引起反动，延宕我们渴求的内心平静的恢复。"

③ 佩雷斯（E. Pérès）：《关于为果月 18 日设立一个新节日的意见和方案》，巴黎，共和 6 年。

不是一回事。在这两起被挫败的阴谋中，第二起（指果月18日）更不公开也更可怕。[①] 这不是说果月18日是一个毫无先例的事件，但是难道能够因为所有的革命事件似乎都有某种亲缘关系，就应
300 该放弃对这些事件的区分吗？再者说，即便有必要进行合并，那么不是更应该与打击同样敌人的8月10日放在一起吗？这个节日的实际庆祝活动所运用的象征手法其实无异于8月10日。在节日里，自由守护神也把“王权的摆设”踩在脚下；有一个表示“政治虚伪”的塑像，装作尊崇宪法，首席督政“义愤填膺地”从塑像身上夺走宪法。如果说节日有什么创新的话，那就是表演对阴谋分子的驱逐：“在一个底座上立着表示正义和宽恕的塑像；前者高举宝剑，后者用一只手挡着剑，用另一只手指着西方；文字说明是：‘他们合谋反对法兰西，他们不再活在她的怀里’。”[②]节日的支持者表示，这是果月18日的独特之处：它是表示政治节制的寓言。它没有流一滴血。在这个意义上，通过实现了热月9日没有做到的结束革命，它也是一个新的开始：它标志着节制在政治纷争中脱颖而出的时代。它因此也成为了一个再生的节日。这个主题得到了法兰西学院的支持：共和6年果月18日周年纪念活动上，多努让自己的同事们分享这个节日带来的“奇迹”：它使共和国恢复了“自己的精神和命运”。[③] 如果需要证据的话，可以说，它使其他一度越来越萎靡的节日恢复了光彩。早在共和6年霜月重要报告中，勒

① 加尼耶(J. Garnier)《关于为纪念果月18日设立一个国家节日的意见》：“阴谋迄今没有揭开，而且被说它合法的舆论笼罩着。”

② 《编辑报》(*Rédacteur*)，共和5年果月20日。

③ 多努：《论8月10日纪念活动》。

克莱尔就已经描述了那些节日的衰败："不再有什么国家节日；8 301
月10日和7月14日死气沉沉无异于大多数普通日子，甚至还有少数忠诚的共和派不相信已经举行了纪念活动。共和国成立日本身也注定不会更加精彩。与其他纪念活动一样，这个曾经有40万人在马尔斯校场隆重庆祝的日子，已经退缩到一个小院子里，不到五六千人站在那里，挤在一起，藏在围墙里面：这是一个太符合形势的场所了。"[①]通过恢复共和国的纪念活动，果月18日也就证明自己的保守性质。为什么不把它变成一个选举节日呢？那一天可以向人民显示"被关在投票箱里的自由"。[②] 加尼耶建议，五年一庆。结果还是每年一庆。

于是就有了6个历史性节日。看上去，只是对纪念活动的总数稍做添加。但是，很快人们就会发现，这个新节日造成了深刻的变化，因为它唤醒了一些原来被查禁的事件。葡月13日此前在纪念活动中常常被抹去，现在变成理解如何会发生果月18日的不可或缺的一环：正是热月9日之后对这些罪人"过分的宽大"必然造成了共和4年葡月13日（的王党叛乱）；也正是葡月13日之后的"权宜措施"才造成果月18日的紧急状况。因此，这些新面孔丰富
了大革命的形态。于是就有了"令人生畏的葡月军团"。他们现在 302
加入了革命的勇士家族：后者包括7月14日攻陷巴士底狱的勇士，8月10日攻进王宫的勇士，热月9日与国民公会联合的勇士。今后英雄的协奏曲也包括葡月13日了。葡月13日可以很轻易地

① 曼恩－卢瓦尔省的代表勒克莱尔：《关于与公民的公民状态相关的机构的报告》，巴黎，共和6年。

② 加尼耶，见前注。

按照与那些伟大的、奇迹般的日子同样的方式来讲述了。[①]

但反过来，果月18日把热月9日纪念活动推到阴影里，因为热月9日没有兑现它的承诺。它不仅没有完成革命，而且使革命陷入新的动荡。从果月18日的角度看，热月9日与其后的事态紧密相连，因此它成为一个普通的历史事件。尽管如此，这个节日还是保留下来了，只不过对它有种种防范。热月9日作为一个节日现在有点让人失望。它已经被贬低到仅仅与热月9日和10日这两个日子巧合。只要不超出这个缩小的时段，就还可能讲述一段热月9日慷慨激昂的故事。但只要超出了这个界限，人们看到的就是“罗伯斯庇尔的代理人、雅各宾派、恐怖分子和无政府主义者等泛泛的指称，血腥的反动吞噬了多少共和分子。”[②]即便是犯罪

303 派别现在也仅限于一小撮密谋者，“少数异己分子”，[③]与此同时山岳派的国民公会还在奉行其完全光荣的路线。对于节日中会保留

什么样的记忆，必须小心防范；甚至选择什么人来负责庆祝的任务也要倍加小心；只允许“真正的热月之友”参加。[④] 此时开始出现了一套庆祝热月9日的技巧。这一种暗示的技巧：“过度的暴行产

① “所有的眼睛都转向了那个人。他在热月9日指挥了自由人的方队。巴拉斯得到任命，而他立即指定了波拿巴特。于是一切都变了；黏黏糊糊、摇摆不定的中庸之道让位给热情、开朗的爱国主义，让位给制胜的天才。”勒库安特-皮拉沃，见前注。

② 基罗(J.-P. Quirot)：《论自由节和热月9日10日》，巴黎，共和7年。

③ “但是国民公会的多数代表就像阳光一样纯洁，应该像太阳一样驱散暴风雨，让法兰西重新振作起来。”罗兰(A. Rollin)：《关于庆祝葡月1日节的报告》，巴黎，共和7年。

④ “你们国家的真诚朋友不会把你们的善举与不属于你们的恐怖行为混在一起。”这个说法是针对热月9日的。茹尔丹(Y. C. Jourdain)：《关于庆祝热月9日节的动议》，巴黎，共和6年。

生了相反的效果，我们不得不为社会的动乱而落泪。”[①]这也是一种委婉表达的技巧：“祝福热月9日！你让我们重新见到美德战胜罪恶。”[②]这也是一种省略的技巧：“公民同胞们，不要期待我会在这里回顾那些哀伤垂泪的日子……要想重新揭开尚未痊愈的伤口，那就向你们展示坐在独裁宝座上的罗伯斯庇尔如何发出在共和国每个角落杀人放火的信号；要想唤起尚未平复的情绪，唤起依然尖刻的愤懑，那就画出可怕的内战画面……”[③]实际上在说到热月9日时，已经很难不预先私下盘算一下了。人们用现在的快乐来抗拒这种不良的意识。热月9日启动的政治摇摆曾经使相关的纪念活动变得很微妙，幸运的是，现在这种摇摆受到遏制。曾经广泛流传的避风港湾意象现在很容易地被用来暗指果月18日。 304

但是，很显然，事情还没有完全结束。共和6年花月选举造成的“修改”，在各种节日方案中丝毫不见踪影。这一次的清洗是针对雅各宾派的；但是它并没有停止消除关于热月9日的记忆。共和7年牧月30日两院实行的报复，导致了对节日体系的修改。不过，没有人提议设立一个牧月30日节，尽管有人给这个日子提供了7月14日的那种奇迹论证。[④] 但是，行政权的失败* 也预示了

① 基罗，见前注。

② 茹尔丹，见前注。

③ 曼恩－卢瓦尔省议长勒泰尔姆－索尼耶的讲话：《革命节日》。

④ “立法机构终于在牧月拿起了棍棒和刀剑来拯救祖国，就像法国人民在7月14日誓死热爱自由和维护自己的权利。这边是国民恢复了多少世纪以来被世袭的最高长官所篡夺的地位。那边是立法机构登上多少个月以来被选出的最高长官所篡夺的宪政首席位置。”居约马尔（B. Guyomar）：《论庆祝7月14日节》，巴黎，共和7年。

* 牧月30日（1799年6月18日）事变使两院能监督行政权。——译者

果月18日节的衰落:果月18日节是行政权的节日。此外,雅各宾派氛围的复兴有助于进一步抹去热月的记忆。*

与所有这些期望相反,果月18日节依然存在。不过,这个事件的非法性此前一直被掩盖着,现在则作为一个必然但明显的污点而浮出水面,被人们公开谈论:“不应该掩盖:这是一个暴力的、超常的做法;它对宪法、对司法权、甚至对督政府本身都造成残忍的伤害。”只有“人们在那种伤害下痛苦呻吟”它才不会被容忍。[①]对果月18日的所持的那种坚定的团结一致被打破了:“特殊情感
305 对于那一天及其后果具有太大的影响。”[②]而同时,那种非法性又导致了其他的非法性:“我们应该对少数人,尤其是前督政们滥用权力发泄不满。”[③]果月18日并不是像人们所推崇的那样成为一个结束,而是使新的重大日子——例如牧月30日——成为必要。于是,人们就开始大谈果月18日与其他重大的和谐节日的互不兼容,正如稍早时候人们大谈热月9日的难以同化性。

对热月9日的质疑确实增强了。尽管这一天还是节日,但那个节日还维持着原来的意义吗?这是共和7年热月关于国民卫队成员誓词的大辩论的核心问题。至此他们一直被要求宣誓与王权和无政府主义不共戴天。在牧月30日所复兴的雅各宾派氛围里,人们似乎不能再容忍作为原政府哲学的平衡术;此外,这场讨论造

---

* 牧月30日之后,议会通过一些法律,被视为雅各宾派的胜利。——译者

① 默尔特省的代表布莱(Boulay de la Meurthe):《论共和7年果月18日节》,巴黎,共和7年。

② 同上注。

③ 同上注。

成了关于今后纪念活动的某种焦虑。若修改誓词，岂不是撤销了不可撤销的誓言？

为了否定孪生险境意象，人们必须重新审视热月 9 日的前因后果。热月 9 日之后成为纯粹反革命的时期：“公民代表们，你们将不能忍受这个你们被迫卷入的倒退的、灾难性的进军：你们将记住，甚至在共和 7 年牧月 30 日之后，要求你们维系的体系乃是反革命的成果。”[1]那么热月 9 日前夕不也是反革命的另一副面孔 366
吗？并非完全如此。这些讨论所打破的是热月共识：从共和 7 年牧月的角度看，1793 年的体制绝非蒂博多所哀叹的“不幸的偏离”，而是“革命洪流或许不可避免的结果”。[2] 山岳派的插曲已经从革命记忆中剔除了，现在又卷土重来。出于同样的原因，人们不再会无动于衷地提及拉雷韦里埃的回忆。根据可靠的记载，在国王驾崩节上，“当谈到王权时，而且在这个节日的设立就是针对王权的情况下”，他却大肆谴责无政府状态。[3]

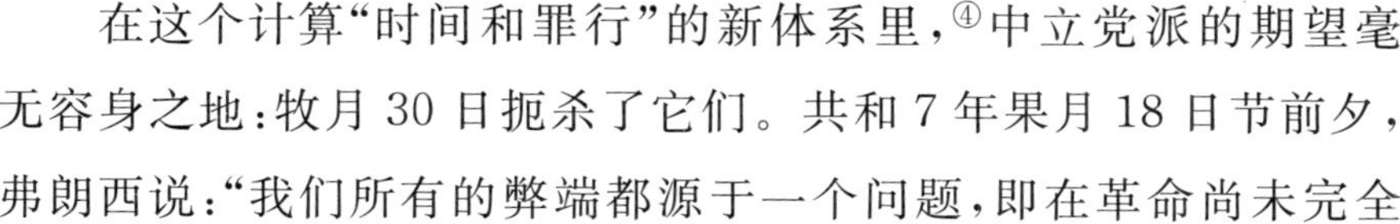

在这个计算“时间和罪行”的新体系里，[4]中立党派的期望毫无容身之地：牧月 30 日扼杀了它们。共和 7 年果月 18 日节前夕，弗朗西说：“我们所有的弊端都源于一个问题，即在革命尚未完全

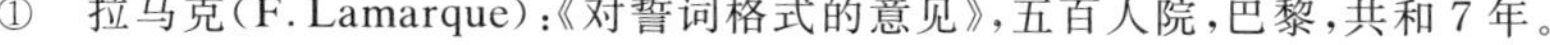

① 拉马克(F. Lamarque)：《对誓词格式的意见》，五百人院，巴黎，共和 7 年。

② 默尔特省的代表布莱：《对誓词格式的意见》，巴黎，共和 7 年。

③ 布里奥(P. J. Briot)：《论公民誓词的格式》。

④ “你们竟敢把无政府主义者算做一派，用来与王党相对；三年来在你们糟糕的政治天平上，你们用前者与后者平衡，你们坚持夸大它是为了推行最庄重的誓言……你们不断地让我们想起恐怖统治，让我们最终几乎不见美好信念的影子；数着时间和罪行；以血还血，以牙还牙，用断头台对付刀剑，那么扪心自问，如果你愿意敌视那些可怕的破坏性力量，那么在你的誓词里反动和无政府状态应该孰先孰后。”布里奥：《论公民誓词的格式》。

结束之前我们不是调整而是熄灭革命的精神。其次，热月9日以
307 后的历届政府都很笨拙，与王党和恐怖派两方为敌，而不是集中力量打击前者，同时安抚、软化和引导后者。在需要的时候，后者曾经是而且还会是打击王党的强大助手……我知道，关于一个中立中庸的党派人们已经说了很多，它是一切极端的敌人，旨在凭其智慧来永远能保持平衡；但是，这个党派没有生气、没有色彩，没有活力；在整个法国，它是由少数伪装的王党分子和众多准备妥协的弱者组成的；一有风吹草动，平衡就会因他们的胆怯而破坏。”①

因此需要界定无政府状态，这个“革命时期短暂的狂热和可怕的法律空位期”。② 因为人们一旦放弃了山岳派专政这样实用的有固定位置的脓肿，无政府状态会像坏疽一样危及所有的革命记忆。坏疽原来局限于罗伯斯庇尔的政府，现在回过头溯源到革命的最初时刻；现在看来，人们在7月14日和8月10日所纪念的是无政府状态。③ 如果确实是无政府状态激活了自由新生的美好日子，怎么能再庆祝它在热月9日的失败呢？另一方面，无政府状态反过来传染远至牧月30日本身。这是最令人惊愕的情况；因为直到牧月30日为止，凡是要在革命事件的系列中增添新的事件时，就会改变此前的纪念活动，但是新事件本身则是不可触犯的。这
308 一次不是这种情况：“或许我们自己需要有很多的智慧和勇气，我们才能确保自然进程就像原先对立法机构施加压力一样，引导我们对督政府施加压力。”④因此，牧月30日本身被认为包含了无政

① 弗朗西(A. Français)：《关于葡月1日节的意见》，巴黎，共和7年。

② 埃沙塞里奥(Eschassériaux)：《动议》，五百人院，共和7年热月16日。

③ 茹尔丹：《对公民誓词格式的意见》，巴黎，共和7年。

④ 默尔特省的代表布莱：《对誓词格式的意见》。

府状态的种子。人们现在面对着令人晕眩的选择。如果人们能证明督政府的统治已经有无政府状态，“如果能够抓到在督政的座椅上现行犯罪的这个怪物”，[①]那么牧月就能免除无政府状态。但是如果督政府在这方面是清白的，那么“人民的代表们就应该是无政府主义者，就应该送上断头台”。这些思考尽管被思考者们称之为很微妙，但毕竟能让我们感受到问题的严重性。再也没有人敢说，革命在牧月 30 日结束了。

由此一来，此时迫切需要的就是松懈。许多演讲者要求不要再修改节日，节日的内容也不要改变了：“否则，每一次修改体系时，我们都很无奈地看到，用语、器物、地点、人员、法律和机构都发生一次突然的革命。于是我们不得不永远受制于派别而不是法律。派别就其性质而言永远是动荡和充满变动的，而法律则是稳定和不会动摇的。因此，如果这种混乱状态持续下去，那么人民大众迟早就会像泥土一样，在过度摇动以后，不再坚固可靠，终究会 309
四分五裂，变成一盘散沙。”[②]这种前景恰恰被逆转过来。如果人们没有去纪念，那不是因为革命无休无止；相反，恰恰是节日无休止地增多，迫使革命不能结束。在这种筋疲力尽的追索中，事件被说成是清白的，而对它们的讲述则犯了滔天大罪。[③]

---

① 蒙彼利埃(A. Montpellier de l'Aude)：《对茹尔丹关于在誓词中删除敌视无政府状态提议的意见》，五百人院，共和 7 年热月 8 日。

② 屈雷(J. F. Curée)：《对修改公民誓词格式的意见》，巴黎，共和 7 年。

③ 但是(因此更加矛盾的是)人们依然把这种讲述视为对共和国极其有利：“共和国比其他政体更可能经历各种变化。而且如果人们不是特别小心地让舆论固定在某些理念上——这样能使之不再漂移，也不会不确定——阴谋家们就永远会随心所欲地操纵舆论。”迪奥(A. Duhot)：《关于共和国机构的动议》，巴黎，共和 7 年。

结　　束

因此，结束既是革命节日的追求，也体现了它的失败。在所有的仪式中，结束仪式被证明是最难花样翻新的。即便当人们考虑时间有限的一天节日时也是如此。在此可以看看大卫的8月10日方案：一旦参加者把游行时一直携带的东西放在祖国祭坛上，他们就不知再做什么了。这个节日缺乏某种高潮，只是围着一个不可能发明出来的终点转圈。节日如何才能结束，从而避开腐败的
310 时段？对于这个不断提出的问题，可以从节日不断地采用年龄组的仪式中看到一种回答。

随着革命十年进程的推进，从年龄组的表演就可窥见全部仪式变化之一斑。在传统节日乃至革命最初两年的节日中五光十色的行会早已逐渐消失。革命之初，有些节日依然近似于圣体瞻礼游行。例如，在斯特拉斯堡的联盟节上，可以依次看到“一只小船载有渔夫和莱茵河的鲤鱼”，带着耕犁的农夫以及向祖国祭坛抛洒花束的花匠。随着行会消亡，一种节日景观中的五彩斑斓的因素，即我们现在所说的社会职业秩序也随之消失。但是，行业表演并没有完全从节日中消失，只是有时遭到怀疑，也有人试图抹去其特异之处。据报告，在共和6年获月10日的梅斯，“如果面包师傅受到邀请，那就要求他们穿着体面，不得展示他们在揉面缸前裸露的臂膀和胸脯”。有些精细的分区在逐年减弱：在共和8年风月30日的穆兰，游行的各组队伍分别代表了“工业、农业、商业、艺术和科学”，但这已经远远不是能够准确表现每一行业的形象表演了。

这种传统分组逐渐被年龄分组所取代。人们可以逐年考察年龄仪式在节日里的飞速扩展。在那些节日里，人们本来可能没有太重视这些年龄分组，实际上也没有打算用年龄分组来做什么。这一点最明显的莫过于国王驾崩节上的仪式了。看上去，这个节日本来应该排斥年龄组的表演。我们现在有共和4年和共和7年相关的官方记述，[①]从中可以看到一个仪式是如何演变的。在共 311
和4年，年龄在官方记述中占据很小的位置。或许是因为“路易（十六）的巨大而血腥的阴影”（兰斯一位演讲者的说辞）还笼罩着人们，这个节日维持着一种恐怖的性质。在共和7年，这个节日变成教化性的了。它与青年节不再有什么区别：它变成了唱歌和朗诵比赛及体育表演。督政府的专员利用这种节日场合邀请家长和孩子进入学校，并阐述一个关系到美好未来的主题，即愚昧是暴政之母。这个恐怖的节日逐渐变成了平稳庄重的颁奖仪式。

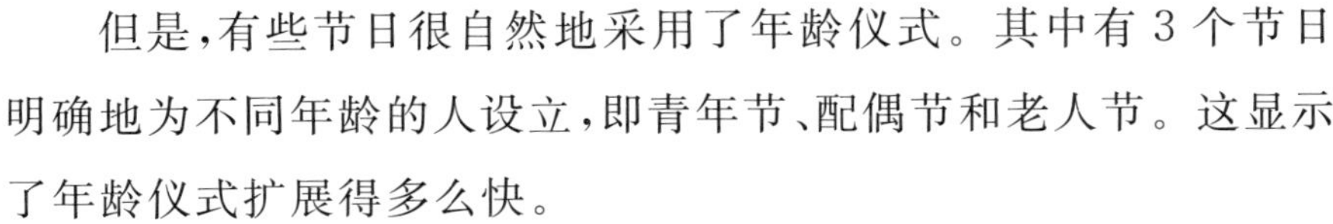

但是，有些节日很自然地采用了年龄仪式。其中有3个节日明确地为不同年龄的人设立，即青年节、配偶节和老人节。这显示了年龄仪式扩展得多么快。

这种仪式最令人惊讶的特征——尤其是因为通过菲利普·阿里耶斯*的研究，我们已经知道了传统社会里各种年龄组在人生各时段的经历毫无区别——是区分不同的年龄组。这首先体现在空间上：游行队伍之间的空当显示了生命的不连续性。但是，在游行队伍之外，这种区分延伸到跳舞（儿童只能跟在老人和青年人之

① 国家档案馆F' CIII系列。每一扎都有2000份以上的官方记述。

* 阿里耶斯（Philippe Ariès，1914—1984），法国家庭史学者。——译者

后围着自由树跳他们自己的圆圈舞)、宴会(年轻人常常模仿老年
312 人的共餐会)、[①]竞技(在欧里亚克,在共和6年牧月10日那天,感恩和胜利节的竞技游戏严格地分年龄组进行:攻垒为儿童项目,投靶和击剑为青年项目,枪炮为成年人项目)以及演讲(督政府专员常常把讲话分为四部分,分别讲给4个年龄组)。此外,节日方案的制定者也宣称赞同这种区分。[②] 在共和3年雪月关于旬日的大争论中,朗特纳斯要求给每个年龄组提供独特的位置;此外,他认为不能不加区分地把朗读的任务委托给任何年龄的人:“有些东西不适合老年人朗读……而另外有些东西最好出自成年人之口”,有些“有意思的东西最好出自青年人甚至出自儿童之口”,难道不是这样吗?

看上去,分组的提议毫无新意:他大体分了4个组——儿童、青年、成年和老年——这种分法非常传统。但是,这种表面上没有争议的泛泛划分并不妨碍做更多的细分。此外,这些官方记述的用语常常是不准确的:有时“年轻人”或“年轻女子”指的是9岁的儿童。反之,对“小孩”一词的使用却十分准确。有关指令说:“在
313 游行队伍中所有不到15岁的小孩安排在行政官员的前面。”在“年轻女子”和“小女孩”这两组之间有时还有“大女孩”。[③]

尽管有这些不确定之处,还是有一些公认的标志分期的重大

① 在人民主权节上就有这种情况,基本上基于青年与老年的差别。例如西哀耶斯提到,“12个老人一起吃饭,年轻人也遵循同样的原则。”下阿尔卑斯省档案馆,L 365。

② 有时是在游行方案的末尾重申这种需求,就好像事后有点愧疚,好像忽略了无须说但最好说清楚的事情。

③ 下莱茵省档案馆,44 L 8,关于特吕克泰塞姆镇的官方记述。

数字。9岁毫无疑问是儿童时代的结束。从9岁起，可以参加体育比赛；9岁，有时是12岁，可以参加“希望营”；9岁，有权在游行时陪伴老人。还有一项区分也肯定了9岁的重要性：医生建议9岁以下服药减半，[①]教师确认9岁入学或开始军事训练。[②] 尽管数字7在18世纪对于人们的思想和年龄分组具有重大影响（布丰、林奈和卡巴尼斯都对此有所阐述），但也有人认为数字9是生命节奏的关键，[③]至少对于男性至为重要。

9岁之后直到21岁，这一段是青年（青春期或青少年，这些词 314
汇都不很确定），但在这里至少有3个阶段。第一段到12岁。9岁到12岁的男孩被优先招聘，任务是领着老人走出家门，走到祖国祭坛；这并不意味着需要在与老人对比中显示少年的活力，而是排除更小的孩子，表示后者还不能领着老人活动。12岁也是教育的门槛。米歇尔·勒佩蒂埃和迪朗－马扬认为，这是初级教育的结束，是下一个持续到16岁的教育阶段的开始。

关于节日的官方记述都强调16岁的重要性。有些记述指出，16岁之前还只是一个“少年”，16岁以后成为“青年”。当时规定到了16岁就可以获得青年人在社区行使的特殊礼仪功能；人们会招呼16岁的青年来抬宪法；最重要的是，16岁是第一次参加青年节

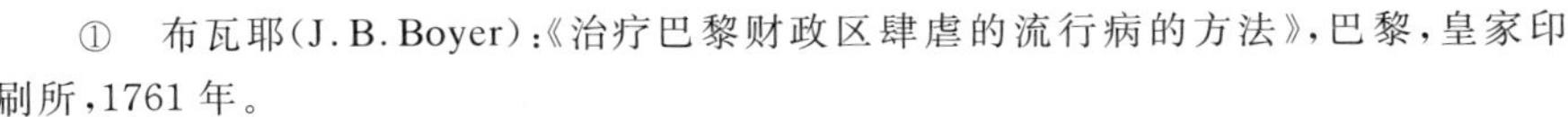

① 布瓦耶（J. B. Boyer）：《治疗巴黎财政区肆虐的流行病的方法》，巴黎，皇家印刷所，1761年。

② 德布里（J. Debry）：《建立军事学校的报告和决议草案》，巴黎，共和6年。

③ 比特（W. Butte）：《人体生命算术绪论》（巴黎，1827年）：“在观察中，其他年份系列都不如9年系列更符合作为生命的平方根。如果人们同意，大自然喜欢乘法，那么思考加观察就可以让我们清楚地看到，不可能选择其他方根数字来进行生命的连接。”但是，女人性生活的方根数字是7，就有了另一种新的划分。这也就是为什么女人“停经”是在49岁（7乘7），而男人“停经”是在63岁（7乘9）。

315 的年龄，也是佩带武器的年龄。[①] 当然，按照布丰的说法，至少对于男孩子来说，这是青春躁动的年龄，但是从中也可以看得很清楚，革命节日基本上是按男性划分人生的。

那么是不是像一些文献所提示的，18 岁也是一个分界？有些节日方案就主张佩带武器的年龄应该是 18 岁而不是 16 岁。但是，18 岁似乎更多地是被看做第三阶段的平均年龄，而不是开始承担某种特定功能的年龄。而 21 岁则无可争议地成为告别不成熟的终点。这是开始政治思考的年龄，选举的年龄；与 1791 年宪法不同，这是共和 3 年宪法赋予公民权的年龄。这是成年人的社会接受年轻人的时刻。[②]

渡过了这段成长的峥嵘岁月后，就进入了成熟的大平原，其单调沉闷似乎任什么东西也无法打破。表面上，各个节日都没有显示从 21 岁到 60 岁的冗长成熟时期节奏的各个阶段。但是仔细考察一下，就能分出两组人：新婚夫妻和有子女的家长。这种划分排除了未婚者，后者是革命节日的重大排斥项。新婚者是从否定的角度界定的，即尚无小孩者；更准确地说，是当年结婚者。他们在配偶节上扮演特殊的角色，在老人节上负有献礼的任务，同时还与
316 青年人保持联系。但是，正是那些父亲和母亲给演讲者提供了说

① 地方习俗也证实了这个年龄的重要性：在默兹，到了 16 岁就可以转到球类比赛的不同组别。

根据圣茹斯特的说法，在青年节上，在众目睽睽之下，年满 16 岁的青年参加包括游到对岸在内的加入仪式后，应该穿上“艺术服装”。见圣茹斯特：《论共和国制度片断》，巴黎，1800 年。

② 在热尔省的日蒙，关于“三种青年人应该履行的职责”的指令区分了年满 21 岁的青年人、16 岁以上的青年人和“还在公立学校上学的”人。第一种人获得公民证，第二种人获得一杆枪，第三种人获得书籍。热尔省档案馆，L 463。

不完的话题；在子女的簇拥下，他们构成了游行队伍中的一个稳定坚实的群体，当他们的最后一个子女结婚后，他们就进入了一个新的类别。这个类别没有清晰的边界，官方记述有时也很难加以区分；他们此时成为“年迈的父亲母亲”。[①]

下面说到的这个年龄，其范围很少有争议。其上限听凭无法把握的死亡，下限基于非常广泛的共识。这就是喜剧里总是60岁的可爱老头；医生看病时认为老年从这个年龄开始；在农村的传统习俗里，这也是个重要年龄。[②] 这个类别很少有什么优异之处，尽管有些节日方案的设计者含混地分出一个特殊的“贤人”小群体。但是，通常提到的只是这类人中极其耀眼的表现；官方的节日记述提到老人的年龄时，是因为他们似乎属于神奇的生命领域，亦即，70岁以上。

确定年龄组的范围，也是为了说明这种年龄划分的断裂性。但是，这种区分并不总是那么细致。从童年到青年、再从成年到老年的渐进性质绝对无人怀疑。没有一种仪式专门强调这种断裂；而且，毫无疑问，要想成为老人节的主角，就得活到60岁，但是没
有特殊的仪式来庆祝这种转变。相反，青年节上有加入仪式，而实 317
际的庆祝活动远远不如节日方案——那些方案的安排之精细令人惊讶。勒克莱尔的方案走得更远，甚至要求青年人与其所熟悉的世界暂时完全隔离。[③] 那些被市政府挑选出来的候选年轻人应该送到省会，随身携带一本《家庭手册》、一身民族服装和全套武器。

① 杜省档案馆，皮埃尔方丹镇，L 183。

② 在莫尔旺山区，到了这个年龄，父母就到子女家去住。

③ 勒克莱尔提出的有关民事机构的规则。

他们应选出一位旅程中的领袖——这让人想起童年时代的牧师？从行军的角度看，会有几个阶段。抵达后，他们会受到省政府的接待。很显然，在勒克莱尔看来，脱离了乡村的狭隘视野，就能让年轻人相信自己踏上了“新的历程”，他离开自己的家人是为了“被祖国收养”。当然，资金匮乏使得这个方案无法实行。但是，实际的节日保留了非常明显的吸纳新成员的性质。在节日中象征性地表现了告别童年的惯例和标志：年满16岁的青年必须穿越人群围绕祖国祭坛组成的圆圈。有时，例如在穆兰的青年节上，为了加入就必须先低头，两两地从用花环悬挂起来的平衡木下通过。那些手持一枝花（标志童年）进入圆圈的人手持一个武器亮相（标志成年）。手持武器（节日指令说，如果镇子没有任何武器，那就“假装”

318 赋予武器）成为与过去决裂的具体体现。徽标也可以。在共和7年大辩论中，许多演讲者希望用徽标作为成年的象征。博奈尔说：“我不希望孩子们在年幼时就佩带徽标。人们把它当做一个习俗小事；它应该成为一个情感大事。要想做到这一点，就应该只允许一个人在开始服务社会的年龄，即16岁登记加入国民卫队时，才能佩带徽标；只有在这个时候一个人才进入了大家庭，也就应该佩带徽章……”①因此，博奈尔鼓吹保留授予徽标的庄重做法，特别

① 《博奈尔反对勒默以特派专员名义提出的国家徽标决议案的意见》（巴黎，国家印刷所，共和7年）。翌日，德普朗克则以古罗马为例，主张徽标应该成为公民的特殊标志：“穿宽外袍的权利尤其关系到我在探讨的问题，我愿向你们显示它发展了多么高贵的情感，当青年人穿上公民袍时他的家人会如何如同过节般欣喜，自由的征服者民族的符号如何迫使所有民族肃然起敬并且使每一个公民都以作为罗马人而感到骄傲……你们会看到，给一个自由强大的民族的公民们一个独特的符号，这个简单的想法会如何打动人类的心灵。”

强调这种做法的目的："此前，我们忽略了给青年人一种关于社会接纳他们的时刻的宝贵意识。"武器、徽标或象征性地代表武器的树枝是进入成年的标志。通过抛弃拒绝出席者，这种加入仪式的情感意义变得更加深重：那些被排斥者不是青年人，也不是成年人，他们微不足道。

这个仪式也采用了戏剧化的考验形式：青年人必须在众目睽 319
睽之下接受考试。当然，实际情况也同样远不如节日方案。勒克莱尔希望，青年人只有在证明自己能够读书写字、能从事一项技术工作并且会使用武器后，才能被国民卫队接纳。因此，节日上有4种测验，由大会主席主持，最后在祖国祭坛上公布结果。J.-M.科洛希望采取童子军的形式："我希望年轻人不时地去野营，小心大自然提示的注意事项，在林地或艰苦环境中过几夜……我希望会有意外和困境发生。例如，我会把年轻人留在山谷或小河边，让他们寻找安全通过的办法，或者找到一座桥，或者临时做一个木筏。"[1]在实践中，人们往往只能搞短暂的军事训练，甚至只是做出某种象征性的姿态：演讲者向持剑的年轻人发表演讲。他们用橡树叶装饰他们的枪管，高唱《马赛曲》。回程游行体现了刚刚完成的情况：年轻人在他们刚刚加入的连队里游行。[2]

但是，上面所说的是关于16岁青年的仪式；而这些仪式揭开了一个到21岁结束的预备期。年满21岁时他们的名字要写进公

① 科洛(Collot d'Herbois)：《关于旬日节的一些想法……》(巴黎，国家印刷所，共和3年)。

② 科多尔省档案馆，L. 462关于博讷蒙特镇的官方记录。

民登记簿，那个仪式在青年节上应该十分隆重：[①]书写的东西依然
320 具有神圣的力量，许多人在节日签名时会晕厥或过度兴奋。最后，
节日以宣誓为结束，这是莒命的戏剧程式，宣告这个过渡仪式的不可逆转性。节日上的演讲都强调这个事情的分量。圣弗卢尔市政主席在致辞中这样开头："获得了公民权的年轻人"。因此，尤其是青年节[②]（在革命节日中创新极少）在表现从出生之界过渡到社会成员之界时，戏剧性地让几代人会聚。

除了上述戏剧化的方式外，这个年龄仪式的核心形象是礼品。由老年人把无花果和葡萄干分发给年轻人，或者由年轻夫妻呈送给老年人一篮水果和面包或一小杯酒。有时——为了强调不同年
321 龄之间的互惠关系——同样的东西在人们手中传递：市政官员把
公民树枝交给老年人，老年人再交给年轻人。与以前的行会节日一样，这种交流在共餐时达到高峰：在公民宴会上，从老人餐桌到年轻人餐桌，人们表现各种礼节，交换各种礼物；在公共广场上，每个年龄组都向苹果酒桶致意，这些酒桶最后被抬到自由树下，供大

① 青年节上不只有一个过渡仪式，而是有两个过渡仪式。第二个仪式——发公民证和进行公民登记，以后就有权在基层大会投票——在理论上是唯一标志进入成年的仪式。但是，前一个仪式——发武器——由于容易表现，或许也因为与青春期吻合，因此获得更强烈的情感意义。因此，聪明的节日方案制定者要么希望把两个仪式并为一个（让－玛丽·勒克莱尔希望改在青年的平均年龄18岁），要么希望把二者分的更清楚（皮松－迪加扬希望二者明确分开，第一个出现在军事节上，第二个出现在一个平民节上）。

② 当勒基尼奥（1755—1814）寻找一个促进节日发展的事例时，他很自然地想到年轻人加入国民卫队的仪式。

家共饮。[①]

人们希望这些交流会伴有美德的交流。老头儿们在游行时倚靠着年轻的公民而焕发活力；姑娘们也通过接触而获得自己所缺乏的经验和稳重。[②] 关于这种物体和意义的交流，人民主权节提供了更引人注目的画面。这个节日是共和6年根据雨月13日法令设立的，表面的目的是保证选举的顺利，被公认是最抽象的节日。但是，人们也还是尽心尽力地搞庆祝；整个仪式包括老人和青年的角色互换：先是由老人拿着宪法，而青年在回程时拿着宪法。老人先拿着一束白棍，然后委托年轻人带回到市政厅。 322

不过，交换绝不意味着颠覆；这里再次见证了革命节日的特殊性质：补偿性颠覆太少了，活动的交换一直受到精细的管理。或许，只要是节日，概莫能外。即便是允许有某种程度解放的宣泄，角色的颠倒也会不可避免地在节日的晚上结束。但是，这里恰恰丝毫没有解放的宣泄；交换角色不包含任何补偿的意义：这不过是一种圆圈舞蹈花样。

这有助于揭示为什么一直在实际和表象、平凡和超常之间挣扎的革命节日常常求助于年龄组的方式。如果按照年龄组进行的仪式很容易用来取代其他可想象的方式，特别是按职业划分的方

---

① 有一些关于共餐的有趣记述："过了一会儿，年轻人走到老年人的餐桌，邀请这些父辈领头围绕自由树行进、跳舞或唱爱国歌曲。看到这种场面，一位市政官员自己带了几瓶红酒，邀请大家共饮，大家欣然接受；在碰杯时，人们高呼：共和国万岁。"

② 国家档案馆，卡雅克，第8卷，F^{1} C^{111}，共和7年雨月2日："老人们倚着共和派小伙子的肩膀，似乎恢复了青春，迈着坚定的步伐欢快地行进。"

式(甚至有人提出两种方式相互排斥的主意[①]),这首先是因为它
323 显得比其他方式更能否定角色和条件的不平等:[②]社会形态、人类生存的局部表现,都会摧毁革命节日的和谐理想;而年龄序列则包括社会所有的人。它所做的年龄分割对于阶级或等级都一视同仁。它所建立的等级秩序是松散的和变动的,社会也不能插手。这里只有大自然按照好像能保证均衡的中性规则在分配任务。对此没有人比埃斯帕龙在《论人的年龄》一书中的阐述更坚决的了:"看一眼摇摇欲坠的生命剧场吧。那里有许多五光十色的场景。首先引人注目的是,不停地有一个新演员亮相;一个场景里是幻觉,另一个场景里是真实。总是同一个人,但这是连续的人:童年、青年、成年、老年。只有大自然在秘密地介入其中;只有它负有训练和打扮人物角色的任务。"[③]

最后,也是最重要的,无休无止的年龄序列体现了一种总是保

① 例如,下卢瓦尔省的许多村镇的节日在很长时间里依然以职业群体为基础。此外,在这些村镇根本看不到按照年龄组进行的仪式,即便是在人民主权节那一天。穆朗的手稿提供这种相互排斥的明显证据。这个手稿记述了革命期间塔拉斯克节的各种表现方式(塔拉斯克是传说中出没于塔拉斯孔附近罗讷河的两栖怪物)。1792年,阿莱斯国民卫队进攻塔拉斯孔,焚烧塔拉斯克模拟像。1793年和1794年,该地区没有节日。穆朗在解释这种沉寂时提出许多原因,其中提到行会的解散,因为各种行会的游行是传统节日的基本元素。1795年,节日意外地复兴了:"塔拉斯克节如晚场一样举行,只是行会没有出现。"但是取代行会提供的热闹场面的似乎很自然地是年龄组的场景:"成年人按原来的方式与塔拉斯克赛跑;后面跟着的是两组小塔拉斯克,一组是15岁男孩。另一组是青年人。"这个证据仅仅表明需要填补行会消失后留下的空白吗?

② 老年和青年本身就可以看做是平等的寓言。可以想一下贝尔纳丹·德·圣皮埃尔的话:"老年就像童年,使所有的人站在同一水平线,把他们带回到自然。"见《自然研究》。

③ 埃斯帕龙(P. Esparron):《论人的年龄》,巴黎,1803年。

持同一的神圣时间，一个不断恢复的永恒现在：神话的时间，永恒
的连续。因此，按照年龄组进行的仪式多少有助于把历史清除出
革命节日，甚至是那些必须让历史取得胜利的纪念性节日。儿童 324
焚烧他们一无所知的君主政体的象征物，或者手持一本宪法，他们
代表了一个再也不需要捍卫革命的时代。将这个神圣的贮藏所
（宪法）托付给他们，也就是相信未来再也不用展示它。历史的演
进在这里服从生物的成熟过程。人类历史被简化为——这已经是
一个圣西门主义的比喻——一个集体的成熟过程。因此，这里表
现出一种确信或希望：革命不是一个永远开放的历史，而是一种不
会再被搅乱的秩序。按照年龄进行的仪式似乎是完成不可能完成
的任务的最好方式。这个任务就是，结束节日，而且通过节日来结
束革命。

因此，正是对安全的迷恋支配了节日时间的安排。在关于新
的革命历法及节日选择的活跃争论中，几乎很少有人主张一场（永
远）开放的革命，几乎很少有人会认为革命尚未“触到哲学标志出
的终点”。迪昂在1793年10月5日例会上所捍卫的这个意见，在
国民公会没有得到任何呼应。但是，迪昂仍坚持不懈。他要求国
民公会应该克制，甚至不应去纪念那些没有争议的、共和派“视为
心肝”的日子。的确，我们怎么能为后代立法呢？我们怎能知道我
们挑选出来写进历法里的就真的是“革命最伟大的成就”？基于这
种对历史判决的不自信，以及他在一切庄严铭写中嗅出的偶像崇
拜危险，迪昂主张历法应该是完全平均中性的数字序列。但是，罗 325
默得到了国民公会的一致支持，胜利地捍卫了自己的方案。采用

枯燥的数字序列，就会否定了一个纪念性历法所造成的“道德的和革命的印记”。而且，更糟的是，那将没有任何东西能够保证把革命的事迹传递给未来的世代。这是根本性的目标；这是挥之不去的对时间安排的迷恋。其目的就是教诲：节日必须有一个带有自己形象的未来。

第八章　节日的未来：节日与教育 326

最关键之点在于，所有这些节日具有一个共同的因素：任何一位节日组织者都不会让节日成为孤立封闭的自娱自乐。功利——对于黑格尔来说是启蒙的氛围——支配了他们所有的方案。在节日结束时，人们应更明白、更快乐地踏上回家的路：实际上，这些都是一回事。

这也就意味着，节日没有结束——并不是因为人们还在期待节日或在回忆节日，而是因为它建立了纪律，培养了道德习惯，传播了奖罚体制。按照组织者的想法，这会造成一种平均化，就像是把时间熨平；在高峰时间和平常时间之间应该发生一种传染效应。在蒙蒂尼亚克，民众俱乐部的公民参加了拉卡纳尔*下令实施的修路工程。他们在开始和结束劳动时奏着鼓乐，展示旗帜，走向自由树。他们把这些公益的、劳动的日子命名为劳动节。如果我们承认节日是一种日常道德教化，是用共和国精神对全体公民的浸 327
染，那么我们的全部生存都应该被节日所占据。

这就预设了一种信念：人是可以被教育的。从启蒙的教育学

---

* 拉卡纳尔(Joseph Lakanal，1762—1845)，法国革命期间国民公会议员，著名的行政官员。——译者

那里，节日组织者继承了塑造精神的狂热信念；他们的方案甚至比那些教育学论文都更清楚地显示了这种相信人具有可塑性的观念的有害后果。后果之一是“统制主义”：“懂得如何利用现有的人就已经不错了，而更好的是使他们成为需要成为的那种人。”如此铿锵有力的说法出自卢梭的《论政治经济学》。[①] 这个意思挂在每个人的嘴上，尽管可能表达的没有那么漂亮。另一个后果就是书报检查，因为如果人是可以反复揉捏的软蜡，那么一切良好的教育成果都会被相反的教育化解掉。一个不能自制的人会被任何人或任何事物所哄骗。因此，对人的不信任就变成对居高临下的教育的信任。由此就出现了大量的提防、戒备和监视：这是所有革命的薄弱点，节日的组织者把这一点特别明显地展现出来。

“成年人的学校”

在革命过程中，凡是关于教育的讨论都会提到节日问题；凡是关于节日的讨论都会说到节日应该服务于教育。[②] 其原因在于，
328 如果人们对儿童教育倾注了大量心血，而到了成年后却任由其听天由命，这看来就太乖戾了。问题是，教师和书本的说辞如何能传播到校园之外？特别是，对于没有受过教育、从未上过学堂的那几

① 卢梭：《论政治经济学》，日内瓦，1758 年。（参见中译本，商务印书馆 1962 年，第 12 页。）

② 厄尔托－拉梅维尔（Heurtault-Lamerville）：《关于旬日节的意见》（共和 6 年获月 28 日）：“你们的委员会负有两项伟大的工作：一是在学校里教育孩子，二是在公共机制里塑造人……”

代人，用什么来取代这些说辞？（这就引出新的更加困难的问题，因为这些没有受过共和国教育的几代人获得的是别的教育。）节日就回应了这种关切。没有节日，现在的一代人就是不可教育的；没有节日，公共教育注定成为珀涅罗珀的织布*，随着一代代人的交替而逐步消失殆尽。没有节日，就会使“把民族放进铸模”的希望最终破灭。[①]

因此，节日是教育的补充，甚至是替代物。[②] 实际上，节日的作用比设想的更好，因为它们提供的不仅仅是人们期待学校提供的教诲。学校的设立是为了训练头脑。因此，可能只需要少量的学校或培养少数人的学校——这里我们看到精英考虑到大众教育 329
而做的保留。相反，节日关注的不是智力，而是整个人，牵连的是整个共同体。学校涉及的是公共教育，节日涉及的是国民教育。这就是塞尔洛克在一篇文章重申拉博·圣艾蒂安的著名区分时提出的节日应该优先的充分理由：“公共教育是少数人特权，国民教育是所有人的必要营养。它们是姊妹，但国民教育是姐姐。不，它是所有公民的共同母亲，它给了他们同样的乳汁，它抚养他们，把他们当做兄弟，通过一视同仁的照料，它给了他们彼此相像、形同家人的气息，使得如此培养的民族与地球上的其他民族有所区分；

* 珀涅罗珀是荷马史诗中奥德修斯的妻子。她每晚把白天织好的布拆掉，以此来拖延时间，与求婚者周旋。——译者

① 盖伊－韦尔农（Gay-Vernon）：《关于与公民的公民状态相关的机构和勒克莱尔提出的委员会方案的意见》，共和 6 年霜月 21 日，巴黎，国家印刷所，共和 6 年。

② 关于这一点，见关于公共教育的大辩论中巴约伊在五百人院的演讲：国家节日用于“填补人们心灵的空虚”。它们是书本的补充：“书本不能提供所需要的一切”。巴约伊（J. C. Bailleul）：《关于展开公共教育讨论的动议》，共和 7 年芽月 13 日。

这个看法的全部要义就是要在摇篮里，甚至在出生前掌控住一个人，因为一个儿童尚未出生就已经属于这个祖国。祖国掌控着这个人，从不舍弃他，因此国民教育不仅仅适用于儿童，而且适用于人的一生……”①

为什么说节日能够确保这种永久性的教育？节日为什么和借助什么能够对人产生作用？首先，正是节日的规律性——人们所渴求的但也很难实现的在全年的均衡分布——有助于支撑个体的生存。节日要求人们认真地参与，这也是像学校教育那样有效的一个条件。因此，节日像学校一样，最基本的问题也是“出席”状况。

330 仅就把人聚在一起而言，节日也是学校。节日就像学校一样，首先要决定“训练社会美德的聚集地点”，②如让·吉诺所希望的，③同时是一个马尔斯校场、一个博物馆、一个家庭集会地、一个剧场、一个竞技场、一个市场。在这样一个有多重意义的特殊中心，仅仅是人们彼此接触就是一种公民教育。④ 革命时期的人们把一种直接美德赋予团聚式集会，这种集会完全不同于街头聚众，甚至不同于人员召集。他们几乎总是把人的孤立状态视为公共舆论衰落的原因，并从这种观察中得出一套政治地理学。在他们看

① 塞尔洛克：《关于必须设立一个适用于法国所有儿童的公共机制的意见》，巴黎，共和 7 年。

② 这是科洛所表达的愿望：《关于旬日节的几个想法》，巴黎，共和 3 年。

③ 让·吉诺－迪普雷(Jean Guineau-Dupré)：《关于旬日节决议的意见》，巴黎，共和 6 年。

④ 弗朗西说：“心灵的接触就会产生出一种力量。”弗朗西：《关于葡月 1 日节的意见》，共和 7 年果月 17 日。

来，割裂的地区、树篱、路堤、围墙都是共和国的敌人制造出来的，仿佛地理的分隔是一种大自然的联邦主义，很可能产生出一个他者。反之，可以放眼瞭望的开阔的土地，可以加强共和精神。这不也能够使革命监视变得更容易吗？除了这个带点嘲讽意味的原因，还因为仅仅视野的开放、情感和思想的交流似乎就能带来一种直接的教益：城市这个商业交换之所也是文化交流之所。因此，节日这个人们汇聚的场合同时也应该是启蒙之所。罗讷省一个委员 331
一针见血地写道："一个人数众多的民族本身就会不那么迷信"。[①]

在节日的聚会上，一个成年人本身不仅是这个共同体不可分割的一部分，他会在众目睽睽之下再次变成学生和孩子，随时受到监控。共和国的节日就像学校一样，受到"严格的管理和严密的监视"，恰与巴雷尔所描述的"令人惊恐的欢庆"相反，后者邪恶、黑暗、秘密，是公民节日的反面。[②] 节日就像学校一样，掌控了私人生活，并使之不可逆转地公众化。这从共和6年关于公民状态相关机制的讨论中可以看得很清楚。方案的制定者勒克莱尔想把节日的严肃性推广到全部社会生活，希望能够说服所有的公民隆重对待自己的日常活动和自己生活中的重大"时刻"。[③] 为此，就必须让每个家庭都供着一个记录簿，让公民每天记下自己生活中的各种事情。父亲作为这种礼仪的执行者，记下获得的奖励、吉利的和不吉利的日子、参加朋友婚礼的日子、失去朋友的不幸日子。这

① 国家档案馆，F1 CIII Rhône 5。

② 巴雷尔(B. Barère)：《关于禁止公民宴会和小区节日的报告》，共和2年获月28日。

③ 勒克莱尔：《关于与公民状态相关机制的报告》，巴黎，共和6年。

将促使公民采取一种有益于健康的记事行为，严肃地对待全部人生。此外，这将促成私人喜事与公共喜事的会合，因为私人所记录的生丧嫁娶也与官方记录相同。这不过是产生了一个更有情感的
332 副本。勒克莱尔说，在保存这个家庭记录簿时，人们会重视道德侧面。官方记录簿因有与家庭记录簿相同的签名而真实可靠，二者是同一现实的两个面孔。二者保证了家庭节日不仅会存留在一个热情的圈子里，让所有的人都能分享它们，可以从中获得有益的情感来提高自己的道德。而且私人节日因成为公共节日而有所获益；公共节日也会吸收私人喜事的魅力。有些节日组织者清楚地意识到，共和国的节日必须依靠家庭节日那种自发的戏剧表演。[①] 例如，除了在婚礼上还能在哪里找到“更可爱的物件和更能自我表现的一群演员”？

因此，所有这些都是为个人情感与普遍狂热在节日里的汇聚而辩护。共和6年，当两院就婚礼是否应限定在旬日节的问题展开大辩论时，主张婚礼应与旬日休息日重合的人很有把握地证明，婚礼的“教益”会因此无限放大、繁衍，也更容易理解和消化，婚姻也将变得更坚实牢固。在共和国普天欢庆的日子，在众目睽睽之下举行的如此铺张的结合，是很难打破的。克勒泽－拉图什不断地重申这个论点：私人宴乐和公共狂欢的重合剥夺了任何人宣称
333 自己生活在法律之外的可能性。[②] 逃到哪里能避开“群情激昂的吼声”？怎么能摆脱为节日做准备的义务？亦即，比平日穿得更

---

① 克勒泽－拉图什（Creuzé-Latouche）：《关于旬日节和婚嫁活动委员会的第二个方案的意见》，共和6年。

② 同上注。

好，清扫门前通道，装饰街道和房屋？节日让民众看到自己的形象，尽可能最好的形象，在这个意义上，节日也是一所学校。它是一个应该仿效的模范，与此同时也提示了需要弥补的缺欠。

说节日是一所学校，是由于节日的规律性、公共性、它所要求的紧张性，显然还由于它的内容，它所“呈现”、“展示”和“解释”的东西：所有这些反复使用的词汇足以清晰地说明人们试图让它具有什么内容。节日里亦步亦趋仿效学校模式的插曲莫过于“公报”——这是旬日节的核心。这个公报需要有声有色地宣读。人们期待它能浓缩尽可能多的信息。除了对共和国的大事给予概述，它还应该发布“政府给予新发明、新工艺方法的专利”，[1]或者从阿尔卑斯南侧（意大利）引进的新灌溉方法的使用情况。[2] 但是，除了这些常常让人觉得有些滑稽的教育内容外[3]，节日也是挑战、格斗、比赛、颁奖和庆祝胜利的场合（有人在这里注意到用对学 334
校式希腊的记忆来控制人们的头脑，“在那里诸神互相赞颂，但要屈从于人类的裁判”）。[4] 这就解释了为什么共和国的节日，甚至内容极不相同的节日在结束时都十分相似，就像许多颁奖一样众声喧哗、毁誉交集。这种相似性有时明显地受到强调，例如在谢

① 例如，共和 7 年在里昂拉福雷，人们就利用 8 月 10 日节向固定商铺和流动商人隆重颁发第一批米尺标本。见多尔菲斯（M. A. Dollfus）：《世纪末里昂拉福雷的节日和民间喜庆活动》，载《上诺曼底学术协会评论》，1958 年。

② 克勒泽－拉图什，见前注。

③ 布罗蒂耶尔（M. N. Brothier）如是说，“讲话无聊，场面好玩”，见《关于为遵守旬日休息节和国家节日而制定的热月 3 日决议的报告》，共和 6 年。蒂耶塞（N. F. Thiessé）写道：“宣读！宣读日报！最后再宣读旬报！”《蒂耶塞关于共和国机构委员会提交方案的意见，共和 6 年获月 19 日》。

④ 下莱茵省档案馆，12 L. 6。

勒，为了庆祝共和 2 年 8 月 10 日节（尽管这个节日与学校毫无关系），村里的男孩子与他们的老师一起游行，老师右手拿着一本书，左手拿着一根教鞭；然后是女孩子与她们的老师，女老师则拿着一本书，戴着一个花冠；这显然是一个奖惩体系的缩影，也是节日认同的目标。

但是，无论人们多么难以接受，在节日这座学校中，仅靠命令是不够的。比什维莱尔镇的行政官员感叹[1]，我们还必须吸引民众，他意识到，如格雷瓜尔在关于文化破坏的报告中所建议的那样，必须考虑到它应该让人快乐——这是根本的魅力所在。通过
335 节日进行教育，“既不费力又不花钱”。[2] 因此，节日可以成为一所学校，条件是那个学校是一个节日：[3]这种循环使有用服从于好玩、“赏心悦目”，因而把对人的全部教育托付给形象。

形象的力量

相信节日能够把握整个人，就像所谓学校能把握整个孩子，也就意味着不太相信思想本身的自主性。在这个意义上，革命时期

---

① 同上注。

② 关于这个观点，参见共和 5 年雨月 2 日科雷兹行政机关主席公民肖富尔发表的讲话（国家档案馆，FICIII Corrèze）。他把节日视为一堂露天历史课：“少数人在安静的房间里学习历史课，而重大事件的公共纪念活动把那些内容镌刻在与之相关的正派公民的记忆里。绘画中的人物缩小了比例，但与模特相仿。一系列的国家节日就是小型但合乎比例的画幅，其中凡是对教育观看者重要的东西都不会被省略掉……既不费力又不花钱，人民就可以回溯此前发生的一系列事件。”

③ “我们在玩中学”，这是共和 3 年葡月 30 日佩罗讷的学生打出的标语。见拉蒙（G. Ramon）：《大革命在佩罗讷》，1878—1880 年。

的人们——只要想一下米拉波——完全接受了一种经验主义。这种经验主义一个世纪以来不断贬损洛克也曾认可的人类思考的独立性。对于他们来说,思考从来不能摆脱感觉的支配。人是因为他的存在、因为他作为感性的存在而被界定为人,不是被原则引领着,而是被客体、景象、形象牵着走。节日的组织者们从来不怀疑这种经验主义心理学的老生常谈,而且还借用其中的词汇。“软蜡”和“泥土”给他们提供了现成的比喻,[①]就像原来借来的比喻:学校、节日或制度似乎必然会给人们打上“印记”、“标志”或“烙印”。经验主义的参照系还由于当时有一种回归革命事件本身的 336
倾向,由于一种集体心理的作用而得到强化:法兰西民族不仅波动多变、容易摇摆,而且对形象的力量比其他民族都敏感。[②]

这既是一种谦虚的表示,也是一种力量的表征。说它是谦虚的表示,那是因为意愿、思考和信念的领域似乎决不会独立于感觉的领域之外;因为任何智力活动不过是感觉的延伸和转化,因为没有一种信念不是从相关的印象中汲取活力。当五百人院讨论设立小学的问题时,茹贝尔援引爱尔维修的话说:我们与其说是老师的学生,不如说是“我们周围环境的学生,周围的物体经常吸引我们的眼球,转移我们的注意力”。[③] 但是,这种对人类素质的清醒见

① 可参见莫尔捷-迪帕克(Mortier-Duparc)的说法:儿童和青年“像软蜡一样获得人们很机智地给他们的印象”。《分发马索将军肖像的报告》,巴黎,共和6年。

② 这是让·德布里喜欢谈论的话题之一:“法兰西民族是最能接受所有天才的文化,能够包容所有的美德,与此同时也就具有了极大的波动性,以至于为了让它恪守自己的工作,保持自己的品位和优秀品质,就必须让这些东西转化为激情,而且总是用某种声誉来环绕它们。”《关于庆祝一个人民主权节的动议》,巴黎,共和6年。

③ 茹贝尔:《关于公共教育委员会提交的设立小学议案的意见》,巴黎,共和7年。

解也从另一方面肯定了那种把人类的命运置于好的立法者兼教育者手中的权力。因为每一种感觉都会有愉悦或不愉悦之分,无论谁能够设计出一种体系,让快乐引人向善,让不快乐成为作恶的代
337 价,他就触到了政治道德问题的核心。革命期间议会的主旋律完全符合那个世纪的走向;霍尔巴赫早已道破天机。

乍看上去,把这些原则应用于节日似乎轻而易举。为了造成标志节日成功的那种"精神的扩张"、"生气勃勃的躁动"、"令人振奋的觉醒",就必须同时冲击所有的感官,制造丰富多彩的印象和情绪,大量散布"生动而虔诚的形象"。祖国、共和国这些概念应该总是与丰盛富裕相联系。[1] 由此产生的联想将会产生无坚不摧的政治信念和所向无敌的英雄主义。

这些就足够了;不需要再做其他事情了,也没有人关注让形象发挥效力的转换器。唯一能够强化其影响力的方式是使人浸润其中;但这也并非总是必要的。绘画、雕塑、音乐,甚至朗读往往会具有直接的说服力。马赛曲就"创造"出一批批的营队。[2] 版画宣传了一批伟大的榜样。宣读《旬日公报》就像狄德罗曾经想象的那样迅速可靠地点燃了人们的思想;[3]狄德罗惊异的是,人们能够允许宣读颠覆性文本,那么十年后他们就会惊讶地发现自己周围都是
338 不一样的人了。这种符号对思想的作用,思想对道德的作用都是

---

① 关于这个话题,参见埃沙塞里奥:《关于旬日节法案的思考》,巴黎,共和3年。

② 参见勒克莱尔:《关于建立音乐专科学科的报告》,巴黎,共和7年。

③ 在美国革命进行期间,狄德罗在《一个宾夕法尼亚农人的来信》中评论道:"你难道没有感觉到,稍稍有点大度的灵魂会是多么容易吸吮这些原则并陶醉其中?啊,我的朋友!幸运的是暴君的弱智超过了凶恶。他们消失了,伟人们的教诲结出了果实;一个民族的精神大大弘扬。"

直接的，是按照传染模式设想的。

但是，这些人的自信受了一点挫折。在他们心目中，如果有一些节日符合这种理想模式，那么就是具有宗教性质的节日了。宗教典礼和仪仗游行早已满足了“成年人”对场面的喜爱；金光熠熠的法衣、摇曳的烛光也让他们赏心悦目；教士们也精通如何玩弄恐怖和愉悦的手段。教堂里寂静、黑暗、神秘；抬头仰望，“一个裸体的年轻男子手脚被钉在沾满鲜血的十字架上，他的头歪向一边，戴着荆棘王冠，在最恐怖的酷刑中奄奄一息。这是首先扑入眼帘的景象。”[1]米歇尔－埃德姆·珀蒂是在国民公会期间描述的这幅画面。他甚至怀疑如此产生的冲击能否被宪法教育所抵消。因此，问题是借鉴“把表现手段发挥到极致的礼拜仪式”，研究其最成功的形象姿态和动作，[2]用其他具有同样效力但内容不同的形象来取代这些形象。[3]

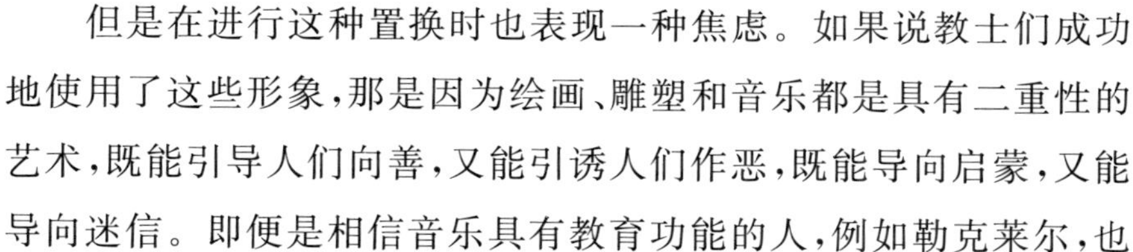

但是在进行这种置换时也表现一种焦虑。如果说教士们成功地使用了这些形象，那是因为绘画、雕塑和音乐都是具有二重性的艺术，既能引导人们向善，又能引诱人们作恶，既能导向启蒙，又能导向迷信。即便是相信音乐具有教育功能的人，例如勒克莱尔，也 339

---

① 米歇尔－埃德姆·珀蒂（Michel-Edme Petit）：《1793年10月1日关于公共教育的意见》。

② 格罗贝尔（J. F. L. Grobert）：《现代人的公共节日》（巴黎，共和10年）：“精心设计的姿态、协调的动作以及所有在近处看很滑稽的东西，都是艺术表现、尤其是节日中不可或缺的因素。”

③ 参见巴雷纳（R. de Barennes）：《关于热月6日与旬日节的决议的意见》（巴黎，共和6年）。巴雷纳指出“残忍形象”对人的影响力，表达了对“革命节日上裸体”的关注。

认为不能盲目地保护这种艺术，因为它也可能转向邪恶。因此，这些节日组织者面临的问题是，他们必须刺激人们的想象力，但又要避免过分轻佻、过分夸大的效果、过分夸张的形象，否则会让人难以忍受，甚至大倒胃口。他们确信形象的力量，因此必须使用形象，同时又确信，按照从古典思想传下来的一个观点，一切形象的东西都是虚假的。博斯基永在向元老院（应为五百人院——译注）出示共和3年宪法时愤怒地指出，在公共节日上，宪法这部“圣典”却仅仅成为一个幌子：实际上公民供奉的是一个包着空瓤的书皮，或者包着“盲信恐怖”，这是一部改头换面的弥撒书。[1] 因此，要根据教育法则来做十分精细的挑选；但是依然会不断产生矛盾，还是有无法克服的弊病。

形象的正确使用

视觉表现是节日组织者的关注中心；这与18世纪一脉相承。诚然，他们承认听觉形象的动人力量，而且有些人还对在节日中使
340 用听觉形象做了理论阐释。[2] 但是，在他们看来，眼睛是“所有器官中最强大的”；人正是凭借视觉，凭借眼睛收集信息的直接性而受到教育；因此，在所有的艺术中，视觉艺术被认为是最少说谎的；狄德罗曾说：“画家所展示的是事物本身；音乐家和诗人的表达不

---

① 博斯基永（J. J. L. Bosquillon）：《在向五百人院出示一个共和3年宪法样本时的演讲》，巴黎，共和7年。

② 勒克莱尔：《关于建立音乐专科学科的报告》。

过是象形文字。”此后有许多著作[1]阐释视觉的教育优势。[2] 在为绘画系争取学院里的地位时，人们提出的问题也肯定了这种优势：“绘画对一个自由民族的道德和政府曾经有和将会有什么影响？”因此，视觉表现几乎完全支配了两大问题的讨论：首先，哪一种视觉形象最有说服力，哪一种艺术能够最好地服务于节日的目标？ 341
其次，一般而言，对于表演（spectacle）应该给予什么评价？

第一个问题很快就有了结果：人们很容易就达成了一致意见，认为雕像是最好的选择。这是因为绘画中的形象会比较小；在这种有限的画框里，它对那些漠然的、甚至浅薄的观众特别有吸引力，而这种人恰恰是革命要消除的人。即便有的绘画具有非常写实主义的艺术表现（例如，在埃夫勒的一个奇特节日上，一个刽子手砍掉路易十六肖像上的头部，拿着画布上的这个断片向民众展示，然后把它抛进废纸篮子里[3]），也不能与雕塑的仿真性一比高下。雷蒙写到：“雕塑作品比绘画不知多少倍地更接近于自然的真实。”[4]绘画会分散观看者的注意力，而雕塑会以其生动简洁而集

① 例如，雷蒙（G. M. Raymond）：《论绘画对一般人产生的效果以及对各民族风俗和政府的影响》（巴黎，共和 7 年）；波默罗（F. R. J. de Pommereul）：《艺术中的视觉艺术》（巴黎，共和 6 年）；埃默里克－大卫（Emeric-David）：《鲜活艺术教育的奥林匹克博物馆》（巴黎，1796 年）；肖萨尔（J. B. Chaussard）：《艺术尊严的哲思》（巴黎，共和 6 年）。

② 让斯（J. B. Gence）：《公共节日的观感和对马拉节观感的评价》（巴黎，共和 2 年）。若古（Chevalier de Jaucourt）在《百科全书》中也有论述：“各个时期的各地统治者一直在利用绘画和雕塑，旨在更好地从人民心中激发出他们想要的情感，无论是宗教情感还是政治情感。”还有一种被反复表达的观点，即任何人都能面对绘画做出判断，因为这不需要特殊的技能。

③ 吉拉尔多（M. de Girardot）：《革命期间的节日，从 1790 年到共和 8 年》，载《南特和下卢瓦尔省科学院年鉴》第 28 卷，南特，1857 年。

④ 雷蒙，同前注。

中观看者的注意力。法尔科内认为:“雕塑只有一个词要说,那个词必须是崇高。”[①]此外,由于没有立体的拟人形象,绘画不可能具有塑像那种神圣品质。因此,只要公社有能力做到,他们就会要雕塑而舍绘画,要全身塑像而舍半身塑像,因为“全身塑像的荣誉”显
342 然要无限高于半身塑像。[②] 被革命视为自己最成功的审美化身的是摆出某种英雄姿态的巨型男性塑像——而共和国的或自然的女性形象一般是坐姿,表现为母性的宁静。

第二个问题则相当棘手。在重视表演的感觉主义的引导下,革命时期的人们同时也在追求节日的严格透明。“在某种意义上”,节日里是没有什么需要看的。那是卢梭留下的模式,在当时毫无争议。革命造就的几代政治活动家们为了自身和他们所发明的节日的需要,都声称遵从这个模式(每一代都指责前一代在节日里塞满了乱七八糟的视觉垃圾)。他们所追求的革命节日是一种没有表演的乡村节日,只是放大到整个国家。也就是说,他们认为有必要让剧场和节日分手,[③]相信有可能出现一种完全脱离戏剧表演的节日。

毋庸赘言,节日组织者们使用了早已有之的论据,例如证明剧场欢聚的暂时性。甚至剧场的支持者,例如狄德罗,也怀疑一旦大幕落下,剧场造成的短暂凝聚力能否维持下去。换言之,表演通常

---

① 法尔科内(E.-M. Falconet):《关于雕塑的思考》,巴黎,1761年。

② 科尔贝(C. L. Corbet):《致督政府秘书长拉加德公民的信……》,巴黎,共和5年。

③ 即便关于节日的论著也没有这样激进,也显然一直强调场面对节日的从属关系:“各种剧场和场面纯粹是节日后的娱乐。我们不能把它们当做节日本身的必要部分,除非是在某个剧场上演专门为这个节日写的戏剧。”格罗贝尔,同前注。

没有明天。这种情况对于旨在丰富的后续效果和长远教益的节日 343
来说是致命的。

此外，节日组织者们对剧场造成的美学和社会破碎非常敏感。这是一个老套的指控：剧场把观众席和舞台分开，设立了舞台脚灯将演员与观众分开；[①]它把空间区隔开来，乃至到了一种荒唐的程度，划出许多“特殊群体”，[②]例如包厢；它还留下一个黑暗的后台，革命时期人们往往猜想那里藏着叛徒和贵族；它废除了空间的流动性，把集体亢奋限制在四壁之内，使之不能自由地在参与的人群中散播。在剧场里人民究竟在哪里能够找到自己的位置？是在舞台上表现他们吗？那么他们会时时笨拙地碰撞到这个狭小空间的种种界限，就会碎化成“小群体”，就像是在游行队伍中被某个无形的权威所调遣，丧失了自己显示才华的自由。如果是看表演，那么就只是观众了：这就是卢梭偏爱没有具体对象的节日的主要理由，因为这样的节日非常近似于社会契约的审议大会。不为具体事物而把人们聚在一起，也不借助任何中介，这样就把观众变成了人民。

最重要的是，革命节日的组织者们拒绝那些造成表演的因素： 344
面具、化妆、机关装置、设计的事件、装扮的角色，整个一套作假。对于那些追求纯粹集会的人来说，任何一点戏剧手法、任何片刻即逝的形象都纯属多余，模拟表演从来是一种装模作样：他们所梦想的是一种神话式的希腊宗教，“任何形象都不能表现人们心中的

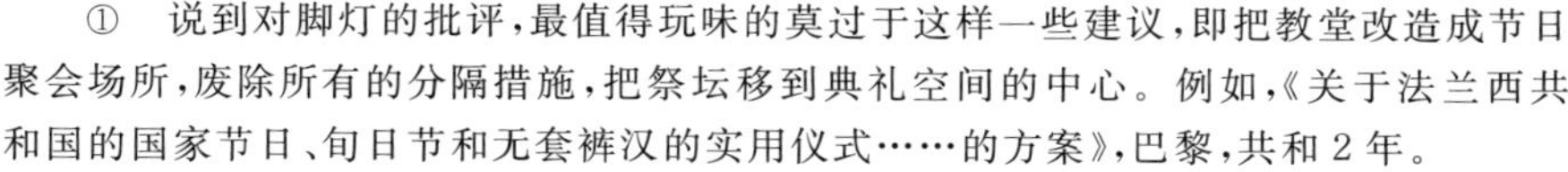

① 说到对脚灯的批评，最值得玩味的莫过于这样一些建议，即把教堂改造成节日聚会场所，废除所有的分隔措施，把祭坛移到典礼空间的中心。例如，《关于法兰西共和国的国家节日、旬日节和无套裤汉的实用仪式……的方案》，巴黎，共和2年。

② 梅西耶：《论剧场》。

女神”。[1] 这种对朴素洁净的追求让我们能够理解为什么“三百人收容所区”提出在圣安东尼教堂的祭坛设置一个长燃火的要求遭到否定。这是巴黎公社做出的愤怒回复：“庙宇里不得有任何有形象征。”引起更强烈愤慨的是，有人提出剧场应该表现的不是琐碎东西，而是将节日本身当作对象。共和2年牧月，一些大胆的演出组织者希望以最高主宰节的成功为理由对这个节日进行戏剧表演。公共教育委员会立即发出一道命令封杀了他们的方案。报告人帕扬对于这个把“牧月的崇高场面”禁锢在“比例缩小的舞台”上的古怪想法嗤之以鼻。整个报告都值得一读，因为它体现了革命时期人们对剧场的猜疑：“有什么剧场连带那些纸板的岩石树木、用破烂布置的天空能够配得上牧月1日的辉煌，或者说能够抹去对它的记忆？”[2]

345 最后，在表演中，观众处于一种无法克服的被动状态；他只能看和听。对于已经勇于战斗的革命人民来说，这种不可容忍的呆滞状态简直是一种侮辱。节日必须让参加者有事可做。[3] 梅兰对此做了阐述：这种肯定态度甚至能够产生出最不希望有的东西，即对联盟节本身的高度批判性回顾，因为那个节日只是给人民安排

---

① 参见弗朗西：《关于格勒诺布尔如何在牧月20日庆祝最高主宰节的想法》，格勒诺布尔，1794年。

② 从当时人们不愿使用“戏剧般的事件”、“大革命的剧场”（意思是革命不过是一个戏剧舞台）这样的表述，也可以看到同样的反感情绪。贝尔纳丹·德·圣皮埃尔早就表达过这个观点：“历史学家告诉我们，萨克斯元帅是在民族的舞台上被戴上月桂花冠。这似乎是说民族是由演员组成的，元老院是一个剧场。”（按：萨克斯元帅（1696—1750）是波兰国王兼萨克森选侯的私生子，长期在法国服役，升至大元帅，战功卓著。——译者）

③ 梅兰（Merlin de Thionville）：《关于国家节日的意见》，巴黎，共和3年。

了“脚踩黄泥却想入非非的膜拜者”的角色，还设置了三个膜拜对象：“一个祭坛上是戴着主教法冠的脑袋，另一个祭坛上是戴着王冠的身躯，还有一匹承载着另一个祭坛的马”。

人们反复表达的一个愿望是：节日应该与所有的表演决裂，进而与一切虚假决裂。实际的节日对此做出的回应是不太完美的。首先，这是因为节日组织者很快就意识到，没有观赏性的节日将会非常沉闷；其次，因为他们以清教徒的态度对戏剧幻象的批评遭遇到依然顽固的感觉主义心理的抵制。怎么能拒绝利用那些动人心弦的东西所拥有的影响青年人的巨大力量？怎么能自我剥夺曾经赋予教士这种力量的东西？[①] 实际上，剧场和节日建立了一种合 346
作关系。有时候，舞台就采用了节日的形象和主题。1790 年夏天，在波尔多，剧场就举办了一个“自由节”，让一群装扮后的孩子列队游行。这种游行正是许多联盟活动最吸引人的部分。[②] 反过来，节日有时也利用剧场资源。人们有时会要求剧场帮助在广场上搭建集合各路游行队伍的舞台，[③]在这个舞台上用若干片段演绎了革命。节日也可能变得与剧场完全合而为一。这种情况就发生在巴黎的理性节上，其仪式被误认为是独创的，其实是大量抄袭自一个歌剧脚本。

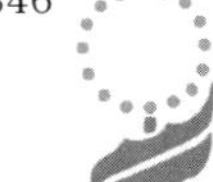

① 盖伊－韦尔农也抨击那些力主禁止有助于加强共和国的东西的人：“以王权和宗教狂热曾经使用过为理由，禁止那些能够增强共和国魅力的歌曲、格言和仪式；以国王小教堂曾经有类似的回响为理由，不许共和国庙宇拥有艺术、演讲、诗歌和音乐的吸引力……”盖伊－韦尔农，见前注。

② 库尔托(P. Courteault)：《大革命与波尔多的剧场》，巴黎，1926 年。

③ 1791 年 10 月 9 日，尼奥尔市为了庆祝宪法发表就是这样做的。见克卢佐(H. Clouzot)：《普瓦图地区的古老剧场》，1901 年。

但是，这些交流、借鉴和相互利用，并非没有事先的提防，也不是没有事后的懊悔。为了有更好的教育效果，在寻求模仿、象征和寓言的手段时，节日组织者也规定了确保无风险使用的条件和界限。从他们的方案和实施情况可以推演出一整套使用形象的教学方法。

这里，我们以模拟表演（进攻城堡、小型战斗、抢渡桥梁）和模拟像（游行队伍中的肖像、胸像和雕像）为例。二者都有因事件或被表现人物不在场而做的替代形象。因此它们会透露出卢梭主义者所感受的欺骗性质，因为卢梭主义已经怀疑在任何简单纯粹的
347 复制中可能有背叛因素。那么，怎么能正确地使用它们呢？

人们或许应该致力于某种逼真，一种最低限度的写实主义，不应有任何虚幻之处。在模拟一次小型战斗时，就应该让“刺刀、步枪、军刀、斧子、叉子和其他武器”都乒乓作响。[①] 还有人试图加入战士的迟疑、情节的悬念等因素。为达到模拟表演的逼真性，一切就不能看上去是预先排练的。当然，结局不会成为问题，但模拟的围攻不应结束得太快。如果整个公社都参与进来，那就更好了。这样一个伟大集体游戏将会消除剧场里那种邪恶的分裂诱惑，强化人们的信念。在沙尔姆，为了庆祝收复土伦，公民们应邀晚上在乡间田野聚会，围着篝火露营；然后，集合号响起，开始攻击两个模拟城市——里昂和土伦。它们将在黑夜被火光吞噬。

对逼真性的关注涉及人们使用的材料和选择的形式。严肃的

① 洛兰（M. Laurain）：《瓦兹省克莱蒙的一次公民节日》，载《克莱蒙考古和历史学会论文集》第1卷，1904年。

模拟像应该有一定的大小。例如，小型的桃花心木断头机被一个女演员优雅地用一个白色丝垫托着，在朗格勒这个女演员象征着“自由女神”，会很小心地进行表演，但是这是白费力气，没有人会觉得这里有丝毫的威慑意味。同样，在蒂维耶的广场上焚烧的微型城堡太微不足道了，谁也不会相信它能掩护“公共幸福的敌人”。微型化会破坏任何制造幻象的意图。因此，务必注意比例。材料 348
也很重要。硬纸板、画布、在布景上展开的纸张——司汤达[*]童年在格勒诺布尔的格勒内特广场看到这些材料做的“权杖、王冠和其他象征物”——都是非常容易毁坏的。在维罗夫莱的土伦节上，人们抬着黄色纸房子游行，遭到中央政府代表的严厉批评，因为他没有认出那是一个城堡。蒙蒂尼亚克的民众俱乐部对自己制作的拙劣的马拉像和勒佩勒蒂埃像很不满意，专门派人到巴黎寻求仿真的雕像。卡斯特尔的民众俱乐部也追求写实主义：他们给圣法尔热（即勒佩勒蒂埃）的模拟像套上了仿佛血衣的“普通衣服”，展示“开裂的伤口和沾有血迹的弑君之剑”[**]。要费很大力气才能让模拟形象赢得神圣名声：这个具有魔力的名声能够消除它形同偶像的嫌疑。

幻象不能太多，只要能够传播教益就足够了，太多就会造成混乱。一定的距离也是必要的。在模拟表演方面，模拟必然是被删减的，因为情节和情绪必须浓缩，也就必定有差距。在模拟像方面，人们希望避免纸板和画布的易损性，但是，如果使用铜器，那就

* 司汤达（1783—1842），法国作家，《红与黑》的作者。——译者

** 勒佩勒蒂埃因主张处决路易十六而被刺杀。这里的剑象征他的弑君言行。——译者

接近于纪念物了。在纸和铜二者之间，石膏恰恰具有所需要的耐久性。同样，也不应该相信活生生的形态——当时报告人的说法是“活体塑像”——能够最好地履行教育功能。当然，它还是优于一般塑像。一个男孩一动不动地躺在马车的前部，身边放着他的
349 小鼓，这比粗劣的雕像更能唤起对巴拉*的纪念。但是，活人画的优势并非得到普遍认可。莫莫罗在一篇著名文章里论述了巴黎理性节选择女演员出演的理由：“僵死的模拟形象”可能更容易唤起俗粗俗人内心的轻蔑，也更容易造成偶像崇拜。[①] 相反，一个活生生的女人会降低认识上的误会：这样一个表演者是在表演某种东西，她不太容易被神圣化。况且，这里所追求的是寓意，而不是拟像。当回忆真实的人物时，活人表演——在游行时由一个公社里的熟人装扮成马拉或勒佩勒蒂埃——是否比塑像更能唤起人们的强烈感情？对此人们更不敢相信。莫莫罗很清楚，除了所有的偶像崇拜里的物化外，活人表演更接近于剧场，却反而增强了逼真性。最写实主义的造型方式不一定是最令人信服的。

所以，这里必须保持这种（对表演）半推半就的态度，处于十分不舒服的状态。节日组织者们宁愿摆脱可模仿的模式，摆脱向造型写实主义取经。例如，在博韦的热月 9 日、10 日节上，热月正统派希望用一个模拟的王座来表现“三头执政”（指罗伯斯庇尔等人
350 的专政）。当时并没有复制一个真正的王座。节日上展示的王座

---

* 约瑟夫·巴拉死于平息旺代叛乱的战争，作为少年英雄受到纪念。另见本书第三章。——译者

① 《巴黎的革命》，共和 2 年雾月 20 日，这篇文章被认为是莫莫罗（Momoro）写的。

是“用红色底座表示的血腥讲台，用荆棘和橡树枝以及交叉的镰刀作边饰”。这里没有仿真，完全是用艳丽的色彩和锋利的刀刃等象征手法来暗示残忍。这里的教训是需要用情感和本能来读解的。

但是，革命节日还是不信任象征符号。这是因为在象征的深处，在模拟的写实主义里有某种无法控制的东西，有可能导致革命节日所力求根除的暴力。象征所暗示的残忍必须如实承认，但丝毫不得出现转向另一种残忍的迹象。至于如何展示刽子手和受刑者之间的关系，如何表现刑罚，模拟形象总是左右摇摆。有人突然希望向人民展示“卖国贼卡佩和姘头玛丽－安托瓦内特”的模拟像，但有人则不太希望在节日上再次“处决”他们：恐怖的警示不应常常付诸表演。

这里也有一套驱散暴力的手法。由此也就能解释为什么寓言在革命节日的表现方法中受到偏爱。与模拟和象征不同，按照卡特勒梅尔·德·坎西*的说法，寓言是一种“到了非模仿程度的模仿”，这是对一种替代性大于复制性的表现手法的绝妙定义。[①]因此，寓言并不想维持幻象。它要造成的效果是暗示。它点到为止；那种通过模拟必须维持最低限度真实性的表现手法被抛弃了。形式之所以重要，哪怕是自由女神的优雅形式，也只是因为能够展示 351
观念。共和7年雨月，当内务部长打算确定庆祝人民主权节的方

* 卡特勒梅尔·德·坎西(Quatremere de Quincy，1755—1849)，考古和建筑理论家。——译者

① 卡特勒梅尔·德·坎西指出，寓言是大革命的寓言。这个断言非常值得玩味，因为它出自1801年向塞纳省议会提交的报告。这份报告改变基调而抛弃节日，但保留7月14日，坚持感觉主义。这基本上显示了革命时期的共识。国家档案馆塞纳省议会文件，F[1] C IV Seine 1。

式时，他邀请艺术家们来提出“意象”，更确切地说，他纠正自己说，是提出“概念”。寓言要求与现实保持一定距离，以至于自迪博*以来有关品味论著的规则之一就是绝不在一部作品里把历史人物与寓言人物混在一起，因为后者“在前者上面覆盖了一层虚构面纱，使二者中的描述都成为站不住脚的谎言。”

这种距离、寓言的这种自律可以被视为革命节日会对它如此好感的一个基本原因。寓言是很体面的。雅克·拉孔布写到，寓言的优势之一是“把自己藏在借来的面纱下”。结果，它磨钝了任何可能的锋芒，具有婉转表达的端庄，避免了过度模仿可能造成的危害。

这也是为什么它被用于消除可能与表演（或大场面）相伴的野蛮言行的原因。在阅读官方档案时，我们不要轻易地相信那些描写，诸如在广场上“教皇”遭到鞭笞，“皮特”（英国首相）遭到侮辱，“卡佩”遭到处决。通过更仔细的审读，我们会发现，那些人偶常常做的不像卡佩，而且人们常常用一条国王束发带来敷衍了事，有时使用的是很不明显的象征物件。总之，嘲弄的不是教皇而是宗教
352 狂热，不是把路易十六而是王权。有一大批有寓意的形象在传达革命的教训：不仅有宗教狂热和王权，还有富裕、自由和正义。其中许多形象是女性，而这种情况进一步扩大了革命事件与其认知形式之间的距离。当然有人抗议了：“到处都是女人！我们需要的是生气勃勃和朴素严峻的万象更新！”②

---

* 迪博（Du Bos，1670—1742），著有《关于诗歌和绘画的批评思考》，受到伏尔泰的高度评价。——译者

① 拉孔布（J. Lacombe）：《美术的奇观》，巴黎，1758 年。

② 《法律之友》，共和 6 年风月 9 日。

寓言也有与端庄相对的另一面，那就是它常常看似一个谜语。所有论述寓言的学者（从文克尔曼到艾迪生，从叙尔泽到让森）* 都强调了这种困难，也都试图破解这个密码。此事让节日组织者备感兴奋，他们上学时在解题时就有这种感受，但是这可能让公众感到郁闷，因为他们摸不着头脑，而这些形象又是为他们设计的。这很容易成为冷嘲热讽的口实，① 有时也成为教育者的真正烦恼。由于革命节日竭力使形象的情感负荷与人们保持一定的距离，也就丧失了所有的说服机会。节日组织者们也多少意识到这种失落，因此把他们的所有希望都寄托在话语上。

没有什么是不言而喻的 353

革命节日就是话痨。这是诋毁者异口同声的判词。对此你不能不同意。革命时期的节日往往说的比展示的多：② 节日充满了

* 文克尔曼（Johann Joachim Winckelmann，1717—1768），德国艺术理论家。艾迪生（Joseph Addison，1672—1719），英国文人。叙尔泽（Johann Georg Sulzer，1720—1779），瑞士数学家、哲学家。让森（H. J. Jansen，），法国学者，1799 年将前三人的论文结集翻译出版，书名《论寓言》。——译者

① 例如，梅西耶对笛卡尔塑像的评论："这位论述漩涡和微粒的学者笛卡尔，是个小说家也罢，是个天才也罢，对于民众有何重要？当民众看着塑像在面前通过，与看到一个大喇嘛的塑像没有什么两样。"《论笛卡尔》，巴黎，共和 4 年。

② 下面这首歌词（国家档案馆，F^{1} CIII Eure 11）非常坦率地强调了说话与展示之间的关系。这首歌是孔什镇庆祝国王驾崩节时在维斯坦丁修会嬷嬷们伴唱下演唱的：

法兰西人，如果你们想教会
你们的子侄如何威吓君主，
那就每年向他们展示
祖先时代暴君的骨灰，
让他们在凄惨的碑林上

令人郁闷的朗读和没完没了的讲话。在一些地区最小乡镇的最普通的节日上，也得首先听督政府特派员讲话，然后是镇长讲话。如果乡村教师不觉得有必要做些解释或宣读某些“相似的”诗句，那么人们就太幸福了。学校的孩子们必须出席，登上临时舞台，结结巴巴地背诵《人权宣言》，所有的听众都要装作洗耳恭听。节日几乎无异于主日布道。节日上当然有音乐，但通常是颂歌，人们要么背下歌词，要么照着蹩脚的台本唱。节日永远滔滔不绝，尽管它反而赞美朴素简洁。

这还算不了什么。更引人注目的是游行队伍中旗帜猎猎，画
354 像塑像半身像上标语如林。有时，这些东西不过是简单的说明。如果不是看到这样的文字“祝理性之光永远引导你”，人们怎能知道科尼亚克8月10日节上难闻的烛火是理性之光？[①] 但是，即便是最容易读解的象征物，如农民手持的麦捆或葡萄藤，也不能认为无须加上说明文字：“大自然给予她的孩子的礼物”。这是因为语言的描述功能远远不如其激励功能更重要。无论如何，在有限空间里，浅显易懂的语言能够敦促人们行动，例如在拉施塔特举行的葬礼上人们反复咏唱的歌曲《找他们复仇，找他们复仇》。有时语言也具有解释功能：在布尔格的民众俱乐部的一个节日上，人们让3只猴子游街，它们分别戴着王冠、四角帽和三重冕。说明词不仅

读出两个带血的词句：
怪物去死，暴君去死
只要他背叛共和国。

① 夏朗德省档案馆，L. 140。

指明寓意动物所代表的角色，而且明确地指示人们应该如何联想："第一个说，我比国王有用；第二个说，我比教士更有值得尊敬；第三个说，我比教皇更贞洁。"

这种用言语来支持展示的顽强意愿有什么意义呢？很显然，这里有非常古老的意涵：古代节日的形象始终是比较明确的榜样。诚然，在某些节日，如西莫诺节，铭文使用的是罗马大写字母，展示铭文的人身着古罗马服装。在这里，我们会再次发现作为 18 世纪思想特征的古代城市梦想：大街小巷和广场都充斥着面向公民的 355
信息。这种梦想的现代版本是由贝尔纳丹·德·圣皮埃尔开启的。[1]

我们是否可以把这也视为一种革命浪漫主义呢？应该说，这种对语言力量的信赖在言行并未分离的时代并不稀奇，因为在国民公会发表了错误演讲或者在私下说了一句不适当的话都可能上断头台。革命时期的人们也讨论了这个假说，有的人——如卡巴尼斯——就确信，激荡的革命使语言获得了无与伦比的力量，"在共和国里，一句话，在公共演讲中的一个提示，三行字的一个法令，都会敦促人们做出一项项丰功伟绩"。[2] 革命的情绪期待着具有直接感染力的语言。我们不知在多少小册子里都读到这样的提议：借助气球这个手段，就能用《人权宣言》这个最有说服力的武器

---

① 在贝纳尔丹·德·圣皮埃尔看来，铭文是死者和无生命物体对活人说话的手段，从而建立"从无形的自然到有形的自然，从遥远的时代到现在"的感应。《自然研究》。

② 见卡巴尼斯共和 7 年雾月 18 日在向议会提交科学院词典（共和 6 年出版）时发表的演讲。

淹没敌人的军队。[①]

356 尽管如此，使用语言时似乎最重要的是遵循经验主义的逻辑（最初所谓白板或软蜡的说法显然涉及简单言语的使用、格言和口号的重复节奏，因为冗余是印记教育法的核心）。它也出自于对形象的教育能力的信心不足。形象似乎很容易模棱两可，因此需要依靠评注。这种评注的任务是提供确定的翻译，防止意义漂移，严格限制解释的空间。[②] 没有什么不言而喻——这可以成为革命美
357 学家的口号。在这方面，大卫向国民公会呈交的米歇尔·勒佩勒蒂埃临终画像就是画家本人读解画作的精彩例子。[③] 如果一个父

① 例如，夏尔·维莱特的有关论述：气球应该携带“各式装着宣传品的小篮子，用许多绳子拴着。每根绳子上有长短不一的火绳，以不同速度燃烧，最终烧断绳子；结果就会不断地落下《人权宣言》、《宪法》、有关教会改革和禁止修会的材料，还有取缔封建制度乃至废除贵族等级的材料。如此简单的办法就能把这些传单撒遍德意志的乡间，让农民都能够捡到。当然，必须预先把它们翻译成敌国的语言这是一种新式的十字军，是兵不血刃就能征服其他民族，使之获得自由的手段。”《书信选》。

② 克莱蒙研讨会上，朱迪思·施兰格尔提交一篇类似的研究，探讨了大卫为节日起草的3个方案以及大卫在国民公会上对在巴黎新桥树立法国人民塑像方案的评论。那座塑像的视觉表现力凭借塑像本身就应该足够了，因为其目的是建造15米高的巨型塑像，这么大的个头儿就可以俯视从圣母院移来的一群塑像所构成的底座。因此，它应该让人联想到赫拉克勒斯，如果有一个大头棒就会加强这种联想。持大头棒的那个手握着的应该是自由和平等的塑像，“彼此紧紧拥抱”（这两个小雕塑蜷在一只巨掌中，比例很奇怪，但它们突显了法国人民与自由和平等的亲子关系）。但是，这种多重寓意还不能让大卫满意；他还想在塑像的额头用大写字母刻写“光明（启蒙之意）”，在胸部刻写“自然、真理”，在臂部刻写“力量”，在双手刻写“劳动”。施兰格尔以这个刻写文字的标本以及大卫拟定的节日方案为例，考察了语言和视觉塑像之间的关系。在她看来，二者是一体两面。一方面，文字以冗余的方式强化形象，但另一方面视觉形象也屈从文字，因此后者不是可有可无的装饰，而是造成这个景象的基础，既是它的构成因素，也是它的目的所在。

③ 大卫：《1793年3月29日讲演》。

亲想给自己的孩子讲解这幅画——这本身就显示了画家的教育意图，那么大卫建议分成 4 个步骤，每一步伴有一个教益。首先，孩子们应该仔细观察英雄的“安祥特征”。他们从中读出的意义将是，“当一个人为国捐躯时”，他会心安理得。然后他们会注意那把剑；这将教育他们要有勇气，因为有了勇气勒佩勒蒂埃才敢于弑君。然后再来看伤口。这可能因惨不忍睹而成为反面教训的契机：“我的孩子们，你们会落泪，会转过头去。”但是这一刻很快就被对“王冠”的凝视所补救；王冠在这里可以被读解为永垂不朽，是“祖国为自己的孩子保留的”。这样整幅绘画就可以变成一套言说了。它在邀请人们进行一次方法之旅。这是诸如《布鲁图》或《苏格拉底》这样的作品系列不断建议的旅行，但是面对一幅极其平实的绘画也可尝试一下。在这种对形象的充分解释中，没有任何东西可以做随机的解释：这里没有留下任何含蓄的余地。

佩吉以其惯有的洞察力，把这种穷尽形象意义的评注视为革命教育学的独特之处，是其谨慎和猜疑的印记。[①] 在《有罪的母 358
亲》中，博马舍用时代的油彩为阿勒玛维瓦伯爵和伯爵夫人罗丝娜化妆。是什么使之丧失了《塞维利亚的理发师》和《费加罗的婚礼》的那种清新？唯一的原因在于，在《理发师》和《婚礼》中，人物的出场完全不落俗套，而且直到结束才能知道他们实际上是什么人、真实情感是什么、会有什么结果。而《有罪的母亲》完全是程式化的。阿勒玛维瓦伯爵是一个“伟大的西班牙领主，高贵而不傲慢”。骑士莱昂“与所有青春热情的心灵一样，是一个热爱自由的年轻

① 佩吉：《克里奥》。

人”。演出时只能毫无悬念地按照程序的指示往下走：扼杀了即兴表演的激情，形体也就僵直了。

然而，人们认为他们获得了另外的东西。实际上，我们发现在节日方案和实际节日之间，在对演示（montrer，说明、证明）的需求与对展示（exhibition）的恐惧之间有很大的矛盾。而使用评注似乎本身就能带来一种解决矛盾的办法。当伊斯纳尔在国民公会中挥舞一把剑来强调自己关于吉伦特派政策的演讲时，罗伯斯庇尔十分愤怒，要求国民公会禁止一切可能造成“情绪感染”的“实物辩论”动作。[①] 但是，如果人们演示的东西是精心界定的，而且只有一种接受方式，只有一种用途，那么展示就失去了其威胁性，变
359 成了一种符码。由此也能理解为什么卢梭尽管不喜欢炫耀，也强调服装；[②]这也是“慈善协会”所考虑的东西。该协会在《供法国人服务公共机构用的日历》中建议，每一位父亲给自己的儿子起的名字应该是与自己从事的并希望世代相传的行业有关（例如有个农民的儿子起名 Agricola，agri 是农业的意思）。年满 21 岁的青年应在自己的姓氏前加上他特别崇敬的某个名人的名字，例如布鲁图。这样你就能确切地知道在和什么人打交道；慈善协会建议，每个人，每个物“应该有一个用途，能使其本性和特征为人所知”。

于是，言语给节日做了结论。孔东镇的民众俱乐部在 1794 年

① 罗伯斯庇尔评论说：“这些动作本该引导着舆论，使之最终处于更安静的讨论的指导下。”

② 可参见卢梭《关于波兰政府的思考》：“我认为，他们有自己独特的服装实乃一种幸福。小心地维护这种优势；虚妄的沙皇做什么，就和他对着干。无论国王还是元老院议员，还是任何公众人物都不要穿除了民族服装之外的其他服装，让任何穿戴像法国人的波兰人都不敢在宫廷出现。”

集会，庆祝破除教会里的木头、金属和大理石制作的各种形象。人们在破除这些视觉形象时高呼："让言语今后成为我们的工具！"干什么的工具？当朱迪思·施兰格尔思考大卫方案的永恒当下性时就注意到这个问题。大卫说，不是在观看的某个时刻人们应该流泪，而是说他们会流泪，甚至在活动还没开始就会流泪。[①] 因此，这不是一种观察记录，也不是一种指令，而是一种规范说明，其中既包括思想活动，也包括场地设置。这是一种咒语式的真理，是在想象中得到实现的欲望的真理。革命的教育在这里找到了登峰造极的典范。

*　　　　*　　　　* 360

但是，要教育什么人？正如所有盲目的教育狂热一样，从来没有人提出这个问题。节日组织者们似乎没有怀疑过那些"轻浮的或愚钝的天然造反者"——霍尔巴赫甚至用这些人来批驳爱尔维修的教育乐观主义。这些节日－学校是针对那些孩子般的成年人，他们似乎没有历史，没有记忆，甚至没有好的习惯。极少有思想家能够认识到，这里所要做的与其说是"教育人民"，不如说是"用一种教育取代另一种教育"。[②] 只有极少数人，如朱斯特·拉莫，建议让节日依然仿效眼前一代人的"习惯、陈腐的习俗"，[③]建议哲人们到外省走走。在泰拉尔说到的 44000 个公社，"由于启

① 施兰格尔，见前注。

② 迪普朗捷：《关于建立国立小学的意见》，巴黎，共和 7 年。迪普朗捷认为，替代比初建困难得多，因为这需要"把自由国家嫁接到残败的树干上"。

③ 拉莫：《关于旬日节和国家节日的哲学和政治概论》，巴黎。

蒙、舆论和争执的程度相差很大，各地的风气似乎千差万别。”[①]在那些地方，人们早就有节日；在那些地方，革命节日遇到了旧习俗大量的顽强表现，让节日组织者大为惊讶。

① 泰拉尔(J. Terral):《对旬日节的思考》，巴黎，共和3年。

第九章　民众生活与革命节日 361

尽管看到在城镇街道上，甚至在最偏僻的乡村里游行队伍有如此之多布鲁图和西德尼的画像，尽管听到人们唱着如此之多自己莫名其妙的颂歌，我们依然会很轻易地认为革命节日与民众生活之间没有多少联系。例如，尽管可以提出许多理由来解释《马赛曲》的成功，[①]但是，沃克吕兹山区索村或布列塔尼洛基雷克村社的农民是否懂得"让那脏血灌溉我们的田地"的含义，还是值得怀疑。人们几乎众口一词地判定，革命节日是一种无法实现的、十分荒诞的嫁接，由此可以解释并必然导致许多官方记录所说的失败。无论指定的代表还是督政府特派员，情况都一样：他们空降到一无所知的外省生活中。他们既不能也不想看到传统生活，只是一味地反对民间习俗，不顾抵触情绪而强制推行没有根基的节日。只要他们一离开，这类节日注定会消失。

这种公认的观点受到少数微弱声音的反对。例如，瓦拉尼亚 362
克认为，如果革命节日不能真正成为大众的节日，那是因为它的时间太短了；作为新旧交替，十年其实也是不够的。[②] 瓦拉尼亚克认

① 参见雅姆的论文《马赛曲》。

② 瓦拉尼亚克(A. Varagnac)：《传统文明与生活方式》，巴黎，1948 年。

为，毫无疑问，随着时间的推移，会出现一套关于自由树和青年节的“真正古老的”民俗。

“或许是这样”。但我们需要注意的是不确定之处。要想知道革命者们是否完成了宏图大业，也并非轻而易举之事。我们是否知道他们实际上想做什么？他们究竟是在有意识地毁灭大众生活，还是说，他们仅仅是过于冲动和盲目？他们是真的不知道传统生活的仪式层面，以至于他们在自己的节日里也从未借助这些东西吗？这些是很大的问题，下面将试着做些探讨。

糟糕的民俗调研

尽管这些官员认为民间习俗一无可取，但他们也受命观察和报告这些习俗。革命时期，统计调查是一件大事，[1]传统习俗也在其调查范围之内。调查的内容有民间习俗以及道路、树林和动物
363 时疫等信息。[2] 这项调查要求信息员必须准确地观察，甚至要做实地考察。在整个革命期间，由不同的人、按照不同的节奏一直在进行这些调查，[3]由此产生了一个信息宝库。

---

[1] 当然，不是说革命时期发明了统计调查，但是确实是从这个时期开始实行，而且早在治安成为重要关注之前就开始实行。这是因为国家划分成省，仿佛这种划分本身就要求收集数据，并造成绘制一个新的分块的法国地图的迫切需要。

[2] 这也是内务部印制的问卷要求政府特派员做的调查顺序：公共精神、公共教育、基本治安、收成与基本生活、乡村治安、有关邪教的法律、收容院、拘留所、捐税、道路、农业、商业、武装力量、时疫、动物时疫。“公共精神”以及“基本治安”的标题下，特派员应填写自己对习俗的观察情况。

[3] 我们可以追溯这种认知意志的各个阶段：制宪会议时期为确定各省的范围和边界积累了大量调研成果，然后是国民公会为了便于监督而给议员和各地政府规定了

考察这些文献并不意味着如人们想象的那样远离了节日，因为受命做调查的那些人也是地方上革命典礼的组织者。他们也是演讲撰稿人，游行筹划人。节日是他们经常牵挂的事情（如果想想被革命节庆塞的满满的年历，那也是一件让人忙得喘不过气的事情）。最有意思的是，看看他们如何评价大众生活的节日因素，他 364
们从中保留了什么。

我们在这里不可能分析所有的文献，[1]只限于讨论督政府时期的那部分。这样做也有许多理由，[2]最主要的一个理由是因为有弗朗索瓦·德·纳沙托这个人。他对节日问题怀有强烈的兴趣，也十分了解统计研究的总体性质。他的言谈里不会不把监督当作一个目标，但是这种目标也与他的信念难解难分。他坚信人类生活的各种因素必然有着联系：物质生活、社交生活与仪式活动不过是同一现实的不同侧面。这种对总体性和美感的追求必然需要规模（“我们应该拥抱法国的一切”）和准确（“这项工作应该产生镜子的效果，忠实地呈现它所反映的对象”）。[3]这已经是一种司汤

报告各地资源、工商业的责任（这些资源和工商业受到共和2年霜月14日法令的管制。该法令也组建了革命政府，并且要求所有政府部门的所有公务员都要对自己的业务做出准确具体的报告），最后两届内务部长弗朗索瓦·德·纳沙托要求各省递交年度报告（“这是让督政府能够看到一幅法国整体形势画面的最好方式”），然后是他在第二个任期邀请附属于各省政府的督政府特派员在省内微服私访。

① 有关信息的收集情况，参见圣莱热（A. Saint-Léger）：《现代版本目录》（1918—1919年）；马迪厄：《现当代历史评论》4期（1902年）；佩罗（J.-C. Perrot）：《法国革命史学年鉴》，224期（1976年）。

② 这部分文献不是像马迪厄所说的那么不完整，而且都存于国家档案馆的 F[1] C III 系列的盒子里。它们常常按照一个省的概况来排列；它们很重视政治形势，很注意界定或更准确地说是诊断“公共精神”。

③ 纳沙托：《通报汇编》。

达式的要求，似乎预告了一个真实的琐碎数据的大丰收。中央特派员告诫地方特派员时，不知疲倦地重申这种要求：“你们必须像一面纯净而忠实的镜子。”[①]

365 对于那些被派遣到各地的人，人们希望他们观察得十分清楚，要求他们“爱国”和“开明”。后面这两项似乎是几年后他们再次从事这项工作时取得成功的基本条件。夏普塔尔[*]要求领受类似任务的行政官员应该具有“爱国主义和启蒙思想”。这是极其暧昧的要求，因为这些乡间调查者如此武装起来同时也就可能被解除了武装。爱国和启蒙的法兰西是如何看待另一个既不爱国又未启蒙的法兰西？

所有这些人都是矛盾体，中央特派员[②]比地区特派员更是如此。督政府特派员既属于同时又不属于地方世界。说他属于这里是因为他住在这里，但是作为中央特派员，至多只有一年的居住义务。对于归化外省生活，这个时间太短了；还有许多迹象提醒我们，即便这个特派员是本地人，他也不完全属于这里。因为他不是选出来的，而是任命的；这里的事情仰赖巴黎的态度；最后，他的
366 “启蒙思想”使他拉开一定距离来看待地方事务，使自己既不身陷

---

① 赴曼恩-卢瓦尔省特派员，国家档案馆，F^{1} C III，Maine-et-Loire VI。

* 夏普塔尔(Jean-Antoine Chaptal，1756—1832)，法国物理学家、化学家，曾任内务部长(1800—1804)。——译者

② 我们可以看到许多关于这些报告人的信息。在市镇层面，有些档案提供了特派员的名单，并有对其公民热忱程度的评价。他们包括中间商、公证人、卫生官员、已婚的教士、法院书记员、驿站站长、登记员，亦即整个勤劳的小镇资产阶级世界。中央特派员则提升了一个社会等级，我们从中看到了启蒙运动的通讯网络：启蒙的资产阶级，即学会成员，与科学院通信交流，具有农艺学的知识(例如厄尔托·德·拉梅维尔)。

其中，也不完全置身事外。

使情况变得更加严重的是，部长对他的要求很不明确。当然，上面命令他留心公社生活。因此他必须注意“大钟是否还在敲响”，“某种崇拜标志是否阻挡了公路通行”，“国家节日是否引起人们的兴趣”等等。但是，这种探究所带来的洞察与其说是有助于对民众生活的观察，不如说是更有助于对公共精神的诊断。[①]

当然，公共精神与大众生活根本不是一回事。后者是一个五颜六色、斑驳陆离的世界，而公共精神是一种理想。极少有特派员敢说公共精神在穆瓦萨克很强，在内格勒珀利斯很差，在菲雅克好坏参半。对于大多数人来说，这种差异不过是表明根本没有公共精神，[②]舆论是“各省的女王”。因此在这些人（以及在政府）的心

目中，公共精神与大众生活之间有一种明确的对立，正如纯洁的统 367
一与罪恶的多样性背道而驰。大众生活充斥着各不相同的意图，

而公共精神则是用一种牢不可破的契约来把握多样性的坚实统一。

这就意味着人们不能满足于让公共精神得以流露，而是必须

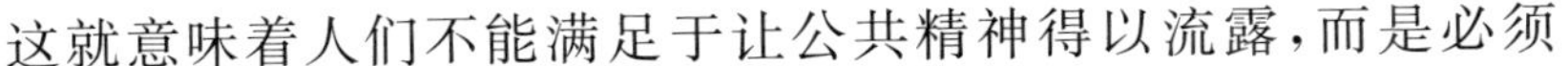

① “公共精神”这个词来自英语。18 世纪政治语言向宗教语言借用了这个词。在法国，这是一个新词。《特雷乌词典》和《百科全书》都没有列出这个词。《科学院词典》出到第六版才收录它。但是，它在法国的寿命并不太长。在 1877 年版，这个词就已经变得很中性了；在 1823 年被界定为“一个民族对关涉光荣和繁荣的事务的舆论”，到 1877 年则简单化为“对普遍关心事务的舆论”。我们已经接近罗伯尔词典所判定的“陈旧”了。

② 关于这一点，可参见赴罗讷河口省特派员的见解：“在这里公共舆论是最高裁判；我们政治舞台上的血腥震荡、意见的持续分裂以及所有的自尊自负已经用人代替了祖国。只有沉思（投机?）的地方不可能有公共舆论。”国家档案馆，F[1] C III，Bouches-du-Rhône 7。

让它形成。正是因为如此，在那些写给思想圈子、学术协会、学校、节日，总之写给“共和国机制”的那些著述里可以大量看到这种要求。如果没有一定网络来收集、传送和体现，那么普遍意愿（公意）绝不会发出声音——这个观点是所有的特派员耳熟能详的。奥古斯丁·科尚认为，如果社会不能让人们投票、通信、争论和游说，那就没有公共舆论。他常常为此遭到批评，其实他不过是对这个观点重新予以公开的确认而已。特派员们相信，公共精神不可能是观察的对象，而是激发的产物，是建构活动的产物，因此他们顺着一种能量学的坡度来牵引它。他们的词汇是体操词汇或医学词汇：这一直是如何恢复、矫正、振奋、锻炼的问题。

这种目的论的信念并不能导致敏锐的观察；况且城市人往往把农村视为文明的反面。整整一个世纪以来人们把城市视为财富、人口和风尚的坟墓，同时把所有的生机都归于农村；而这种信念在这些文献里已难见踪影。人们会不时地发现关于纯朴村民的画面、对通情达理的乡民的信任，但是这些还不如城里人的琐碎轻浮更有诱惑力。赴维埃纳省特派员说，乡下人的风俗更纯朴，更有
368 鉴别力。不过总体说来，这是一种比兴手法，与怀旧情绪没有什么关系。[①] 这些带有教训口吻的文献几乎没有像通常那样提到田园风光。这是它们的一个令人惊讶之处。它们把农民的迟钝视为致使道德败坏的障碍而痛加声讨。赴克勒兹省特派员绝望地问道，

① 赴加莱海峡省特派员感到惊讶的是，在他管辖的地区再也找不到纯朴民风、对法律的恭敬和乡间美德，国家档案馆，F^{1} C III，Pas-de-Calais 8；赴上比利牛斯省特派员宣称，10年前，这个地区的人民还处在“自然状态”。国家档案馆，F^{1} C III，Hautes-Pyrénées 6。

“当有教养的人也对新历法、新度量衡、新市场、新集市等等有疑问时，怎么可能让乡村习惯于这些机制呢?”怎么可能让农民忘掉自己的节日呢？有时这些特派员们也彻底失望:“乡下居民的顽固简直让人不敢置信。他们的脑子好像天生不关心真理。”[①]中心城市给社交生活、公民节日、共和国集会所提供的资源是农村地区所不能比拟的。

这有助于我们理解这些人在认识地区差异时遇到的困难。但他们被要求去自己探索，其中有些人是这么理解的:“我们必须遍访最偏僻的小村庄，亲眼看到正在发生的一切。”在法国外省旅游的方式数年后很快大获成功，这是一种冒险。人们能够从联盟代表们的记述里特有的种种惊叹中感受到这一点。那些各省内部的

路线图尽管范围不大，也应提供该地区各种风俗的图景。但实际 369
情况并非如此。

这些描述并非完全没有比较的视角:每个特派员都是根据他对临近甚至更远省份的了解或自以为的了解来观察所在的省份。例如，赴默尔特省特派员想描绘出所在省份的舆论深浅图，只想用单色画法，因为“两个极端部分的差异并不像南方地区那样明显”。但是，这种放眼整个法国的尝试是很短暂的。就多数情况而言，特派员们热衷于把众多的习俗归到迷信和偏见的名下(这是报复性的概念，也是很方便的概念，因为这可以将它们一笔勾销)，也显示了他们惊人的冷漠。因为大约 6 年后正是具有同样教养但具有好

① 国家档案馆，F^{1} C III，Cher 6。

奇心的迪洛雷*和他的朋友们制定了凯尔特学会的问卷，问卷非常详细，以至于范热内普**依然用来进行调研。对于民俗的好奇似乎就诞生在那个短暂的间隙，其理由至今得到我们的承认：“收集那些逃过岁月蹂躏的习俗”——迪洛雷如是建议。他希望人们不要不屑于记录看似“细枝末节”的东西。凯尔特学会创建人之一芒古里***也敦促展开这项调研：“我们必须赶快制定我们的问题，因为法典和其他现在支配法国的机制将必然导致大量奇风异俗的消亡。”正是这种对消亡前景的预见驱动着仿佛处于历史门槛的凯尔特学会对人类多样性进行反思。

370 但是，这种衰亡预感也证明了特派员们冷漠态度的合理性。在他们心目中，他们所遇到的各种特殊情况都是临时性的表征，记录将要消亡的东西纯属画蛇添足。赴北滨海省的特派员从未使用过布列塔尼方言的任何词汇，赴莫尔比昂省特派员只在几处做了暗示，赴菲尼斯泰尔省特派员只提到一次（这几省均属布列塔尼地区——译注）。赴东比利牛斯省特派员在巡视时竭力传播弗朗索瓦·德·纳沙托的“福音”，结果处处碰壁，只是得出了一个可以想见的结论：“他们感到教育是多么必要。”①这是因为人们不满足于预见习俗的消亡；从为寻找公共精神而设定的未来方向看，人们也

---

* 迪洛雷（Jacques-Antoine Dulaure，1755—1835），法国考古学家和历史学家。凯尔特学会（后更名为法国古史学会）创始人之一。——译者

** 范热内普（Van Gennep，1873—1957），法国民俗学家。——译者

*** 芒古里（Michel-Ange-Bernard Mangourit，1752—1829），法国革命时期的活动家。——译者

① 国家档案馆，F^1 C III，Pyrénées-Orientales 4：“我发现，在农村地区，因为公民们不懂法语，因此不能领会我按照指示信巡视时讲述的信中规定的各种问题。”

希望如此。实际上，盲信狂热恰与地方习俗和少数人群语言的根深蒂固成正比。按照赴默尔特省特派员的说法，不顺从的分布图恰好与德语分布图重合；[①]赴菲尼斯泰尔省特派员认为，“蛮族方言在许多农村地区完全是被统治者的语言，它们是暗礁，撞碎了我们的全部努力。”[②]赴下比利牛斯省特派员记录了三个前巴斯克地区的语言在该省造成的疏离感，“它使邻居彼此疏远，好像因为他们之间的交流极其困难。”[③]赴东比利牛斯省特派员在该地呆的时间较长，已经能用方言与当地公民亲密交谈，却不再承认那些人是 371
自己的人民：“他们仍像是一个单独的民族。”

此外，在这种描述背后有一个越来越确定的社会愿景，那时体质差异和文化差异都将消失，因为它们都没有理性的依据。因此，如果风俗还在延续，如果还是“有不可克服的习俗，有对古老习俗的需求”，那是因为有不同理性年龄，因此人们经常用人类的童年来比喻那些还生活在偏见襁褓中的人民。但是，人民会逐渐长大。那些特派员希望看到这种成长的美好前景，却不能从现在汲取任何有益的东西。他们由此陷入深深的困境。

如果谁怀疑这一点，那就翻翻那些文献，看看其中频繁出现的迂回说法和演讲注意事项。例如，这些文献从未直接提及传统历法的重要时刻，圣诞节、复活节和诸圣瞻礼节只能打上引号或借助代用语：“以‘(基督)诞生’为名义的节日”，“新年的来临”* 。同

① 国家档案馆，F^1 C III, Meurthe 7。

② 国家档案馆，F^1 C III, Finistère 3。

③ 国家档案馆，F^1 C III, Basses- Pyrénées 7。

* “新年的来临”指复活节，因为16世纪中期以前，复活节是法国的新年。——译者

样，在教堂尚未改名"庙宇"时，它们被称作"以教堂为名的建筑"；特派员们执意回避提及教堂执事，即便提到也要抱歉："我们迄今为止还叫他这个名称"。他们不仅仅规避教会，因为我们可以发现他们同样讨厌民间历法："那个以'主保节'* 为名的节日"，"在沃
372 克吕兹（省）的节日被称作狂欢"，而在狂欢节"这样的季节里旧制度的古怪偏见一度特别推崇喧哗胡闹，似乎是为了证明下一个季节的用途，那时同样的偏见又推崇贫困和节制"。这种提示可以被理解为在显示一种距离。在这些说法里，特派员们表明，他们绝不会参与"旧语言"，而且热衷于与之决裂；他们使用引号是为了暗示——也是他们的祝愿——传统语言的某种衰落，因为他们似乎正在看到"曾经所谓的'弥撒'"或"所谓的'四旬斋'"的消失。

当各方形势迫使特派员们深入民众生活的细节时，他们倾向于采用戏剧用语。他们的报告充斥着这样的词汇，如"宗教滑稽演员"、"天主教杂耍艺人"、"假面舞会"等。有一位女先知，当然是冒牌货，到访了上比利牛斯省的一个村镇。可惜的是，特派员没有注意她的预言内容就评论说："在那里宗教狂热支起了舞台，上演了最可笑的闹剧。最终所有这些幻术把戏把观众搞得神魂颠倒，以至于这些可怜虫以为自己看到了奇迹。"① 在所有的地方，节庆活动都被视为演出，节庆参与者被视为观众，民众被视为公众。

在这种把传统生活简化为戏剧的做法里，我们再次发现了启蒙哲人所持有的、后又被革命的情绪所加重的保留态度。但是，这

* 主保节（la fête patronale），又译主保瞻礼节。——译者

① 国家档案馆，F^1 C III，Hautes-Pyrénées 6。

里还有其他东西：即实际已丧失全部意义的事物的外在形式。我
们必须按照字面意思来理解经常使用的一个词“无意义的仪式”。373
特派员认为这是一种欺骗，偶尔也会认为除此之外它的唯一的意义就是成为当地青年的一场娱乐。在大部分时间里，这些仪式就像其他许多谜团一样，就发生在这些特派员的鼻子下面。此外，从这种观点看，这些特派员是启蒙的继承者；只要想想那些田园作品尽管扎根于地方（例如《埃斯特拉和内莫兰》* ）却对地方习俗视而不见，再想想那一个世纪开明人士整体在民间习俗面前表现出的迷惑不解，想到这些就够了。我们应该记住这些情况，这样才不会对这些特派员的民俗调查过于苛求。

失败的历史

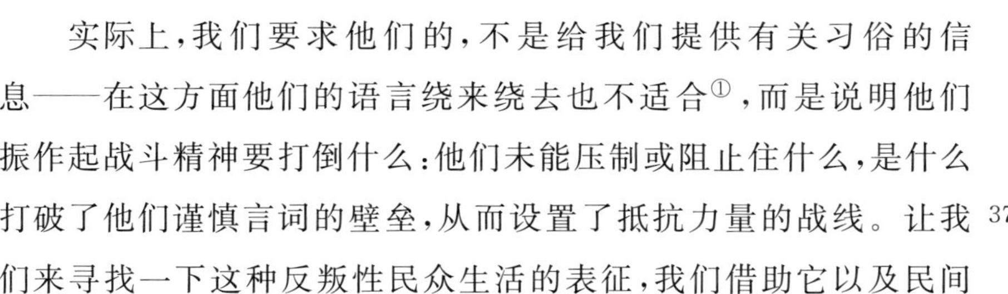

实际上，我们要求他们的，不是给我们提供有关习俗的信息——在这方面他们的语言绕来绕去也不适合①，而是说明他们振作起战斗精神要打倒什么：他们未能压制或阻止住什么，是什么
打破了他们谨慎言词的壁垒，从而设置了抵抗力量的战线。让我 374
们来寻找一下这种反叛性民众生活的表征，我们借助它以及民间

* 《埃斯特拉和内莫兰》(Estelle et Némorin)是 18 世纪法国作家让－皮埃尔·克拉里斯·德·弗洛里安(Jean-Pierre Claris de Florian)创作的田园小说。——译者

① 有一位过于相信马迪厄的学者建议，在许多情况下，只要能出版中央政府的每月报告，就足以获得“关于该省的完整、真实和生动的政治史”。这种看法过于草率。这将低估负责调查的人以及当时的环境的复杂性。这也将忽视他们可能受到的压力：调查者必须取悦他们的上级，他们的判断也将受到判断。因此这些文献只是以很间接的方式来把握现实，它们所提供的实证信息不是那么客观的证据，而是某种政府视角。

节日的复兴情况来更好地理解推行革命节日的困难。

游行是特派员们不能理解的一件事。按照运动能力和自控意识，儿童般的民众有无数原因走上街头和挤满广场。赴莫尔比昂省特派员指出："一个人敲着鼓就能让大炮轰响起来"；他因发现这些居民如此容易被牵着走而感到遗憾。[①] 并不是所有的游行方式都令人不安。特派员们根据一种精细的分类将聚集（rassemblement）、聚众（attroupement）与集会（réunion）区分开。集会用于表示公民节日，仿佛其规定的和平目标只能属于共和国。让他们觉得非常模糊不清的是让他们非常操心的聚集；永远没人知道会出什么意外。因此他们对市场、集市、乡间聚餐都不放心，甚至害怕星期日人群蜂拥而至，以至于小广场、咖啡馆、酒馆到处是人，道路也被滚球游戏侵占（革命者们时时担心街道被占、公路堵塞，这比什么都更清楚地表明革命的冷却）。因此，特派员们忙于把礼拜仪式限定在指定地点，关闭教堂的大门以防止潮水般的信徒跪在门前广场上；他们特别努力把任何聚集都限制在村庄的内部。他们极
375 其激烈地谴责人们到城外的教堂或小礼拜堂去做礼拜。这些报告经常提到偷偷上城外教堂的情况，这更多的是因为教区教堂关闭了，或者因为"教皇派"不愿意与"宪政派"共处一室，增加了远处的礼拜地点；宗教生活的贫困或许也驱使人们参加更得民心的教堂礼拜。无论如何，这里有一笔自相矛盾的遗产：特派员们不是反对教士，而是接替了教士们的工作，致力于"把所有的礼拜活动集中在一个地点"，而且为了教区的利益，不准民众礼拜地点变得分散。

① 国家档案馆，F^1 C III，Morbihan 6。

最后，聚众更原始更粗野，也就比聚集更令人不安。人们可以预见聚集(rassemblement，还有“集合”的意思——译注)的日期和频率。与聚集不同，聚众是由不可预见的事情触发的：被征新兵出发，宪兵队穿过村庄，自由树倒掉引起的争吵……聚众的参与者比聚集的参与者更难确定。他们为了表示反对意见或为了“唱赞美诗”来表达自己的要求而聚到一起，更糟的是，他们肩扛大叉子，紧密团结，避免被抓走。表示他们凝聚在一起的名词，就是特派员们直截了当的说法：聚众。

特派员们不仅不能把这些“聚合”从公共地界上清除掉，他们也不能清除它们的“象征符号”。我们应该先看看在官方报告中挥之不去的这个词(signe)。在雅各宾主义大行其道时，其表达尚未确定；它求助于一个不断衍生的所指。“象征符号”包括百合花、徽章、纹章、十字架、雕像、画面；象征物如此之多，以至于民众俱乐部 376
在收到巴黎的指示后有时也很难决定哪些象征物确实是迷信的表

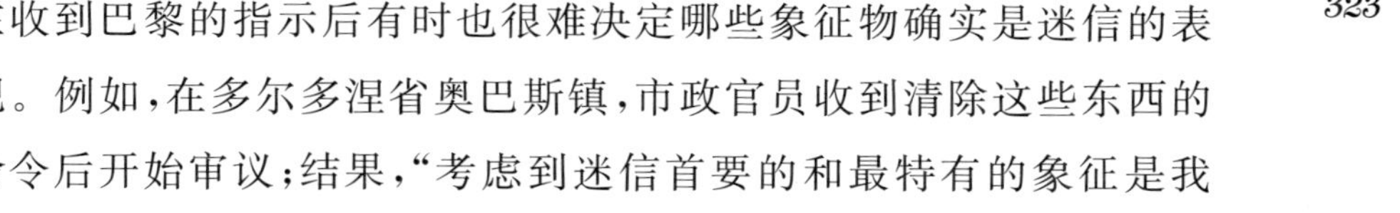

现。例如，在多尔多涅省奥巴斯镇，市政官员收到清除这些东西的命令后开始审议；结果，“考虑到迷信首要的和最特有的象征是我们的本堂神甫，我们就来到他的家，在简短的致意之后，我们把他赶出家门。”当时人们没有想过，在说到象征符号时怎么可能不具体地说迷信的或王权的象征符号。督政府上台后，行政语言变得有些僵化，不再说“迷信的象征符号”，而是简单地说“象征符号”，甚至说“外在象征”：上面规定要尽力消除①，但人们似乎在这些象

① 例如，赴滨海阿尔卑斯省特派员抱怨市政官员软弱无力：“他们对钟楼、教堂大门的闪闪发光，对节日的灯光烟火，对所有这些外在象征都视而不见……他们还对山区村镇的钟声听而不闻。”国家档案馆，F[1] C III, Alpes-Maritimes 2。

征符号背后再也看不到深厚的信仰和习俗。此外，在一个非常简单的意义上，它们是“外在”的，①亦即，它们可被看到听到：正是在这种广为接受的意义上，教堂的钟楼和十字架成为首当其冲的对象。

消灭十字架是一项巨大的工程。赴朗德省特派员满意地记下
377 一笔：“我终于达到了目的，消灭了这个区所有的耶稣钉在十字架上的受难像。”但是，这种完成文化革命的报告是很罕见的。在多数情况下，特派员们遭遇到乡民的顽强抵制。赴克勒兹省特派员说道：“那里有石制和木制的十字架；轻信的乡民相信它们有灵，期待它们的保护。他们中掩藏着宗教狂热。”于是就爆发了战争：十字架白天被推倒，晚上又被恢复；有时甚至都不需要重新立起来，正如赴北部省特派员惊奇地发现：只要乡民们聚集到“原来立着十字架的地方”就够了：②人们加倍地光顾这些地方，仿佛空缺反而标志着更多的东西。这位特派员根据弗朗索瓦·德·纳沙托的命令四处巡视。他注意到，虽然十字架从交叉路口和教堂移走，但是在墓地继续存在，它们在那里如“雨后春笋”般长了出来。他接着用嘲讽的比喻来描述：“我几次出去采摘它们，沉重打击狂热分子。”他又非常冷静地补充道：“由于这些十字架的种子是在他们的脑子里，我已经确信它们会再次生长出来。”相反，他的同事在墓地

① 此时也在另外一种意义上把这些象征符号视为“外在”的：在教堂内部不再破除它们。这是共和4年葡月7日法令的结果，是国民公会留给督政府的遗产。从此，礼拜活动获得自由，谁也不得干预，但这种活动不得在公众场所举行：宗教服装、耶稣受难像、十字架均不得穿行于公墓，钟楼也不得敲响，不得有任何表示教会的外在象征。

② 国家档案馆，F^{1} C III, Nord 7。赴旺代省特派员的报告里有可以看到相同的评论。

门前止步不前。赴上莱茵省特派员一方面满意地指出其他方面的进展，另一方面也承认："农村地区的墓地本身就保存了一些宗教
象征；为了尊重死者，我们对此需要容忍。"①这进一步证明，在乡 378
村里，墓地变得比教堂更重要；旬日礼拜活动已经部分或全部兼并了教堂，而墓地成为不受警察干预、共和政府不能穿越的神圣之地，成为乡村的灵魂。

更难把握而且反复禁止的符号是噪音，是挑动人群聚集的声响。对于这些城里人，这种噪音里面有某种乡野粗鲁的东西。② 他们不约而同地用共和国节日上的整齐合唱来对比乡村节日上的嘶叫、礼仪上的呼喊（"大呼小叫"）、粗俗的歌曲、对乐器的滥用③，甚至"自制乐器的噪音"。④ 我们能够理解为什么特派员们与噪音这种村社生活的基本元素做斗争，因为他在把没有他可能依然是私人的事情变成公共的事情，他在延展和推广原本有限的社会现象。在另一个事实中，我们也会看到相反的证据：对于特派员们来说，至少要敲响一下钟声，否则任何共和国的仪式似乎都不成其为节日。

在所有这些噪音里，与传统大众生活联系最紧密的是钟声，亦即所谓"教士的鼓声"。自共和 3 年风月 3 日法令颁布后，它们在
各地都消失了。但是，有了这个禁令，需要做多少协调啊！这导致 379

① 国家档案馆，F^1 C III，Haut-Rhin 6。

② 博杜安仅仅几年后就在研究著作《高卢人的信号》中证明："在城市里，人们想象不到我们乡下人的那种喧闹。"

③ 赴埃罗省特派员似乎对跳法兰多拉舞时吹的单簧管恨之入骨。国家档案馆，F^1 C III，Hérault 9。

④ 这里可能是指一种胡闹音乐；但是赴科多尔省特派员更想说成是"一场延续了 5 个小时的暴动"。国家档案馆，F^1 C III，Côte-d'Or 6。

了各地五花八门的做法,而这些又引起了新的批评。有的村庄不再有钟声了。有的甚至把钟舌都去掉了。在有些地方,例如科多尔省,可以容忍钟声宣告白天的不同时刻,但早晚的祈祷钟声必须停止。在另外的地方,钟声可以“按照古老的习俗”在正午敲响。但是,各地特派员们都注意到农民对钟声的强烈依恋。赴奥德省特派员说,纳博讷地区的人们被剥夺了钟声,“陷入了深深的忧伤”。赴杜省特派员宣称,乡下人“对那种音乐十分钟情,只有破坏了那些乐器才能剥夺他们的心爱。不知发生了多少和钟楼有关的事件”。任何情况,任何借口——无论恐惧还是快乐,无论暴雨还是冰雹——都可以敲响它们,因为它们被认为具有预防作用。有一种情绪感染在村庄之间传播。武装力量会突袭钟楼,但敲钟人已经离开,临近村庄会敲响钟声,然后一个接一个。在对付这些抓不住的对手时,国民卫队筋疲力尽,毫无信心。特派员们认为,只有用猛药才能根除这个恶疾:应该移走大钟,甚至应该拆除钟楼。即便如此也不一定有效。赴滨海阿尔卑斯省特派员报告说,天主教教士对拆除大钟愤愤不平,试图用手摇钟作为补救。他们说做就做,“手摇钟的响声足以传到很远的地方”。

380 “毫无疑问,民众在革命中最大的损失就是丧失大钟。”这是赴索姆省特派员的结论。再补充一个证据,那就是特派员们也在听觉和视觉方面的损失之间做出清晰的区分。他们几乎不敢想象在原来立着十字架的地方立起三色旗,[①]但是他们的确希望用敲钟来表示时间。他们也很难想象不用钟声来表示节奏的生活。因此

① 尽管在这方面也有一些例子,尤其是在阿列省。

他们通常会接受用钟声来标志“每天的时刻和正午时分”（他们报告中当地民众的用语是“吃饭、起床、上床”的时间）的要求。他们特别热衷于用敲钟来表示共和历法规定的时间的庄重性。赴瓦兹省特派员写道：“为宣布旬日节，我们一直在用击鼓方式。我倾向于用大钟；除了在村镇里很难找到好的鼓手外，住在小村子的公民根本听不见，而钟声可以传得很远……我在想象，如果有一天每一个村镇在同一时间有规律地在每一刻钟敲响大钟，那会产生多么奇异的效果。人们将会知道，共和国各地在同一时间欢庆旬日。”于是，大钟似乎理应成为实现举国一致这个魂牵梦绕的革命抱负的特选工具。不过，与此同时，需要花力气应对这些村镇因钟声——传统历法的标志——的缺失而连绵不断的潜在反抗。

这样我们就触及到农民反叛和政府改造民众生活失败的一个 381
焦点：因为在整个国界范围内，甚至在那些被称作爱国的村镇，人们以粗暴的或顽固的集体抵制方式所否定的，正是共和历法强加给他们的时间划分。这一点常常成为骚乱的一个根源，还因为特派员们相信“欧洲知识界嫉妒我们有一个根据大自然得出的时间划分体制”，一致认为没有什么比像度量衡那样按照十进制来计算更好的划分了。这个理由很难说动对于这个杰作毫无感觉的民众，对于他们来说，整齐的规律不一定导致节庆。他们依然用七天一周做单位，用宗教和民俗的重要日子来规定一年的节奏，似乎不在乎平凡的一年从一个不重要的日子开始，也不在乎月的划分“不平等”。①

① 国家档案馆，F^{1} C III，Cher 6：“共和历法这个杰作对一年的划分如此简明方便，却不被普遍接受，民众继续使用老皇历，一年不是从一个重要的日子开始，每月的天数也多少不一，这难道不令人感伤吗？”

特派员们对旧制历法和历书的传播展开了毫无希望的斗争。他们还徒劳地反对一种更广泛的恶劣现象：人们按照共和历的时间去市场或赶集，但在讲话时却不由自主地回到旧的时间体系。

这是最令人痛苦的失败，因为不断给这些人泼冷水的正是星期日和旬日之间永恒的对比。首先，在星期日，人们会穿上最好的衣服，游行的盛装，但是在旬日，特派员们经常抱怨，公民们“穿着
382 最邋遢的衣服”。例如，赴滨海阿尔卑斯省特派员在谈到一个旬日时，强烈批评“长子德罗德公民穿着平常的工作服，赶着一头毛驴，载着他的全部劳动工具”。星期日也是休息日（赴卡尔瓦多斯省特派员注意到：“所有的人都整天懒洋洋的，谁要干一点活就会遭到唾弃”），而旬日充斥着一片责难之声，批评者是那些想干活但不能干活或不敢干活的人，他们揭发那些有机会可以不受惩罚地工作的人。星期日还意味着去以前的教堂，不管那里还有没有教士。最后，旬日是极度的无聊，星期日则是公共游乐时间，有套圈、网球、滚球、秋千，尤其是舞蹈。特派员们就像原来的教士一样严厉
383 压制，但也没有成功。[①] 那些年轻的鼓动者觉得这些禁令侵犯了

① 革命开始时，行政官员常常对是否禁止跳舞而犹豫不决。在第一次禁止之后，他们有时也同意改变他们的决定。关于这一点，可参见鲁维埃（F. Rouvière）：《革命时期的星期日——加尔省大革命史研究》（1988 年）。他描述了许愿日被禁止后 1791 年在加尔省巴尼奥尔发生的一些骚乱。他复述了巴尼奥尔镇女公民们向加尔省政府成员递交的非常有意思的请愿书：“根据极其久远和在该省极为广泛的习俗，巴尼奥尔镇的年轻人每年在 9 月 8 日或按照市政官员的意愿在接下来的星期日举行一个地方节日或投票。所有的居民都共享这个节日的欢乐。这个节日有各种活动，适合男女老幼各种性格的人。”这个请求得到了满足。

在整个革命期间，政府对于跳舞的态度变得越来越严厉。关于这一点，参见罗讷省档案馆从共和 6 年到共和 8 年关于该节日的卷宗（L 454）。共和 7 年芽月，至少要一个将军出面来“阻止任何可能引起相关舞蹈的音乐”。

他们的传统特权，因此一再地向世人显示，他们想跳舞就跳舞，任何法令都不能阻挡他们。

特派员们看到人们一直把星期日视为一周的结束或许并不十分惊讶。更让人感到有意思的是，革命当局反对的是尚未扎根的每周一次的欢庆。赴瓦兹省特派员说："几乎各地都在欢度星期日。它甚至赢得了在革命前鄙视它的那些改变信仰的人。"赴卡尔瓦多斯省特派员说："对它的遵守要比在旧制度时期严格得多。"赴安德尔省特派员则注意到，"现在"人们是以某种热情来庆祝星期日。所有这些报告都证明，星期日新近带有了节日特征，而革命吊诡地使之得以复兴。

特派员们竭力遏制的社会骚动在民间历法的两个高潮时刻比以往更加强烈：这就是嘉年华和主保节。特派员们怀着与教士们曾经有过的那种无能为力的伤感看待狂欢节；由于想到教会当局规训狂欢节遭遇的失败，特派员们为自己的失败找到了理由：因为"传道者雷霆般的演讲也不能撼动狂欢节的统治"。① 狂欢节在许多报告里留下不可泯灭的印象，②但也使他们备感疑惧。与所有的民间节庆一样，狂欢节也抵制理性乌托邦；但是与其他民间节庆 384
不同的是，由于它特有的假面、化装和戏剧化的惯例，它注定是用来表达桀骜不驯的场合。因此，传统形式可以被政治反抗势力所利用；在华丽服装的掩护下可以大唱反对市政当局的煽动歌曲；狂欢节上的人偶也就有多重意义，例如在克莱蒙莱罗，被游行者焚烧

① 国家档案馆，F^{1} C III，Landes 5。

② 见国家档案馆，F^{17} 1243，共和 7 年雨月第戎的一个钟表匠给内务部长的信："今年庆祝狂欢节的情况表明，要想禁止它是不可能的。"

的人偶穿着国民卫队的服装（特派员在描述这个节日时感叹到："里面塞着真正的共和派"），或者在马尔沃若勒，人们抬着一个宪政派教士的人偶游行，然后人偶被子弹打成筛子。①

主保节也把各种桀骜不驯聚集在一起。在那种极其简单化的历法中，许多盛大节日消失了，而主保节却大放异彩。这一天，人们涌到从一个村社通向另一个村社的道路上，然后成群结队热闹非凡地走上四五里路。② 人们拿着被禁止的画像，有时宣扬被禁止的兄弟会或印制的海报（例如，共和 7 年，在敦刻尔克，有一张海报邀请公民在圣克雷潘兄弟会* 大师的房子聚会，然后举着这位圣徒的人偶围绕镇子游行）；乡村乐师、杂耍艺人、木偶艺人、食品
385 商贩都出现在光天化日之下；游行队伍连吓带闹地折磨行政官员，把他们带到市政厅（例如，在欧龙河畔丹镇，游行队伍在音乐的伴奏下把一个市政官员带回到市政厅）；节日不仅允许而且鼓励人们"形形色色的人"混合起来，③而面对这些无法辨识的乌合之众，官员无可奈何。面对这种情况，特派员们发现自己与教士一样既反感又胆怯。

---

① 国家档案馆，F[1] C III，Lozère 5。

② 参见国家档案馆，F[1] C III，Morbinan 6。（按：这里的里是法国古里，大约合 4 公里。——译者）

* 圣克雷潘兄弟会是鞋匠的组织。——译者

③ 这个问题毫不新鲜。1764 年检察官比尼翁给领主兼法官的信中描述了托米耶地区的主保节，情况正是如此："正是在这里，当地居民和外来短工混在一起大吃大喝。这个混杂聚会在转瞬之间就变得沸反盈天，成为最好狠斗凶的场面。正是在这里，有时临近教区的年轻人之间会来相互挑衅和辱骂；正是在这里，平民百姓丝毫不逊于罪犯，怒对执法官员的目光。"见里博（Ribault）：《民间娱乐和社会骚乱，18 世纪托米耶地区跳仪式舞蹈的节日》。

但是，特派员们算得上是不错的社会学家。他们认识到主保节所完成的多重功能。赴旺代特派员提出了一个三因素的定义：礼拜活动、公社的事务和民众娱乐。赴安德尔特派员描述了瓦唐镇“人头攒动的集会”：“那里有大量的商人、小酒馆老板、提琴手、风笛手……其目的不外乎表达虔敬或进行娱乐。人们从四面八方到这里向圣卢普祈祷；女人把孩子置于其袈裟的阴影下，希望能带着治愈热病的孩子回家。人们也有另外的动机：据说这一天农民要与收获季节的帮工结算，并且敲定冬季帮工。”[1]还有一些人注 386
意到，这个节日是家庭之间和解的时机，[2]甚至是党派之间和解的时机，[3]也是选偶配对的时机。主保节也被视为宗教、政治和世俗的喜庆场合，商业或联谊的时机；一切活动，甚至跳舞和在小旅馆里的宴饮都履行着某种恰当的功能。节日里也少不了用远古时代来做神圣的证明。[4]

特派员们尽管聪敏却依然无动于衷地修整传统历法，按照共和历法来确定地方节日，根本不考虑当地供奉圣徒的名字，也不考虑当地教区的抱怨。恰恰在历法问题上，特派员们希望建立的秩序遭遇到最坚决的反抗，这也就不可小觑了。特派员们对某些特

① 安德尔省档案馆，L. 300。

② 国家档案馆，F^1 C III, Mine-et-Loire 6。特派员写道：“除了已经提到的好处外，应该增加一个事实，即这些集会常常是不同家庭之间和解的时机。”

③ 关于这个问题，见罗讷河口省档案馆 L. 286：共和 5 年牧月 28 日屈日镇官员对当地主保节圣安东尼节上情况做了评论。他说：“按照居民的愿望，两派聚在一起，然后和我们一起游行来庆祝节日。”

④ 例如，洛特－加龙省的公民递交了一份《恢复古老岁月的时光》请愿书，见国家档案馆，F^1 C III, Lot-et-Garonne 11：“公民们给我们解释，从远古时代起，他们的公民同胞就有在公社广场集会的习惯，并在那里跳舞。”

殊日子特殊色彩的无视，坚决把日历当做空白形式的顽固态度，把
一年放进一个工作和休息单调交替的整齐网格中的决心等等，给
387 他们自己招来了麻烦。他们那些愚昧的对手向我们显示，历法具
有无限的抵抗能力，其坚韧性比其背后的意识形态不知强多少倍；
人们很容易遗忘意识形态，却不会停止制造历法，尽管意识形态好
像能够为历法作为神话的归宿、自发膜拜的对象提供证明。

说到这种失败的特点，现在可以加以总结了。不应责怪这些当事人；我们发现这些人与他们似乎要迫害的那些人之间有一种深刻的共识。在破除“迷信”方面，这些革命者不过是步教士的后尘。在整整一个世纪的时间里，教士满怀着同样的摧毁迷信的决心。或许革命者是把这项事业推向了极端，用迷信这个词覆盖了所有的宗教表现。此外，他们的报告和法令以同样方式把大众生活统统贬斥为迷信，这也是一种延续而不是一种断裂。

这就造成了他们巨大的挫败。他们之中有些人为了克服这种
挫败，研究把民间节日平缓过渡到革命节日的办法。[①] 例如，如何
将主保节变成革命的节日？只需剔除其中的宗教因素，这就消除
388 一半了[②]，然后再把欢乐加以引导，最终会获得一个理想的革命节

① 关于这个问题，见前面引用过的第戎钟表匠给内务部长的信：“确保这些喧闹的节日与天主教会无关，是你的责任；由于不可能破除它们，那就使它们与共和国一致。你们只须把它们的日子固定下来；这就破坏了它们与复活节之间的联系，从而搞乱了教士们的算盘。

“如果你们宣布风月1、2、3日是唯一可以进行狂欢节的日子，凡是在其他日子戴面具、乔装改扮的人都将受到惩罚，这些节日的目的是欢庆冬天结束、万物复苏。”

② 例如，可参见鲁耶·多尔弗耶(Rouillé d'Orfeuil)在《法律蒸馏器》中对主保节的批判，那是典型的启蒙运动思维。

日。赴卢瓦雷省特派员希望保存它，使之成为“一次以田野节名义的公民集会和公共娱乐”。赴下莱茵省特派员认为，如果一个庙宇尊奉“一个共和美德或一个引导我们自由的神祇”，那么我们就给当地居民保存了各种集会理由。赴洛特－加龙省特派员希望共和政府应该有智慧把主保节移到最近的旬日，并更新节日的意义：“你们自己和善良公民们一起来开辟新的节日。”赴安德尔省特派员宣称，他在维护“一直在我们公社举行的圣抹大拉节集会”，条件是以后称之为谷物女神节集会。但是，几乎很少有政府官员能够聪明地或能够敏锐地把民间节日的那种激情转移到共和派仪式上：在整个革命期间二者同时并存，但从未交融。

革命象征主义和农民传统

那么，在其他层面就没有交流吗？我们在共和国节日不是能够看到从民间节日借鉴的许多东西吗？这种借鉴可能是无意识的，但如果被确定下来，就会使节日不像人们以为的那样让民众感 389
到那么陌生。出于众多的原因，寻找这两个不同世界——一个是民俗传统，另一个是政治和教育表达——之间的桥梁，是一桩非常困难的事情。[①] 让我们试着探讨自由树的情况。这个例子很重

① 实际上，在某些情况下，我们有大量的文献可以利用，但在另外的情况下，由于民俗很难进入历史文本，而且正如范热内普所提醒的，在多数情况下，即便进入，也是在骚乱导致了司法诉讼和制裁时，以镇压的形态出现，因此迄今只有关于五月节地方习俗的论文。而且这些论文也未必会探讨革命时期文献丰富的地区。

要，因为在所有公认的革命象征中，它享有特殊的地位。[①] 此外，甚至当时人们也认为在自由树和民间的五月柱传统之间成功地建立了一种联系：革命的传奇故事告诉我们，正是在5月1日，一位
390 来自维埃纳的教士栽下第一棵自由树。早在共和2年格雷瓜尔就使用这条虚假信息。[②] 后来人们就信以为真了。

但是，人们往往只能假设而无法证明这种联系。实际上，简单地把两组文献放在一起是不够的。我们特别希望发现那种表明二者之间互动的中介性文献。在多尔多涅省档案馆B系列的法庭卷宗中似乎可以发现这种文献，[③]此外还有其他各种文献。[④] 这些文献包括1790年对"犯有煽动叛乱和民众情绪、武力胁迫摊派罪行的被告"的起诉以及对他们的审讯和证人证言。现在，这些卷宗清楚地显示"五月柱"的竖立是1790年冬季佩里戈尔和凯尔西地

① 非常明显的是，自由树不断地出现在每一次革命（1830年、1848年、1871年）中，甚至零星地出现在维护共和的斗争（1902年、1906年）；而且也出现在反面情况中，如复辟时期（波旁王朝复辟、1815年恢复秩序、1848年之后几年）清除自由树的激烈行动。在这种激烈行动中也有很特殊的情况：1852年市长们要求省长保留一些树，理由是：它们是村子里的装饰，或在集市的日子里有阴凉可乘——得到的都是粗暴的回复："清除！"在当地居民反对清除、甚至反对修剪的抵制活动中也有很特殊的情况：在巴约这个宁静的地方，1820年省长下令砍掉自由树的一些枝杈，却引发了一场暴动。我们应该记得，韦里耶尔小镇的自由派指责市长德·勒纳尔的主要罪状就是破坏了大道边上的梧桐树（译注：这是小说《红与黑》的情节）。触碰大树从来不会被视为无所谓的举动。

② 格雷瓜尔院长（Abbé Grégoire）：《从历史和爱国角度论自由树》，巴黎，共和2年。

③ 比西埃（G. Bussière）的《佩里戈尔地区大革命的历史研究》（波尔多，1877—1903年）使我注意到这一点。

④ 其他一些文献使我们有可能补充这种镇压史料：萨拉代地区的本堂神甫的信（这是他们对大法官德·龙尚关于五月骚乱调查的回复）具有特殊地位，可以在国家档案馆查到，也可见于刊印出来的报告。这些资料非常著名，内容丰富，尚未被国王派到洛特省调查骚乱的民政特派员充分探讨：《国王派赴洛特省特派员戈达尔和罗班的报告》。

区农村叛乱的中心因素。似乎这些就是我们一直寻找的极其罕见 391
的中介性文献。因为农民在1790年冬季竖立的“五月柱”确实显得是从民俗的五月柱向大革命以官方名义种树的过渡阶段。无论如何，它是传统——在证据中只提到了“五月柱”——与革新之间的连接点：它也可以被视为（我们需确定什么人和为什么竖立的）“革命”的或“反叛”的五月柱。

因此，人们不免会期待这些文献用一个明晰的例子来显示革命象征主义是如何与农民的传统连接的。

野生的五月柱

根据这些文献的描写，自发的竖立（五月柱）活动有两次高潮；第一次发生在1790年冬季（根据某些证言，甚至是在1789年秋季）[①]并伴有8月4日夜间的误会引发的民众暴动。[②] 他们以为租赋废除了，当发现似乎还得缴纳租赋时，就发生暴动了。国王派出的调查特派员戈达尔和罗班写道：“在许多教区，人民相信他们不必缴租赋了；在另外一些教区，只是在严格核实租赋的名目后才会缴纳。”无论哪种情况，也无论他们怎么想，暴动的农民都在竖立五
月柱，最初当局都容忍了，直到嘉年华的季节到来。然后他们开始 392
警觉了，要求砍倒暴动期间竖立的五月柱。他们大声疾呼，但徒劳无益。联盟活动及其一系列仪式造成了暂时的休战。然后，随着

① 索尔（E. Sol）：《凯尔西的革命》，巴黎，1930—1932年。

② 参见皮埃尔·卡龙（Pierre Caron）：《萨拉代和凯尔西地区1790年反领主运动》，载《大革命经济史通报》1912年第2期。

夏天来临，这些五月柱又出现了，这一次洛特省最为突出。最后，在古尔东区的要求下，省政府派出一个掷弹兵特遣队到农村扫荡，摧毁“五月柱”和恢复秩序。1790 年 11 月 25 日由德·圣索弗尔指挥的特遣队离开古尔东。他们一离开，一系列的暴动和抢劫随之而起。但是，针对当局绥靖农村行动，农民最惊人的反击是攻占作为特遣队行动基地的市镇：大群农民侵入并掠夺了古尔东。正是在这个时候，国王派遣的民政特派员来到现场。他们负有调查和绥靖的双重使命。

有关这些事件的报告把五月柱作为中心，将其提升到令人迷惑的地位。这些报告因资料来源不同而有各具特色。它们都具有镇压性质，但程度差异很大。出自洛特省政府的报告和出自社会贤达的信件一致把五月柱说成是暴乱的标志，因为他们不由自主地认定非理性与病态紧密相连。这里有一份萨拉镇的代表给“报告委员会的大人们”的报告：“他们栽种作为不服从法律的信号的五月柱，劫掠富有地主的住宅，对拒绝参加暴乱的穷人的茅舍也不
393 客气。”[①]相形之下，民政特派员的调子反而十分开明。戈达尔和罗班不带武装护卫，并且把自己受到欢迎归因于自己没有武装。这两位塞纳省（巴黎）律师、雅各宾俱乐部成员，把自己当做启蒙的信使，[②]认为自己的任务首先是启迪这些迷路的人，武力只是最后

① 国家档案馆，D. XXIX 73。

② 戈达尔和罗班：《报告》。其中的关键词是“启蒙”和“治疗”。他们心里想的是治疗恐惧和传播启蒙。他们报告的第一部分结尾是对启蒙的进步信念的赞颂：“因为人们的精神在任何国家都是一样的，同样能够接受提供给他们的启蒙，只是还需要很少的手段来驱散某些地方依然遮蔽着的乌云。”

不得已的措施。因此他们最急切的是想了解人们呼应五月柱的内心动机是什么。他们的报告简直就是一份地道的人类学调查。在两类文献之间，本堂神甫们的回答提供了一种折中意见。他们多数人被迫不得保持沉默，只得尽可能地少牵累自己；但是我们也发现主动告发的教士愿意指名道姓地指控自己教区的带头闹事者；反叛的教士则拒绝在讲台上宣读大法官发布的警告，而且带领自己的教区抵制拔除五月柱。

五月柱，这个唤起激情、引起愤怒、受到辩护、遭到调查的对象，看来陷入了复杂的社会行为网络，很难把它从这里面分离出来。因为所有的文献都表明，竖立五月柱发生在聚众闹事（attroupement）的过程中，或是因为武装征讨队伍来到临近村子，不管
是否愿意都强迫人们接受五月柱。因此，这个大树是在暴力场面 394
中出现的。根据圣梅姆的铁匠贝特兰·比若提供的证据，[①]他的村子闹翻了天：人们“带着长凳和椅子放到教堂前的墓园里的一个空场上，有个人叫贝尔纳·拉费，他的长子用一个木槌捣毁了这些长凳，有个叫雅尼松的把这些碎木头堆在一起准备烧掉，把破椅子放在下面，把长凳的碎片放在上面，然后就去找该镇一个叫布伊苏的酒馆老板要火和秸草，要把这些东西统统烧掉”。此外，所有的证据都强调村社之间的传染和蔓延。还是在圣梅姆村，村民们提出他们的辩护词，说他们“非常容易地被诱惑，是因为该区所有的教区都这样做了。而且求赦者所在的圣梅姆教区受到威胁，如果他们不竖立五月柱，不烧毁教堂的长凳，人们就会来讨伐，并且让

① 多尔多涅省档案馆，B 845。

他们支付路费”。①

这个报告所报道的每个村镇的事件都不相同（有时仅仅由于
395 领主是否交出风向标或是否给简单的聚餐提供了面包和酒水②）。当我们试图据此抽象出一个事件的基本结构，去掉报告中所有的环境细节，那么我们会发现这里至少有3种行为。前两种是拆除风向标、烧毁教堂长凳③（有时村民满足于改变这些长凳的功能和意义。他们把长凳搬出教堂，放在露天，坐在上面饮酒），也就是说破除两项特权，把它们收回给共同体。第三种是竖立五月柱。所有这些行为通常是在警钟伴随下完成的。

在这些情节中，社会集团同时既被愤怒的冲突所撕裂，又被自我肯定的团结所凝聚。证人的证言让人感受到对抗的迸发。指挥格吕恩国民卫队的上尉报告说：“一个名叫贝尔尼的人打了我脸几拳，以最羞辱的方式呵斥我，说他们再也不想见到老爷，他们想干

① 多尔多涅省档案馆，B 844。

② 例如，一个精明的领主留下的记载：“我以需要修理的名义让木工把我的长凳搬出莱尔姆教堂。我还让人把我在圣安德烈教堂的长凳搬走了，并且把城堡上的风向标拆下来。”骚乱的人群还是来了，但是“他们受到礼遇，尽可能地大吃大喝，这极大地帮助了那些到这里来阻遏另一些人的好人，他们在索要筛子和收租量器后大声宣布恢复了尊严”。那么这种精明表现的结果呢？“谢天谢地，这里只是在山上竖了一个五月柱，烧了几捆柴，到晚上从这里到莱尔姆的路上躺倒一片喝了我敞开提供的红酒的醉汉。”圣日利男爵：《关于庆祝1789年革命引起的骚乱的回忆》，洛特省档案馆，瓦萨尔和圣日利家族藏品。

③ 这是对教堂内摆放私家长凳的典型反应：“在一些教区教堂里，有太多固定的长凳和扶手属于普通教民个人。这些长凳占了教堂的一部分，使教堂空间变得太小了；它们干扰了圣事的进行，成为特殊的空间，这是在主的庙堂里、在主的面前必须禁止的，除非是牧师的位置。”1790年2月17日热沃当地区朗戈涅镇一位律师致国民议会的信，国家档案馆，D XIV。

什么就干什么。”[①]档案中的报告常常是以一个挑衅式的宣告开头的：“他们说，所有的人都是平等的……”

暴动者也感到被一种越来越强的纽带联系起来，村镇的团结 396
一致（除了少数抗拒者，但他们的存在也对团结一致意识起了重要作用）也被理解为据此就有了合法性。圣梅姆的铁匠报告说，在问到“谁应该带头游行”时，村里的壮汉们呼应道：“所有的人都该游行，不管年轻的还是年老的。”[②]那些手持木棍火枪涌到村子里的团伙提出的主要观点是，其他所有的教区都降下了风向标，烧毁了长凳，竖立了五月柱。因此需要做的只是一个遵守规矩。[③] 许多证据能够证明这一点：当人们看到一切“符合规矩”时，聚众闹事的人就散去了。[④] 对本堂神甫和领主提出的要求是，他们也应该遵守规矩。

可以想见，这些场面是暴烈的，但也是程式化的。人们想通过威胁方式让领主取下风向标，便列队向城堡游行，市镇的鼓手走在前面；他们还围绕着焚毁教堂长凳的火堆跳舞。这种暴力与欢闹的混合被开明人士视为集体疯癫。勒吉亚克的镇长说：“他们就像应该捆绑起来的疯子，或者像酗酒的女人。”[⑤]蒙布兰的领主感到惊骇：“他们就像休伦人和易洛魁人（这是两个印第安人部落——

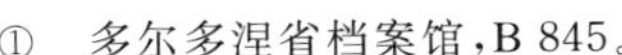

① 多尔多涅省档案馆，B 845。

② 同上。

③ 有一个解释得到了教士们提出的许多的确认。欧巴的本堂神甫写道：“我的教民被带到歧途。”卡泽纳的本堂神甫说：“他们随波逐流。”国家档案馆，D XXIX 73。

④ 关于这一点，见 1790 年 2 月 2 日鲁非尼亚克市圣莱昂村外科诊所的一位学生的证言，多尔多涅省档案馆，B 844。

⑤ 多尔多涅省档案馆，该教区镇长拉斯图伊的证言。

译注）那样围着跳舞。”[①]当局在这些场景中只看到狂乱的发泄，没
397 有看到出现什么新场景。实际上，如果他们看到这种情况，他们也以为那是一种附加的挑衅。拉蒙济－蒙塔斯特吕克的社会贤达们愤怒地宣称："他们在风笛的伴奏下无疑是来挑衅那些刚刚遭受损失的人。"[②]

五月柱在这种场景中到底扮演了什么角色？首先值得注意的是，它的出现根本无须正名。为了拆卸风向标和焚烧教堂长凳，见证人找了无数理由，包括一些微不足道的说法："他们不幸让自己听从了恶劣的劝告，相信国民议会颁布法令，授权教区居民移走教堂里的所有长凳。"[③]还有一份未署名的关于佩里戈尔骚乱的报告是这样写的："首先说服教区居民采取这种行动的是一个故事，说国王穿着农民的木鞋和衣服来到一个教堂，坐在属于一个领主的长凳上，领主粗暴地把他赶开，这就是为什么国王命令第三等级的臣民焚烧教堂的长凳。"[④]在其他地方流传另外一个故事，说国王下令拆除风向标。农民在完成这项任务时非常高兴，因为"他们觉得摆脱了一切从属关系"。[⑤]

但是，竖立五月柱则没有任何借口。没有一个证人能够确定
398 竖立五月柱是国王的意旨或是国民议会的意愿。没有人认为有必要解释为什么要参加竖立五月柱。由此看来这更像是一种自发的

① 国家档案馆，D XXIX 73。

② 拉蒙济－蒙塔斯特吕克教区的重要居民"谴责骚乱、焚烧教堂长凳、拆毁教堂扶杆"的信。国家档案馆，D XXIX 73。

③ 这是圣梅姆居民提交的辩护。多尔多涅省档案馆，B 844。

④ 国家档案馆，D XXIX 73。

⑤ 同上。

姿态，但是破解五月柱意义的任务并不因此而变得轻松。它与拆下风向标和焚烧教堂长凳一样是一种造反行为，还仅仅是集体欢庆的表现？它究竟是与暴力引起的分裂相关，还是与欢乐带来的团结一致相关？它究竟是造反的信号，还是解放的象征？当我们从压制解释转向自由解释时，这些问题一再浮现出来。如果我们更仔细地考察有争议的对象，或许可以得出恰当的结论。

“野生的五月柱”（le mai sauvage）就像“一棵非常高大笔直的树”。戈达尔和罗班在仔细考察后确认了这一点。它确实非常笔直，因为我们看到，蒙蒂尼亚克的一个带头闹事者佩里耶砍下一棵大树的一根分叉，把它修整成一个五月柱的材料；它也非常高，这足以表明种植者非常关心树的长存。人们从未有意让树扎根。在这点上，闹事者的五月柱很像民俗里的五月柱，应该是一个很高的被涂画了的柱子，或者是一个戴帽子的桅杆，或者是一棵只保留顶端枝杈的树（凯尔西和佩里戈尔就有这种情况）。但不管在哪里，它总是一棵被砍去枝杈、被修整、被装饰或者抑制疯长的树。1790年的五月柱更像一根夺彩竿*而不像一棵树，是竖立起来的而不是栽种的。它们有时是完全赤裸的，更像是绞刑杆。这甚至不仅仅是一种暗喻了，因为据说有些树“是按照绞刑架的形式矗立的”。

究竟是五月柱，还是绞刑架？竖立起来是为了表示生命，还是 399
以死亡相威胁？文献对此提供了模棱两可的回答。当然，在那些对农民要求充满敌意的文献中，随处可以看到阴森的绞刑架。[①] 它们

* 夺彩竿：竿顶挂有奖品，爬上去取下奖品者为优胜者。——译者

① 1790年9月24日洛特省政府官员致国民议会的报告说，它们是“统一的造反标志”。国家档案馆，D XIV 5。

把五月柱描述成仿佛与绞刑架别无二致，竖立在城堡门前、教士或大财主的门前，仿佛为缴纳租赋者发出警告。(这种绞刑架本身带有威慑效果，甚至能把人吓死："这位老爷被其震慑，突然毙命。"[①])相反，戈达尔和罗班却仔细地区分了绞刑架和五月柱，甚至把在竖立绞刑架之后竖立的五月柱视为理性对暴力的迟到的胜利。然而，文献显示，五月柱和绞刑架之间的区分很不清晰。有两位骑警在巡游了吉尼亚克、圣克雷潘和圣热拉等教区后报告说，在教堂门前看到一个五月柱，上面写着"租赋的最后收据"和"德·热拉先生的风向标"。[②] 他们把这个五月柱描述成"树冠如绞刑架形状的一棵高大的树"。另一个混淆不清的例子是，当上面命令拆除绞刑架时，取而代之的是挂着葡萄干、糕点和杯子的五月柱，上面还画着彩条，写着循规蹈矩的口号："国家、法律、国王万岁！"但是，
400 当武装特遣队前来拆除这个不具煽动色彩的五月柱时，农民聚集在树周围，形成了一个敌对的群体，准备保卫这棵树。他们保护的这个长杆子究竟是今天的五月柱，还是昨天的绞刑架？有时可能无法把五月柱与绞刑架区分开。在卡奥尔附近，一棵树上有这样的字样："这根柱子用于使法国恢复自由、使全体善良的公民重获幸福，也用于吊死贵族……"[③]

五月柱的装饰也表明同样的暧昧。这方面，不同的证人依然看到的是不同的东西。一位外科诊所的学生告诉我们，他注意到

① 佩里戈尔的代表卢瓦(Loys)：《关于佩里戈尔、凯尔西和鲁埃格各地的回忆录》。

② 1790 年 1 月 31 日，多尔多涅省档案馆，B 844。

③ 戈达尔和罗班：《报告》。

“一棵栽种在教堂旁边的树，顶部有一个风向标和几件小升和筛子之类的器具”。他推测“其他所有教区都把半斗量器、升、刮板、筛子、墨水盒和两支鹅毛笔挂在树上，并钉上一个宣布缴清租赋的说明”。[1] 如此一来，五月柱显然是一种形象的请愿方式。例如，它们提醒我们，收租人用特殊的筛子来筛选缴来的谷物，戈达尔和罗班说，“用这种占便宜的方式，缴租的谷物总是比市场上谷物的价值高 30 苏。”但是，戈达尔和罗班并不认为五月柱的装饰普遍具有煽动性。按照他们的说法，他们所看到的五月柱，通常装饰的是花环、鲜花、彩带，附有无害的公民标语。（当然，也可以设想，戈达尔和罗班抵达的村庄向下一个村庄发出警报，农民提前去掉了煽动性的装饰物。）因此，他们认为有两种“五月柱”，一种是“反叛的五月柱”，另一种是“自由的五月柱”，后者比前者多。他们确信，洛特

省的全部灾难恰恰在于不分青红皂白。但是，与他们的证据相反， 401
其他文献提供了“无害”与“有罪”的五月柱相互传染的大量例子：距离卡奥尔一古里远，一个五月柱上既有“国家、法律、国王万岁”的标语，也有“不再缴租”的标语。[2] 因此很难说农民头脑里有两种五月柱。

农民们把五月柱竖立在公共广场上或者城堡、神甫住宅和地主豪宅门前。人们很容易把这看作五月柱具有挑衅和侮辱之意的确凿证据，并由此联想到民俗里的“责难之树”，意在警告或威胁，就像给已婚男人立的戴绿帽子的五月柱或给坏脾气女儿立的带荆

① 鲁菲尼亚克市圣莱昂村的情况。多尔多涅省档案馆，B 844。

② 国家档案馆，D XIV 5。

棘的五月柱。但是,人们应该想到,在某些地方,尤其是在西南地区有一种古老的风俗,即在司法场所前面、名人门前或者荣誉人士门前竖立五月柱。此外,这些荣誉树在某些场合可能具有道德裁判的功能;这是在呼唤敬意(臣从)的同时呼唤秩序。① 因此,哪怕是把五月柱竖立在本堂神甫或镇长家门前,甚至挂着筛子,也不能断定这一定就是侮辱。

402 文献丝毫没有谈到竖立五月柱的仪式;的确,这不过是把一个树干竖立在地上而已,很容易做到。对"野生的五月柱"进行装饰和安置要比立起来更重要。其方式完全是按照民间传统,完全不同于自由树的情况。

此外,竖立五月柱的造反场面发生的那个时刻也并非无足轻重。它是发生在其他暴力事件之前还是之后?这一点在调查中非常重要,因为如果发生在前面,那就意味着五月柱是造反的扳机。我们在地方当局的报告中看到这种解释也就不会惊讶了。有一份充满镇压调子的未具名文献自称是"关于萨拉代暴乱的图像"。它宣称,暴乱"始于各个教区竖立五月柱为信号"。② 这种解释是那些社会名流的一致看法,但留下了没有解决的问题:它为什么会被当作信号?根据何种传统,农民能够迅速领会这个信号?对于这种能够发出造反或暴乱信号的树,民俗学家们未置一词。但是,在1871年埃皮纳克煤矿罢工中,工人就是在工厂前立起一个五月

① 关于这一点,参见省长迪厄多内(M. Dieudonné):《北部省统计资料》第1卷,共和7年:"在许多地方栽种五月柱依然是对值得尊敬的行政长官、领主、本堂神甫表示热爱的证明。用如此简单的方式进行一种有效的裁决,这样的时光非常快乐。"

② 国家档案馆,D XXIX 73。

柱，然后开始罢工。[①] 这件事有些情况与1790年当局在五月柱中看到的东西非常相似：号召集会和造反，一种视觉警报。但是，如果仔细考察一下法庭卷宗，起因似乎就很好理解了：竖立五月柱通常发生在其他造反行为之后。它是暴乱的完成，给聚众闹事场面
打上最后的印记。[②] 五月柱与被安上的风向标一起，与其说是起 403
事信号，不如说是对刚刚发生的事情所做的一个象征性总结。戈达尔和罗班忽略了这个事实；但是，这个事实恰恰支持他们的观点。

本堂神甫、城堡主人、社会名流、预审法官、特派员用大量的信件和报告包围了政府机关和国民议会，提供了各式各样关于五月柱的意见，其中有许多形象说法，如“骂骂咧咧的证人”、“暴动的象征”、“傲慢的树”、“造反纪念碑”、“造反标志”，甚至“怪物”，另一方面还有“自由纪念碑”、“快乐革命的快乐表征”等。这些说法绝不是中立的，尤其是反复使用的“纪念碑”把这棵树提升为文化凝聚的典范。但是，人们显然很想知道竖立五月柱的人是怎么说他们的这棵树的。小酒馆老板、铁匠和农民在回答问题时，只是简单地说“五月（柱）”，从来没有说过“自由树”（arbre de liberté），更没有说过“自由之树”（arbre de la liberté），偶尔说到“欢乐树”。这有双重的启示意义，首先，最纯朴的人说出来的这些与五月柱有关的说法，表达了一种快乐；其次，从“欢乐树”经由“自由树”到“自由之树”有很长的历程（直到1793年，自由树和自由之树的说法都有人

① 这个信息是雅克·鲁热里提供给我的。

② 关于这一点，见国家档案馆，D XXIX 73《致吉耶纳大法官先生的一封信》。

使用）。实际上，“自由之树”由于变成了标志，而减弱了象征意义。自由与树之间的关系被外在化或者说倾斜了：自由有了自己的树。在与骚乱行为相连的“五月柱”里，能指和所指依然有类比性质；自
404 由的欢乐完全与这棵树融为一体，l'arbre-liberté（自由—树）①（甚至后来的“自由树”）能产生一种直接的印象。因此，五月柱是一个情感化的参与手段，而“自由之树”则变成了一个符码化的、僵化的表达方式。不管怎样，我们必须承认，由于承载自由含义的五月柱作为幸运树所暗示的那种蓬勃生气，不能仅仅用暴力来涵盖五月柱的意义。

这就把我们带到戈达尔和罗班所谓的关键问题：农民对他们的五月柱怀有什么情感？“至于农民对它有什么想法”，他们大胆而严肃地表示（这种态度也增加了他们的报告的价值）：“我们竭尽各种可能来发现它们。当我们就这个题目提出几个问题时，所有的人都提到‘自由’和‘欢庆自由的信号’这些词语。如果我们问，是否像一些人告诉我们的那样，真的相信五月柱立起来一年零一天时就免除了所有的租赋，这是否就是到处竖立五月柱和迷恋它们的动机？他们用微笑作为回答，人们不能想象我们怎么会有这种想法，一般而言，根据我们在古尔东地区的观察，与五月柱相连的想法是：自由获胜了。”

这种对五月柱的情感化解释能否得到其他文献的支持？首先引起我们注意的是村民们对这些树的情感是那么强烈。利梅伊的

① 自由（女神）塑像或者负有表演自由（女神）任务的女孩也常常被称作 femmes-liberté（自由－妇女）。

本堂神甫感叹到："他们最终决定砍倒他们如此钟爱的五月柱。"① 405
鲁贝雅克的五月柱上有这样的标语："不得拆除，违者送命。"在比吉耶，当有人通报说军队要来砍树时，人们拔出刀子。甚至在共和2年风月，有一个本堂神甫被带到革命法庭，教区居民特别指责他反对1790年冬天的五月柱。种种迹象表明，它不是一个坏的象征。在圣于连－德朗朋，为了阻止砍倒五月柱，人们修了一圈围墙，还有人巡逻守卫。这种集体护卫表明，与民间传说里的五月柱一样，这棵树也被仪式化的团结所神化。

仔细查看这些文献后，可以确定的是，五月柱和集体欢乐之间有一种特殊的联系。有一位接受调查的本堂神甫认为，五月柱的发端早于1790年1月。在他看来，是在头一年的8月开始竖立五月柱的，据他说是作为庆祝三个等级合而为一的标志。这是唯一证明五月柱出现在1790年冬季之前的材料，显然很适合戈达尔和罗班的口味。进一步的确认可见之于1791年7月佩里戈尔民众俱乐部致国民议会的声明："在本省临近洛特省的地区，农民认为风向标是封建贵族的保守标志，教堂长凳与自由背道而驰，因而比
较激烈地攻击这二者，同时又欢天喜地，自认为合理合法。他们在 406
公共广场竖立五月柱，在它们周围布置各种打倒封建王权的标志。"②这些俱乐部代表了开明温和爱国者的观点。对于他们来说，这种造反场面可一分为二：无疑有用于风向标和长凳的暴力，但也有竖立五月柱的欢乐。

① 国家档案馆，D XXIX 73。

② 佩里戈尔宪法之友协会的提议。

那么我们是否可以到此为止，明确赞同自由派的说法吗？我们似乎很难忘记，欢乐的爆发是在暴力行为之后，而五月柱还带着那场暴力的印记。我们也很难想象，在纯朴演员的意识里，事件会像来自巴黎的大员笔下那样轻易地一分为二：也就是说应该有一种比戈达尔和罗班的解释更全面的解释。

407 从民俗专家研究五月柱传统的著作中是否可以得到什么帮助呢？[①] 瓦拉尼亚克的经典论文把关于五月柱的解释分成两大类。[②]一类与新生、生育有关，例如，婚姻五月柱，有时上面会装饰婴儿鞋和奶瓶，[③]当然还有少女五月柱和情郎五月柱。另一类与特许权观念有关。他提示我们，用来表示特许权的，有作为小客栈标记的苍蝇拍，还有表示税费已付并成为酒商执照的洒水刷。凯尔西和佩里戈尔的荣誉五月柱标示着一个司法权力场所或一个自治权力场所。海上习俗现在依然保留这种意义：一旦升起风帆，船员就免除了债务诉讼。在丰收的节日，季节工人给农庄主一根五月柱，作

---

① 在众多书目中，有几部著作特别值得注意：范热内普：《多菲内的民间传说》(巴黎，1932—1933 年)和《佛兰德的民间传说》(巴黎，1936 年)；德·维姆：《布列塔尼的五月柱习俗》(贝尔热拉克，1908 年)和《布列塔尼的宗教节日》(南特，1902 年)；E.O.詹姆斯：《生命树：一项考古学研究》(莱顿，1966 年)；L.吉耶曼《地方纪年：大革命期间艾尔一个资产者的编年史》(艾尔，1894—1900 年)；索尔：《老凯尔西》(巴黎，1929 年)；G.罗卡尔：《老佩里戈尔》(图卢兹，1927 年)；E.特拉韦尔：《普瓦图、贝里和昂古穆瓦的单身汉》(梅勒，1933 年)；J.H.菲尔波特：《宗教和神话里的圣树》(伦敦，1897 年)。

还有几篇重要文章：P.塞比约特：《五月的习俗》，载《民间传统评论》，1888 年第 3 卷；德·巴罗：《教堂前立五月柱》，载《阿韦龙省人文科学艺术协会论文集》，第 4 卷，1842—1843 年；J.贝迪耶：《五月节庆和中世纪抒情诗歌的起源》，载《两世界评论》，1896 年 5 月 1 日；L.博诺：《关于市政选举后在利穆赞竖起的荣誉五月柱的笔记》，载《利穆赞考古历史学会通报》，1960 年；A.佩里耶：《五月树和自由之树》，载同上刊物。

② 《法国民俗评论》，1940 年 1—3 月，第 11 卷。

③ 这是很有意思的象征，因为它们意味着责难，至少包含着要求。

为自己工作结束的标志，农庄主则用一场筵宴回报他们；这种相互赠予意味着大家都解除了义务。与之类似的是，德·维姆提到亨利四世和路易十三的特许状：凡是在五月一日赢得射鸟竞赛者可以解除一年之内所有的异议、监护或托管，并免除留宿军人的义 408
务。在图尔尼火枪骑士条例里也可以找到同样的规定。①

在这两种解释里，瓦拉尼亚克倾向于第二种（在他看来，五月里的婚姻禁忌是前者的障碍），但是他提供了几个习俗例子，可以看作是一种综合。情郎发表爱情宣言，在姑娘门前竖立五月柱，这些可能意味着她获得（结婚）自由，在五月期间可以委身任何一个男人。更令人信服的例子是，五月进行家务更新。这是法定雇佣季节。在这万物更新的季节，人们可以改换仆人。当然，我们也可以补充说——而且得到民俗学家关于五月传统研究的确认——在许多仪式里（结婚、订婚、盖房），竖立五月柱象征着一种契约，象征着达成一致。

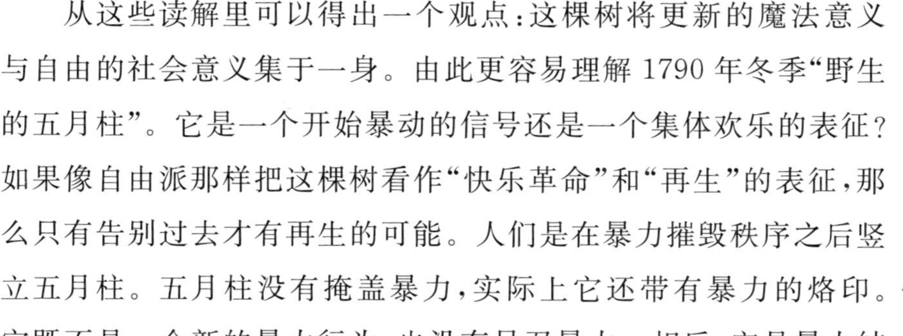

从这些读解里可以得出一个观点：这棵树将更新的魔法意义与自由的社会意义集于一身。由此更容易理解 1790 年冬季“野生的五月柱”。它是一个开始暴动的信号还是一个集体欢乐的表征？如果像自由派那样把这棵树看作“快乐革命”和“再生”的表征，那么只有告别过去才有再生的可能。人们是在暴力摧毁秩序之后竖立五月柱。五月柱没有掩盖暴力，实际上它还带有暴力的烙印。409
它既不是一个新的暴力行为，也没有号召暴力。相反，它是暴力结束的标志，是报复的终止。因为对风向标和教堂长凳取得的胜利

① 贝尔纳（A Bernard）：《图尔尼火枪骑士和弓箭骑士研究》，马孔，1884 年。

可能只是暂时的，造反者们需要确保这一切不会陷入一场残酷无情的斗争。竖立五月柱就是这种保证。这是一个辞旧迎新的仪式。人们都解除了义务：附有缴租收据的通告不过是一种特别的显示，因此一切都可以重新开始。这棵人造树——无论如何只不过是一根光秃秃的树干，只有外来者才会试图给它赋予某种意义——因此就成为一种调和的解决方式。它把各种不同的要求凝聚在一起。它出自于反叛骚乱，但本身不是反叛行为。它是过火行为的顶点，但也一下子使之结束，同时象征性地做出保证：旧秩序被颠覆了，新秩序将安稳如山。

教育树

从“野生的五月柱”到第一个关于自由树的法令颁布，时间长达4年之久。在此期间竖立起许多五月柱。这种活动要么本身就成为节日（出自当地的主动行为，其中也能看到宪法之友俱乐部的作用），[1]要么成为其他节日的核心。这些仪式尚无任何官方色彩；那些记录它们的官方报告也没有写清楚竖立的究竟是“自由之
410 树”、“自由树”、“五月柱”还是“纪念旧制度弊端结束和自由胜利之树”。关于这种树的立法结束了这种不确定状况，但它是与曾经团结一致的民族第一次分裂密切相关。第一批树遭到反革命的摧残，甚至被革命者拔除，因为“竖立的那个日子让它们唤起关于王

---

① 1792年5月17日，有一支游行队伍来到盖雷，栽种了一棵60英尺高的树。上面有一个标语：“公民们，宪法和平等之友把这棵树献给自由与和谐……”维拉尔：《盖雷和克勒兹省的自由之树》。

权的可怕记忆”。[①]

法国西南地区农村的那些人闭口不谈自己竖立五月柱的理由，而到了共和2年人们却喋喋不休。全国和各省的通报如洪水般涌来，大力推荐五月柱；在竖立仪式上人们总是要滔滔不绝地演讲一番。由于所有的演讲者都重复甚至习以为常地抄袭国民公会议员们的文字，[②]因此我们最好从这些令人惊异的文字开始。[③] 这 411

① 《莫城教区历史和艺术协会通报》(1968年)。蒙特维兰市政档案摘要。随着革命推进，这些可疑的树愈益增多，或者是因为有大人物的支持(例如有一棵竖立在比西堡台地的庞帝耶夫尔公爵门前)；或者因为吉伦特派的树受到山岳派俱乐部的谴责，都带有那个“乱党”的咒语。

② 1793年3月，国民公会交给立法委员会一封信，其主旨是加速制定制裁破坏自由树行为的刑法。6个月后，它委托下属农业委员会(注意，不是公共教育委员会)起草一个关于“自由树”的全面的、教导的、实用的报告。埃尔、塞尔、弗朗德兰、维尔莫兰和图安组成这个分委员会，然后开始工作。由于他们的努力，我们看到一些文件(关于树与革命的联系的思考)和共和2年雨月3日法令保持了和解的基调：“在共和国所有毁坏了自由树的村镇，应该在芽月1日栽种新的自由树。”栽种和维护的任务交给“善良的公民们，让每个村镇的自由树都能在法兰西自由女神的庇护下茁壮成长。”

大约与此同时，公民公会肯定了塔恩省的一个命令：在自由树周围搭建祖国祭坛，由曾经毁坏自由树的人来承担。共和4年芽月22日，破坏行为增多(此时开始使用“亵渎圣物”的说法)导致镇压加强。当局决定，自由树毁坏者不再按照1791年农村治理法令加以惩罚(该法令规定了对破坏果树移植、砍倒或损伤直立树木的刑罚)，而是被处以树木价值两倍的罚款和最多6个月的治安教养拘留。尽管有这些严厉的措施，共和4年和5年，这种树的象征意义还是减弱了，果月时得以振兴。此时政府指令开始带有内务部长弗朗索瓦·德·纳沙托重视林业的印记：“每个村镇一棵树？应该每家房前两棵树。让我们栽种整片林子、大片森林。让我们给自由(女神)搭建青翠拱顶的天然神庙；祝愿共和国与遍地绿树一起成长，让子孙后代享受这些神圣树木的绿荫。”这一切都体现在共和6年雪月24日法令：“鉴于对自由象征的尊重与对自由本身的尊重密不可分，凡是因自然原因而歪倒或毁坏的自由树，尚未更换者应由村镇予以更换。”该法令规定雨月2日(国王驾崩节那天)为种树日，并规定对任何毁坏这棵树木的人处以4年监禁。

③ 格雷瓜尔：《从历史和爱国角度论自由树》。埃尔的论述也被刊印发行：《关于自由之树的笔记》；图安的文字还是手稿形式(自然史博物馆中心图书馆，手稿312)。

些文字混合了林业发展建议和广博的思考，还有对种树理由、树木性质及其与革命的关联的思考。

为什么种树？这种要求与竖立其他象征，特别是人造象征，如半身或全身塑像相比，有着更多的强硬理由。（应该指出，自由女神塑像有时与自由树有关联，但从未取而代之。自由树使塑像变得神圣，而不是反过来。共和5年芽月15日，当局决定换掉糟糕
412 的自由女神塑像——沙隆的自由女神像是用圣卡特琳像改造的——和死树，只须一棵活树而没有塑像似乎就足够了。）[1]种树的习俗源远流长；引人注目的是，革命思想也求助于这种建立神圣事物的手段。格雷瓜尔旁征博引，证明这种古老性确保了一种自发象征的普世性。他提到神话里的祭献——橄榄树献给密涅瓦（智慧女神）、葡萄园献给巴库斯（酒神），甚至还提到了生育和博爱的意义通过民俗而与这棵树联系在一起——这值得我们注意，因为这时农民传统对于在理性主义思想来说已经变得扑朔迷离。[2]他承认自由树与五月柱之间的联系，认为后者能够表现各种历史事实。在他看来，五月柱的悠久习俗已经遭到专制主义的摧残，"荣誉树"就显示了这种背离。但是，当这种习俗"从英格兰传到（北美）特拉华河沿岸，重新发现自己最初的尊严，五月柱再次在各个村镇变成公民集合在一起的表征"。但是，即便是这样旁征博引，仅仅从历史角度不足以解释竖立五月柱的需求。除了上述理

① 《马恩省的自由之树》。

② 关于这种茫然不解，可以举出无数个例子。栽种自由树那天，沙隆市长对国民卫队发表冗长的讲话："他告诉他们，在此之前竖立五月柱一直是绝对微不足道的小孩游戏，但是处于今天的环境，这就成为最引人注目、也最庄严伟大的场面。"

由，还有一种对永久性民间定论的诉求、对一种超验的自发性的诉 413
求；因为正如格雷瓜尔告诉我们的，人民“本身决定了什么东西被他们视为最珍爱的类型”。

在所有这些文字中还渗透着第二个论证，而这个论证与作为所有关于革命仪式思考共同基点的基本感觉论密切相关。对于感觉对象和思想之间的联系这个一般问题，这棵树提供了一个具体的解决办法。因为它是一个介质，一个物质对象，但也是一个秘密权力所在，而且由于大众化的名称而得到提升，具有了象征之尊。因此，这棵树是“法国人民再生的形象符号”，是把感觉对象与政治制度联系起来的最佳手段。节日的组织者们反复强调这一点。当中央特派员指示地方特派员不要“对竖立五月柱无动于衷”时，他们表示：“象征物对民众的影响不亚于议会的权力，我们不可忽视。看看天主教如何小心翼翼地在其信徒眼前复制出宗教信仰的象征物就知道了。”[①]由此可以理解为什么对于这个问题的思考偏向了自由树最应具有何种外观。图安特别强调，如果想让这棵树成为真正的自由树，它就必须满足一些条件。它必须很高，“能够唤起敬仰之情”，而且要统摄一定范围，“为的是能够刺激感官并能够威慑心灵”。最后，它应该长寿。格雷瓜尔说：“如果它不可能是永恒的，那么至少应该从能活几百年的树中选材。”这就涉及对树木的
选择，而这种关注是竖立野生五月柱时根本没有的。关于可推荐 414
品种的讨论——我们将看到，其结果有些混乱——是用典型的孔狄亚克术语进行的。重要的是，把树变成一种精制语言的要素，确

① 共和6年雨月9日的信，安德尔省档案馆，L. 301。

定一种关于树的语言，其中的词汇应该有象征和地理的双重意义。[①] 因此，埃尔提议拟定一个树木名单，分别意指自由、博爱（从那些适应了法国气候的外来树木，尤其从“来自我们北美自由兄弟和朋友的土地上的天然树木”里选择）与平等（从本土树木里选择）。然后，这些树将分配给各省，让每一种树能够明白无误地既表示一种革命价值，又表示法国领土的某一部分。与之类似，图安也把按照他的象征主义选出的树分配给很不平等的法国三部分：种植苹果、种植葡萄和种植橙子的三个区域。

对土壤和气候之类的思考——即便诸如非专家埃尔的论述走火入魔——也能表明，与历史和寓言式论证相混合的还有功利主义论证。这些文字的共同基础是一种抱怨：树林被砍伐，法国木材
415 短缺。栽种自由树被视为全国振兴林业的起点，是确保在共和国的土壤上培育最佳树木的手段。图安说，以前从未有过这么好的扩大农民财源的机会。因此，这位议员要达到一石二鸟的效果：在给民众竖立自由象征的手段时，也在共和国各地栽种了能繁衍的新树。因此，给特定地区指派那里没有的树木，就非常重要。于是，从共和 2 年起，这些论述开始把注意力转向树的品质，并更多地提出建议：人们应该选择“良好的枝条”，“长势良好的”；应该整好土地，“让圣树的根须绝不会碰到凝灰岩、黏土、石灰岩、纯盐、水洼、含硫酸土壤”。因此，村社在栽种时放弃原有的象征聚焦点，改

① 或者说，应该有象征和实用的双重意义：共和 7 年芽月 10 日青年节，在凡尔赛就有一个很好的例子。园艺学校的学生把各种树和植物表现成可以分布“在一个象征体系里”的“农业经济的形象或象征”。例如，月桂代表将军，白杨代表督政府特派员，白榆代表农业协会成员。

为更吉祥的地点，靠近饮水槽或“靠近这个地方的泥灰土”。这一切都暗示，实用考虑逐渐变得比象征表达更重要了。①

因此，共和2年栽种的树苗②受到百般呵护和重视，③与1790 416
年冬季五月柱的赤裸形成强烈反差。有关的官方报告也强调这种反差。一位特派员宣称：“我们栽种的不再是无生命的柱子，而是生机盎然的树。”④另一位特派员写道：“鉴于需要向公众显示什么东西将受到后代的尊崇，这里栽种了生命力强的白蜡树和同样有生命力的榆树。”组织者们仔细地区分了他们栽种的枞树和被取代的原先用枞树枝干做的柱子，即便原先的五月柱一度成为法国人民钟爱之树，此时还被人们怀念。⑤ 当气候迫使人们放弃了这些树会在春天复苏的幻想时，他们强调，栽种这些树是暂时的，将会

① 例如，共和3年雪月29日，(巴黎)新桥区的治安特派员声称，对喷泉大道上自由树的干燥条件感到痛心。他开始很机械地把这种灾难归咎于“贵族的居心剖测”。他接着做了修正，人们应该责备“那些人的愚笨，因为在高处种树，适时的雨水永远不能滋润树根，只是从地面白白流走”。(国家图书馆，手稿，NAF 2694)

② 应该指出，这种做法经过很长时间才变成常规，也是逐渐地取代了革命之处五月柱的地位。例如，1793年7月21日在科尔马栽种的“四国民树”(quatre arbres nationaux)有44英尺高，自上而下涂上红白蓝的颜色。科尔马锁匠多米尼克·许茨的报告，《阿尔萨斯评论》1899年，第3卷。

③ 这种树变成了受保护的对象，其程度远远超过作为展示对象。弗勒朗斯的山岳派俱乐部不再把它变成装饰和游行主题，而是用一个盒子把它包起来，“防止它遭到其他镇子的袭击”。——村社档案馆，共和2年雨月27日市镇审议。另一个表明种树潮流的迹象是，游行中只使用很少的树。见沙隆市镇档案馆，I，199，布雷斯特民众俱乐部卷宗。此外，博福尔(地名)在围墙内种树的例子，见国家档案馆，F^1 C III，Maine-et-Loire 13。

④ 北方省档案馆，L 1264。赴莱斯丹特派员的声明。

⑤ 见共和2年风月30日在博福尔昂瓦莱展开的有关讨论：奥特勒(G. Hautreux)：《博福尔昂瓦莱的民众俱乐部》，昂热，1907年。

用其他树取代这些枯木。但是，抛弃了五月柱表示的权力形象，也并非没有遗憾。组织者们所梦想的参天大树应能表达东西，只不
417 过是向他们的后代表达。与此同时，现实的柔弱树木常常被视为微不足道，不能负载这种希望。①

那么，革命思想赋予这些树什么权力，它们负载着什么意义？首先，这些树是一种见证。它们比人的寿命长，表示一种人所不及的时段，犹如一份档案，避免对它所经历的革命事件的遗忘。组织者说，我们种树，“是为了让这个地区的公民长久地记住这个值得纪念的自由时代”。② 早在1790年5月1日，诺贝尔·普雷萨克在栽种仪式上就提出了这个主题。那个栽种仪式后来成为一个典范。普雷萨克解释说：“站在这棵树脚下，你会想到自己是法国人。到了白发苍苍的时候，你会向你的孩子回忆你栽种它的那个难忘时代。”③我们在这些论述中看到一大笔财富：演讲者们告诉听众，这棵树会反复讲述国民公会是如何摧毁君主主义的，讲述自由战士们的英勇事迹。在这个意义上，这是一个国民纪念碑：“共和国纪念碑，古老的国民之树”——1848年还有演讲者如是说。④ 这种称呼并不像围绕它的言不由衷的修辞那样让人觉得造作。其中存留着古老的年历树形象；此外，在这种对树的执著追求里，我们也
418 能捕捉到动荡的革命时代所渴求的东西：稳定的形象，宏大缓慢节

① 例如，共和7年雨月2日关于吉伦特省伯兰栽种情况的报告，国家档案馆，F[1] C III, Gironde。

② 共和6年雨月19日，在皮埃尔拉特的讲话，德龙省档案馆，L. 230。

③ 见《箴言报》，1790年5月25日。

④ 在盖雷的演讲。见维拉尔：《盖雷和克勒兹省的自由之树》。

奏的平静标志。

它体现了稳定，但不意味固定。因为自由树与五月柱不同，变成了一个活的个体，提供了成长的形象，而革命正希望如此看到自身发展的形象。这种动机与许多信念和报复混合在一起。首先，有一种观念认为，个人或集体的命运与为庆祝新生而栽种的树紧密相连；这种观念既源于民间传统，也源于知识传统。与栽种相关的文字——组织者的论证思考或者默默无闻的乡村教师为这种场合写的打油诗——完全浸透着这种观念。弗朗索瓦·德·纳沙托写道："在我们与我们播种、栽种和培育的树木之间，有着某种我们无法抗拒的吸引力。它在某种程度上使我们与树木合为一体；随着树木的生长，它每年给我们新的快乐，并且把我们短暂的生命与它们更长久的未来联系在一起。"[①]此外，这里还有小学生围着树背诵的简单韵文："树枝在我们眼前变长，但愿法国人坦诚相待，友谊日渐增长。"[②]但是，与树木生长合为一体不仅仅是这样生长的问题。在矿石和动物之间，植物提供了一种理想生长的典范：不可见但可感知，不可抗拒但没有讶异。正如贝尔纳丹·德·圣皮埃尔所证明的，在这种模式里，总是让人焦虑的关于未来的思考让位 419
给关于顺利发展的思考。[③] 此外，与树认同的革命也让自己觉得能够有一种幸福的和可重复的成长。在这里革命的想象力再次返回到古老机制：在民间故事里，植物变形远远不像动物变形那样让人觉得是一种惩罚，甚至有时让人觉得是一种恩惠，是一种无限扩

① 弗朗索瓦·德·纳沙托：《共和 7 年葡月 26 日通报》，载《通报集》。

② 关于朗德勒西的报告。北部省档案馆，L 1264。

③ 贝尔纳丹·德·圣皮埃尔：《自然研究》。

展幸福状态的方式。

这棵树也是一个没有围墙的避难所。我们知道革命思想多么看重能够一览无余的开放而光明的空间，多么不信任阴暗和隐秘。树枝能够遮风避雨，但不会羁押禁锢。树荫是革命期间的文字所提到的唯一有益的阴影，因为大树洒下一片没有神秘、也没有隐秘的阴影。一棵树似乎不可能掩盖一个阴谋。林地生活是净化了的生活，也有净化人的作用，以至于似乎可以说，告别林地生活是专制主义的起点，专制主义是禁锢生活的产物。那时寡廉鲜耻的人“相信他们再也不用把所有的政府行为暴露在光天化日之下了；他们抛弃了树木，躲进自己的住所里，在那里铸造用来奴役后代的锁链”。演讲者用一个惊人的短句做了总结：“于是有了贵族，然后又有了教士。”①

当然，这种纯洁是自然的纯洁。这就是为什么革命象征的诋
420 毁者们对自由树网开一面的原因。无论塞巴斯蒂安·梅西耶对革命的其他创造物如何严厉，但是他把种树描写成一次自发的绿叶进军：“在革命的美好日子里，自由树从四周的树林走了出来，在房子前面扎下根，让它们的翠绿头发与各层的阳台相依相靠。”②这也是为什么笔直的树似乎威而不怒的原因。它不是一个人工制品，而是如自由女神塑像那样的一个英姿挺拔的实物，没有拟人形象的造作和沉重。（这就是为什么热月政变之后不仅仅出于政治便利的原因而试图把自由树与山分开。此前为了增强那种笔直高

① 公民吉布在共和国区民众俱乐部的演讲，国家图书馆，N.A.F. 2713。

② 梅西耶：《新巴黎》。

耸，有时会把树种在山上。与树不同，山的巨大厚重阻挡了目光的自由扫视，还有一个不同点是，山的堆积完全依赖于人们的动议：这正是其不确定性所在。）

树则不同，不会阻挡视线，反倒会引人注目。它也是集体宣泄的固定地点。[①] 因为节日需要一个能够汇聚集体目光的中心，而树可以成为聚焦点。把这棵树变成集体聚会之地——这意味着祖国祭坛也将设在这里——因此成为举行结婚仪式、青年成人仪式
和公民奖罚仪式之地的时候，节日的组织者想起读过的卢梭作 421
品。[②] 卢梭把树神圣化，以至于除非在那棵树脚下、在其枝叶的荫庇下，否则所有的幸福，无论理念、爱和光荣，都不会降临。[③]

最后，由于上述种种特征，还由于它是一个纪念，一个让共同体聚集起来的见证空间的中心，因此树就成了教育者，是这个共同体的沉默的教师。在这里，人们会再次想起卢梭的《论语言的起源》。实际上有一些节日组织者就提到这本书："在历经沧桑的古老橡树下，热情的年轻人渐渐失去了凶残野性，逐渐驯顺了彼此；为了让对方理解，他们学会了表达。在这里，第一批节日诞生了。"在这里，卢梭确实集中表达了革命思想对树的所有要求：与另一时

---

① 这个观点得益于埃特兰（R. Etlin）。他给我看了他的文稿《卢梭：人类状况的自然史》。

② 见卢梭童年记忆里对树的关切："我和我的表兄每天都兴致勃勃地看着人们浇水，我们天真地确信，在这土台上栽一棵树比在敌人城墙缺口插一面旗帜还要精彩；因此我们俩决心赢得这种光荣，而不让任何人分享。"《忏悔录》（第一章），日内瓦，1782年。（参见中译本，人民文学出版社，1980年，第23页）

③ 见埃莱娜·维亚努（Hélène Vianu）：《卢梭著作中的光明与阴暗》，载《人文科学评论》，1963年4—6月号。

代契合,私人利益消失,学习集体生活,成为节日意识的中心乃至通过语言进行教化:“仅有热烈的姿态是不够的。”*

从五月柱到树

422 自由树成为众多著述的对象,得到许多旁征博引的论证,获得了许多名称。那么,自由树还保留着1790年冬季的五月柱的特征吗?我们必须考察关于栽种情况的官方报告,进而判断,种树本身就构成了节日,还是它们只是别的革命节日的中心活动。

首先,革命所选定的树[①]是否享有五月柱在叛乱村社激发起来的那种团结一致?并不是所有的人都参加了种树。埃尔建议,“所有陷入温和主义、联邦主义或其他罪恶观点的人”应该排斥在外。此外,实际上,官方报告有时也断定,例如在厄尔省伯兹维尔,种树前的第一个行动是排斥“有贵族名声的市政官员”。他们的出现被认为是一个不祥之兆。剩下的人里面,“乡村爱国者”、“共和

---

* 见卢梭:《论语言的起源》,洪涛译,上海人民出版社,2003年,第69页。

① 为这些节日选定的树通常是橡树。共和2年霜月国民公会的辩论就正式表达了这种偏好。橡树有两个优点:一是木质硬,暗示了力量,二是寿命长,“这些树作为自由的象征,应该永世长存。这是最理想的。”无疑,这些优点的代价是生长缓慢。因此有一个地方就改用生长更快的树。但是,国民公会在其法令第一段规定:“橡树是自由之树。”但是,到雪月7日,一个议员质疑这种强行规定,提出修正意见,“以免在选择树时束缚各地公民的自由”。结果,除了橡树之外,小榆树、白蜡树、杨树(因错误的词源而当选)、冷杉也入选了。橡树还是最普遍的。还有极少的桦树和角树,尽管常常用角树树篱来保护树。还有极少的刺槐,这显然是暗示共济会。法国东北部有许多椴树。官方报告中唯一明显缺失的是栗树。勒图泽(Y. Letouzey)的文章《共和2年的自由树》(载《法国森林评论》,1961年)确认了这一情况。那么这种排斥的意义究竟是什么呢?

国臂膀”，在理论上任何人都能够参加种树。但是，通常有两类公 423
民获得这种特权：农民（这方面的行家）和年轻人（甚至小孩，但通常是青年）。他们到公共林地去选树和挖树，然后拿着树游行，然后挖树坑。他们的在场让人觉得十分必要，以至于如果由于某种原因他们不能到场，仪式就失去了意义。安德尔省的一位特派员写道：“如果那个村镇的青年没有参加仪式”，那么在内务部长看来就缺了东西。[①] 把纪念五月柱当作年轻人的义务，这种看法并不过分，因为选材和竖立五月柱是公社年轻人的任务之一。或许这种特权也缘于一个事实，即年轻人里没有等级体系，因而能够团结一致。某些市镇在节日里聪明地利用了青年组织，这也是某个民间记忆仍然鲜活的证据。例如，梅勒市镇当局就把单身与青年节联系起来：青年节的中心活动是在“单身汉草地”种一棵柳树。[②]

他们是带着 1790 年冬季不曾有的注意事项来种树的：官方档案里充斥着各种建议，涉及土地的使用、支棍的准备、涂抹在切口的圣菲亚克油膏、浇水的频率；这些对于五月柱都是不必要的。但是，浇水是象征性的，不仅是园艺需求，而且更像是祈求生育的仪式。人们常常用立在广场上用花环装饰的酒桶中流出的葡萄酒来
象征性地浇水，就像今天在利穆赞把香槟喷洒在为市政选举而栽 424
种的树上。一份官方报告说：“我们下力气种一棵树，我们希望它生机勃勃，因为我们好好浇灌了它，我们自己也好好‘灌’了一番。”[③]浇水的任务往往托付给做母亲的妇女。在马鲁瓦耶，由母

① 关于共和 7 年雨月 18 日帕吕欧的报告，安德尔省档案馆，L.301。

② 见特拉韦尔（Traver）：《单身生活》。

③ 北方省档案馆，L.1264。

亲们给树的根部浇水；镇长担心这个象征不那么明白易懂，因此宣布："但愿母亲们让自由的幼芽在她们孩子的心中开花结果。"[①]与此类似，在护送自由树到栽种地点的游行中，有时会有一队队举着旗帜的怀孕妇女。例如，在莫城，她们举着一个自豪的标语："由我们来补救战争的伤亡。"这是革命仪式中不多见的生育象征之一，而且几乎总是与自由树相联。

五月柱让人想到的是修整后的树干，而自由树则是栽种之后才做修剪。许多官方报告宣称："我们先栽种，然后做了修剪。"[②]这难道仅仅是出于保证成活的实际理由？这里的修剪完全不同于五月柱仅仅保留树冠而对树枝大削大砍的做法。但是，如果我们
425 翻查档案，很难区分这两种修剪。共和4年，圣热尼的居民抵制栽种自由树。[③] 有证人说，他们听到"没有枝叶的树倒下的声响"。这证明人们是按照五月柱的方式准备自由树的。有时（在科多尔省，"种什么树都难以成活，因为村子位于山腰，土壤不适合树木生长"[④]）人们也采用已经荫蔽广场的大树之一作为自由树。在这种情况下，当地居民不满足于用自由帽来装饰这棵树，也对它做了修剪。然后，他们认为可以宣布这棵树"被承认是自由树"了。因此，修剪显然不是出于实用理由。这样一棵生机盎然的树根本不需要修剪。是为了与其他树区分开吗？要是为了这个目的，一个铁皮

① 北方省档案馆，L.1264。

② 关于共和6年雨月10日维尔讷村的官方报告，多姆山省档案馆，L.671："栽种了自由树后，在鼓乐声中对它进行修剪。"

③ 萨瓦省档案馆，L.379。

④ 科多尔省档案馆，L.477。

帽子就够了。我们只能得出一个结论，自由树保留了五月柱的一些东西。

除了这个几乎必有的帽子外，[①]自由树还有什么装饰？比五月柱少得多的几束花，树干上的三色带——或者是在栽种当天或者是因公共或私人庆典而缠上的（给树缠腰带从来被视为善意的姿态[②]），例如在婚礼上，新娘“萌发了把她获得的一条带子系到树上的有趣想法”。[③]在树上也偶尔也会有农具——耙子、叉子和连 426
枷，这些象征物“旨在提示人们民族的财富在于勤劳”。[④] 此外，正如选树的任务交给了小伙子，装饰的任务就留给了姑娘们；这个特征也出自民间习俗。但是，装饰对于自由树不像对于五月柱那么重要，因为光秃秃的五月柱需要有文字说明，也需要有象征标识。于是有时人们在树的旁边立一个展示的标杆。例如，在维莱科特雷，在一棵活树旁有一根涂有三色的圆柱，上面有长矛、王冠和三色旗。[⑤] 虽然自由树的装饰不如五月柱，但由于受到威胁，越来越多的自由树周围设有三色护栏或石头围墙、带刺篱笆，旨在遏制人或动物的侵犯。这个围栏[⑥]被官方报告说成“神圣”的，而且只有司法官可以通过。但是，它没有受到充分尊重，以至于有人认为市

① 这棵树有时被称做“戴自由帽的树”。见大西洋岸卢瓦尔省档案馆，L. 352。

② 见《对植物的调研，给树缠腰的建议》，载《民族志》，1945 年第 43 期。

③ 国家档案馆，W 395。

④ 《阿拉斯科学院论文集》，第 2 系列，第 10 卷，1878 年。

⑤ 关于 1792 年 7 月 19 日维莱科特雷村镇广场自由树揭幕式成为公民节日的官方报告。

⑥ 城市越重要，这个保护区的围栏越精致。在莫伯日，只是三色护栏（北方省档案馆，L 1264）。在里昂，一个名叫希纳尔的公民受命用“油画”来装饰围栏。

镇有义务提醒大家注意，不许在此晾晒衣服。

这棵树从此变成了自由之树（*l'arbre de la Liberté*），甚至共和国之树（由此确认了这个称呼的官方性质）或者“社会树”。只是在个别情况被称为自由树（*l'arbre de liberté*）而带有积极的和情
427 感的色彩。不过，有时它也被称作“力量和自由之树”或“和谐之树”，也有人称之为“三色树”。我们还可以看到“团结树”、“平等树”、“博爱树”的说法。博爱树有特殊位置，通常是村庄里的“第二棵”树，因为村庄里已经有一棵自由树了；它通常是由觉得被忽视的村边居民在另一个较大的广场栽种的。① 博爱树也罢，自由树也罢，肯定是人们钟爱之树或“神圣”之树，甚至是“珍贵的遗存”。官方报告在提到它们时采用了一种母亲的语调：人们聚集在“钟爱的树苗”周围，②或“深情”地围着它；这类说法表明他们对柔弱树苗的关切。人们本能地感觉到，《马赛曲》中唯一适用于树苗的歌词是那个平息战争怒火的句子“祖国神圣的爱”；实际上这也是那棵树的意谓所在。

官方报告在记述栽种仪式时，往往会陷入田园牧歌的词句。在这些写报告的市镇官员或特派员眼里，种树行为具有 18 世纪所
428 描述的乡村节日的纯洁性：“从未有过比这更快活和更好地再现初

① 栽种博爱树的地点通常选在“靠近教堂”的主广场（参见利布瓦：《关于隆勒索涅民众俱乐部的思考》，1897 年）。有时选在交叉路口；在这里可以感到，对于革命情感而言，笔直的树在多大程度上取代了十字路口的十字架（参见《1793 年圣让－布热的公民节日》，载《热尔省考古学会通报》第 22 年度，1921 年）。城里的情况完全不同，人们建议按照安放各种纪念碑的位置来选择栽种地点：如医院、学校或市政厅的院子。这也表明了一种私有方式，使得这种城市仪式缺乏示范意义。

② 见关于巴纳莱克栽种情况的官方档案，国家档案馆，V W 395，916，n° 70。

朦时期纯朴民风的节日了。”[①]人们吹打着各种乐器（短笛、鼓、风笛、单簧管），用音乐烘托着栽种者的活动。少男少女围着树干翩翩起舞。最后是用“纯洁的”比赛，诸如网球比赛结束这个仪式。这是梦幻还是纪实？可以说，革命节日在模仿上缺乏创新，这些栽种活动时的情况也不会更好。但是，这些树有时在屡试不爽的幻化表演中扮演重要角色：它从模拟的巴士底狱的废墟中冒出来，或者从刚刚被火焰吞没的戴锁链的怪物——专制主义的象征——的灰烬中冒出来。但是，一般而言，种树似乎需要的是天然事物，不欢迎变戏法。此外，从更深的层面看，在村民表现出的纯朴行为中（他们跪在树前，拥抱和亲吻它，[②]反复触摸它，期待获得它的保佑），我们看到有一种无法描述的需求。正是这种需求把自由树如同此前的五月柱一样变成一个求助对象。

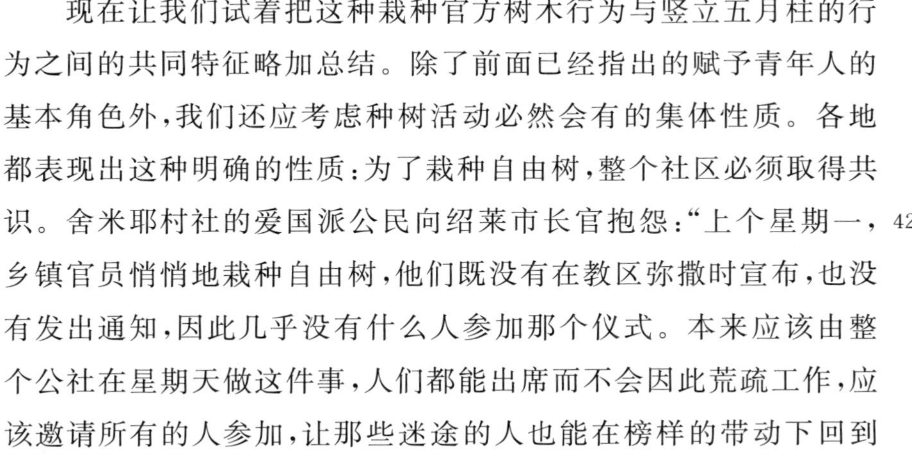

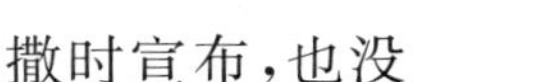

现在让我们试着把这种栽种官方树木行为与竖立五月柱的行为之间的共同特征略加总结。除了前面已经指出的赋予青年人的基本角色外，我们还应考虑种树活动必然会有的集体性质。各地都表现出这种明确的性质：为了栽种自由树，整个社区必须取得共识。舍米耶村社的爱国派公民向绍莱市长官抱怨：“上个星期一， 429
乡镇官员悄悄地栽种自由树，他们既没有在教区弥撒时宣布，也没有发出通知，因此几乎没有什么人参加那个仪式。本来应该由整个公社在星期天做这件事，人们都能出席而不会因此荒疏工作，应该邀请所有的人参加，让那些迷途的人也能在榜样的带动下回到

① 国家档案馆，W 395。

② 蒙通村的情况，多姆山省档案馆，L. 671。

正途,此外还会产生欢聚一堂的感情。”[①]档案里的文献充斥着对各种现象的不满,如在种树时表现出“不可原谅的漫不经心”,[②]在树枝上方没有升起三色旗,[③]没有防范假公济私。栽种自由树时要有“衣冠正规的官员”,[④]像样的仪式;[⑤]甚至应该按照某种仪式跳法兰多拉舞。[⑥] 当一个公社必须在若干树中选出并命名一个“真正的”自由树,人们会选择能够“获得最大共识、符合普遍心愿”的树;“只有这棵树能够在那个社区被普遍视为自由树。”[⑦]所有这些文献揭示了人们对休戚与共、团结一致的渴求或(有时)怀旧心理。它们也显示了行动上的团结一致。例如,有的教区在大树边
430 上设了岗亭,防范邻村的团伙捣乱,轮流看守长达6个月。[⑧] 有很多例子表明,就像原来团结在五月柱周围一样,现在社区栽种的自由树也有凝聚力。

此外,与五月柱一样,自由树继续表示告别旧世界和迎接新世界。我们可以举出两个事例。在有些稍大的镇子里,在把这棵树送到栽种地点时,这棵树常常出现在游行队伍的断裂处,在它前面的队伍代表过去——用担架抬着模拟的巴士底狱,或者有人用帽子遮脸、穿着遮掩匕首的长袍;完全是狂热盲信的活报剧表演。然

① 曼恩-卢瓦尔省档案馆,1 L 411。

② 关于共和7年雪月11日普雷西尼村的报告,上马恩省档案馆,L. 272。

③ 帕吕欧的情况,安德尔省档案馆,L.301。

④ 圣内克泰尔镇的情况,多姆山省档案馆,L. 671。

⑤ 罗什塔耶的情况,罗讷省档案馆,L. 451。

⑥ 德龙省档案馆,L 230。

⑦ 罗讷省档案馆,L 453。

⑧ 同上。

后是一段间隔，然后是树，然后又是一段间隔，有一个标语："自由的统治开始了"。接下来是按年龄分组的队伍，体现革命所承诺、自由树所保证的没有社会裂痕的秩序。[1] 另外一个事例具有更大的意义：种树仪式把所有的节日变成一体了，毫无例外，[2]但对于各个节日的作用并不相同。在有些节日里人们期待树的出现，官方通报还推荐把种树与节日结合起来（例如，按照弗朗索瓦·德·纳沙托的想法，从季节和节日性质的双重角度看，青年节都适合种树[3]），但这并非强制性要求。有些节日似乎对有没有种树仪式无所谓，插入了这种仪式也无关宏旨（例如联盟节的情况）。但是，在 431
两个节日上，种树是必要仪式。在国王驾崩节上，按照官方指示，种树是一个必要因素；在大陆和平节[4]上，官方没有种树的指示，但人们照做不误。与其他革命节日相比，国王驾崩节更是一个终结仪式。而大陆和平节则是一次欢乐的爆发：它似乎预示了革命的尘埃落定——不断宣布而又不断推后的安定。因此，自由树与五月柱一样，既提供了一个完结的仪式，又提供了一个新生的仪式。革命正是在自己的足迹里看到，与人类的历史一样，自己的历史开始了。

---

[1] 例如阿拉斯的情况。参见《阿拉斯科学院论文集》第 2 系列，第 10 卷，1878 年。

[2] 这是这一年处处可见的重要迹象。尽管有些节日的条件并不适合种树，但人们种树的热情依然不减，这表明农艺学的考虑并未完全占上风。

[3] 共和 7 年风月 17 日通报："还有什么时候比这个节日更适合这个目标？在这个节日里，青年的精英被赋予栽种这个最珍贵树木的任务。树的成长会让公民想到栽种它的哪个全国性节日。"《通报集》。

[4] 庆祝大陆和平节是在共和 6 年葡月。

自由树延续了五月柱的意义。如果需要的话,可以用名称长时间不确定、当事人总是把自由树称作五月柱等事实来加以证实。在马恩河畔的沙隆,来自安德尔省和克勒兹省的义勇军为一些内部争执而分裂,然后宣誓和解。他们在市政厅存放了一面三色旗,上面写着:"安德尔和克勒兹永远团结"。[1] 但是,再生,即辞旧迎新的真正标志是种树。是一棵树还是一根五月柱?在官方报告中,二者基本是一回事。甚至在共和 5 年,在艾格尔弗耶,有一个
432 年轻人拔了一棵树,整个社区感到不安,督政府特派员斥责这是亵渎行为。镇长袒护自己的居民,说被拔的这棵树绝对不是自由树,而是"按照旧习俗"在花月 12 日(5 月 1 日)插在地里的"无根的小树干"(换言之是五月柱),过了规定期限后在牧月 12 日拔掉。总之,这是"一个年轻人的无害行为"。特派员并未接受这种说法。[2] 从随后的混乱讨论中,我们可以得出的结论是,甚至到共和 5 年,要想区分五月柱和自由树还是非常困难。

断裂

不过,它不再是农村动乱之树。实际上我们看到这棵树从一开始从形象上就不再是五月柱了。我们应该再补充两个特征。第一,五月柱所提供的解放形象已经丧失了活力;"获得自由"这一主题本身也逐渐淡化。现在这棵树更多地是与平等相联系,而不是

① 沙隆市政档案馆,决议汇编。

② 大西洋岸卢瓦尔省档案馆,L 355。

与自由相联系。这里不知不觉地发生了意义的转移，以至于很难
分出变化的阶段来。看来至少有两个因素对此起了作用。首先，
这棵树矗立在村子广场中心，几乎是在它的四周造成了一个最平
等的空间。在这里，几何学仿佛自发地承担了一种道义：形成了一
个观众圈。在这个圆圈里很难想象等级分类。它把男女老少、各
行各业、官员、士兵，甚至“放出来过节的犯人”都连在一起。[①] 环
绕这棵树的圆圈很开放，相反，把各类人编排成一个游行队伍则让 433
人颇费心思。在这种意义上，这棵树把所有的阶级混合在一个空
间民主里，确实称得上是巴雷尔所说的“平等的教师”，具有专门在
节日诵读的诗句里所说的那种教育力量。[②] 但是用平等取代自由
主要是借助年龄组来实现的。就像在所有的乌托邦节日一样，各
种年龄组出现在自由树周围，实际上成为革命仪式的一个必要形
象。这棵树必然与生命的伟大时刻相联系。人们在“社团新人”[③]
诞生（指加入革命俱乐部）的时候栽种它，那位新人将来会葬在树

① 见曼恩－卢瓦尔省档案馆，1 L. 411。索米尔区行政代表致曼恩－卢瓦尔省总行政代表的信。

② 在盖雷，一个女青年面向自由树诵读下列诗句：

用我们的事迹教育我们的子孙。
幸福地生活在我们的新法律里，
他们将来到你的树荫下
聆听和赞美我们的丰功伟绩。

面向博爱树诵读下列诗句：

在你们的眼前这棵可爱的树
天然具有更高贵的力量
不是让我们沉溺寓言
而是教我们懂得我们的担当。

③ 见国家图书馆藏手稿 N. A. F. 2713。共和 2 年风月 4 日共和国区民众俱乐部，公民吉布的演讲。

下。它还与年轻人成人式和婚礼相联系，因此和这棵树的交往也调节着人生的节奏。由此看来，如果这棵树出乎意料地出现在一
434 个节日上，我们不应感到惊讶。实际上，它的出现是因为它与年龄组相联系。这棵树给不同年龄的人分派了对称的职能，由此把他们组合在一起。成年人宣称："我们的孩子将保护它免受岁月的摧残。"孩子们齐声回答："有一天我们将保卫它，抗击暴君的摧残。"有了这棵树，每一代人都预先演练了时间最终会给这棵树造成的用途，或者重复了早已完成的功能。人们感受到这棵树给年龄链条带来了什么：它防止年龄链条成为单纯的接续。它矗立在那里，成为世代接续的默默见证，使年龄接续在另一种时间中得以实现，成为生命平等的保障。它体现了老年人和年轻人最基本的相同状态。与其说它解放了人们，不如说它拉平了人们的状况。

第二个更具体的特征是，自由树没有经历竖立五月柱时发生的暴力。当然，这种暴力是用了很长时间才排除掉的。就像1790年佩里戈尔地区的显贵一样，有些人在很长时间里把栽种自由树视为一种挑衅。例如，1792年3月25日，有些志愿者在卡塞勒自发栽种了一棵树，并配上一面三色旗。结果与两年前一样引起市政当局的恐惧。[①] 镇长感叹道："这些人肯定会做出一千件事来破坏良好的秩序，围着树跳舞，侮辱正派的公民。"国民卫队指挥官说道："我赶紧安抚他。我让他相信，这棵树不会成为这些志愿者闹事的起因。"但是，镇长坚持他的叛乱说法，认为只有一个妥善的解决办法："领导当地的市民，砍倒那棵树……"。到共和2年最初几

① 北方省档案馆，L. 1264。

个月，这棵树还是出现在挑衅或攻击场合的中心：在沃尔穆特，行人总是受到一些怀疑，被迫走下马车，亲吻这棵树，还要交一笔钱。[1] 在芒特，自由树被狂风吹断，人们就从大路上选了一棵笔直 435
的白杨树来取而代之。然后，人们寻找当地的神甫，给他们戴上红帽子，强迫他们围着树跳舞。[2] 但是就在共和 2 年，在热月之前，节日已经抹掉了暴力甚至恶作剧的痕迹。

那么暴力跑到哪里去了？一方面，在共和国节日里面，暴力完全躲藏在关于树根的梦幻中，因为即便是那些推崇理性的演讲也依然把热烈的情感灌注到树根的意象里。树根深入到黑暗王国里，与神秘的事物窃窃私语。有些共和派，如雷恩的德马希，获准安葬在“人们钟爱的象征”的脚下。他们相信，真正的共和派的骨灰能够渗入根部，有助于自由树的生长。纵观有关种树的全部文献，其中还贯穿着一个主题，即自由树要用国王的血来浇灌。格雷瓜尔在《回忆录》里不能原谅自己贸然提出这个意象。在国民公会的辩论中，巴雷尔也宣称，自由树应该用国王们的血来浇灌。谢尼埃还把这种观点写成诗句：“阴险的君主，怯懦的奴隶/面对我们的勇士你们逃遁隐匿/用你们可恶的血/浇灌巨大的根柢/自由的橡树/在你们的废墟上仰望天宇。”这不仅是文学的题目。根系深入到土壤的腐殖质，那里有某种黑暗的、令人不安的和浑浑噩噩的东 436
西，与树干的安宁有力形成鲜明对照。

另一方面，在共和国节日之外，从此开始了针对自由树的暴

① 北方省档案馆，L.1264。

② 波蒂耶(M. Potié)：《芒特和利迈的革命节日》，载于 *Mantois*，1960，11。

力。在档案馆的纸箱里，有许多报告讲述自由树如何被专业工人用锯子和斧头砍倒，或者被鲁莽的家伙草率地剥去树皮、削掉枝叶。处理的情况有点让人失望。通常没有人看到什么，甚至很少有人听到什么。[①] 一个接一个的证人都声称自己清白，证词无数却毫无结果。甚至镇长市长们也急于把责任推卸给“路过的行人”、[②]“居无定所的逃亡者”、[③]“今天在这儿明天在那儿”的人，甚至归咎于顽童。这自然是为了让公社避开调查委员会的骚扰或避免士兵进驻居民住宅。但是，把不法行为或“犯罪行为”归咎于行人或儿童，即共同体的外部因素，也是一个迹象，让我们从中看到自由树很自然地造成的强烈的集体感。

这的确是不法行为，更常用的说法是“犯罪”，因为特派员关于
437 自由树的报告用拟人化的词汇谈论暴力。这棵树受到侮辱，在方言里被称作 rebeille[④]（官方调查员颇有学识，注明 rebeille 是“俗语里对干枯的或形状难看的树枝的蔑称”）；它“被亵渎”（指遭到刀砍）[⑤]。亵渎之手砍到了“心口”。[⑥] 最后，如果单纯地看，树液很像是纯净的血液，那么它在这里就变成了一种受犯罪者伤害而流淌出来的、抹不掉的凝重鲜血。于是，对树的攻击常常被描写成谋

---

① 有一个基于无数证言的事例。事情发生在萨瓦的圣热涅。一个酒馆正对着自由树。酒馆老板被询问芽月 11 日晚上是否有人到他的酒馆来喝酒。他答道：“那天白天和晚上我都没有见到人。实际上我只是在旧历的星期天才卖一点酒。”萨瓦档案馆，L. 379。

② 阿尔通村镇的官方报告，安德尔省档案馆，L. 301。

③ 关于圣伯努瓦尔迪索的官方报告，同上。

④ 布里斯尔的情况，上马恩省档案馆，L. 272。

⑤ 布里斯尔，共和 4 年雪月 17 日，同上。

⑥ 例如共和 7 年瓦唐的情况，安德尔省档案馆，L. 301。

杀。有时,受到暴力戕害的树受到安葬的礼遇,例如在亚眠,9000名武装起来的人,身挎丧鼓,护送覆盖黑纱的树走向安息之地。①实际上,我们知道,攻击树的暴力启动的是攻击人的暴力的恶性循环。当局宣布贝杜安村镇因拔除自由树而处于反革命状态,判处63个居民死刑,并下令焚毁该村镇。该法令在村镇的广场即犯罪地点宣读。

自由树受到民众的威胁,得到官方的保护。这种情况恰与五月柱形成鲜明的反差:五月柱受到当局的迫害,得到村社的保护。
花月 11 日夜间,努瓦尔利欧的自由树被砍倒了。一个仆人受到怀 438
疑。"他是否在晚上把所谓的五月花束给了姑娘们?"他说,他是给了这些花,而且还邀请她们来看这些花,因为"它们还在原处"。这个供词使他被认定为这棵官方树木的破坏者。当然,用这个小事件说明革命之树与农民传统的分道扬镳,有点小题大做了,因为不论是谁都各有所偏。但是,特派员们想建立一种联系,或者革命之树在五月 1 日夜晚遭到暴力攻击,这些并非无关紧要。

但是,有点吊诡的是,这棵受攻击的树似乎最让人联想到1790年冬季反叛的五月柱。当然,有的反革命力量通过对树的称呼而复活了1790年农民的表达捷径;只是这棵树不再是"自由树",而是"不幸之树"或"苦难之树"。科唐坦半岛的朱安党人的歌曲副歌有这样的句子:"贫困之树/苦役船的伞盖。/强盗栽种/朱安党人拔掉。"②还有人削去树的枝叶,恢复到五月柱的那种光秃

---

① 索姆省档案馆,La 393。鲁索关于重新栽种博爱树仪式的方案。实际上这是一个替换仪式:当老树抵达市政厅时,用国旗装饰的新树开始出发。

② 比松(J. Buisson):《兰热尔的自由树》,载《芒什省评论》,1962 年。

秃状态，并在上面配上标语，让这棵树恢复了警告的功能：一位特派员写道，他们这样做或许是为了阻止我们的年轻人应征入伍奔赴光荣的战场。还有人把树拔出来，再挑衅性地栽种到共和派工作人员和市政官员的房前，并胡乱地造型，使这棵树再次成为绞刑架的样子。①

439 最后，自由树也给负载另一个意义的垂直形状留下了空间，即十字架。许多有关自由树的官方记录表明，这棵树被革命者视为十字架的替代物。人们把它种在原来竖立十字架的地方，或者紧靠十字架的地方，有时仪式的结束方式是“摧毁种树地点旁边的十字架底座”。② 因此，很显然，在原先栽树的地方竖立十字架则成为最好的修复行为——这个行为在复辟时期的赎罪仪式里被重复了上千次。例如，共和3年雨月3日，在萨维尼亚克，因栽种一棵树而引发一次聚众闹事。③ 是一棵树吗？一位市政官员前来察看，令他吃惊的是，他看到的是一个十字架。在那里站着一个不知姓名的人（教士？不能确定）挥舞一张传单，上面写着凡侮辱和破坏公共纪念物者均会受到惩罚。这不意味着“恢复十字架刻不容缓”吗？这些用枫树或榛树赶制的脆弱、不牢固的十字架，突然出现在躺倒的树木旁，有时也带有信息：贴着告示或“折叠后放在十字架顶上的纸片”。④ 根据官方记述，纸片的内容是神秘的，与常见的情况一样，这里的村民无人能够或愿意破解它。那又怎么样

① 凯努瓦的情况，北方省档案馆，L 1264。

② 国家档案馆，F^{1} C III，上维埃纳省。

③ 见普莫（E. Poumeau）：《大革命期间佩里格的民众俱乐部》，1907年。

④ 例如圣热涅的情况，萨瓦档案馆，L 379。

呢？无须借助文字，这个十字架本身已经说明问题了。

*　　　　*　　　　*

埃德加·基内感叹道，全部革命仪式也不能“取代一个村庄的 440
圣像”。这就承认了这是一个彻底的失败，更令人痛心的是我们有可能看到那么多的当事人：他们常常破坏，而且总是不明就里（我们应该记住，在这方面他们肯定不是始作俑者）：在革命的十年里，官方文献不断地提供这两方面的证据。这还不足以说服我们吗？我们若是想理解节日仪式安排满足了什么需求，我们就必须跳出节日组织者那些自鸣得意的言论。其实情况没有太大的改变。总体上看，有关自由树的文献似乎表明，无论革命节日负载了多少理性主义话语，节日里还是保存了真正古老的民间习俗。或许应该承认，种树的行为——在林间选树，种树，进行装饰，围着树唱歌跳舞——至少是和同时进行的说教以及作为背后支撑的理性意识形态同样重要。但是，这真的如此难以理解吗？我们可以得出结论，至少在无意识层面，革命的象征主义不像人们想象的那样远离农民传统。

441 第十章　革命节日：神圣的转移

官方的宗教生活经历了漫长的垂死状态。在很长的时间里，许多地方的堂区教民相信他们的教堂还会继续存在。在禁止“外在的宗教表现”之后，仪仗队伍依然填充着城市的街道，蛇行般地前往田野去做祈祷，只是必须有一位已宣誓的神甫愿意领头。1792年8月6日，图勒举行纪念圣芒絮的活动，把圣骨从原来的修道院转移到大教堂的隆重仪式很符合那个狂热年代，只是用“宪政派主教”取代了本笃会修士。1792年6月3日，马赛圣奥古斯丁教堂的一位已宣誓的神甫把初领圣体的男青年公民介绍给宪法之友俱乐部。五天后，轮到女青年公民从贾尔德圣母院沿返程路线进行仪仗游行。大会非常得意：“在旧制度下我们享受过这种团结的魅力吗？”[①]

442 宗教仪式与革命节日的联系，这种在联盟节期间形成的同盟本身是非常牢固的。1793年8月10日，许多地方都举行了露天弥撒，圣体展示和放鸟升空。我们看到关于埃兹8月10日节的官方记录，会以为是联盟节的记录：在通常时间举行的晚祷，圣礼祝

① 《关于大革命和哲学信仰的研究》，载《罗讷河口省百科全书》。

福，洪亮的钟声。[1] 因此，直到1793年这个恐怖之年的夏季之前，勒科兹以及所有宪政派教士的信条——“愿我们神圣的宗教从这场革命中收获良多”[2]——能够找到活生生的证明。但这种联系在那时仍尚未结束：六个月后，在宗教迫害最严重的时候，还有一些村镇用高唱弥撒曲和感恩赞来庆祝攻占土伦节。国民公会议员布吕泰尔在卡尔瓦多斯省的一个村镇度假，突然发现周围在准备一个纪念活动：“那些好心人认为，感恩赞能够装饰他们的节日，提议到教堂唱这首歌曲。虽然我有不同的看法，但我不想简单地予以否定。我尊重他们的心愿，但也利用这个机会来打击宗教盲信。”[3]

几个月后，这种调和论调逐渐消失；但是宗教生活的表现并未完全抹掉，会不时地从秘密生活领域迸发出来。妇女是这种抵抗的秘密主体。反抗的蛛丝马迹甚至在革命者的记述，例如在《每旬 443
报告》里也能找到。[4] 这些人负有评估和建构社会共识的双重任务。他们的证据更有意义。官方代表和特派员承认，他们的重大失败之处在于，把洗礼、婚礼和葬礼都赶到教会的阴影下，而从摇篮到坟墓这些人生重大时刻需要被神圣化——不仅需要宗教仪式（因为上述相关仪式都在民事当局管辖之外），而且需要与之相连的公开性。在民众心目中，没有公开的仪仗游行就不是真正的仪

---

① 菲舍拉（C. A. Fichera）：《大革命和（拿破仑）帝国时期埃兹的节日和官方仪式》，载《尼斯历史》，1938年。

② 《伊勒-维莱讷省宪政派教士勒科兹的通信》，巴黎，1900年。

③ 国家档案馆，C 287。

④ 与上一章一样，本章也使用了保存在国家档案馆 F^{1} C III 系列中的十年报告或月度报告。

式。赴塞纳－马恩省特派员坚持不懈地禁止用鼓乐一路伴送新郎或受洗婴儿的做法。赴曼恩－卢瓦尔省特派员则抱怨说，人们用仪仗游行把死者送到墓地，还伴有吟唱祈祷的临终圣餐。还有人抱怨军人，因为军人在这种场合认为“让火药说话”是自己的责任，这是神父们从来不太接受的表达方式。这些违法行为列在一起，能够揭示出在人们情感没有改变的情况下，宗教仪式与社会行为之间必然发生的纠结。一对年轻人可以身着普通服装出现在市镇官员和法律要求的证人面前，但是人们很难庆祝这种结婚。赴滨海阿尔卑斯省特派员感叹说，这种结婚之后，新娘不会与新郎睡在一起。因为需要庆祝的不是法律上的结婚（mariage légal），而是真正的婚礼（noces）——特派员们都很仔细地区分这些用语。真
444 正的婚礼需要有两个东西：宗教仪式和公开的宴席。与优秀的人类学家一样，特派员们记录下他们认为过分的东西，但也懂得婚宴作为社会祝福的重要性。此外，尽管他们很认真地禁止欢乐的仪仗游行，但对于压制送葬的队伍则没有太大的热情。面对死亡，他们却步于他们所谓的“体面”，但对此可以用内心的恐惧而不是社会的恐惧来解释。

在这些文本里总能感受到宗教日历的脉搏，因为其高峰时间与人们想确立为革命节日的时间恰好重合。在神圣的日子里，圣诞节更准确地说圣诞周期尤其光彩夺目，那是由于主显节在山顶燃烧火堆，还分享蛋糕，成为人们最愿意欢庆的节日，也是最炫耀的和最具有集体性的节日。特派员们抱怨说，这个周期从头到尾的标志是，“农村始终无所事事”，城市也持续多天的放假。此外，特派员们总在为他们的戏剧寻找义务的演员和叫好的观众。他们

不得不承认，令他们惊讶的是，圣诞节期间的宗教戏剧无论采取什么形式都受到人们自发的欢迎。有些地方举行夜晚弥撒，教区内的优秀人才被选来表演天使和牧人；有的地方，如布列塔尼，流动的剧团前来用布列塔尼方言为圣诞节表演圣徒的故事或三王的故事（25 年后他们来到圣让－布雷沃莱激发了少年朱尔·西蒙的想 445
象力）。我们能想象这些没有在公社扎下根来的公职人员会如何看待这些演员，后者常常是流动的艺人，而且是由男性穿上“模拟的服装”来扮演女性角色。这是公职人员与不久前的开明神甫有着深层共鸣的又一标志。后者也怀疑这些演出能有什么教益，也痛斥那些醉醺醺的说不清台词的演员，尤其是表达了冷静的人士对这些不受控制的人的不信任——他们披着神圣的戏服永远在乡村游荡，招致了双重怀疑——作为朝圣者和演员都让人不信任。

这些文本中很少提到复活节和封斋节。它们与其说是基督教日历的高峰时间，不如说是共和精神的死寂季节。这段时间由于“教会支配俗人的力量倍增”而削弱了共和精神。但是，诸圣瞻礼节则是不可压抑的神圣展示时间。这个时候，民众可以冒犯各种禁令。就像在送葬队伍面前一样，特派员也不敢对诸圣瞻礼节的夜晚表示敌意。钟声在各个村镇之间回荡，整个夜晚都献给了另一个世界的喧哗。特派员也与其他人一样如梦方醒，因此不愿意加以干涉。在他们看来，死亡是一种宗教性行为，诸圣瞻礼节是他们不可触动的时刻。此外，除了这种制度化的宗教日历外，还有另一种参照日历，即人们所期待的日历。我们可以在那些严肃的文本中看到这种日历的蛛丝马迹：在流行的消息和流通的报纸里，既有窃窃私语，也有各种期望。某种事情正在酝酿，将要发生。这些

革命文字有点挖苦但又有点战栗地指出，这是对另一种时间的巨大期望，那种时间将会对大革命进行革命性的改造。

446 民众坚持标示出与共和国的节奏不同的另一种时间，由此表明，日常生活分裂成两种生活，在星期日和旬日之间、圣诞节和攻占土伦节之间、神圣和世俗之间蹒跚而行。由此产生了马迪厄指出的一个问题：人们是否就是这样分裂地生活着，或者说，这些与宗教庆典完全隔断了联系的节日里，是否正在发展出宗教情感的另外一种表现方式。

马迪厄对这个问题做出的肯定答案在很大程度上得益于涂尔干将宗教性与集体性合而为一的观点。由此任何共和国的集会显然也就具有了宗教性。除了这种宣布革命节日均有宗教性的简易方法外，阿尔贝·索布尔还力图评估革命仪式参加者的宗教性情感。[①] 他的论证基于两个例子，让我们先抛开爱国者圣徒的例子；因为如果确实围绕着被强暴和被杀害的女青年而形成一种对奇迹的真正崇拜，那么重要的不是如索布尔所证明的共和国女青年的形象，而是受到残害的妇女形象。我们来看看 1793 年夏秋突然激增的葬礼、迁入先贤祠仪式和胸像揭幕式。这股洪流可以用马拉之死在无套裤汉中唤起的激情来解释；此外还应看到各区之间、民众俱乐部之间存在着攀比现象。之所以把这一系列节日解释成十
447 足的崇拜，乃是依据《巴黎的革命》中提到的、被人们经常引用的演讲者的说法：“哦老天马拉，哦老天耶稣”。[②] 由此而产生了反革命

① 索布尔：《大革命期间的宗教情感和民众崇拜，爱国者圣徒和自由烈士》，载《法国大革命年鉴》，1957 年。

② 《巴黎的革命》，1793 年 7 月 20 日—8 月 3 日，第 211 期。

历史编纂学所传播的那种画面：人们跪在地上，对着马拉的“圣心”唱颂连祷文，乞求他的保护。但是，博曼[1]等学者不敢根据这个特殊例子就得出结论——尽管在街上设立了祭坛，尽管有人招魂和焚香——说马拉被神化或马拉被封为圣徒。首先，我们不要被各种说辞所哄骗。有人会说，马拉永垂不朽，但是关于布鲁图和莱库古[*]也有许多同样的说法。在大革命的话语里，永垂不朽不是一种希望，而是在集体记忆中继续存在的象征。人们也使用（自由的）“烈士”一词，但这是一种常用词，在革命英雄主义的词汇里早已失去了宗教含义。在节日里，人们不仅把马拉与其他“烈士”如勒佩勒蒂埃和沙利耶[**]并列，而且有时也与启蒙哲人和昔日的英雄并列。这种习惯传播之快，足以说明问题。因此，在鱼贯而行的游行队伍里，我们可以看到，在博韦，马拉、勒佩勒蒂埃的形象与卢梭、伏尔泰的形象并驾齐驱，在沙托鲁，“这些荣誉人士都头戴月桂装饰的帽子，手持三色旗”：这些人都被视为胜利的战士。这些附会表明这些烈士的地位：“伟大的人物”。他们主张——而且做到了——通过把耶稣放在这些人中间，把耶稣人化，而不是把马拉神
化。马拉、勒佩勒蒂埃和沙利耶都是榜样，而不是乞求对象。不是 448
因为崇拜而赋予他们“荣誉”；而是荣誉观念里的那种人神同性论赋予他们这种地位。

索布尔提出了一个问题：这种荣誉的说法、这些乞灵和赞美是否会被普通人的粗俗情感改变了味道？这些人不懂文雅的颂词，

---

① 弗兰克·博曼（F. P. Bowman）：《马拉的圣心》，克莱蒙学术研讨会论文。

* 莱库古：斯巴达的立法者。——译者

** 沙利耶（Joseph Chalier），里昂的雅各宾派领袖，1793 年 7 月被处死。——译者

也不熟悉夸张修辞，而是迫不及待地要把这些伟大人物变成圣徒。在有半身像出场的节日里，肯定会有情感的喷发。各城区和民众俱乐部的主动性比在其他节日里更加明显。于是，模拟物大量涌现。人们毫不顾忌地展示发生悲剧的浴桶，或者像在圣厄斯塔什教堂那样，展示“这位代表躺在灵床上的模拟像”。[①] 但我们已经知道，这种表现主义整体上属于葬礼方式。人们不再用仪仗游行和焚香来证明这些节日的特殊之处。博曼指出，乞灵是一种公认的修辞方式。乞灵不再表明人们真的崇拜，因为没有赋予马拉任何治病的神力。除了个别例子外，人们没有触摸半身像，没有亲吻它，没有乞求它显灵。因此这种崇拜缺少最基本的要素，即神灵保护。

1793 年夏秋的“革命圣徒”不足以表明民众有多深的感情投入。在纪念他们的节日里，我们很少能发现非理性冲动的迹象。不过它们很可能满足了某些宗教需求。但是，节日仅仅是间接的
449 机会。因此，这个问题也许可以从另外一个角度来看：不是否定参与者之间会有情绪感染——但无论如何这都是一种假设，重要的是努力了解节日究竟是不是神圣转移之所。

对空虚的恐惧

对于共和国节日能够给民众宗教情感提供的可怜营养，革命者们几乎不抱任何幻想。赴阿登省特派员写道：“世间的恶劣状况

① 国家档案馆，C 266。

常常会让这里乡间居民的灵魂转移到其他希望上。”[①]这是因为当局在1789年不愿采取拉博·圣艾蒂安在尼姆科学院备忘录中建议的温和方法：“逐渐减少广场和街道上的仪仗游行、慈善协会和仪式”，也就是说，要维持一个世纪以来的简化趋势。相反，当局决定驱赶、迫害、清空日常生活中的宗教活动。造成这样的空虚后，有两个方面令人恐惧：有人认为，没有了仪式，全部生活就会变得懒散或支离破碎（这是杜邦·德·内穆尔的观点）；还有人预见，驱除神迹之后留下的空虚会成为某种更可怕事物的萌发之地。于是，腐败和堕落将会在其中蔓延开来，或者，更糟的是，从天主教的灰烬中产生出一种新形式的天主教。拉雷韦里埃宣称，只要摧毁 450
了一种崇拜，哪怕是不合理的崇拜，人们总是需要用另外的崇拜来代替；否则，可以说，它“会死灰复燃自我补位”。[②] 从特拉西* 到斯塔尔夫人，督政府时期的整个思想界都认为，迫害天主教留下了可怕的虚空，急需填补。

用什么来替代已被推翻的东西，什么能替代天主教？新的宗教如何确立？对于这个问题，最初的回答，即历届革命议会的主旋律，乃是受到革命之初兼容并蓄潮流所鼓励的模仿。要取而代之，首先要模仿。心怀叵测者说，去抄袭。与旧宗教一样，新宗教也必须有自己的神圣中心，即祖国祭坛。这个地方既有宗教性，又有公民性。伯努瓦－拉莫特建议，在这上面人们能够展示博爱的圣饼。

---

① 国家档案馆，F[1] C III，Ardennes 5。

② 拉雷韦里埃：《对崇拜、公民仪式和国家节日的思考》，巴黎，共和5年。

* 德斯蒂·德·特拉西（Destutt de Tracy，1754—1836），哲学家，观念学创始人之一。——译者

在这里还应该神圣地展示一本书，全部道德规定的唯一记录：《人权宣言》。它最能替代祭坛上的弥撒书，因为它包含着起源的神圣性，不容置疑的原则的神圣性（拉博·圣艾蒂安所说的“儿童字母表”，巴纳夫所说的“国家教义问答”）。这本书珍藏在“庄严的神龛”即宪法之柜里。在这里需要祈祷和唱歌，于是就冒出了大量的爱国歌曲和祈祷文、“公民”布道词，“神圣和符合宪法”的祈祷文，
451 后者包括专门的“农村活页”，用以取代“旧的、迷信的祈祷文”。一个礼拜日历以及相应的仪式也是必要的：于是人们设想了一种公民洗礼：一个佩戴着标志的教父，打开一个瓶子的塞子，在新生婴儿的额头洒上几滴，浸湿婴儿的嘴唇，同时背诵着共和国的十诫，或者有人朗读民众俱乐部优秀成员戒律。[①] 这里还应有一个公民封斋节；在此期间年轻人应该为自由斋戒。这里也应有教士；应该不从“独身者”中，而是从有家庭的男子中选择教士。除了白发和生活严肃等少数条件外，他们需要履行的职能与天主教神甫一样，即主持婚礼、证明出生，安慰病人。在所有这些建议里，我们可以感受到一种与宗教竞争的强烈愿望，甚至包括某些外在特征，如律法的格式和祖国祭坛。这种模仿狂潮特别体现在给词汇增添宗教含义的现象中（如高山是“神圣的”，集会是“庙宇”，家庭是“教堂”，父亲是“主教”，母亲是他“亲爱的副本堂神甫”，大革命的历史是“当下的福音书”，巴黎是“真正的罗马”、“理性的梵蒂冈”）——有关研究近来刚刚起步。关于共和国礼拜仪式的方案如雨后春笋般

① 法桑（E. Fassin）：《公民洗礼》，载《老阿尔勒之友学会通报》，第 2 卷（1904—1905）。

涌现，也表明了模仿的热度。例如，有些人建议，每年举行两次复活节圣餐，一次是谷物收获季节领受糕点，一次是在葡萄收获季节从圣体盒中领受葡萄酒；①在“领地巡游”的清白名义下保留祈祷 452
节仪仗游行；圣诞节可作为出生节来庆祝（如果当年该家庭中有一位母亲生了一个男孩）；人们可以在诸圣瞻礼节纪念家庭中去世的重要人物；在耶稣受难日，把共同体的祝愿送给在这一年肉体或精神遭受最大痛苦的人。

我们可能会嘲笑这种贫乏的想象力，说它使人们只会复制已经名声扫地的宗教。这不太公平。因为革命者们相信仪式的必要性，并不满足于借鉴手边的东西。至少古代也给他们提供了许多范例。例如，多贝尔梅尼就从《青年阿那卡西斯》* 中借鉴了葬礼仪式，并推荐给共和国仪式的组织者们。② 政府官员应该在遗体面前发表悼词。把蜂蜜洒在棺材四周，表示对死者优美性格的敬意，然后泼洒牛奶来纪念其纯朴，泼洒红酒来纪念其坚强有力，最后焚香来祝愿“他的优秀品行（像香火一样延展）填充他的生平表”。在抄袭古代习俗时，节日的设想者和施行者也发现了震撼人心的宣誓仪式、让变节者受到报应的诅咒以及对亡灵的追忆呼唤。这种乞灵不仅是修辞手段，也体现了赶超罗马人的努力。他们对罗马人的事迹烂熟于心：罗马人相信，只要对朱庇特发誓，他们就

① 《国民议会的法令，没有教士的礼拜规则，或省略教士但无损于礼拜的办法》，巴黎，1790 年。

* 阿那卡西斯是古代西徐亚人，公元前 6 世纪初从家乡到雅典。18 世纪法国考古学家巴泰勒米发表游记体小说《青年阿那卡西斯的希腊之旅》，影响了当时人们对古代的想象。——译者

② 多贝尔梅尼：《“崇拜者的礼拜”手稿摘录》，巴黎，共和 4 年。

453 负有严肃的责任。因此可以感觉到，他们在纠缠仪式问题时，不分轩轾地从各个方面寻找范例。

实际上，这里没有一定之规，或者说，只有一条原则。在四处汲取大量的习俗时，革命的创造活动仅仅遵从一条法则，即删减法则。这条法则既支配了革命思想，也支配了革命行动。废除纹章，焚毁文件，勾销名号，废黜王位，褫夺主教的法冠：整个删减和清洗事业在很大程度上针对的是天主教礼拜仪式，针对它的虚饰奢华、繁文缛节。这些垃圾破烂都应该清扫干净，这样才能使革命时代的礼拜以全新的美丽面貌出现在世界上。1790 年，有一篇非常有意思的匿名文章，标题是《国民议会的法令，没有教士的礼拜规则，或省略教士但无损于礼拜的办法》。该文精彩地展示了这一事业的方向，即消灭杜邦·德·内穆尔所说的“冗余”，也就是说，告别迷信的深谷，奔向形而上学的高峰。这也就是为什么对于理想的革命礼拜的描述注定受到“只须”和“无须”的语法禁锢。勒菲弗尔·德·维尔布兰* 在《旬报》中写道：“无须借助幻术，无须宗教仪式用的净水，无须神秘事物，无须圣像”。[1] 最重要的，删减是其他一切的基础，却丝毫没有提到涤罪。为了让革命礼拜能够存在，似乎只须大量的抛弃就够了。一旦宣布最高主宰是有组织的正式礼拜的不可怀疑的首要对象，否定的逻辑就开始挺进了。

454 在付出这些大删减的代价后，人们就可以将剩下的保留了，包

---

* 勒菲弗尔·德·维尔布兰(Lefebvre de Villebrune，1732—1809)，法国医生、语言学家和翻译家。——译者

① 《旬报》，1797 年 2 月 8 日。

括弥撒。索布里为此写了一篇奇特的辩护词。[①] 他说，他原来很喜欢弥撒，在旧制度时期从未错过一次弥撒。但是，到了共和 2 年，他为取缔弥撒欢呼，称之为大革命最勇敢的行动。在这两种态度之间没有任何矛盾。可恨的弥撒是指那种承载了过多的巴罗克零碎和可恶教条的弥撒。这种弥撒被一种为暴政、迫害、酷刑和鲜血辩护的教义所曲扭。理想的弥撒将以新的面貌重新出现：应该使用法语，神甫只能说预先规定的台词，尤其是，必须闭口不谈“那些虚无的存在，他们顶着圣徒之名，给予我们的只是坏榜样”。我们在此可以看到，清除的热情不会用来促成那种打倒偶像的狂欢，而是用来保证回归到原始模式。此外，在最初迈开蹒跚的步伐时，这些有神博爱教信徒差点称自己是“原始基督徒”。

实际上，整个简化运动在有神博爱教中达到顶峰。[②] 对图像
的仇视常常在节日里被守旧情感所抵消，但是在这里则得到充分
发挥：没有任何装束（教士是一位穿戴得体简朴的家长；道德宣讲
者不穿长袍）；没有任何展示（反省是默默的）；进行一次大清扫（从
庙宇里不仅清扫掉神龛，而且清扫掉自由烈士和造福人类者的胸
像）。当有神博爱教信徒与天主教徒共用一个教堂时，就导致了许
多冲突。天主教徒不得不周期性地改换地点。按照有神博爱教信 455
徒的描述，他们的庙宇是一个简朴之所，在此“看不到象征物和寓
意画，看不到圣徒小雕像和奇迹画面，更少见到还愿物或给民众用
的祭品”。这就是阿莫里·迪瓦尔看到的情况。[③] 删减的狂热甚

① 索布里(J. F. Sobry)：《为弥撒辩护》，巴黎，共和 6 年。

② 关于这一点，参见马迪厄：《有神博爱教与旬日礼拜》。

③ 《旬报》，共和 5 年花月 30 日。

至影响到摆放在祭坛上的那本书。它在祭坛上的出现似乎也只能是暂时的措施。一旦主持礼拜的长老确认，基本信条已经深入人心，那么按照西奥夫在《爱国者们的回声》记录的坚定宣言，[①]他们就必须庄重地焚毁这个教义问答的手写样本，因为“道德信念无须书本”。

自革命爆发起，也有许多人反对这项删减和模仿的事业。例如，萨拉维尔就反对留尼汪区鼓吹的公民礼拜，认为这个16岁少年展示仪式“在各个方面都类似于教会的做法”。[②] 对此做出呼应的是反革命的批评，后者不是谴责因删减而造成的自愿的贫乏，而是讨伐因模仿而造成的不情愿的贫乏。但是，埃德加·基内对革命想象力的贫乏感到吃惊，在他看来，这是真正的灾难。奥古斯特·孔德持有同样的想法。革命者害怕出现空虚，竭力建立礼拜
456 仪式，但是即便对于怀疑其带有宗教色彩的人来说，这种礼拜仪式也是失败的仪式。很少有人看到有什么神圣性的转移。

借 鉴 的 含 义

我们需要回过头来看看那些让革命节日组织者饱受批评的借鉴，尤其是那种执著而神秘的向古代乞灵。如果说古今之争早已尘埃落定，其结果有利于现代派和解放，而且大革命促成了现代(性)诞生，那么，如何解释这个时候又返回去模仿古代范例呢？实

① 《爱国者们的回声》，第14期。

② 《爱国年鉴》，共和2年霜月9日。

际上，这种选择提出了一系列的问题：首先，还是关于革命创新的实际情况；其次，关于民众对这种学究式推陈出新的理解。1792年3月24日，报纸《巴黎的革命》十分平静地确认，有人“告诉”民众，羊毛圆帽在希腊和罗马是摆脱一切奴役的解放象征，“从那时起所有的公民都想有这样一顶帽子”。但是，这番言论的知性乐观主义并不能让我们忘却，甚至对于不那么愚昧的公民，革命的那些象征也是晦涩难懂的。最后，也是最重要的，我们需要理解为什么虽然可以想到其他范例，但革命节日组织者却独偏爱古代。

让我们来考察一下最后这个问题。这个问题已经有许多种答案。马迪厄和乔治·勒费弗尔是这样解答的：[①]开明的资产阶 457
级——各地都是由他们来组织革命仪式——受到古代文化的浸润，古代文化成为他们的共同语言。因此，他们很自然地借鉴自己在学校里记住的事物、象征和格言。因此，毫不奇怪，向古代乞灵乃是有效的美学/文学教育的结果，如勒费弗尔所说，“因装饰而浸润”的结果。这种观点支持对不驯服者进行文化驯化，自有其充足的理由。我们现在已经对这些人在学校里读到了什么有了更多的了解。[②] 他们读的书与少数否定古代者（沃尔内*，孔多塞）和多数崇尚古代者都是一样的。我们已经知道这种浸润是多么有效。它是路易·奥特古尔所说的那么不可抗拒吗？在他看来，生活在这种环境中的人必定会相信自己是古人的继承者。必定吗？自18

① 勒费弗尔：《关于H.T.帕克著作的评论》，载《法国大革命历史年鉴》，1938年。

② H.T.帕克：《对古代的崇拜与法国革命者》，芝加哥大学出版社，1937年。

* 沃尔内（Volney，1757—1820），法国学者，著述涉及地理学、语言学、历史学等。——译者

世纪中期起，在建筑、绘画和家具等领域，古代装饰开始四处出现，因此很难看出革命一代会把已经成为时尚载体并广为流传的形式视为何种性质的断裂的表现。在雷古鲁斯、加图和贝利撒留之类的历史人物画像大量出现在“沙龙”之前*，已经可以感觉到某种厌倦情绪。①文学领域同样如此：卡米耶·德穆兰和罗兰夫人含
458 着眼泪阅读普鲁塔克《名人传》的情景常常被当做新现象，但是人们忘了，早在1740年沃韦纳格就在一封信中向米拉波侯爵袒露说：“我在读李维的著作时高兴的落泪；我没有哪个晚上不对阿尔西比亚德斯、阿热西拉斯等等说上一会儿话。”②人们还忘记了，比附罗马共和国是一种修辞手法，早在1746年就激发了达尔让松的讽刺激情。总之，革命没有发明罗马人的形象，革命对他们的兴趣不能用某种教育特征来解释。当然，还有一点不应忘记：在帕克的论点里有一个令人信服之处，即在所有这些人——布里索和罗兰夫人都包括在内——看来，膜拜古人是青年人桀骜不驯的一个插曲，接下来就是对现实的妥协。一旦革命的到来一下子结束了这些妥协，他们就会回到自己年轻时所钟爱的古代范例。古代也是历史的少年期。

---

* 雷古鲁斯、加图父子和贝利撒留均为古罗马人物。这里的沙龙(Salon)是指卢浮宫最著名的展厅之一，1725年开始举办临时绘画展览。这些画展也被称作“沙龙”。——译者

① 针对这个情况，科尚(Cochin)建议，人们应该在法国历史中寻找重大课题。这也证明了范例也是可以有竞争对手的。

② 1740年致米拉波的信。沃韦纳格(Vauvenargues)：《著作集》第3卷，巴黎，1929年。

按：阿尔西比亚德斯，古代雅典的将军。阿热西拉斯，斯巴达国王。沃韦纳格侯爵(1715—1747)，法国作家。米拉波侯爵，重农学派重要人物。——译者

还有一种解释非常传统,但更加深刻。这种解释认为,古代给这些人提供了伟大的范例。用伟大的榜样填充一个人的梦想,这样做能够帮助人更好地活下去,有时——至少在罗默自杀的例子里*——帮助人视死如归。我们知道,普鲁塔克的名人传是最流行的作品,人们完全是通过普鲁塔克认识古希腊的。也就是说,他们关心的与其说是认识古代,不如说是赶上古代;在启蒙清除了一切“迷信”之后的透明视野里,能够感觉到人们需要盯住一些伟大
形象。古代的传奇帮助革命者提升了自己的经历。但是,还是有 459
一件事情令人百思不得其解:为什么是罗马人和希腊人,而不是其他的范例?这个“自罗马人之后空荡荡”的世界并非总是如此。就在不久前历史学家还在给人民提供其他的范例。只须从革命者最愿意读的作者中挑出一位——正如他们自己所说的“卓越的马布利”——他们在他的著作中可以找到在日耳曼森林里极端自由的法兰克人的范例,或向一切能人开放的、曾经在“五月场地”召开的古代谘议会议的范例。那么,为什么当革命到来时,其他所有的传统,甚至最负盛名的传统都被抛弃,只留下古代范例呢?为什么在公安委员会里我们听到巴贝夫那么自信地以格拉古的名字而不是以某个基督教英雄的名字为荣:“我以一个伟大的人物而不是小人物作为我的教父,这有什么不好?”

关于人们为什么选择古代这个谜,节日研究可以做出一些阐释。众所周知,在节日里,人们重新使用了古代布景(多数情况下,

---

* 罗默(Gilbert Romme, 1750—1795),数学家和政治活动家,共和国历法的提出者,因支持共和3年(1795年)牧月起义而被判死刑。他拔刀自刎,临终前说:“我为共和国而死。”——译者

理想的布景都简化为纯朴的田园风光），抬着古代英雄的胸像游行，聆听冗长的演讲。从演讲中可以看出古希腊罗马历史对于演讲者意味着什么。对于他们来说，古代历史是原初的历史。这与马布利版本的法国历史完全不同。相形之下，马布利讲述的历史是中间过渡的历史，是一个失宠的中间阶段。在这个阶段，人们会不停地注意到各个社会里的衰败迹象——这是那个世纪挥之不去的困扰。有人会反驳说，希腊的历史，尤其是（自孟德斯鸠[*]以后）罗马的历史必定会把读者引向衰败论。但是，我们在此接触到的
460 是在学校里讲授的那种历史。正如帕克十分明确指出的，当时在学校里读到的古代作者是用他们自己想象的共和国作为背景来衬托他们的现实，而且使用了双面调色板，暗色的一面用于他们的现实，明亮的一面用于他们的过去。其结果是把早期古代历史非历史化和乌托邦化，将其说成是简单、朴素、公平的生活。古代几乎不算历史，由此我们可以理解为什么那个世纪的人——正如柯瓦雷[**]所论述的——不太关注自己的过去而非常关注古代。对于大革命的参与者来说，古代似乎是一个全新的、纯朴的社会，那时的人们言行一致。当他们不得不面对古代社会衰败论时，他们通过道德讨论来化解这种观点，把历史上的腐化变质归因于对财富的追求和美德的丧失；他们力求尽可能地延迟这种变质的发生。比约-瓦伦在一篇精彩的文章里讲述了节日演讲者们所珍视的古代历史是什么样子：“在古人的时代，在那个可以称作真正黄金时代

* 这里指孟德斯鸠的《罗马盛衰原因论》。——译者

** 亚历山大·柯瓦雷（1892—1964），法国哲学家。——译者

的时代，各个民族自己安排自己的权利和义务。在那个时代，压迫和忽视只会针对异族奴隶阶层；人民常常以紧密的圆圈形式聚在一起，多少平等地分享集体管理的好处，他们在天资、品位、声调和言语方面似乎处于同样的水平。在公共秩序里，两种主宰的激情，即荣誉感和金钱欲望，应会在政治活动中造成些许不协调因素。但是在许多世纪之后，这种反作用才会变得异常明显。”[①]这段论 461
述内容十分丰富：怀旧（黄金时代）；效仿的范例（以排斥少数“异族”奴隶为代价——很少有人有如此感受——而实现的传说中的平等；这些奴隶如同那些被革命节日所排斥的人一样很容易被人们遗忘）；用情欲心理和衰败显露的旷日持久（这一点会使人们觉得古代世界异常稳定）来解释社会的腐化变质。比约－瓦伦向我们展示了革命者希望从古代获得的东西：清除了专制主义之后的共和国的理想形象：哪怕是最愚昧的公民也能享受个人自由，免受专横的压迫。相对于这样一个几乎永恒的古代来说，范例是更具有斯巴达特征还是更具有雅典特征，是否存在着一个斯巴达式的山岳派与一个雅典式的吉伦特派之间的对立，[②]宣誓的程式究竟是照搬了古代仪式，还是来自青年阿那卡西斯所提供的歪曲形象，这些似乎都不太重要。这里并非学术用武之地。重要的是能够设想一个社会，其中的后继者与创制者相差不要太远。实际上，正是在这个意义上，对于革命者来说，节日本身就是对古代的伟大仿效，因为节日就是创制行动。当圣茹斯特在《论共和国制度的片

① 比约－瓦伦（Billaud-Varenne）：《共和主义的要素》，共和元年。

② 关于这个观点，参见罗森（E. Rawson）：《欧洲思想中的斯巴达传统》，牛津，1969 年。

段》中试图仿效斯巴达的榜样时，他借鉴了两样东西：学校和节日，这是民族的两个教师。

462 这也有助于我们理解这些人为什么绕过自己民族的历史。衰败意象困扰着他们，驱使他们去消除那些绝不可能成为奠基时刻的、平庸的中间阶段。开端的理念完全控制着他们的思想；对于他们来说，唯有首创才成为奠基。孔多塞比其他任何人更敏感地意识到人类知识世代相传所具有的积累效果，即便如此，他也认为，美国革命缺乏法国革命的激进主义，不算是一场真正的革命。法国革命的幸运之处在于，它与一切传统决裂。因此，古代节日不是被视为一种需要发现和模仿的历史传统，而是被视为集会、简朴和欢乐的永恒模式。甚至在共和 4 年雨月这个凶险的时刻，有个署名韦吕的人在反动报纸《历史学家》上继续为雾月法令所设想的节日正名："这里有些东西符合古代的简朴而庄重；在阅读造就这种节日的法令时，人们会以为它是札琉库斯[*]或梭伦创制的。"

节日、法令、起源：这里有一种确定的联系，表示了一种神圣化的机制。正如皮埃尔·维达尔－纳凯所指出的，节日组织者所召唤的伟大形象是立法者，是拥有创制权的、能够把野蛮世界变成文明世界的人。[1]当时古代被视为人类传奇的最高峰。这个伟大形象是梭伦还是来库古[**]，对于这些在古代寻找范例的人来说是无关紧要的。比约－瓦伦说："立法是难度最大的艺术，有史以来最

---

[*] 札琉库斯，公元前 7 世纪古希腊的立法者。——译者

[1] 维达尔－纳凯(P. Vidal-Naquet)：芬利《古代和现代的民主》法文译本(巴黎，1976 年)的前言。

[**] 来库古，传说中斯巴达的立法者。——译者

伟大的天才就一直在耗尽精力来寻找这种艺术。”整个一代人似乎 463
都预感到，革命时代“向才能开放”的职业是律师的职业；正如玛农·菲利庞（此时还没有成为罗兰夫人）在 24 岁时所感叹的，这一代人喜欢说的不是“如果我是国王”，而是“如果我是立法者”。对神圣性的追求完全集中到立法者身上。莱昂纳尔·布尔东[*]在一首蹩脚的诗里宣称，耶稣不仅是一个人，而且是一个立法者。在这里，一方面是对耶稣的人格化，另一方面则是对开始或再次开始致力于促进社会幸福的人进行神圣化，而且这个人似乎也被赋予了超自然的力量。人们无须对某些演讲者的狂妄感到惊讶，例如，1790 年 1 月 1 日，卡缪在国民公会宣称：“我们肯定有改变宗教的能力。”[**]

我们可以试着得出一个结论：革命节日里的尚古倾向不仅仅是唯美者的怀旧，也不仅仅是出自用伟大榜样填充日益空虚的记忆的道义需求，而且也表达了（尤其是在基督教价值失去光彩的世界里）对于神圣的渴求。一个自我创制的社会必须把创制行动本身神圣化。如果想创建新秩序，就不能偷工减料；开始一种新生活，就不能没有信仰。这是一把理解为什么大革命让古人很奇怪地战胜今人的钥匙。支持今人，显然就是赞同经验积累的教益，赞同世代延续的优越性。支持古人，也就意味着，在回溯本源时，在中间阶段逗留毫无意义。每一代人同时也获得自主性和与过去决裂的能力。古代根本不是人类历史上与其他时刻类似的一个时

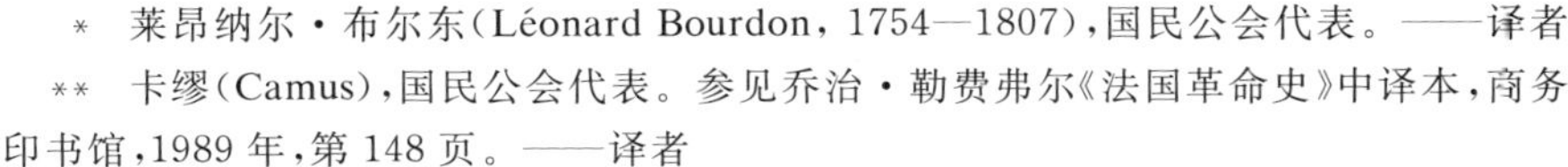

* 莱昂纳尔·布尔东（Léonard Bourdon，1754—1807），国民公会代表。——译者

** 卡缪（Camus），国民公会代表。参见乔治·勒费弗尔《法国革命史》中译本，商务印书馆，1989 年，第 148 页。——译者

464 刻。它拥有绝对特权，因为它被想象成一个绝对开端。这是一个断裂形象，不是延续的形象；它所激发起来的狂热不会因此而减弱，反而会火上加油，越发强烈。关于起源的神话也是目的论的工具：要让人们能够设想和相信通向新耶路撒冷之路，就需要有对昔日伊甸园的记忆。实际上，这种记忆不一定能够与关于人类可完善性的信念相互兼容。斯塔尔夫人做了最精彩的论述："可以说，我们既为无偿给予我们的一些优秀遗赠感到惋惜，同时也对通过我们的努力能够获得一些财富而抱有希望：以至于关于可完善性的说法和关于黄金时代的说法混合起来，在人们心中既触发了繁华零落的伤感，又激发起重整旗鼓的抱负。情感是忧郁的，精神是大胆的。一方面向后看，另一方面向前看。正是从这种梦想和这种冲动中诞生出人的真正优势，即沉思与行动的结合，忍受与奋争的结合，由此使得他把自己的尘世生活系于苍穹。"[1]把尘世生活系于苍穹，这也是革命节日的追求。这种追求有助于我们理解借鉴的意义：与其说是模仿，不如说是有益的调用。

那么能否这样来理解革命节日所借鉴的其他因素呢？共济会符号在节日里出现，通常被人们看做是"共济会阴谋"的印记，好像在作案时被当场抓住，而且也因此被偏爱大革命的历史学家忽视
465 和掩盖。纪念章和各种旗帜上的共济会象征（当然有水平仪，此外还有罗盘、角尺、日月柱、理性之眼刺破谬误阴霾，双手紧扣，三角形祭坛）、仪式中的共济会因素（新生婴儿上方的钢铁天穹、酒杯、举着象征物价的游行）、演讲中的共济会词汇（"美德庙宇"、"邪恶

① 斯塔尔夫人：《论德国》，巴黎，1810 年。

的囚室”）等等，这些都是敌对的研究者首先收集的。[①] 一旦从另一种角度看问题，亦即，不是从政治阴谋，而是从长期的文化浸润来看共济会对法国革命的巨大影响，那么情况就是另一个样子了。由于罗歇·科特的研究，[②]我们更多地了解了共济会礼仪音乐对 466
革命节日的影响。由于雅克·布朗格的研究，[③]我们开始发现，除了对共济会象征手段的借鉴外，在共济会礼仪和革命节日之间存在着密切的亲缘关系：无论共济会还是革命，每一次集会实际上都成为一次节日。

但是，对古代的理解也可用于共济会。对古代的借鉴不仅仅

① 例如，参见戈特罗（G. Gautherot）：《革命民主》，巴黎，1912 年。

② 在提交给克莱蒙学术研讨会的论文中，罗歇·科特（Roger Cotte）强调，革命当局所雇用的作曲家在 1789 年以前几乎都加入了共济会，歌手和乐手也有同样情况。在 1795 年建立的国家音乐学院里，110 名教师中有 60 名肯定是共济会会员。更重要的是，革命音乐也带有鲜为人知的共济会音乐的印记。共济会音乐可分为 4 类：会所演奏会、共济会歌曲、礼仪音乐以及合声乐队。第一类对革命节日没有多大贡献，但是其他三类的影响则是有迹可循。首先，这种影响体现在演唱共济会诗篇或康塔塔，“写给包括不信教者在内的观众的高级作品”。例如，共和 2 年雾月 20 日在理性神庙演唱的永恒康塔塔，就吸收了一首共济会永恒颂的歌词。这首永恒颂是由诺加雷（François-Félix Nogaret，1740—1831）在巴黎博物馆这个准共济会文化组织的音乐会上发表的，后来收录在他于 1807 年发表的共济会诗集《歌颂伟大的宇宙建筑师》中。其次，共济会礼仪音乐的影响常常体现在独唱、领唱和男声合唱之间的对唱中：人们会再次注意到，在革命时期的音乐里，合唱队大多全部由男性组成，有时是由于具体的需要，例如歌颂战士，但也是模仿入会仪式歌曲。共济会音乐的最后一个构成因素是“合声乐队”，即管乐队。在革命前夕，它包括两个单簧管、两个圆号、两个大管以及低音区多个声部的蛇形大号。当然，众所周知，革命节日偏爱管乐，而管乐在民间欢庆活动中很自然地占有一席之地。我们还应该指出，对共济会礼仪音乐的需求也使管乐器成为交响乐队的主要成员，当然并不排斥其他乐器。最后，共济会对音乐结构的影响也体现在纯音乐技巧三和弦的广泛使用上。

③ 雅克·布朗格（Jacques Brengues）：《共济会对革命节日的贡献》，载《人文主义》，1974 年 7—8 月号。

表明一种文化惯性。毫无疑问,那些革命者在学校里接触到古代文化因而习惯于在共济会会所(这是外省精英的另一种教室)聚会,因此他们很容易积累共济会关于古典记忆的提示。在这两种情况下,这种解释都是一种懒惰的做法。在革命节日对共济会的
467 借鉴里,引人注目的不是这种或那种象征物,而是会所里的那种理智的宗教信仰,那种从把房子当作庙宇到把宇宙当作庙宇的转变,那种把教会所遗弃的生活、围绕着人作为创造者的工匠形象加以神圣化的做法。当多贝尔梅尼为他想创制的仪式寻找一个合适的位置时,他设想了一个"避难所"。[①] 这是一个神圣的地方,最高点是一个塞满工具和书本的观象台。学者可来此研究星球轨迹。黄道十二宫画在外墙上,里面是季节交替的壁画。重要的是,这个庙宇既是天文研究之所,也是公民宗教之所,生动地显示了迪皮伊当时关于宗教信仰起源的大作在二者之间建立的联系。[②] 实际上,正是在这里最明确地体现了革命的神圣性:革命具有科学和星空融为一体的形象。

删减的意义

关于这些借鉴的兼收并蓄,人们还会继续讨论下去。我们现在暂且搁置这个话题,转过来考察革命节日的组织者在收集习俗时所展开的主要删减行动。这一行动通常被视为驱逐神圣。这种

① 多贝尔梅尼:《"崇拜者的礼拜"手稿摘录》。

② 迪皮伊(Charles François Dupuis,1742—1809):《一切宗教信仰或世界宗教的起源》,巴黎,共和3年。

结论是不是有些太轻率了？在革命者们对待他们自己发明成果的方式中，令人惊讶的是那种对基本人类学的执著寻求。大量关于节日的著述所提供的历史和民族志证据把楚瓦什人、鞑靼人乃至
切尔克斯人的节日与希腊罗马的庆典放在一起，仿佛把这些幼稚 468
民族的仪式加以比较，基本要素就会浮现出来。在这些越堆越多的习俗中，我们能够窥见一切崇拜的根源以及那种推导出原始崇拜的愿望。革命者所追求的当然是宗教本质的同一性，以此作为人性同一的证明。共和4年，拉利耶在给格雷瓜尔的信中写道："在思考这些问题时，我想起多年以前听到一位智者说过，人们可以用其他宗教的共同点组成一个最好的宗教。收集法国所允许存在的所有宗教共同的准则，接受一个或用它们创造一个祈求最高主宰的方式，又有什么不好呢？"[①]一旦消灭了宗教的悲剧、受虐、黑暗的机制，似乎所有的人都认为，应该寻找新的崇拜基础，宗教基础应该让位给社会道德基础，但是，为了人类的同质化，必须重建神圣性。

因此，支配这种清洗的是追求团结一致的激情。由于未能很好地清洗，备受赞扬的联盟节招致了第一批批评者。[②]对于他们
来说，"祈祷用语、用外语唱的古怪歌曲"似乎注定让民族的非天主 469
教部分处于分裂境地。但是，一个摆脱教条的、净化的宗教应该能

① 《元老院议员拉利耶致五百人院议员格雷瓜尔的信》，巴黎，共和4年。

② 关于这个问题，参见德穆瓦(L. A. De Moy)：《在一个自由民族中宗教与各种崇拜的和谐》(巴黎，共和4年)："这就是迄今我们在联盟节的表现方式。我们邀请天主教的神甫参加，对他们说：'来的时候带上你们的全套行头：礼拜、典礼、仪式、香炉、哥特式祭服、弥撒、赞美诗、祈祷用语、用外语唱的古怪歌曲……'你们居然把这种装模作样称作联盟节。"

够用人本身的神圣感来巩固人类共同体的团结。卡巴尼斯写道："唯一真正的宗教是能够让人变得高贵的宗教，应该能够赋予他关于生命尊严的崇高观念、关于他承担人类安排者所召唤的伟大命运的崇高观念。"[①]因此，节日组织者需要重新实现团结大业。有时人们试图通过具体的仪式来实现这个目标，例如拉雷韦里埃[②]建议，根据受腓特烈二世启发的方法，建立一套能够同时把庄严的话语传递到整个圆形竞技场的信号系统。通常人们是用整体仪式安排来确认这个目标，因为尽管节日会有所排斥，但这些人在此之前已经被排斥在人类之外。革命节日致力于人类的同质化；由此可以解释节日有所排斥的意义：它不是一项破坏事业，而是寻找神圣化的基础，寻找所有宗教的母教，正如还有些人也在寻找所有语言的母语和所有人的人性。

这种对人类身份的确定，确认的是抽象的普遍性，从而真正地
470 使人陷入孤独。这是为这种发现付出的代价。节日恰恰因此被赋予了任务：补救这种同质心理－社会状态的平庸，把孤独的个体从自身解救出来，在这种新揭示出来的基本粒子上面重建一种神圣性。正如我们在本书上文中看到的，这会在生物性、社会性和公民性的三重选择中进行。生物性，是因为它提供了关于在一个理想共同体中人类关系的互惠性的最有力的形象：由此能够解释革命节日给年龄仪式赋予的重要性，给交换和赠与仪式留出的位置，给父亲和母亲赋予的显赫角色；生物性已经被社会化为家庭，又将很

① 《卡巴尼斯致F先生关于第一原因的信件遗稿》，巴黎，1824年。

② 拉雷韦里埃：《论让观众全面参与国家节日中所有活动的方法》，巴黎，共和6年。

快被神圣化为宗教。然后是社会联系，是全部革命节日里经久不衰的宣誓表演所展现出的那种几乎处于纯粹状态的社会联系。人们会再次感到，这绝不是对古代的简单抄袭。对于革命者来说，宣誓的神圣性在于它使缔结契约行为变得一目了然，而这一行为被视为社会性的基本特征。革命节日的宣誓与那些乞灵和诅咒结合起来，成为社会契约的神圣剧场。那些乞灵把宣誓与必要的超越联系起来；那些诅咒则旨在显示这些契约的约定是以个人权利的放弃为先决条件。

这就最终构成了祖国。这是长久以来丧失的神圣现实。1754年，修道院长夸耶抱怨，“祖国这个旧词”在红衣主教黎塞留当政时被删除了。[①] 他伤感地说：“孩子们从来没有听说过它。”接着，他很有把握地从权力的角度来定义它：一种基于自然的最高权力，一种接受贡献只是为了重新分配它们的神灵。它是一个被遗忘的权 471
力，被大革命重新发现，从此被人们所承认、颂扬和宣誓效忠。它是不容置疑的，因为它是永恒的；它比其他任何东西都能抵御历史中潜藏着的衰败没落。祖国可能在革命节日里没有具体的身影：我们在革命节日里看到，守护女神有自由女神、胜利女神、理性女神和共和国女神，但是没有法兰西女神，也没有祖国女神。这个看不见的祖国虽未现身，却主宰了整个节日：祭坛是祖国祭坛；保卫者是祖国的保卫者；童子军是祖国的希望；无愧于祖国是演讲里强调的（公民）责任；献身祖国是军旗上的训令。在这个看不见的祖

① 夸耶(G. F. Coyer):《论文;第一篇论祖国这个旧词,第二篇论人民的性质》,海牙,1755年。

国与节日的英雄气氛之间有一个明显的联系；而且，并非与此毫不相干的是，直到革命十年结束，庆祝祖国胜利的节日维系了一种特别的热忱。祖国、所有人的幸福，乃是团结一致的可靠体现。

对于被节日加以神圣化的新价值（家庭的、社会的和公民的），我们不难发现它们的侍奉者：家庭中的父亲，小学教师，立法者（议会议员）。他们组成了一个“天然牧师”的志愿团队。这些新宗教的教士是独一无二的，因为他们拥有生殖的能力：家庭中的父亲同时既是子女的父本，又是教师；小学教师是一个集体之家的父亲；立法者是祖国的父亲。这样排列出来，我们就能理解革命的神圣性在某种意义上是生育的神圣性。由此也可以解释对于革命时期
472 的人们来说节日的功能到底是什么。不管什么人，也不管这些人有什么政治倾向，节日要向人们显示人类的超越性，要树立人类的人性。

*　　　*　　　*

因此，革命节日指涉的是完全可理解的、秩序井然的、极其稳定的世界。它忠于自己的乌托邦目标：使这个设定的世界摆脱纠缠了整个18世纪的衰败恐惧。很少有人像孔多塞那样以一种清醒的悲观主义态度指出，古代立法者渴望“把他们以神的名义托付给热情大众的那些宪法变成永恒的”，但也正因为如此，在这些永久性的宪法里埋下了“深度破坏的种子”。这是孤独的声音，当时在起源、法律和神圣之间的联系太牢固了。革命节日就是在建立一个永恒的社会。它本身就是一项消除衰败这一社会弊病、调节革命的时间、遮掩坎坷曲折的巨大努力。

在此之后，我们在把法国革命时期的节日称作“革命”节日就

会有点犹豫了，因为在这个表示社会动乱的词里投入了情绪化和颠覆性的内容。人们可以说，这些节日“被革命化”了：它们与旧礼仪的决裂、对传统节日、民间节日和宗教节日的蔑视，就足以证明这一点。它们是否具有“革命性”，则是另外一个问题：它们的组织者并没有如此的期望。一旦有重大事件发生（他们总会固执地从秩序的角度，而不是从混乱的角度来想象这个事件），他们认为节日的任务就是巩固革命，从未设想节日会有任何颠覆性，认为节日 473 只具有保守的力量。共和7年热月8日，格勒尼耶用一个惊人的口号表达了这个目标：“为了开创革命，我们必须成为革命者，但是为了维护革命，我们必须停止做革命者。”①

那么，在这本论述“革命节日”的小书结尾，我们是否必须弃绝这个定语（“革命”）的魔力，而仅仅满足于说法国革命期间的节日？人们可能会接受这种方案，这样能避免各种误解，要知道革命时期人们已经被这个定语的滥用所困扰，必须费力说明自己在用“革命”做定语时是什么意思：“革命者是不屈不挠的，但也是明白事理的；他是简朴的，但不会故作谦虚；他是一切谎言、一切矫揉造作的死敌。革命者看重名誉，有教养但不古板，心胸坦荡，心态平和。他相信，粗野无礼是欺诈和懊恼的标志，是用发火来掩饰错误。”②圣茹斯特定义一个人时列举的这些优点，放大了也可以用来定义公共节日。这大体上也是人们对节日及其功能的看法。那么，为什么不敢称之为“革命”节日呢？

---

①　格勒尼耶（J. Grenier）：《关于了解公民誓词中是否必须删除仇视无政府状态词句问题的意见》，巴黎，共和7年。

②　圣茹斯特：《论公安、司法、商业、立法和派系罪行》，巴黎，无日期。

此外，如果说它在革命时期人们心目中是革命的，那是因为它
474 似乎比其他事物更能协调理性和感性、时间和永恒、粗野和文明。节日宣布“统一的人”（homme unifié）降临。这是狄德罗漫游了多少国家和世纪的历史也未找到的人。他所看到的是“人们交替地听命于三种准则：自然准则、公民准则和宗教准则，而且被迫交替地触犯这三种准则，因为它们从不能达成一致；因此，在任何地方都不曾有单纯的人、公民和教士”。节日力图证明的就是这些准则的相互兼容，其结果就是最终出现“和谐的人”。

然而，人们会说，它没能创造出这样的人。雾月[*]吞噬了这个令人惊异的节日体系，但是被它神圣化的新价值并没有消失。革命节日在现代、世俗、自由的世界诞生之际把权利、自由和祖国捆在一起，它们并没有马上被拆散。把神圣性转移到政治和社会价值上的工作到此完成了，从而定义了新的合法性以及一种迄今不可侵犯的遗产。在这笔遗产里，对人类的崇拜、对社会联系的信念、工业的恩惠和法国的未来都被包容进来。怎么能说革命节日失败了呢？它恰恰是自己所希望的情况：一个时代的开端。

* 雾月，指 1799 年雾月拿破仑通过政变上台。——译者

参考文献

第二手资料

Annales historiques de la Révolution française 47, no. 221 (July-September 1975).

Annat, J. *Les sociétés populaires*. Pau: Lescher-Montoué, 1940.

Archer, P. "La fête de la Fédération en 1790 dans la commune de Montauban." *Actes du 79ᵉ congrès des Sociétés savantes* (1954).

Arrivée de 4000 citoyens bretons pour la Confédération, avec leurs armes, bagages, tentes et provisions pour leur séjour. Paris: n. d.

Aulard, F. A. *Le culte de la Raison et le culte de l'Etre Suprême, 1793—1794*. Paris: F. Alcan, 1892.

Avis aux Confédérés des LXXXIII départements sur les avantages et les dangers du séjour à Paris. Paris: n. d.

Balzac, Honoré de. *Une ténébreuse affaire*. Paris: H. Souverain, 1843.

Bapst, G. "Lettres d'un attaché saxon, 11 juillet 1790." *Revue de la Révolution* 4 (1884).

Barère. B. "Discours sur les écoles de Mars qui fait l'apologie du dénuement." *Le moniteur universel*, 15 Prairial, Year II.

——. *Mémoires*. Paris: J. Labitte, 1842—1844.

Barrau, H. de. "Mais plantés devant les églises." *Mémoires de la Société des lettres, sciences et arts de l'Aveyron* 4 (1842—1843).

Baudouin de Maison Blanche, J. M. *Les signaux des Gaulois*.

Bédier, J. "Les fêtes de mai et les origines de la poésie lyrique au Moyen

Age."*Revue des deux mondes*,May 1,1896.

Beffroy de Reigny,L.A. *La constitution de la lune*. Paris:Froussé,1793.

Bercé,Y.-M. *Fête et révolte*. Paris:Hachette,1976.

Berland,J. *Les sentiments des populations marnaises à l'égard de l'Angleterre à la fin du XVIIIe siècle et au début du XIXe siècle*. Châlons-sur-Marne:Rebat,1913.

Bernard,A. *Recherches sur les chevaliers de l'Arquebuse et les chevaliers de l'Arc de Tournus*. Mâcon:L. Chollar,1884.

Bernardin de Saint-Pierre,Jacques-Henri. *Etudes de la nature*. Paris:P. F. Didot le Jeune,1784.

Billaud-Varenne. *Les éléments du républicanisme*,pt.1.N.p.,n.d.

Blanc,Louis. *Histoire de la Révolution française*. Paris:Langlois et Leclerq,1847—1862.

Blazy,L. *Les fêtes nationales à Foix sous la Révolution*. Foix:Pomies,Fra 1911.

Bled,C. *Les sociétés populaires à Saint-Omet pendant la Révolution*. Saint-Omer:H. d'Homont,1907.

Bois,B. *Les fêtes révolutionnaires à Angers de l'an II à l'an VIII*. Paris:Alcan,1929.

Boissy d'Anglas,F. A.(Comte de). *Essai sur les fêtes nationales*. Paris:Imprimerie polyglotte,Year II.

Bonnaud,L."Note sur les mais d'honneur élevés en Limousin après les élections municipales."*Bulletin de la Société archéologique et historique du Limousin*(1960).

Boulanger,N.A. *L'antiquité dévoilée par ses usages,ou Examen critique des principales opinions,cérémonies et institutions religieuses des différents peuples de la terre*. Amsterdam:M.M.Rey,1766.

Boullée,E. Louis. *Architecture:essai sur l'art*,ed. J. M. Pérouse de Montclos. Paris:Hermann,1968.

Bourgougnon,E."La fête de Toulon à Cusset."*Notre Bourbonnais* nos.61—

69.

Bowman, F. P. "Le Sacré Coeur de Marat." *Annales historiques de la Révolution française* 47, no. 221 (July-September 1975).

Boyer, J. B. *Méthode à suivre dans le traitement des maladies épidémiques qui règnent le plus ordinairement dans la généralité de Paris*. Paris: Imprimerie royale, 1761.

Brégail, G. "La fête de l'Etre Suprême à Auch." *Bulletin de la Société archéologique du Gers* 21 (1920).

Brengues, Jacques. "L'apport de la franc-maçonnerie à la fête révolutionnaire." *Humanisme* (July-August 1974).

Breque. "Une fête à Lescar pendant la Révolution." *Escole Gaston Febus* (1902).

Brissot de Warville. *Correspondance universelle sur ce qui intéresse le bonheur de l'homme et de la société*. Neufchâtel: Imprimerie de la Société typographique, 1783.

Buisson, J. "L'arbre de la Liberté de Lingeard." *Revue du département de la Manche* (1962).

Bulletin du Comité des travaux historiques et scientifiques, Section des sciences économiques et sociales (1892).

Bulletin de la Société archéologique du Gers 31 (1930).

Bulletin de la Société historique et artistique du diocèse de Meaux (1968).

Burke, Edmund. *Reflections on the French Revolution*. London, 1790.

Bussière, G. *Etudes historiques sur la Révolution en Périgord*. Bordeaux: C. Lefebvre, 1877—1903.

Butte, W. *Prolégomènes de l'arithmétique de la vie humaine, contenant la classification générale des talents, l'échelle des âges de l'homme et une formule d'évaluation de toutes les situations géographiques, d'après un même système*. Paris: J. G. Dentu, 1827.

Cabanis, P. J. G. *Lettre posthume et inédité de Cabanis à M. F. sur les causes premières*. Paris: Gabon, 1824.

Cabet, E. *Histoire populaire de la Révolution française*. Paris: Pagnerre, 1839—1840.

Campan, Madame Jeanne-Louise-Henriette de. *Mémoires sur la vie privée de Marie-Antoinette*. Paris: Baudouin Frères, 1822.

Capion, A. *Les fêtes nationales à Caen sous la Révolution*. Caen: Le Blanc-Hardel, 1877.

Caron, Pierre. "Le mouvement antiseigneurial de 1790, dans le Sarladais et le Quercy." *Bulletin d'histoire économique de la Révolution* no. 2(1912).

Charbonneau, B. "L'Emeute et le plan." *La table ronde* 251(1968) and 252 (1969).

Chardon, H. "La fête de l'Etre Suprême au Mans." *La Révolution française* 10(1886).

Chaussard, J. B. *Essai philosophique sur la dignité des arts*. Paris: Imprimerie des sciences et des arts, Year VI.

Chevalier de Jaucourt, Louis. Statement in the *Encyclopédie*.

Clermont Conference. See *Annales historiques de la Révolution française*.

Clouzot, H. *L'ancien théâtre en Poitou*. Niort: Clouzot, 1901.

Cobb, R. *Les armées révolutionnaires*. Paris: Mouton, 1961—1963.

Comte, Auguste. *Système de politique positive*. Paris: L. Mathias, 1851—1854.

Confédération nationale du 14 juillet, ou Description fidèle de tout ce qui a précédé, accompagné et suivi cette auguste cérémonie. Paris: J. M. Chalier, 1790.

Coupé, J.-M. *Des fêtes en politique et en morale*. Paris: Imprimerie de Baudouin, n. d.

Courteault, P. *La Révolution et les théâtres à Bordeaux*. Paris: Perrin, 1926.

Cox, Harvey. *The Feast of Fools: A Theological Essay on Festivity and Fantasy*. Cambridge, Mass.: Harvard University Press, 1969.

Coyer, G. F. *Dissertations pour être lues: la première sur le vieux mot de patrie, la seconde sur la nature du peuple*. The Hague: P. Gosse, Jr., 1955.

Daubermesnil, F. A. *Extraits d'un manuscrit intitulé "Le culte des Adorateurs" contenant des fragments de leurs différents livres sur l'institution du culte, les observances religieuses, les préceptes et l'Adoration*. Paris: Imprimerie du Cercle sociale, Year IV.

Deloz, Abbé P. J. B. *La Révolution en Lozère*. Mende: Imprimerie lozérienne, 1922.

De Mopinot, A. R. *Proposition d'un monument à élever dans la capitale de la France pour transmettre aux races futures l'époque de l'heureuse révolution qui l'a revivifiée sous le règne de Louis XVI*. Paris: Laurens jeune, 1790.

De Moy, L. A. *Accord de la religion et des cultes chez une nation libre*. Paris: Au presbytère de Saint-Laurent, Year IV.

Deprun, Jean. "Les 'noms divins' dans deux discours de Robespierre." *Annales historiques de la Révolution française* (April-June 1972).

Description curieuse et intéressante des 60 drapeaux que l'amour patriotique a offert aux 60 districts de la ville et des faubourgs de Paris, avec l'explication des Allégories, Devises, Emblèmes et Exergues dont ils sont ornés. Paris: Sorin, 1790.

Desmasures, A. *Histoire de la Révolution dans le département de l'Aisne*. Vervins: Flem, 1869.

Détails de toutes les cérémonies qui vont être célébrées dans toute l'étendue de la République française, une et indivisible, en l'honneur de l'Etre Suprême, Auteur de la Nature et de la Liberté, présentés par David et décrétés par la Convention nationale suivis de l'Ordre de la Marche des cérémonies, des décorations pour l'embellisement de cette fête, de la religion naturelle des Vrais Républicains, de la Déclaration Solennelle de l'Homme Libre à l'Eternal. Paris: Prévost, n. d.

Dhers. J. "La Déesse Raison du Mont Unité." *Revue de Commonges* (1960).

Diderot, Denis. *Lettres d'un fermier de Pennsylvanie*. Paris: J.-A. Naigeon, 1798.

——. *Paradoxe sur le comédien, précédé des entretiens sur le fils naturel*. Paris: Garnier-Flammarion, 1967.

Dollfus, M. A. "Les fêtes et cérémonies populaires à Lyons-la-Forêt à la fin du siècle." *Revue des sociétés savantes de Haute-Normandie* (1958).

Domenach, Jean-Marie. "Idéologie du mouvement." *Esprit* 8—9 (1968).

Dommanget, M. "Robespierre et les cultes." *Annales historiques de la Révolution française* 1 (1924).

Dorcy, L. "La société populaire de Montaigut-en-Combraille." *La Révolution française* 59.

Dowd, David L. "Jacobinism and the Fine Arts." *Art Quarterly* 16, no. 3 (1953).

——. *Pageant-Master of the Republic: Jacques-Louis David and the French Revolution*. Lincoln: University of Nebraska Press, 1948.

——. "Art as National Propaganda in the French Revolution." *Public Opinion Quarterly* (Autumn 1951).

Dubois, E. *Histoire de la Révolution dans le département de l'Ain*. Bourg: Brochot, 1931—1935.

Dubroca, J. F. Introduction to La Révellière's *Discours sur les divers sujets de morale et sur les fêtes nationales, lus à l'institut le 12 floréal an V*.

Duchatellier, A. *Histoire de la Révolution dans les départements de l'Ancienne Bretagne*. Paris: Dessessart, 1836.

Dufour, A. "La fête de la Raison à Corbeil (1793)." *Bulletin de la Société historique et archéologique de Corbeil, d'Etampes et du Hurepoix* 17 (1911).

Dulaure, J. A. *Esquisse, historiques des principaux événements de la Révolution française depuis la convocation des États Généraux jusqu'au rétablissement de la maison de Bourbon*. Paris: Baudouin frères, 1823—1825.

——. *Le thermomètre du jour*, June 5, 1792.

Duplessis, General. "Fête de la Confédération des gardes nationales de l'ancienne Bourgogne, le 18 mai 1790." *Mémoires académiques de Dijon* (1922).

Dupont de Nemours, Pierre-Samuel. *De l'origine et des progrès d'une science nouvelle*. Paris: Desaint, 1768.

Dupuis, C. *Origine de tous les cultes, ou Religion universelle*. Paris: H. Agasse, Year III.

Duruy, A. *L'instruction publique et la Révolution*. Paris: Hachette, 1882.

Emeric-David, T. B. *Musée olympique de l'école vivante des beaux-arts*. Paris: Imprimerie de Plassan, 1796.

Emmanuelli, F. "La fête de la Fédération à Cherbourg, 14 juillet 1790." *Revue de Cherbourg* (1906—1907).

Enterrement du despotisme, ou Funérailles des Aristocrates, seconde fête nationale dédiée à nos patriotes bretons. N. p., n. d.

d'Escherny, F. L. *Correspondance d'une habitant de Paris avec ses amis de Suisse et d'Angleterre, sur les événements de 1789, 1790 et jusqu'au 4 avril 1791*. Paris: Desenne, 1791.

Esparron, P. *Essai sur les âges de l'homme*. Paris: Imprimerie de Crapelet, 1803.

Etlin, R. "L'architecture et la fête de la Fédération, Paris, 1790." *Annales historiques de la Révolution française* 47, no. 221 (July-September 1975).

——. "J.-J. Rousseau, a Natural History of the Human Condition." (Manuscript.)

Faiguet de Villeneuve, J. *L'ami des pauvres, ou L'économe politique*. Paris: Moreau, 1766.

Falconet, E.-M. *Réflexions sur la sculpture*. Paris: Prault, 1761.

Fassin, E. "Les baptêmes civiques." *Bulletin de la Société des amis du Vieil Arles* 2(1904—1905).

Fauquet, C. "La célébration du culte de la Raison dans le Perche." *Bulletin de la Société percheronne historique et archéologique* (1907).

"Fédération des Vosges." *Bulletin du Comité des travaux d'histoire vosgienne* 3.

Fédération du Mont-Geneviève près Nancy. Nancy: Hoener, 1790.

Ferrières, Marquis de. *Mémoires*. Paris: Baudouin fils, 1821.

"Une fête civique à Creyssac sous la Révolution." *Bulletin de la Société historique et archéologique du Périgord* 45—46.

"Une fête civique à Saint-Jean-Pourge en 1793." *Bulletin de la Société archéologique du Gers* 22(1921).

"La fête de l'Etre Suprême à Calais." *Société historique du Calaisis* (September-October 1924).

"La fête de l'Etre Suprême à Theys." *Bulletin de la Société archéologique, historique et artistique, le vieux papier* 16.

"La fête de la Fédération, 1790, Lettre d'un délégué." *Revue rétrospective* 8 (1890).

Fichera, C. A. "Fêtes et cérémonies officielles à Eze sous la Révolution et l'Empire." *Nice historique* (1938).

Fichte, J. G. *Considérations destinées à rectifier les jugements du public sur la Révolution française*. Paris: F. Chamerot, 1859.

Français, A. *Idée de la fête qui doit être célébrée à Grenoble le 20 prairial en l'honneur de l'Etre Suprême*. Grenoble: A. Giroud, 1794.

Frénilly, A. F. *Souvenirs du baron de Frénilly*. Paris: Plon-Nourrit, 1909.

Furet, F., and D. Richet. *La Révolution française*. Paris: Hachette, 1973.

Les gardes nationales de Saint-Brice, Cravant, Vermenton, Noyers, Vézelay, Asquins, Lille, Montréal et Avalon. N. p., n. d.

Gaulmier, J. "Cabanis et son discours sur les fêtes nationales." *Annales historiques de la Révolution française* 47, no. 221(July-September 1975).

Gaume, Mgr. *La Révolution, recherches historiques sur l'origine et la propagation du mal en Europe depuis la Renaissance jusqu'à nos jours*. Paris: Gaume Frères, 1856—1859.

Gautherot, G. *La démocratie révolutionnaire*. Paris: G. Beauchesne, 1912.

Girard, René. *La violence et le sacré*. Paris: Grasset, 1972.

Girardin, S. de. *Mémoires*. Paris: Moutardier, 1829.

Girardot, M. de. "Les fêtes de la Révolution, de 1790 à l'An VIII." *Annales de la Société Académique de Nantes et du département de Loire Inférieure*, vol. 28 Nantes, 1857.

Golfier, Michel. "Culte de la Raison et fêtes décadaires en l'an II an Bugue." *Bulletin de la Société historique et archéologique du Périgord* 94 (1968).

Grandvaux, V. "Souvenirs de la période révolutionnaire à Poligny." *Bulletin de la Société d'agriculture, des sciences et des arts de Poligny* (1888—1889).

Grégoire, Abbé H. *Essai historique et patriotique sur les arbres de la liberté*. Paris: Desenne, Year II.

Gréry, André-Ernest-Modeste. *Essais sur la musique*. Paris: Imprimerie de la République, Year V.

Guérin, Daniel. *La lutte de classes sous la 1re République, 1793—1797*. Paris: Gallimard, 1968.

Guillaume, J. "La déesse de la Liberté à la fêre du 20 brumaire an II." *La Révolution française* (April 1899).

——. *Procès-verbaux du Comité d'instruction publique*. Paris: Collection de documents inédits sur l'histoire de France, 1891—1907.

Guiliemin, L. *Chroniques locales: pendant la Révolution, chronique d'un bourgeois d'Aire*. Aire: L. Guillemin, 1894—1900.

Haléy, Daniel. *Histoire d'une histoire*. Paris: Grasset, 1939.

Hauteux, G. *La société populaire de Beaufort-en-Vallée*. Angers: Germain et Grassin, 1907.

HeII. *Suite de notes sur les arbres de la liberté*. Paris: Imprimerie des 86 départements, n. d.

Hemsterhuis, F. *Oeuvres philosophiques*. Paris: H. J. Jansen, 1792.

Herpin. E. "Les fêtes à Saint-Malo pendant la Révolution." *Annales de la*

Sociéte historique de Saint-Malo(1908).

Huet, Pierre-Daniel. *Les origines de la ville de Caen*. Rouen: Maurry, 1706.

Idzerda, Stanley J. "Iconoclasm during the French Revolution." *American Historical Review* 60(1954).

Jam, Jean-Louis. "*La Marseillaise*." *Annales historiques de la Révolution française* 47, no. 221(July-September 1975).

James, E. O. *The Tree of Life: An Archeological Study*. Leiden: E. J. Brill, 1966.

Jaurès, J. *Histoire socialiste de la Révolution française*. Paris: Librairie de l'Humanité, 1922—1924.

Jouhaud, L. *La grande Révolution dans la petite ville. Blancs et rouges: Eymoutiers, 1789—1794*. Limoges: Imprimerie de la Société des Journaux et Publications du Centre, 1938.

Kant, Immanuel. *Kritik der Urteilskraft*(Critique of judgment), 1790.

Karamzine, N. M. "Voyage en France, 1789—1790." *Revue de la Révolution* (1884).

Lacombe, J. *Le spectacle des beux-arts*. Paris: Hardy, 1758.

Lacrocq, L. "Notes sur les sociétés populaires de la Creuse." *Mém. Creuse* 12—16(1901—1906).

Lafarge, Catherine. "L'anti-fête dans le nouveau Paris." *Annales historiques de la Révolution française* 47, no. 221(July—September 1975).

Lamartine, Alphonse-Marie-Louis de Prat de. *Histoire des Girondins*. Paris: Furne W. Coquebert, 1847.

Lambert, M. *Les fédérations en Franche-Comté et la fête de la Fédération, 14 juillet 1790*. Paris: Perrin, 1890.

Lanfrey, P. *Essai sur la Révolution française*. Paris: F. Chamerot, 1858.

La Révellière-Lépeaux, L. M. de. *Essai sur les moyens de faire participer l'universalité des spectateurs à tout ce qui se pratique dans les fêtes nationales*. Paris: H. J. Jansen, Year VI.

——. *Mémoires*. Paris: J. Hetzel, 1873.

——. *Réflexions sur les cultes, sur les cérémonies civiles et les fêtes nationales*. Paris: F. J. Jansen, Year V.

La Tocnaye, M. de. *Les causes de la Révolution en France*. Edinburgh: Manners and Miller, 1797.

Laurain, M. "Une fête civique à Clermont (de l' Oise)." *Mémoires de la Société archéologique et historique de Clermont* 1(1904).

Laurent-Hanin. *Histoire municipale de Versailles, 1787—1799*. Versailles: Cerf, 1885—1889.

Leach, E. R. *Rethinking Anthropology*. London: Athlone, 1961. Pp. 132—136.

Lécluselle, A. *Histoire de Cambrai et du Cambrésis*. Cambrai: Régnier-Farez, 1873—1874.

Le Coz, C. *Correspondance de Le Coz, évêque constitutionnel d' Ille-et-Vilaine*. Paris: Picard, 1900.

Lefebvre, G. "Compte rendu de l' ouvrage de H. T. Parker." *Annales historiques de la Révolution française* (1938).

Leith, James A. *The Idea of Art as Propaganda in France, 1750—1790*. Toronto: University of Toronto Press, 1965.

Lemierre, A. M. *Les fastes, ou Les usages de l' année*. Paris: P. F. Gueffier, 1779.

Le Peletier de Fargeau, F. *Réflexions sur le moment présent*. Paris: Imprimerie de R. Vatar, n. d.

Lépine, J.-B. *Histoire de Château-Porcien*. Vouziers: Duchêne-Dufrêne, 1859.

Le Roy, David. *Histoire de la disposition et des formes différentes que les chrétiens ont données à leurs temples*. Paris: Desaint et Saillant, 1764.

Letouzey, Y. "Les arbres de la liberté en l' an II." *Revue forestière française* (1961).

Libois, H. *Lse délibérations de la sociésé populaire de Lons-le-Saunier*. Lons-le-Saunier: Declume, 1897.

Lindet, Robert-Thomas. *Correspondance*. Paris: Société d' Histoire de la Révolution française, 1899.

Lindsay, Jack. "Art and Revolution." *Art and Artists* (August 1969).

Linguet, M. *Adresse au peuple français concernant ce qu' il faut faire et ce qu' il ne faut pas faire pour célébrer la fête mémorable et nationale du 14 juillet 1790*. N. p., 1790.

Lockroy, E. *Journal d' une bourgeoise pendant la Révolution*. Paris: Calmann-Lévy, 1881.

Mably, Gabriel Bonnot, Abbé de. *Lettre à Madame la Marquise de P... sur l' Opéra*. Paris: Didot, 1761.

——. *Observation sur les lois et le gouvernement des Etats-Unis d' Amérique*. Amsterdam: J. F. Rocard, 1784.

Maggiolo, L. "Les fêtes de la Révolution." *Mémoires de l' académie Stanislas* 11 and 12, 5th ser. (1893—1894).

Mailhet, A. "Une fête révolutionnaire en 1793 à Crest, ville du Dauphiné." *Bulletin de la Société archéologique et artistique, le vieux papier* (1905).

Maistre, Joseph de. *Considérations sur la France*. Paris: Socété typographique, 1814.

Mallet, P H. *Histoire de Dannemarc*. Lyon: P. Duplain, 1766.

Mathiez, Albert. "Les comptes décadaires des autorités du gouvernement révolutionnaire et des commissaires du Directoire." *Revue d' histoire moderne et contemporaine* 4(1902—1903).

——. *Les origines des cultes révolutionnaires, 1789—1792*. Paris: G. Bellais, 1904.

——. *La théophilanthropie et le culte décadaire*. Paris: F. Alcan, 1903.

Maugras, G. *Journal d' un étudiant pendant la Révolution, 1789—1793*. Paris: Plon-Nourrit, 1890.

Mazauric, Claude. "La fête révolutionnaire comme manifestation de la politique jacobine à Rouen en 1793 (an III)." *Annales historiques de la Révolution française* 47, no. 221 (July-September 1975).

Mémoires de l' Académie d' Arras 10,2d ser.(1878).

Mercier, A. "Suite de l' enquête sur les végétaux, à propos des arbres ceinturés."*Ethnographie* no.43(1945).

Mercier, L.-S. *Du théâtre*. Amsterdam: E. Van Harrevelt, 1773.

Michelet, Jules. *Le banquet*. Paris: Calmann-Lévy, 1879.

——. *Histoire de la Révolution française*. Paris: Chamerot, 1847—1855.

——. *Nos fils*. Paris: A. Lacroix, Verboekhoven, 1870.

Mirabeau, Victor de Riquetti, Marquis de. *L' ami des hommes*. Paris: Hérissant, 1759—1760.

——. *Travail sur l' éducation publique, trouvé dans les papiers de Mirabeau l' aîné, publiés par Cabanis*. Paris: Imp. nat., 1791.

——. (a M. de La Marck). *Correspondance*, vol. 2. Paris: Vve. Le Normant, 1851.

Missol, L. "La Révolution à Villefranche, le temple de la Raison et les fêtes d'après les archives communales." *Bulletin de la Société des sciences et des arts du Beaujolais*(1904).

Moltmann, Jürgen. *Die ersten Freigelassenen der Schöpfung-Versuche an der Freiheit und das Wohlgefallen am spiel*. Munich: Kaiser Verlag, 1971.

Monin, H. "Le discours de Mirabeau sur les fêres publiques." *La Révolution française* 25(1893).

Montesquieu, Charles de Secondat, Baron de. *De l' esprit des lois*. Geneva: Barrillot et fils, 1748; *The Spirit of the laws, trans*. Thomas Nugent, intro. Franz Neumann. New York: Hafner, 1949; *The Spirit of Lows: A Compendium of the First English Edition*, ed. David Wallace Carrithers. Berkeley: University of California Press, 1977.

——. *Essai sur le goût*. Paris: Delalain, 1766.

Morellet, Abbé André. *Mémoires*. Paris: Ladvocat, 1821.

Morin, Benoît. *Histoire de Lyon pendant la Révolution*. Lyon: Salvy jne., 1847.

Mousset, A. *Un témoin ignoré de la Révolution, le comte de Fernan Nuñez*, *ambassadeur d' Espagne à Paris, 1787—1791*. Paris: Champion, 1924.

Nodier, Charles. *Oeuvres complètes*, vol. 7. Paris: E. Renduel, 1832—1837.

Palmer, R. *Twelve Who Ruled*. Princeton: Princeton University Press, 1941.

Parès, A. J. *La reprise de Toulon et l' opinion publique*. Toulon: Société Nouvelle des Imprimeries toulonnaises, 1936.

Parker, H. T. *The Cult of Antiquity and the French Revolutionaries*. Chicago: University of Chicago Press, 1937.

Pascal, René. "La fête de mai." *France-Forum* (October-November 1968).

Péguy, Charles. *Clio*. Paris: Gallimard, 1932.

Perrier, A. "Les arbres de mai et les arbres de la Liberté." *Bulletin de la Société archéologique et historique du Limousin* (1960).

Perrin, J. "Le club des femmes de Besançon." *Annales révolutionnaires* 9 and 10 (1917—1918).

Perrot, J.-C. *Cartes, plans, dessins et vues de Caen antérieurs à 1789*. Caen: Caron, 1962.

——. *Genèse d' une ville moderne. Caen au XVIIIe siècle*. Paris: Mouton, 1975.

——. "L' âge d'or de la statistique régionale (an IV—1804)." *Annales historiques de la Révolution française* no. 224 (1976).

Philpot, J. H. *The Sacred Tree in Religion and Myth*. London: Macmillan, 1897.

Pierre, C. *Musique des fêtes et des cérémonies de la Révolution*. Paris: Imp. nat., 1904.

Pommereul, F. R. J. de. *De l' art de voir dans les beaux-arts*. Paris: Bernard, Year VI.

Potié, M. "Les fêtes de la Révolution à Mantes et à Limay." *Mantois* 11 (1960).

Poumeau, E. *La société populaire de Périgueux pendant la Révolution*. Périgueux: D. Joucla, 1907.

Poyet, B. *Idées générales sur le projet de la fête du 14 juillet*. Paris: Vve.

Delaguette, n. d.

Presseusé, E. de. *L'église et la Révolution française*. Paris: Fischbacher, 1889.

"Procès-verbal de l'organisation de la fête de la Raison à Meyssac, le 18 nivôse an II." *Bulletin de la société historique de la Corrèze* 65.

Procès-verbal très intéressant du voyage aérien qui a eu lieu aux Champs-Elysées le 18 septembre, jour de la proclamation de la Constitution. Paris: Bailly, 1791.

Quinet, E. *La Révolution*. Paris: A. Lacroix, Verboeckhoven, 1865.

Rallier, L. A. *Lettres de Rallier, membre du Conseil des Anciens, au citoyen Grégoire, membre du Conseil des Cinq-Cents*. Paris: Desenne, Year IV.

Ramon, G. *La Révolution à Péronne*. Péronne: Quentin, 1878—1880.

Rawson, E. *The Spartan Tradition in European Thought*. Oxford: Clarendon Press, 1969.

Raymond, G. M. *De la peinture considerée dans ses effets sur les hommes en général et de son influence sur les moeurs et le gouvernement des peuples*. Paris: Pougens, Year VII.

Relation de la fête du pacte fédératif, célébrée à Chercy le 14 juillet 1790. N. p., n. d.

Renan, E. *Questions contemporaines*. Paris: Michel-Lévy Frères, 1868.

Renouvier, Jules. *Histoire de l'art pendant la Révolution*. Paris: Veuve Renouard, 1863.

Revue du folklore français 11 (January-March 1940).

Ribault, J. Y. "Divertissement populaire et turbulence sociale: les fêtes baladoires dans la région de Thaumiers au XVIIIe siècle." *Cahiers archéologiques et historiques du Berry* (1967).

Richebé, H. *Journal d'un bourgeois de Lille pendant la Révolution, 1787—1793*. Lille: Prévost, 1898.

Robespierre, Maximilien. *Le défenseur de la Constitution* no. 4 (June 7, 1792).

——. *Le défenseur de la Constitution* no.9.

Rocal, G. *Le vieux Périgord*. Toulouse: E. H. Guitard, 1927.

Roland, Madame Marie-Jeanne Phlipon. *Mémoires*, ed. P. de Roux. Paris: Mercure de France, 1966.

Rouillé d'Orfeuil, A. *L'alambic des lois, ou Observations de l'ami des français sur l'homme et sur les lois*. Hispaan, 1773.

Rousseau, J.-J. *Les confessions*. Paris: Poingot, Year VI.

——. *Considérations sur le gouvernement de Pologne*. Paris: Defer de Maisonneuve, 1790.

——. *Correspondance Complète de J.-J. Rousseau*, vol.9. Geneva: Institut et Musée Voltaire, 1969.

——. *Discours d'économie politique*. Geneva: E. du Villard fils, 1758.

——. *Essai sur l'origine des langues*. Geneva: 1781; *On the Origin of Language*, ed. and trans. John H. Moran and Alexander Gode. New York: F. Ungar, 1967.

——. *Lettres sur le gouvernement de la Corse*. *Oeuvres*, vol. 3, Paris: A. Belin, 1817.

Rouvière, F. *Dimanches révolutionnaires: études sur l'histoire de la Révolution dans le Gard*. Nîmes: Catélan, 1888.

Roy, E. *La société populaire de Montignac pendant la Révolution*. Bordeaux: Delgrange, 1888.

Sacy, J. F. de. *Les Brongniart*. Paris: Plon, 1940.

Saige, J. *Opuscules d'un solitaire*. Bordeaux: Bergeret, Year XI.

Saint-Just, Louis de. *Fragments sur les institutions républicaines*. Paris: Fayolle, 1800.

Saint-Léger, A. *Le bibliographe moderne*. Les mémoires statistiques des départements, pendant le Directoire, le Consulat et l'Empire, 1918—1919.

Saint-Pierre, Abbé de. *Ouvrages de politique*. Rotterdam: J.-D. Beman, 1733—1740.

Sauzay, J. *Histoire de la persécution révolutionnaire dans le département du Doubs, de 1789 à 1901*. Besançon: Tubergues, 1922.

Schlanger, Judith. "Théâtre révolutionnaire et representation du bien." *Poetique, Revue de théorie et d'analyse littéraire* no. 22(1975).

Schneider, R. *Quatremère de Quincy et son intervention dans les arts, 1788—1830*. Paris: Hachette, 1910.

Schutz, Dominique. "Report." *Revue d'Alsace* 3(1899).

Sébastien-Mercier, L. *Paris pendant la Révolution*. Paris: Poulet-Malassis, 1862.

Sébillot, P. "Usages du mois de mai." *Revue des traditions populaires* 3 (1888).

Ségur, Marquis de. *Mémoires*. Paris: Emery, 1827.

Six lettres à S. L. Mercier, sur les six tomes de son "Nouveau Paris," par un Français(Fortia de Piles). Paris: Year IX.

Soboul, A. "Sentiments religieux et cultes populaires pendant la Révolution, saintes patriotes et martyrs de la Liberté." *Annales de la Révolution française*(1957).

Sobry, J. F. *Apologie de la messe*. Paris: Sobry, Year VI.

Société hist. lett., sciences et arts de La Flècbe, vol. 8.

Sol, E. *La Révolution en Quercy*. Paris: A. Picard, 1930—1932.

——. *Le vieux Quercy*. Paris: E. Nourry, 1929.

Sommier, A. *Histoire de la Fédération dans le Jura*. Paris: Dumoulin, 1846.

Songe patriotique, ou Le monument et la fête. Paris: Imprimerie de Didot le Jeune, 1790.

Sorel, A. *L'Europe et la Révolution française*. Paris: Plon, Nourrit, 1885—1911.

——. *La fête de l'Etre Suprême à Compiègne*. Compiègne: Edler, 1872.

Staël, Madame de. *De l'Allemagne*. Paris: H. Nicolle, 1810.

Starobinski, J. *1789: les emblèmes de la raison*. Paris: Flammarion, 1973.

Strasberg, Lee. *The Paradox of Acting by Denis Diderot, and Masks or Faces?*

by William Archer. New York: Hill and Wang, 1957.

Taine, H. *Les origines de la France contemporaine*, vol. 2, *La Révolution*. Paris: Hachette, 1878—1881.

Testut, L. *La petite ville de Beaumont-en-Périgord pendant la période révolutionnaire*. Bordeaux: Féret et fils, 1922.

Thiemet, G. *Projet d' une cérémonie fixée au 14 juillet prochain et pacte fédératif des troupes de tous les départements réunis à l' armée parisienne pour célébrer l' époque de la Révolution*. Paris: Potier de Lille, 1790.

Thomas, S. *Nancy avant et après 1830*. Nancy: Crépin-Leblond, 1900.

Tiersot, J. *Les fêtes et les chants de la Révolution française*. Paris: Hachette, 1908.

Tourzel, Madame de. *Mémoires*. Paris: Plon, 1883.

Traver, E. *Les bachelleries, du Poitou, du Berry et de l' Angoumois*. Melle: Traver, 1933.

Uzureau, F. "La fête de la Fédération à Beaufort-en-Vallée." *Andegaviana* 2 (1904).

——. "Les fêtes de la Fédération à Angers." *Andegaviana* 3(1905).

——. "Une relation inédite de la fête de la Fédération." *Annales de la Révolution* 15(1923).

Vandereuse, J. "A propos d'une coutume matrimoniale du département de la Loire." *Le folklore barbançon* (March 1951).

Van Gennep, A. *Le folklore du Dauphiné*. Paris: G. P. Maisonneuve, 1932—1933.

——. *Le folklore de la Flandre*. Paris: G. P. Maisonneuve, 1936.

Varagnac, A. *Civilisation traditionnelle et genres de vie*. Paris: Albin Michel, 1948.

Vauvenargues, Luc de Clapiers, Marquis de. Letter to Mirabeau, March 22, 1740. In *Oeuvres*, vol. 3. Paris: A la cité des Livres, 1929.

Vergniaud, Pierre-Victurnien. *Manuscrits, lettres et papiers, pièces pour la plupart inédites, classées et annotées par C. Vatel*. Paris: Dumoulin,

1873.

Vianu, Hélène. "La lumière et l'ombre dans l'oeuvre de J.-J. Rousseau." *Revue des sciences humaines*. (April-June 1963).

Vidal-Naquet, P. Preface to the French translation of M. I. Finley's *Democracy, Ancient and Modern* (*Démocratie antique et démocratie moderne*). Paris: Payot, 1976.

Villard, F. de. *Les arbres de la Liberté à Guéret et dans le département de la Creuse*. Guéret: Bétoulle, 1906.

Villeneuve-Arifat, Madame de. *Souvenirs d'enfance et de jeunesse, 1780—1792*. Paris: E. Paul, 1902.

Villette, Marquis de. *Lettres choisies sur les principaux événements de la Révolution*. Paris: Clousier, 1792.

Voltaire, François-Marie. *Dictionnaire philosophique*. Paris: Garnier, 1954.

Vovelle, Michel. *La chute de la monarchie, 1789—1792. Nouvelle histoirs de la France contemporaine*, vol. 1. Paris: Le Seuil, 1972.

——. *Les métamorphoses de la fête en Provence de 1750 à 1820*. Paris: Aubier-Flammarion, 1976.

Wismes, G. de. *Les fêtes religieuses en Bretagne*. Nantes: Biroche et Dautais, 1902.

——. *Coutumes de mai en Bretagne*. Bergerac: J. Pouget, 1908.

Wordsworth, William. *The Prelude, or Growth of a Poet's Mind*. London: Oxford University Press, 1928.

议会报告和出版物

Articles complémentaires de la Constitution. Proposed by P. F. Charrel, deputy for the département of the Isère in the National Convention. Paris: Imp. nat., Year III.

Audoin, P. J. *Motion d'ordre pour la formation d'une commission qui soit chargée de présenter un travail sur les institutions républicaines*. Paris:

Imp. nat., Year V.

Bailleul, J. C. *Motion d'ordre sur la discussion relative à l'instruction publique*, 13 Germinal, Year VII. Paris: Imp. nat., Yeat VII.

Barailon, J. F. *Organisation et tableau des fêtes décadaires*. Paris: Imp. nat., Year III.

Barennes, R. de. *Opinion sur la résolution du 6 Thermidor, relative aux fêtes décadaires*. Paris: Imp. nat., Year VI.

Barère, de Vieuzac, B. *Rapport sur la suppression des repas civiques et des fêtes sectionnaires*, 28 Messidor, Year II. Paris: Imp. nat., Year II.

Baudin, P. *Discours pour l'anniversaire du 14 juillet*. Paris: Imp. nat., Year VII.

Blondel. *Observations du sieur Blondel, architecte et dessinateur du cabinet du Roi, sur le projet de fête de la Confédération patriotique du 14 juillet 1790, dont M. de Varenne, huissier de l'Assembiée nationale a donné l'idée et dont les plans et dessins ont été presentés par les dits sieurs à MM. Bailly et Lafayette*. Paris: Imp. nat., *1790*.

Bonnaire, F. *Opinion de F. Bonnaire, contre le projet de résolution présenté au nom d'une commission speciale par Roëmers, sur la cocarde nationale*. Paris: Imp. nat., Year VII.

Bosquillon, J. J. L. *Discours prononcé en présentant au Conseil des Cinq-Cents un exemplaire de la Constitution de l'an III*. Paris: Imp. nat., Year VII.

Boulay de la Meurthe, *A*. *Discours pour la fête du 18-Fructidor an VII*. Paris: Imp. nat., Year VII.

——. *Opinion sur la formule du serment*. Paris: Imp. nat., Year VII.

Boullé, J. P. *Opinion sur le projet de consacrer par des monuments et des fêtes publiques la mémorable journée du 18-Fructidor*. Paris: Imp. nat., Year VI.

Briot, P. J. *Discours sur la formule du serment civique*. Paris: Imp. nat., Year VII.

Brothier, M. N. *Rapport sur la résolution du 3 thermidor ayant pour objet de faire observer comme jours de repos décades et fêtes nationales*. Paris: Imp. nat., Year VI.

Cabanis, Georges. Speech on 18 Brumaire, Year VII, when he offered the Councils the dictionary of the Academy. Paris: Imp. nat., Year VI.

Chénier, M.-J. *Discours prononé à la Convention nationale par M.-J. Chénier, député du département de Seine-et-Oise, séance du 15 Brumaire an second de la République une et indivisible*. Paris: Imp. nat., n. d.

——. *Rapport sur la fête des Victoires, 27 Vendémiaire An III*. Paris: Imp. nat., Year III.

——. *Rapport sur les fêtes du 14 juillet et du 10 août*. Paris: Imp. nat., Year IV.

Collot d'Herbois, Jean-Marie. *Quelques idées sur les fêtes décadaires qui peuvent être appliquées à tous projets imprimés jusqu'à ce jour 30 nivôse an III*. Paris: Imp. nat., Year III.

Corbet, C. L. *Lettre au citoyen Lagarde, secrétaire général du Directoire exécutif, sur les esquisses et projets de monuments pour les places publiques de Paris... suivie d'une réponse au citoyen Mercier...* Paris: Desenne, Year V.

Creuzé-Latouche, J. A. *Opinion sur le second projet de la commission concernant les fêtes décadaires et la célébration des mariages*. Paris: Imp. nat., Year VI.

Curée, J. F. *Opinion sur la motion de changer la formule du serment civique*. Paris: Imp. nat., Year VII.

Daubermesnil, F. A. *Rapport au nom de la commission chargée de présenter les moyens de vivifier l'esprit public*. Paris: Imp. nat., Year IV.

Daunou, P. C. *Discours pour l'anniversaire du 10 août*. Paris: Imp. de la République, Year III.

——. *Discours sur l'anniversaire du 18-Fructidor*. Paris: Imp. nat., Year VI.

David, Jacques-Louis. *Discours prononcé le 29 mars 1793, en offrant un tableau de sa composition représentant Michel Lepelletier au lit de mort*. Paris: Imp. nat., n.d.

Debry, J. *Motion d'ordre sur la célébration d'une fête consacrée à la souveraineté du peuple*. Paris: Imp. nat., Year VI.

——. *Motion d'ordre sur l'anniversaire du 14 juillet*. Paris: Imp. nat., Year V.

——. *Rapport et projet de résolution pour l'établissement des écoles de Mars*. Paris: Imp. nat., Year VI.

——. *Sur les fondements de morale publique*. Paris: Imp. nat., Year III.

Décret de l'Assemblée nationale, portant règlement d'un culte sans prêtres, ou moyen de se passer de prêtres sans nuire au culte. Paris, 1790.

Desplanques, C. *Opinion de Desplanques sur les institutions républicaines*. Paris: Imp. de Baudouin, n. d.

Détail des cérémonies qui auront lieu au Champ-de-Mars en l'honneur des citoyens morts au siège de Nancy. Imp. patriotique, n. d.

Discours du président du Conseil des Anciens prononcé le 5ᵉ jour complémentaire an V. Paris: Imp. nat., Year VI.

Dubois-Dubais, L. T. *Discours à l'occasion de la fête du 10 août*. Paris: Imp. nat., Year VII.

——. *Discours à l'occasion de la fête du 9 Thermidor*. Paris: Imp. nat., Year VII.

Duhot, A. *Motion d'ordre sur les institutions républicaines*. Paris: Imp. nat., Year VII.

Dumolard, T. *Discours sur la fête du 9 Thermidor an V*. Paris: Imp. nat., Year V.

Duplantier, J. P. F. *Motion d'ordre sur la célébration de la fête du 10 août*. Paris: Imp. nat., Year VI.

——. *Opinion sur l'établissement des écoles primaires nationales*. Paris: Imp. nat., Year VII.

Durand de Maillane, P. T. *Opinion sur les fêtes décadaires*. Paris: Imp. nat., Year III.

Dusaulx, J. *Discours prononcé à la Convention nationale le 17 Germinal an III*. Paris: Imp. nat., Year III.

Eschassériaux, J. *Réflexions et projet de décret sur les fêtes décadaires*. Paris: Imp. nat., Year III.

——. *Motion d' ordre*, Cinq-Cents, 16 Thermidor, Year VII.

Français, A. *Opinion sur la fête du 1 Vendémiaire*, 17 Fructidor, Year VII. Paris: Imp. nat., Year VII.

Garnier, J. *Opinion sur l' institution d' une fête nationale pour célébrer la mémoire du 18-Fructidor*. Paris: Imp. nat., Year V.

Gay-Vernon, L. H. *Opinion sur les institutions relatives à l' état civil des citoyens et le projet de la commission présenté par Leclerc*, 21 Frimaire, Year VI. Paris: Imp. nat., Year VI.

Gence, J. B. *Vues sur les fêtes publiques et appréciation de ces vues à la fête de Marat*. Paris: Imp. de Renaudière jeune, Year II.

Godard, J., and L. Robin. *Rapport de MM. J. Godard et L. Robin, commissaires civils envoyés par le roi dans le département du Lot*. Paris: Imp. nat., 1791.

Gois, E. P. A. *Projet de monument et fête patriotique*. Paris: Imp. nat., n. d.

Grelier, L. F. *Discours en réponse aux orateurs qui ont combattu le projet de résolution relatif à la fête à célébrer le 18-Fructidor*. Paris: Imp. nat., Year VI.

Grenier, J. *Opinion sur la question de savoir si l' on doit supprimer de la formule du serment civique les mots de haine à l' anarchie*. Paris: Imp. nat., Year VII.

Grobert, J. F. L. *Des fêtes publiques chez les modernes*. Paris: Imprimerie de Didot Jeune, Year X.

Guineau-Dupré, Jean. *Opinion sur la résolution relative aux fêtes décadaires*. Paris: Imp. nat., Year VI.

Guyomar, B. *Discours sur la célébration de la fête du 14 juillet*. Paris: Imp. nat., Year VII.

Heurtault de Lamerville, J. M. *Opinion sur les fêtes décadaires*, Cinq-Cents. Paris: Imp. nat., Year VI.

Jault, P. S. J. *Discours sur l'instruction publique*. Paris: Imprimerie de la Société typographique des Trois-Amis, n. d.

Joubert, L. *Opinion sur le projet de résolution présenté par la Commission d'instruction publique sur l'organisation des écoles primaires*. Paris: Imp. nat., Year VII.

Jourdain, Y. C. *Motion d'ordre pour la célébration de la fête du 9-Thermidor*. Paris: Imp. nat., Year VI.

——. *Opinion sur la formule du serment civique*. Paris: Imp. nat., Year VII.

Lamarque, F. *Opinion sur la formule du serment*, Cinq-Cents. Paris: Imp. nat., Year VII.

Lamy, C. *Motion d'ordre relative à la journée du 9-Thermidor*. Paris: Imp. nat., Year V.

Lanthenas, F. *Développement du projet de loi ou cadre pour l'institution des fêtes décadaires*... Paris: Imp. nat., Year III.

——. *Moyens de consolider la Révolution du 9-Thermidor et de rétablir la concorde entre les vrais républicains*. Paris: Imp. nat., Year III.

La Tour du Pin, J. F. *Discours de M. de La Tour du Pin, ministre et sécretaire d'État au département de la Guerre, à la séance du 4 juin 1790*. Paris, n.d.

Laveaux, J. C. T. *Discours prononcé par Laveaux, président du Conseil des Anciens, le 9 Thermidor an VI*. Paris: Imp. nat., Year VI.

Leclerc, J. B. *Nouveau projet de résolution sur les cérémonies relatives au mariage et à la naissance*. Paris: Imp. nat., Year VI.

——. *Rapport sur l'éstablissement d'écoles spéciales de musique*. Paris: Imp. nat., Year VII.

——. *Rapport sur les institutions relatives à l'état civil des citoyens*. Paris:

Imp. nat., Year VI.

Lecointe-Puyraveau, M. *Discours prononcé pour la célébration des événements des 9 Thermidor, 13 Vendémiaire et 18 Fructidor*. Paris: Imp. nat., Year VI.

Lenoir-Laroche, J. J. *Rapport de Lenoir-Laroche au conseil des Anciens, sur l'annuaire de la République*. Paris: Imp. nat., Year VI.

Lequinio, J. M. *Des fêtes nationales*. Paris: Imp. nat., n. d.

Loys(deputy of the Périgord). *Mémoire pour les provinces du Périgord, du Quercy et du Rouergue*. N. p., n. d.

Luminais, M. P. *Discours sur le rapport fait par Grelier sur un monument à élever et sur une fête perpétuelle à célébrer en mémoire du 18-Fructidor*. Paris: Imp. nat., Year V.

Malouet, P. V. *Opinion de M. Malouet sur la Déclaration des Droits, dans la séance du 2 août 1789*. N. p., n. d.

Marbot, J. A. de. *Discours prononcé par Marbot...*, 26 Messidor an VI. Paris: Imp. nat., Year III.

Mathieu de l'Oise. *Projet de fêtes nationales*. Paris: Imp. nat., Year II.

Maugenest, F. *Motion d'Ordre sur le projet de fête du 18-Fructidor*. Paris: Imp. Nat., Year VI.

Mercier, L. S. *Discours sur René Descartes*. Paris: Imp. nat., Year IV.

Merlin de Thionville. *Opinion sur les fêtes nationales prononcée à la Convention, 9 Vendémiaire an III*. Paris: Imp. nat., Year III.

Mirabeau, Honoré-Gabriel de Riqueti, Comte de. Speech on the Civil Constitution of the Clergy, November 26, 1790.

Montpellier, A. *Opinion sur la proposition faite par Jourdan de supprimer dans le serment la formule de haine à l'anarchie sur le serment civique*, Cinq-Cents, 8 Thermidor, Year VII.

Moreau du l'Yonne. *Motion d'ordre sur le 14 juillet*. Paris: Imp. nat., Year VI.

Mortier-Duparc, P. *Rapport sur la distribution proposée du portrait du*

général Marceau. Paris: Imp. nat., Year VI.

Neufchâteau, François de. *Recueil de lettres circulaires, instructions, programmes, discours et autres actes publics*. Paris: Imp. de la République, Years VI—VIII.

Parent-Réal, N. *Motion d'ordre tendant à faire consacrer, par la fête du 1er vendémiaire, l'accord parfait qui existe dans l'histoire de la Révolution française*. Paris: Imp. nat., Year VII.

Pérès, E. *Opinion et projet de résolution... concernant l'institution d'une nouvelle fête relativement aux événements du 18-Fructidor*. Paris: Imp. nat., Year VI.

Petit, Michel-Edme. *Opinion sur l'éducation publique, prononcée le 1er octobre* 1793. Paris: Imp. nat., n.d.

Philippes-Delleville, J. F. *Motion d'ordre prononcée le 10 août de la Ve année républicaine*. Paris: Imp. nat., Year V.

Portiez de l'Oise. *Rapport et projet de décret présenté au nom du Comité d'instruction publique par Portiez de l'Oise sur la célébration de la fête du 9-Thermidor*. Paris: Imp. nat., Year III.

Projet de cérémonie à l'usage des fêtes nationales, décadaires et sans-culottides de la République française, saisies dans un but moral, combinées dans leur rapports généraux et rendues propres à être célébrées dans les moindres communes... Paris, Year II.

Quirot, J.-P. *Discours sur la fête de la liberté et les événements des 9 et 10 Thermidor*. Paris: Imp. nat., Year VII.

Rallier, L. A. *Opinion sur la fomule du serment*. Paris: Imp. nat., Year VII.

Rameau, J. *Aperçu philosophique et politique sur la célébration des décadis et des fêtes nationales*. Paris: Imp. nat, n. d.

Robespierre, Maximilien. *Rapport... sur les rapports des idées religieuses et morales avec les principes républicains, et sur les fêtes nationales*... Paris: Imp. nat., n. d.

——. Speech in the Convenrion, May 26, 1794.

Rollin, A. *Rapport sur la célébration de la fête du 1er Vendémiaire*. Paris: Imp. nat., Year VII.

Romme, G. *Rapport sur l'ère de la République*. Paris: Imp. nat., n, d.

Saint-Just. Louis de. *Rapport sur la police générale, la justice, le commerce, la législation, et les crimes des factions*. Paris: Imp. nat., n. d.

Sherlock, S. *Opinion de Sherlock, sur le projet de résolution relatif au calendrier républicain*. Paris: Imp. nat., Year VI.

——. *Opinion sur la nécessité de rendre l'instruction publique commune à tous les enfants des Français*. Paris: Imp. nat., Year VII.

Sieyès, Abbé Emmanuel-Joseph. *Discours à la célébration de l'anniversaire du 10 août*. Paris: Imprimerie de la République, Year VII.

Sobre le Jeune. *Projet d'un monument à élever dans le champ de la Fédération proposé par M. Sobre le Jeune, architecte*. N. P., n. d.

Société des jacobins, Friday, April 6, 1792.

Solliers, J. B. *Discours adressé à M. Rame, ministre des protestants de Vauvert, après le serment civique et fraternel, en présence de la municipalité et du peuple et aux pieds d l'Autel de la Patrie, par J. B. Solliers, curé de Vauvert*. N. P., n. d.

Terral, J. *Réflexions sur les fêtes décadaires*. Paris: Imp. nat., Year III.

Thiessé, N. F. *Opinion de Thiessé sur le 2e projet présenté par la Commission des institutions républicaines, le 19 Messidor an VI*. Paris: Imp. nat., Year VI.

各省档案馆

Bas-Rhin 12 L 6, 44 L 8

Basses-Alpes L 365

Bouches-du-Rhône L 286, L 1037

Cantal L 648 bis

Charente L 140, L 143

Côte-d'Or L 462, L 477

Dordogne B 844, B 845, B 1688

Doubs L 183

Drôme L 224, L 230

Finistère 10 L 55, 10 L 154, 10 L 155

Gers L 463, L 694

Haute-Marne L 272

Indre L 300, L 301

Indre-et-Loire L 598

Landes 67 L1

Loire-Atlantique L 352, L 355

Lot 10 J

Lot-et-Garonne L 530

Maine-et-Loire 1 L 411

Nord L 1264, L 5050

Puy de Dôme L 659, L 668, L 671

Rhône L 451, L 453, L 454

Savoie L 379

Somme La 393

Yonne L 25

国家档案馆

AF II 195

C 41 no.363, 82 no.817, 119, 120, 266, 287

D IV 49, XIV, XIV 5, XXIX, XXIX 73, XXXVIII 3

F 131935

F^1 CIII

F^1 CIII Alpes-Maritimes 2

Ardennes 5

Basses-Pyrénées 7

Bouches-du-Rhône 7

Cher 6

Corrèze

Côte-d'Or 6

Eure 11

Finistère 3

Gironde

Haut-Rhin 6

Haute-Vienne

Hautes-Pyrénées 6

Hérault 9

Landes 5

Lot 8

Lot-et-Garonne 11

Lozère 5

Maine-et-Loire 6,13

Meurthe 7

Morbihan 6

Nord 7

Pas-de-Calais 8

Pyrénées-Orientales 4

Rhône 5

F^1 CIV Seine 1

F^{17} 1243

N III Seine 789

N IV Seine 87

V W 395,916,no.70

W 395

国家图书馆

NAF 2694,2713,2479
Manuscrits français 11697

巴黎自然博物馆图书中心

Manuscript 312

Archives communales de Bourges, Registre des délibérations, June 23, 1790
Archives communales de Caen, pièces sur la Révolution, *liasse* 36
Archives municipales de Châlons, I, 199

政府文件

Bouches-du-Rhône, Encyclopédie départementale, "Études sur la Révolution et les cultes philosophiques."

Statistique du département du Nord, vol. 1, by M. Dieudonné, prefect, Year XII.

革命时期的期刊

Abréviateur universel, 18 Pluviôse, Year III.
Ami des lois, 9 Ventôse, Year IV.
Annales patriotiques, 9 Frimaire, Year II.
Chronique de Paris, June 20, 1790.
Conservateur décadaire, 30 Messidor, Year II.

Courrier de Gorsas, June 9, 1792.

La décade, 30 Floréal, Year V.

Écho des cercles patriotiques no. 14.

Journal de la cour et de la ville, July 14 and 17, 1790.

Journal de la Société populaire des arts, Pluviôse, Year II.

Journal de Paris, July 15, 1790.

Journal des patriotes de 89, 25 Thermidor, Year VI.

Le moniteur, May 25, 1790.

Le patriote français, 28 Messidor, Year VI.

Rédacteur, 20 Fructidor, Year V; 11 Thermidor, Year VI; 12 Thermidor, Year VI.

Révolutions de Paris, 20 Brumaire, Year II (article attributed to Momoro); no. 52; no. 211 (July 20—August 3, 1793).

Révolutions de France et de Brabant nos. 34 and 35.

La rocambole, ou Journal des honnêtes gens, April 19, 1792; June 7, 1792.

附:法国大革命期间的共和历法

法国的共和历法是于1793年10月24日确定的,规定1792年9月22日,即法兰西第一共和国诞生日为“共和国元年元月元日”,然后将一年分为12个月,每月30天,每月分为3周,每周10天,废除星期日,每年最后加5天,闰年加6天。完全废弃以前的名称,以罗马数字纪年。由于规定每年第一天都从秋分日开始,所以闰年设置和格里历有差距,每年可能在日期上有一两天浮动差距。

拿破仑上台后,与教廷和解,于1805年12月31日重新恢复格里历。后来巴黎公社曾一度短暂恢复使用共和历法。

葡月(9月22日—10月21日)

雾月(10月22日—11月20日)

霜月(11月21日—12月20日)

雪月(12月21日—1月19日)

雨月(1月20日—2月18日)

风月(2月19日—3月20日)

芽月(3月21日—4月19日)

花月(4月20日—5月19日)

牧月(5 月 20 日—6 月 18 日)

获月(6 月 19 日—7 月 18 日)

热月(7 月 19 日—8 月 17 日)

果月(8 月 18 日—9 月 16 日)

其他 5 天(闰年 6 天),另有名称:

道德日 9 月 17 或 18 日

才能日 9 月 18 或 19 日

工作日 9 月 19 或 20 日

舆论日 9 月 20 或 21 日

奖赏日 9 月 21 或 22 日

革命日 9 月 22 或 23 日

译 者 后 记

莫娜·奥祖夫(Mona Ozouf)是法国著名的历史学家。她1931年生于布列塔尼,在巴黎高师读哲学专业,获得哲学教师资格,后任法国国家科研中心研究员,曾出任该中心的学术主任。奥祖夫是法国大革命修正史学代表人物孚雷(François Furet)的挚友和同道。二人共同主编的《法国大革命批判词典》(1988年)在法国和世界史学界产生了很大影响。奥祖夫的一系列研究成果在历史学、人类学、社会学、文学研究等多个领域享有国际声誉。她因此先后获得荷兰皇家科学院的海尼根奖和法兰西学院的戈贝尔奖。

《革命节日》(法文:*La fête révolutionnaire*, 1789—1799,英译本:*Festivals and the French Revolution*)是奥祖夫的代表作。与传统史学研究不同,奥祖夫从文化史和人类学的角度研究法国大革命期间的节日,把文化因素纳入了大革命集体行动的分析。该书透视了大革命时期的政治文化,既剖析了革命节日与传统的联系与不同,又揭示了革命节日对于法国革命时期集体行动和集体心态的意义。该书被视为法国大革命的文化史研究的开山之作。

2007年1月,译者夫妇在巴黎访学,在周立红的陪伴下,拜访了莫娜·奥祖夫教授。席间,我们商谈了介绍翻译她的学术著作事宜。奥祖夫教授自己确定了翻译书目。它们是《革命节日》、《女性的话语》、《小说鉴史》。回国后,这项翻译工作得到商务印书馆的支持。

本书的翻译以法文版为底本,同时参考了英译本 *Festivals and the French Revolution*(Alan Sheridan 翻译,1988 年哈佛大学出版社出版)。译者从英译本获益良多。

中译本的书名是征求奥祖夫本人的意见后确定的。奥祖夫认为,英译本的书名使用了复数的节日(Festivals),这不符合她的原意。她把法国大革命十年期间的节日视为一个整体来研究,因此使用了单数的节日(fête)。当年索布尔建议她把节日分为资产阶级节日、雅各宾党人节日和热月党人节日,她没有退让。译者遵照奥祖夫的意见,对法文版书名做了直译。"革命节日"在这里应该作为一个共名来理解。

阅读本书需要有一些法国大革命史的知识。为此,译者做了一些注释。对于专业学者,可能注释太多了。但是,对于一般读者,可能还是太少了。好在若干完整讲述法国革命史的经典著作已经有中译本,可供参阅。

在译竣交稿之际,特别要对一些学界同仁表示感谢。北京语言大学教师梁爽是一位认真的朋友。他对全部译稿做了仔细的校阅。中山大学教师周立红,在清华大学社会学系任教的法国教授罗卡、留法博士王春华都对译稿提出宝贵意见。商务印书馆的张艳丽女士自始至终给予支持和协助。

译文虽经多次校阅，可能还有疏漏不当之处，期望得到读者的批评指正。

译者

2011年4月

图书在版编目(CIP)数据

革命节日/(法)莫娜·奥祖夫著;刘北成译.—北京:商务印书馆,2017
(汉译世界学术名著丛书:120年纪念版:珍藏本)
ISBN 978-7-100-14238-0

Ⅰ.①革… Ⅱ.①莫… ②刘… Ⅲ.①法国大革命—研究 Ⅳ.①K565.410.7

中国版本图书馆CIP数据核字(2017)第137806号

权利保留,侵权必究。

汉译世界学术名著丛书
(120年纪念版·珍藏本)
革 命 节 日
〔法〕莫娜·奥祖夫 著
刘北成 译

商务印书馆出版
(北京王府井大街36号 邮政编码100710)
商务印书馆发行
北京通州皇家印刷厂印刷
ISBN 978-7-100-14238-0

2017年12月第1版 开本710×1000 1/16
2017年12月北京第1次印刷 印张28
定价:140.00元